高等院校"十二五"工商管理类课程系列规划教材
福建师范大学协和学院出版专项基金资助项目

市场调查

鄢 奋 主编

经济管理出版社
ECONOMY & MANAGEMENT PUBLISHING HOUSE

图书在版编目（CIP）数据

市场调查/鄢奋主编. —北京：经济管理出版社，2015.3
ISBN 978-7-5096-3202-4

Ⅰ.①市… Ⅱ.①鄢… Ⅲ.①市场调查 Ⅳ.①F713.52

中国版本图书馆 CIP 数据核字（2014）第 143315 号

组稿编辑：王光艳
责任编辑：许　兵
责任印制：黄章平
责任校对：陈　颖

出版发行：经济管理出版社
（北京市海淀区北蜂窝 8 号中雅大厦 A 座 11 层　100038）
网　　址：www.E-mp.com.cn
电　　话：(010) 51915602
印　　刷：北京银祥印刷厂
经　　销：新华书店
开　　本：720mm×1000mm/16
印　　张：21.75
字　　数：426 千字
版　　次：2015 年 3 月第 1 版　2015 年 3 月第 1 次印刷
书　　号：ISBN 978-7-5096-3202-4
定　　价：58.00 元

·版权所有　翻印必究·
凡购本社图书，如有印装错误，由本社读者服务部负责调换。
联系地址：北京阜外月坛北小街 2 号
电话：(010) 68022974　　邮编：100836

前　言

随着我国市场经济的发展,市场调查对企业发展的重要性在业界已形成共识。通过科学方法获取市场信息的市场调查是企业进行现代营销与管理的重要手段。市场调查作为一门应用型课程,日益受到教育部门的重视,将其视为高等教育管理类专业的核心课程。甚至有些与管理类相关联的学科专业,也已将市场调查作为该专业的必修课程之一。本书正是为适应这一需要而编写的。

本书的编写小组成员均为高校市场调查课程的任课教师,使用过较多版本的市场调查的课程教材,每本教材均具特色,对本书的编写有较好的借鉴价值。在编写过程中编写小组也将这些年课程教学的研究成果融入书中,力求做到以下三方面的结合:一是教学内容与课程时数相结合,旨在便于使用教材的教师能在有限的课程时数中充分完成全书的教学内容。二是教学内容与教学条件相结合,旨在便于使用教材的教师即使是在常规的教学环境中也能有效地教授全书的教学内容。三是教学内容与课程组织形式相结合,市场调查课程教学通常以实践为主,学生完成理论学习之后,还需在教师指导下,在非传统教学环境中完成市场调查计划书、调查问卷、调查报告的设计以及调查数据统计任务。因此,本书为了适应该特征,将该部分内容安排在教材后半部分,以适应课程教学组织形式的变化。

本书的结构体系共分十章、四部分。第一部分为市场调查概述,主要介绍与市场调查相关的理论知识体系以及市场调查发展的历史与现状。第二部分主要阐述市场调查的内容、方法以及样本选择的技术。第三部分主要是围绕市场调查的三个基本文案设计以及市场调查的组织实施展开,重点是三个文案,即市场调查计划书制定、市场调查问卷设计以及市场调查报告的撰写。第四部分是对作为市场调查延伸内容的市场预测问题的简单阐释。

本书的具体分工为:鄢奋编写第一章、第十章;陈量编写第二章、第六章;吴琳编写第三章、第九章;郑会青编写第四章;陈太盛编写第五章;王招治编写第七章;卢师林编写第八章。

感谢在本教材编写、出版、发行过程中给予我们支持和帮助的各界人士。

本书在编写过程中参阅了部分同行编著的文章,不敢掠人之美,均列于本书

注释和书后参考文献,在此一并致谢。

尽管我们很努力,但书中难免存在缺点和疏漏,恳请阅者批评指正。

作 者

2014 年 12 月 11 日

目　录

第一章　市场调查导论 ································· 001
　第一节　市场概述 ····································· 002
　第二节　市场信息及其收集 ···························· 010
　第三节　市场调查的概念和作用 ························ 020
　第四节　国内外市场调查发展的历史与现状 ·············· 027
　本章小结 ··· 039
　课后习题 ··· 040

第二章　市场调查研究的内容 ··························· 041
　第一节　市场环境调查 ································ 042
　第二节　市场供求调查 ································ 046
　第三节　产品调查 ···································· 050
　第四节　销售渠道调查 ································ 055
　第五节　促销方式调查 ································ 061
　第六节　消费行为调查 ································ 066
　第七节　竞争状况调查 ································ 068
　本章小结 ··· 070
　课后习题 ··· 071

第三章　市场调查方法 ································· 075
　第一节　文案调查法 ·································· 076
　第二节　访谈调查法 ·································· 080
　第三节　观察调查法 ·································· 089
　第四节　实验调查法 ·································· 093
　第五节　网络调查法 ·································· 100

本章小结 …… 103
课后习题 …… 104

第四章 抽样调查设计 …… 107

第一节 抽样调查概述 …… 108
第二节 随机抽样技术 …… 117
第三节 非随机抽样技术 …… 129
第四节 抽样误差与抽样推断 …… 132
本章小结 …… 137
课后习题 …… 137

第五章 市场调查策划 …… 139

第一节 市场调查策划概述 …… 140
第二节 市场调查策划的类型 …… 144
第三节 市场调查策划依据与程序 …… 146
第四节 市场调查策划书 …… 156
第五节 市场调查策划书的可行性研究和评价 …… 159
本章小结 …… 162
课后习题 …… 162

第六章 市场调查问卷设计 …… 171

第一节 问卷设计的原则与结构 …… 173
第二节 问卷设计步骤 …… 178
第三节 问卷设计技术 …… 180
第四节 现代问卷设计 …… 191
本章小结 …… 196
课后习题 …… 196

第七章 市场调查数据的整理与分析 …… 201

第一节 调查资料的接收与编辑 …… 202
第二节 调查资料的编码与录入 …… 205
第三节 调查数据的统计与分析 …… 211
第四节 数据统计任务书的制作 …… 226
本章小结 …… 231

课后习题 ………………………………………………………………… 232
　　附录：郑州市大瓶装纯水市场调查（家庭）问卷 ……………………… 233

第八章　市场调查报告 ………………………………………………… 249
　　第一节　市场调查报告概述 ……………………………………………… 250
　　第二节　市场调查报告的写作 …………………………………………… 252
　　第三节　撰写市场调查报告的注意事项 ………………………………… 263
　　第四节　市场调查报告的完善 …………………………………………… 271
　　本章小结 …………………………………………………………………… 274
　　课后习题 …………………………………………………………………… 275

第九章　市场调查的组织与实施 ……………………………………… 277
　　第一节　市场调查人员的选择 …………………………………………… 278
　　第二节　市场调查实施团队的培训 ……………………………………… 284
　　第三节　市场调查实施的监督与组织 …………………………………… 296
　　本章小结 …………………………………………………………………… 301
　　课后习题 …………………………………………………………………… 301

第十章　市场预测 ………………………………………………………… 303
　　第一节　市场预测概述 …………………………………………………… 304
　　第二节　市场预测的原则和程序 ………………………………………… 313
　　第三节　几种基本的预测方法 …………………………………………… 317
　　本章小结 …………………………………………………………………… 329
　　课后习题 …………………………………………………………………… 330

附　录 ……………………………………………………………………… 333

参考文献 …………………………………………………………………… 339

第一章 市场调查导论

本章提要

市场调查是有计划地获取市场有效信息的一项严谨的、科学的经济活动。本章主要围绕市场、市场信息以及市场调查等一系列基础理论展开阐述。通过对国内外市场调查发展的历史和现状的梳理，重点介绍当前国内市场调查发展存在的问题，旨在强调市场调查的重要性以及发展前景。

学习目标

1. 熟悉并掌握市场信息以及市场调查的相关基本概念
2. 掌握市场调查的类型及原则
3. 明确市场调查的重要作用
4. 了解市场调查发展的历史以及我国市场调查发展的现状与问题

开篇案例

当前我国市场调查发展的现状与问题

【资料一】我国调查业的年度营业额从1995年的3.5亿元，经过逐年攀升达到2007年的近52亿元，这种变化速度在世界调查业中应属可观。在20世纪末至21世纪初的几年中，国内营业额的年增长率尤为突出，最快甚至超过了50%，这与同期全球调查业6%~9%的增长率相比，可谓十分惊人了。2002年以后，我国调查业年营业额的增长率相对稳定下来，基本保持在15%~25%。业内人士一致认为，近3~5年内我国调查业的年增长率会保持在至少10%~15%。这是一个正在以相当快的速度发展并壮大着的市场，与GDP的增长率相比，国内调查业表现出强劲的增长态势。

资料来源：陈焱晗.我国市场调查行业发展现状及特点分析［J］.商业时代，2010（5）：128.

【资料二】近几年来国内调查业已呈现高速发展的势头。目前全国业内有约2000家调查企业（不包括纯咨询公司），但研究性质的公司只有几百家。在这几百家公司中，生存能力较稳定且规模较大的企业多为国外知名调查机构在中国的独资或合资公司，共20家左右，它们主要以各行业内较知名的外资或合资客户为服务对象。相反，内资企业的调查需求却普遍不足，那些以内资客户为主要服务对象的调查机构由于很难生存而先后倒闭。在参加CMRA最新调查的全国范围内134家调查企业中，年营业额超过2亿元人民币的排名前几位的超大型调查公司全国共4家，都在北京，分别为华南国际、央视市场研究、央视索福瑞媒介研究、益普索。

资料来源：陈焱晗.我国市场调查行业发展现状及特点分析[J].商业时代，2010（5）.

【资料三】2006年12月17日，北京市首批调查分析师诞生，共有83人取得国家统计局认证的中、高级调查分析师资格。据国家统计局有关负责人透露，国家统计局正在起草一个文件，规定今后调查机构必须拥有几名正式的调查分析师，以此来规范该行业。目前国内从事市场调查和分析的人员多数是从其他行业转行而来，素质良莠不齐。调查机构虽多，但是操作缺乏规范。市场调查中"会虫"泛滥、数据"掺水"，导致市场调查数据的准确性缺失。针对调查业的不规范现象，国家统计局与北京工业信息中心2006年6月开始培训北京地区的调查员。记者从有关部门了解到，调查分析师在未来几年内缺口将高达100万人，在大企业任职的优秀调查员年薪能达到10万元以上。

资料来源：庄贵军.市场调查与预测[M].北京大学出版社，2007年.

【思　考】结合上述资料，谈谈市场调查课程学习的必要性与重要性。

市场是一个系统，市场信息则是市场派生的一个系统。因此，以市场信息收集为主要内容的市场调查必然是一项系统、缜密的经济活动。真正了解并掌握市场调查，不能仅仅是懂得其概念和实施程序，更重要的是学会依据市场调查的目的进行调查设计，并对调查数据进行科学分析。那么系统地学习市场调查理论及其与之相关联的理论体系，就显得尤其必要。

第一节　市场概述

市场调查研究的对象是市场，企业生产经营活动也是围绕市场而展开的。为此，要掌握市场调查研究的理论、方法，要搞好企业的生产经营活动，首先要认识市场、了解市场。

一、市场的含义

市场属于商品经济的范畴,它是由于社会分工和商品生产而产生、发展起来的。正如列宁所说:"哪里有社会分工和商品生产,哪里就有市场。市场和社会劳动专业的程度有不可分割的联系。"[1] 因为,随着社会分工的发展,私有制的出现,社会劳动产品已不是为了满足生产者本身的需要,而是为了进行交换,当作商品来生产了。马克思说:"由于社会分工,这些商品的市场日益扩大,生产劳动的分工,使它们各自的产品互相转化为商品,互相成为等价物,使它们互相成为市场。"[2] 由此可见,市场这一概念同社会分工、商品生产是分不开的。市场是商品生产、商品交换的产物。市场也是一个历史范畴。市场产生于奴隶社会末期,当时商品经济尚处于萌芽阶段,因而市场的规模、作用都很小。在封建社会,商品经济虽有所发展,但占主导地位的仍是自然经济,市场的范围、作用仍然是十分有限的。到了资本主义社会才产生了真正意义的商品经济。一切生产都是商品生产,一切劳动产品都是用于出卖和市场交换的商品,连人的劳动力都成为可供买卖的商品。因此,市场得到了空前的发展。进入20世纪以来,市场规模日益扩大,市场的作用日益突出。一方面,随着商品交换规模的扩大,市场突破了地域的限制,不仅形成一国的统一市场,而且扩展到全球范围,形成了国际市场。另一方面,市场交换的内容大大丰富,不仅消费品、生产资料商品市场高度发展,而且金融、房地产、技术信息等生产要素市场也迅猛发展。这说明了市场是随着商品经济的发展而不断发展的。在生产力和商品经济发展的不同阶段,市场的内涵、外延和作用都大不相同。

1. 市场的概念

市场作为社会经济的一种重要现象虽然早已存在,但人们对市场的理解不尽相同。一般认为,市场概念包括以下含义:

(1)市场是商品交换的场所。这是一种传统的观点,即认为市场是商品买卖的场所。它源于汉语中"市场"的词义。汉语中"市"是指交易的意思,"场"是指场所。如百货商店、农贸市场、超级市场、专卖店等。这是从狭义上理解市场的含义,也是最容易被人们所接受的市场含义。这种市场的含义,侧重强调市场是一种有形市场,即商品交换要有具体的空间场所。有了这一空间场所,商品出售者和商品购买者才能完成交易活动。

---

[1] 列宁. 论所谓市场问题[M]. 人民出版社,1962:16.
[2] 马克思. 资本论[M]. 人民出版社,1958:177-178.

（2）市场是商品交换关系的总和。这是从广义上理解市场概念。它侧重揭示市场在本质上是各种经济关系的总和，因为商品交换关系其实质就是经济关系。在商品经济高度发达的条件下，所有商品的生产者、经销者、消费者或其他各类经济主体，都必须通过市场从事交换活动，发生经济联系，实现各自的利益。商品交换关系主要是指社会生产与社会需要之间，商品可供量和有支付能力的需求之间，生产者和消费者之间，买方和卖方之间，国民经济各部门之间、地区之间和企业之间广泛的经济联系。它具体表现为各种经济主体之间的供求关系、竞争关系和协作关系等。上述各种交换关系的总和就是市场。这种把市场理解为各种经济关系总和的观点，抓住了市场这一概念最实质的东西。

2. 形成市场的条件

任何市场都必须具备四个条件：消费者、商品、购买力、愿意购买商品的欲望。

（1）消费者是商品的买主，即买方，也是使用和消费商品的主体。消费者是指使用和消耗物质资料以满足生产和生活需要的买方群体和个人的统称。通常包括顾客和用户。顾客是指卖方对准备购买或正在购买商品的买者的尊称，用户则是指已经完成购买行为并且正在使用的买方。

（2）商品（包括有形商品和无形商品）是市场上赖以进行交换的物质基础。市场交换必须首先由卖方向市场提供一定量可供交换的商品，同时，这些商品必须具有能够满足消费者某种需要的使用价值。这是组成市场的要素。这一要素是市场交换活动赖以进行的物质基础，显而易见，没有可供交换的商品，市场也就不可能形成。

（3）有货币支付能力的购买力。购买力是消费者用来购买商品的货币收入，购买力的大小同货币收入成正比。一定量的商品要实现它的价值，在市场上必须有一定的支付能力。也就是说，对这些商品要能发生实际购买行为。如果市场上有了一定数量的商品，但没有足以用来购买商品的一定的购买能力，那么，市场交换活动仍然不能发生，也就不能构成市场。

市场上有一定的货币的购买力的代表者是买方，它从一个方面决定着市场的大小，决定着市场商品量的构成，因此是构成市场的主要因素。

（4）消费者愿意购买商品的欲望。市场不仅要有一定量的商品和购买力，还必须有消费者的购买欲望。否则，消费者的货币收入再多也不能形成市场。因而，消费者愿意购买商品的欲望也是构成市场不可或缺的因素。由于人类存在着某种欲望（包括生理上和心理上的欲望）而产生对某些商品的需求，通过市场上商品的交换，才能满足人们的物质生活和文化生活的需要。

构成市场的四个条件既相互联系又相互制约。只有这些条件同时存在，才能实现商品或劳务的转移。

二、市场体系

现实的市场是一个复杂的商品交换的体系。所谓市场体系，是指由市场主体、市场客体、市场载体和媒体诸要素构成的有机整体。

1. 市场主体

市场主体是指市场中参与商品交换的人和机构。从商品交换过程的角度看，市场主体包括商品生产者、商品消费者和商品销售中介（中间商）。

商品生产者生产的商品是商品交换的前提，只有生产者生产了商品，才有可能进行商品交换；消费者购买商品用于消费，消费者也是市场的主体，只有消费者购买商品，才能使生产者的商品能够交换，因而消费者是商品交换的实现条件。中间商是连接商品生产者和消费者的中间纽带。中间商（批发商、零售商、商业中介人）利用自己的仓库储备商品，利用自己的网店销售商品，从而解决商品生产者和商品消费者存在的时空差异，使商品交换能够顺利进行。

从社会经营组织角度看，市场主体又可分为企业、家庭个人和政府。企业既是商品供应者又是商品需求者，它包括生产商、中间商。一般生产商要从市场购买资源，转换为商品和服务后卖给中间商，再经由中间商零售给家庭个人消费。家庭个人一般是商品需求者，当然拥有劳动力的家庭个人则要通过自己劳动取得报酬来购买商品和服务。政府是一种特殊的商品交换当事者，既是国家资源供应者也是商品需求者。它一方面要从生产商、中间商、家庭个人消费者征税，以此转换为公共需要的服务；另一方面也会从其他商品交换者中购买政府所需的各种公共用品（如汽车、电子计算机、文具等）以及其他商品。同时，政府也是商品交换的监督者、协调者和执法者，维护交易双方的合法利益，保证交易活动的顺利进行。

2. 市场客体

市场客体是指市场主体之间交易的对象及交换的商品。如果没有交换的客体，也就不存在市场关系了。如果客体不具有商品性，即不进入交换，市场就无法形成。现代社会进入交换的商品分为两类：一类是生活消费品，指直接用来满足人们物质文化需要的最终消费的消费品商品；另一类是生产要素，指满足生产经营活动需要的资源商品，如生产资料、技术、资金、信息和劳动力等。

3. 市场载体和市场媒体

市场载体是指商品交易的空间地点以及商品交易所需的物质技术设备，如开展电子商务所需的电脑及网络。市场媒体是指货币、价格和信息等。商品生产者之间、商品生产者和消费者之间必须以货币、价格和信息为纽带，才能建立联系，进行商品的交换。如商品交易双方只有协商好价格，买卖才能做成。

以上所述表明，市场是由相互联系、相互作用的若干要素组合成的共同执行商品交换功能的有机统一体。

三、市场的类型

市场按其内容、特点和考察的角度不同，可以划分为多种类型。

1. 按市场交易的商品使用价值不同划分

任何商品都有使用价值。依据市场中交易商品不同的使用价值可以将市场划分为消费品市场、生产资料市场、服务市场、金融市场、技术市场和劳动力市场等。

（1）消费品市场。消费品市场的主要购买者是个人或家庭。这一市场的存在主要是为了满足个人或家庭生活的需要。政府机关、企事业单位等团体组织也是消费品市场的购买者。在消费品市场上，商品的销售是经常的、不断的，一次买卖数量较少。消费者的购买行为与销售商服务质量的高低及促销活动影响极大，因而消费品的销售有一定的弹性。消费品市场是市场调查预测的主要对象。

（2）生产资料市场。生产资料市场是指为了满足加工制造等生产性需要而形成的市场。这一市场的主要购买者是生产企业。如一个自行车厂为了生产自行车，需要在生产资料市场上购买钢材、橡胶等原材料。生产资料市场上销售的多为初级产品和中间产品。购买生产资料一般数量较大，购买者需要有一定的专门知识。此外，生产资料的销售受商家促销活动影响较小。

（3）服务市场。服务市场是指构成市场的商品要素是服务（劳务）的无形产品的市场。服务是通过劳动所提供的能满足消费者特殊需要的无形产品，为消费者提供文化娱乐服务、旅游服务等。对服务市场的理解有广义和狭义之分。广义的服务市场是指全部第三产业服务市场，它包括流通部门、为生产和生活服务的部门、为提高科学文化水平和居民素质服务的部门以及为社会公共需要服务的部门所提供的服务产品的市场。狭义的服务市场是指为生产、经营和人们生活提供各种服务性劳动的市场。

（4）金融市场。金融市场是指货币流通中买卖或借贷贵金属、货币、有价证券和外汇所形成的市场，通常认为金融市场包括资金市场、外汇市场、黄金市场等。从我国目前情况来看，外汇市场已经得到很大的发展，但金融市场的主体是资金市场。资金市场包括交易双方对货币资金的融通（借贷），以及对代表一定资金所有权的有价证券的买卖。只要存在商品经济，存在货币流通，就会有金融活动。金融市场在我国社会主义市场经济条件下还有很大的发展空间。

（5）技术市场。技术市场是指构成市场的商品要素是技术的市场。从本质上讲，技术是具有专门性、实用性的知识和能力，它本身不是物质产品，而是精神产品。

技术市场中交易的具体内容包括技术转让、技术服务、技术咨询、合作研制、技术项目总承包、委托科研设计、技术难题招标以及专业技术培训等。技术市场与一般市场相比有很大的特殊性。一般市场成交后，卖方失去了商品，买方得到了商品，商品所有权转移是彻底的。而技术商品买卖所有权转移并不彻底，买卖成交后，买方虽然得到了知识技术，但卖方并没有真正失去对这一知识、技术的所有权。技术市场上卖方一般是科研机构、高等院校、工矿企业、民办科研企业等，而买方一般都是生产企业。

（6）劳动力市场。劳动力市场是指构成市场的要素是劳动力的市场。传统的观念认为，劳动力市场是资本主义所特有的市场。我国在改革开放过程中，为了改革原先劳动用工、就业制度中的弊端，促进劳动力的合理流动，为逐渐发展起了劳动力流动、职工和用人单位双向选择的"劳动力市场"，又称"劳务市场"，社会主义条件下的劳动力市场和资本主义条件下的劳动力市场虽有共同之处，但两者又有很大区别。社会主义条件下的劳动力市场是社会主义市场体系中的重要组成部分，它具有促进劳动力资源合理配置的功能和作用，是我国劳动用工制度和就业制度的重大改革。

2. 按市场供求关系不同划分

供求关系是市场形成的基本前提，商品的供方市场也可称为卖方市场，商品的需求市场也称为买方市场。随着人类社会生产力的不断发展，商品市场经历着从卖方市场向买方市场的转变。

（1）卖方市场。卖方市场是指卖方在交易中占优势地位的市场。其特点：①商品供不应求；②消费者持币抢购；③交易双方中，以卖方为主，卖方并处于有利地位。

卖方市场一般产生在商品经济不发达的情况下，很多商品奇缺，只要产品生产出来，广大消费者就会持币抢购。购买者没有选择的余地，生产者只顾生产，不考虑产品的适销对路。企业管理的重点在于提高生产效率，增加产量。而反映到市场销售方面，则是一种消极的"等客上门"的思想。"皇帝的女儿不愁嫁"，认为只要产品能生产出来，就不愁卖不出去。卖方占有市场优势地位，左右市场局势。

（2）买方市场。它与卖方市场相对立，是指买方在交易中占优势地位的市场，其特点：①商品供过于求；②消费者持币选购或储币待购；③交易双方中，以买方为主，买方并处于有利地位。买方市场一般出现在商品经济较发达的条件下。

市场上的基本状况是商品供应大于需求,大量生产导致大量销售,大量销售引起卖方相互竞争,从而改变了市场竞争形势。人们可以自由地在市场上挑选自己称心如意的商品,如果对某些产品一时没有相中,可将货币储蓄起来,等待将来有机会再进行购买,这就形成了潜在的顾客。这时市场上交换方式也发生了深刻的变化,出现了以买方为主并且占优势地位的市场形势。企业必须"生产我们能卖的"商品,按照市场消费者的需要来安排生产或组织销售,否则就会造成商品严重积压,危及企业的生存和发展。

3. 按市场竞争程度不同划分

市场竞争是市场经济的必然形态,合理竞争关系的存在也是实现资源有效配置的必要条件。按市场竞争程度的差异,可将市场分成完全竞争市场、完全垄断市场、寡头垄断市场以及不完全竞争的市场。

(1) 完全竞争市场。它是一种存在大量买方和卖方,商品价格无法垄断的市场。完全竞争市场的特征:有数量众多的买者和卖者。每一个卖者提供的商品数量或每一个买者的商品需求量都是极其有限的,在市场总量中比重极小,不能对市场价格实行垄断。市场价格只能由市场供求关系来确定。在我国,农产品市场就基本属于完全竞争市场。

(2) 完全垄断市场。它是指商品生产者或供应者只有一个,而买方有多个,商品价格由卖方垄断的市场。这种类型的市场,如我国的电力市场、铁路运输市场。完全垄断市场的主要特征:在一定市场范围内,同一行业的商品卖者只有一家,其他竞争者无法进入该行业。由此,在这一行业中就不存在竞争。商品价格完全由唯一的商品卖方自己确定。一般而言,在现代市场经济条件下,完全垄断市场是难以形成的。

(3) 寡头垄断市场。它是指由少数几家商品生产者或供应者控制的市场。这种市场的主要特征是:在同一行业内,生产供应商品的厂商只有少数几家;它们垄断了该行业的商品生产、销售及其价格;其他企业要进入该行业参与竞争十分困难。我国目前的通信市场、小轿车市场就属于寡头垄断市场。

(4) 不完全竞争的市场。它是介于完全竞争市场和寡头垄断市场之间的一种市场状态。这一市场的主要特征是:在同一行业里,生产供应商品的厂商数量较多;这些厂商生产的产品有差异和特色;它们既对各自生产、销售的商品价格有一定的控制力量,同时互相之间又存在着一定的竞争;其他企业进入该行业比较容易。一般日用消费品就属于这类市场。

4. 按市场的空间和地域不同划分

依据市场空间范围大小不同,可分为本地市场、地区性市场、全国市场和国际市场。这些市场有明显的层次性,它们在商品流通广度、产品需求特点、供求关系、价格定位、销售方式、销售渠道上都存在某些差异。按市场地域不同，可以分为城市市场、农村市场、山区市场等，这些市场各有自己需求的特点，应分别采取不同的营销策略。

四、市场的基本功能

市场的功能即市场在社会经济生活中的作用，是通过市场自身固有的属性表现出来的市场和基本功能。主要表现为以下几种：

1. 市场交换功能

市场是商品交换的场所和中介，通过市场进行商品的销售，能够实现商品所有权与货币持有权的互相转移，使买卖双方都实现了自己的目的。因此，商品交换功能是市场最重要、最基本的功能。在市场经济条件下，商品生产者出售商品、消费者购买商品以及中间商买进卖出商品，都是通过市场进行。市场推动商品所有权在各当事人之间让渡，商品实体从生产者手中向消费者手中转移，从而满足了消费者需求。

2. 市场竞争功能

竞争是商品经济的产物，只要有商品生产和商品交换就会有竞争。因而，竞争是市场的本质属性和功能。而市场是各企业的竞争场所和空间。竞争可以促进企业不断提高产品质量，增加花色品种，降低产品成本，改善服务态度，以物美价廉、适销对路的商品供应市场，提高企业的市场占有率。

3. 市场调节功能

市场调节功能是通过市场机制、价值规律来体现的。价格、供求和竞争是市场基本构件。它们相互联系、相互制约、相互作用的关系，便是市场机制。市场机制必须对市场主体发生调节作用，尤其是市场主体——企业的微观活动发挥积极的调节作用。企业经营者得到有关市场供求、市场价格和市场竞争情况的信息后，必须采取一定的措施来适应市场的变化需要。如当企业经营者得知本企业的产品在市场上已经供大于求时，就会自然缩减产品的生产，以免造成积压。这就是市场调节功能的表现。市场机制以供求调节、价格调节、竞争调节方式对社会生产、分配、交换、消费的全过程进行自动调节，如对社会资源配置，生产产品总量和种类构成的调节；对生产者、经营者、消费者和各生产要素的所有者或支配占有者之间经济利益分配的调节；对社会商品交换数量、品种与结构的调节；对社会消费水平、消费结构的调节等使社会生产能按一定的比例进行，达到供需平衡。

4. 市场反馈功能

市场既是连接生产和消费的纽带，也是企业洞察消费需求变化和供求关系的

窗口。市场信息是对市场发生的经济活动、消费者需求、商品供求关系及价格变化等的反馈，当它反馈给企业时，就能引导企业按市场需求及其变化趋势组织生产和营销活动，从而有利于商品生产和流通的正常进行。

第二节 市场信息及其收集

市场信息包罗万象，瞬息万变，因此，了解市场信息的特点及分类是进行有效信息收集的基本前提，更是市场调查活动的基本理论前提。

一、信息和市场信息

在市场经济条件下，一个商品生产企业或销售商要想使自己的产品在市场上顺利销售出去，首先需要了解市场的需要和行情（获得各种市场信息），并且按照市场的需求情况进行生产和开展营销活动，这样企业经营活动才能获得成功。由此可见，市场信息对企业的经营活动是至关重要的。市场信息是信息的一个组成部分，我们首先要了解什么是信息。

1. 信息及其特征

客观世界中充满着各种信息，如政府部门发布的公告，邮电部门收发的各类邮件，书、报、杂志上刊登的文章、消息，电视台播放的新闻，其中都包含着信息。总之，凡是人通过感觉器官，即眼、耳、鼻、舌、身及大脑所接受的外界事物及其变化的一切"消息"，都含有信息。人们的生产、工作、学习、生活都离不开信息，人们都是生活在信息的海洋中，每天都要接受大量的经济信息、政治信息、文化信息、体育信息等。那么，什么是信息呢？

（1）信息的含义。一般意义上理解，信息是指事物产生、发生的消息、情报、数据、信号等中所包含的具有新内容的东西，它是对客观事物存在方式和运动状态的一种反映。如"2003年2月1日美国哥伦比亚航天飞机返回地面时失事"这一消息，对于事先不知道的人来说就是一条信息。世界上的一切事物都会发出信息，由此显现出不同的事物特征，从这个意义上说，信息乃表现事物特征的一种普遍形式。

在通信理论上，信息是指消息，它是通信的内容，如信件的来往就是信息的交换。通信的目的是为了消除通信者在某种知识上的不确定性。只有借助信息，人们才能获得知识，消除认识上的不定性，改变原来不知或知之甚少的状态。由此可以看出，信息具有知识的秉性，它是用于消除人们认识上的不确定性的东西。信息论的创始人维纳对信息作了一个解释。他说:"信息是人们在适应外部世界,并且使这种适应反作用于外部世界的过程中同外部世界进行交换的内容的名称。"① 意思是说,信息就是事物存在的方式或运动的状态,以及这种方式或状态的直接或间接的表述。

信息既不等同于物质,又不等同于能量,应该注意到信息与物质和能量的区别。但是,信息与物质和能量是有密切联系的。信息的传递要依赖物质,例如,打仗时下达进攻的命令,它是一种信息,这种信息就是依靠电话、电报中的电流、电磁场或者是信号弹发出的声响、光波等物质载体来传递的。信息的储存也只有借助物质才能实现,如讲话、唱歌中包含的信息,要把它储存下来,就要靠磁带、唱片、书刊等物质形式。显然,信息是不可能脱离物质而独立存在的。信息本身不等同于能量,但获取信息要消耗能量,驾驭能量又需要信息,二者是不能分离开的。例如,各种仪表都会带来信息,出现这些信息都要消耗一定的能量,如机械能、电能等;反之,在运用机械设备进行能量转换时,没有各种信息,就没法指挥和控制,难以实现能量的转换。

(2) 信息的一般特点。信息具有以下特点:

第一,信息的客观普遍性。首先,信息是客观存在的,它同物质一样,不依赖于人的主观意志为转移。信息是由物质运动产生出来的,物质运动是客观的,信息也是客观的。不管人们是否意识或接收到信息,信息总是存在的。其次,信息是普遍存在的,信息是事物存在方式和运动状态的反映。因此,只要有事物存在,只要事物在运动,就存在着信息。无论是在自然界,还是在人类社会,它们的运动变化都会产生无数的信息。因而信息是普遍存在的。由于宇宙空间的事物是无限丰富的,因而它们所产生的信息也必然是无限量的,即使在有限的空间中,事物的发展变化也是无限的,因而信息也是无限的。诚然,由于人类认识领域的有限性,其获得的信息在某一阶段是有限的,但并不能由此否认信息资源的无限性。

第二,信息的可感知性。人类通过眼、耳、鼻、舌、身等感觉器官可以直接感知、识别各种信息。例如人们用肉眼看到了春草发芽、柳树吐絮,就获知了大地回春的信息。但是,单凭感觉器官进行感觉和识别信息是原始的和有限的。随着科学技术的进步,人类发明了各种仪器、仪表和传感器,从而大大扩展了获取信息的能力。当代现代化通信系统的发展使我们可以通过电报、电话在数分钟内接收万里之遥的信息。一颗通信卫星可以将数以千计的信息传播到地球上 1/3 的地区。

---

① 罗贵权. 信息经济学 [M]. 中国广播电视出版社,1996.

第三,信息的可传递性。指信息可以依附于一定的物质载体进行传递。人与人之间信息传递一般依靠语言、文字、表情、动作,社会信息的传递则通过报纸、杂志、文件等。随着现代通信技术的发展,信息可以通过电话、电报、电视、广播、通信卫星等通信手段进行传递。在现代化大生产条件下,个体的、自发的信息交流形式,已远远不能适应经济发展的要求,因而社会信息的传递,应通过信息网络系统有计划、有组织,连续不断地进行。

第四,信息的可转换性。人类社会各种信息源输出信息的目的之一是为了相互交换,以沟通信息,使信息资源得到充分利用。信息的存在和表现形式并非固定不变,它的形式可以变换。例如信息可以采用语言、文字、数据、图表等形式,也可以转换为计算机的代码、磁带上的声波,或者邮电系统的电信代号,而代码、代号、声波等又可以转换为语言、文字。

第五,信息的可处理性。人们对接收的信息可以通过大脑、电子计算机等对其进行加工、整理,以便分析、研究,从中获取有价值的东西。具体来说,人可以按照既定目标要求,对信息进行收集、加工、整理、归纳、概括,通过筛选和整理,去粗取精,去伪存真,由此及彼,由表及里,使信息精炼浓缩或者扩值放大,变成对人类有用的东西。对于暂时不用的信息,人们还可以把它存贮起来。信息的存贮可分为体内存贮和体外存贮两种。体内存贮是人体通过大脑的记忆把信息存贮起来;体外存贮则依赖于各种物质载体,如通过各种文件、书刊、报表、录像、录音、磁盘等存贮各种数据和资料。

第六,信息的知识性。人们获取了信息,从一定意义上说,也就获得了知识。因为得到了信息,就能消除人在某一问题上认识的不确定性,改变原来不知的状态。正因为信息具有知识性,信息才能成为一种社会资源,被人类日益重视。人们之所以接收信息,其目的就在于增长知识,解除疑惑,认识世界,进而改造世界。信息对人类的价值大小,客观上决定于信息所含知识量的大小。

第七,信息的共享性。信息的共享性是指同一个信息可以同时被众多人所占有、享用。信息与物质不同,物质是不能共享的。例如,一件衣服不能同时穿在两个人身上。而信息则不同,它可以同时被众多人占有、利用。

2. 市场信息及其特征

市场的反馈功能实际上就是市场信息的传递过程,市场调查的核心就是对市场信息的收集、处理、判断、分析的过程。因此,正确把握市场信息的概念及其特征,对学习市场调查理论与实践有着十分重要的意义。

(1)市场信息的含义。市场信息是信息中的一个门类。所谓市场信息,是关于市场经济活动及其相关因素的各种消息、情报、数据、资料的统称。它属于社会经济信息范畴,是市场经济活动的现状及其变化状态的反映。如"银行今年利率下调2%"、"××牌商品降价20%"都是不同的市场信息。

市场信息一般通过语言文字、图像等表现出来。例如，在广播电视中获知某种商品的特点、销售价格、销售地点的消息；在报刊上得到某地区某时间农副产品品种、价格、差异方面的情况；在调查问卷统计资料中了解到消费者收入、消费结构、意向、商品普及率的内容；在广泛的社会接触中获得开发新市场的情报，这些都是市场信息的具体表现，反映着市场状况及动态。

(2) 市场信息的主要特征。市场信息除了具有一般信息共同具有的特点外，还有自身的一些特征：

第一，市场信息有广泛的社会性。首先，市场信息是一种普遍的社会现象，其内容涉及整个社会。在社会主义市场经济的条件下，一切商品的生产、分配、流通、消费都同市场紧密联系在一起，国民经济的运行、管理以及整个社会生活也与市场紧密联系在一起。市场所具有的广泛社会性决定了市场信息联系着国民经济的各个领域，社会生活的各个方面，具有极其广泛的社会性。其次，市场信息工作关联着整个社会。传输、接收、处理、提供、使用市场信息的绝不仅仅是在市场上从事商品交换的企业，国家的各类机构为实现其管理职能，需要市场信息；社会上的各类团体、组织，为参与社会活动，需要市场信息；社会个人作为消费者均离不开市场信息。市场信息的这种广泛的社会性将随着市场经济的发展而日益明显。

第二，市场信息有明确的来源和目的性。市场信息直接产生于市场经济活动及与市场有关的事物的动态变化之中。市场主体的活动、各种交易行为、市场供求关系及其变化、影响市场主体行为与供求状况的各种相关事物活动，都构成市场信息的来源。市场信息的收集、加工、传递、存贮都是围绕市场进行的，是直接为企业市场活动的有效性、经营决策的科学性服务的。

第三，市场信息有多样性。市场信息的内容和形式呈现出复杂性和多样性。其中不仅有生活资料、生产资料等物质商品市场的信息，还包含资金、技术、劳务、房地产等要素市场的信息；不仅有来自生产商、中间商、消费者、政府等市场主体的活动信息，还有来自市场管理机构、新闻媒体、广告业、咨询业、股东、保险业等市场活动参与者的信息。内容不仅包括与交易活动直接相关的商品供应量、需求量、销售额、品种、质量、价格等，还包括间接影响交易行为的市场需求潜力、销售前景、市场占有率、竞争状况、产品信誉、企业知名度、广告效果、消费趋势以及消费者的需要动机、购买行为等。形式不仅有反映已经发生的市场运行现象与过程的历史信息和反映正在进行的市场经济状态的现时信息，还有揭示市场未来发展变动趋势，预测市场未来可能发展水平的未来信息，不仅有系统化的统计资料、法律文件等固定信息，还有随时反映市场经济活动进程动

态的市场供求变动、价格涨落、利率变化、商品结构调整、消费流行等流动信息。

第四，市场信息有价值性。市场信息获取、加工处理、存储、传递、输出凝聚着复杂的人类劳动，同其他商品一样具有价值；它可为信息使用者提供决策的依据，给信息使用者带来良好的经济效益或其他方面较好的使用效果。如"今年洗衣机销售量大增"这一市场信息对生产洗衣粉和肥皂的厂家是很有价值的。厂家依据这一信息就要调整生产计划，增加洗衣粉的产量，减少肥皂的产量。要想使信息创造更多财富，企业就要不断地收集准确、可靠、适用的市场信息，并及时地作出准确决策，提高企业经营效果。

第五，市场信息有时效性。市场信息是反映市场经济活动的，主要反映其变化和运动特征。然而，市场变化十分频繁、迅速，因此，市场信息在一定时间内、一定阶段内是有效的。随着时间的推移、事物的变化，有些过时的市场信息就会失去效用。企业要认真区分哪些市场信息是有效的、哪些市场信息已经失效了，对有效的市场信息要善于利用，对无效的市场信息要坚决抛弃。

市场信息同其他资源一样，可以转化为财富。一条信息可以救活一个企业，这样的事例屡见不鲜。下面是企业如何抓住市场信息来搞活经济的典型案例。广东省湛江家用电器公司，1982年下半年，由于港元贬值，外贸部门砍掉了他们的电饭煲出口指标，给公司经营造成了极大的困难。正当他们准备停止进料和压缩生产人员时，收到了湖南传来的一条信息，说湖南省"以电代柴"规划会议正在平江县召开。公司经理得到这一信息之后，立即带领5名市场信息人员赶到平江。在那里，他们不但与湖南省首批"以电代柴"试点县签订了供货合同，而且，从会议上又获得了中央决定在全国搞100个电气化试点县的信息。他们一计算，全国100个试点县连同各大中城市每年需要电炊具1000万套，而当时全国电饭煲的年产量仅300万只，于是，他们立即写信回去，让公司不要压缩人员，并大量购进原材料，增加电饭煲的生产。在会议期间，公司经理又带领市场信息人员到农村搞调查研究，从农民那里得知，实行"以电代柴"以后，光有电饭煲不行，还要有蒸馒头、烧开水、炒菜和取暖的用具等。回到公司后，他们马上组织力量研制电蒸笼、电炒锅、电水壶、多用电饭煲、暖风机等一系列配套产品，1983年上半年陆续将产品投放市场，受到了广大农民的欢迎。从1982年以来，这家公司的电饭煲产量由46万只增加到1985年的150万只，但仍供不应求。许多人说："一条信息使湛江家用电器公司跨进了黄金时代。"①

---

① 杨新华. 市场调查与预测决策 [M]. 长春出版社，2003.

二、市场信息的分类

市场信息的分类依据其划分标准的差异性可以被无限划分，从业界和学界研究与实践的状况来看，通常会有以下三种基本的分类，即内源市场信息和外源市场信息、原始的市场信息和加工后的市场信息、定性市场信息和定量市场信息。

1. 按市场信息来源不同划分有内源市场信息和外源市场信息

内源市场信息是指产生于企业内部，反映企业自身经营活动的市场信息。例如，一个商业企业内部的商品购销、调存情况、资金流转情况、计划执行情况，即属于内部市场信息。这类信息与企业效益直接相关，必不可少。

外源市场信息是指来源于企业之外的政府机构、社会团体、企事业单位、媒体等的市场信息。例如，对一个商业企业来说市场的货源情况，竞争情况，国家经济政策变动情况，新闻媒体传出的市场动态，问卷调查、统计资料反映出的消费者的情况等属于市场外源信息。这类信息与企业利益间接相关。及时获得外部信息，对企业的适应力、竞争力、开拓新市场等很有益处，但这方面的信息收集难度大。

2. 按市场信息产生过程不同划分有原始的市场信息和加工后的市场信息

原始市场信息是指没有经过任何人处理、加工过的市场信息。它是最直接地反映市场经济活动及其相关因素的现状及其变化趋势的信息，又称为一次性信息。企业生产销售的有关原始单据、凭证，如原材料购进成本记录、产品销售数字、职工工资发放表等。原始市场信息有量大、分散、非规范性等特点。各种原始信息是全面把握市场信息的基础，是了解企业营销活动和整个国民经济活动的重要依据。

加工的市场信息，顾名思义是指人们按照一定的目的和要求进行加工、处理后的市场信息。加工后的市场信息是建立在原始的市场信息基础上，运用科学的方法筛选归纳、整理分类后得出的市场信息。如企业季度或年度的财务报表、生产报表，政府部门、统计局等公布的经济数据等。这类信息条理性强，有一定的共享性。但加工整理中难免掺入主观成分，这一点人们在使用时应当注意。

3. 按市场信息的作用不同划分有定性市场信息和定量市场信息

定性市场信息是对市场经济活动及其变化趋势质的规定性的反映，它一般不具有数量的特征。如"今年市场上空调器仍供大于求"就属于定性市场信息。定量市场信息是对市场经济活动及其变化趋势量的规定性的反映。如"今年空调器产大于销将达 500 万台"。定量市场信息有明确的数量表示，它是对市场经济活动和变化趋势在认识上的深化和精确化。无论是定性市场信息还是定量市场信息，都是认识市场不可缺少的内容。

三、市场信息的主要内容

一个企业在生产和经营过程中需要得到的市场信息是多方面的,概括起来可分为以下内容:

1. 市场需求及其变化情况的信息

市场对企业产品的需求及其变化情况直接关系到企业的生存与发展,关系到企业全部生产经营活动的安排。因此,市场需求及其变化情况信息是企业最关心、最重视的市场信息之一。市场需求说到底就是消费者、用户的需求。它包括:

(1)消费者对商品需求总量和需求结构的信息。具体有以下内容:市场对产品的总需求及需求量在各地区分布信息;需求量的变化情况及其发展趋势的信息,如需求量是增加还是减少等;消费者或用户对同类产品的品种、规格、质量、款式等要求的信息。

(2)消费者或用户对本企业产品质量和服务质量是否满意的信息。

(3)消费者或用户潜在需求的信息。随着社会生产发展和人们生活水平的提高,消费者的需求也是在不断发展的,他们会产生新的消费需求。企业应及时抓住这一方面信息,不断开发新产品,提供新服务,以满足消费者的新需要。

2. 消费者和用户基本状况的信息

消费者和用户基本状况的信息是构成市场信息的重要内容,它往往会在以后的调查数据统计分析中产生重要作用。例如,在交叉项分析中,关于消费者和用户基本状况的信息一般会被普遍使用。消费者和用户基本状况的信息主要包括:

(1)消费者和用户的总数及地理分布等信息。它包括购买本企业产品的消费者、用户的数量、地理分布;同类产品的消费者、用户在全国或全省、全市的总数及地理分布。

(2)消费者、用户个体的基本信息。它包括购买本企业产品消费者的年龄、性别、职业、民族、文化程度、收入等信息,购买本企业产品的用户单位基本状况的信息。

(3)消费者结构的信息。它包括消费群体中各类人员的构成比重等方面的信息,如男女构成比例。

3. 商品价格及其变化趋势的信息

价格对产品的销售和企业的获利情况有着重要的影响。因此,商品的价格及其变化情况也是企业要搜集的重要市场信息之一。商品的价格及其变化情况的信息主要包括:

(1)本企业销售的同类产品在全国各地区市场价格差异的信息;

(2)商品价格的变化及其发展趋势的信息;

（3）影响价格变化因素的信息，如供求关系变化、产品的寿命周期等因素，都会影响价格变动。

4. 影响消费者消费的各种因素的信息

影响消费者消费的因素非常多，既有主观因素也有客观因素，既有显性因素也有隐性因素。因此，与之相关联的信息也很多。下面所概述的影响消费者消费的各种因素的信息，主要是指多数消费者可能共同存在的显性信息。

（1）城乡人民的收入水平及其变化情况的信息。

（2）消费者的购买动机及其变化情况的信息，如随着人们生活水平提高，人们更加关注身体健康，人们对保健品需求不断增大。

（3）城乡人民的消费结构及其变化情况的信息，如由于人们收入增加，恩格尔系数不断下降，从而引起人们消费结构的变化，住宅、小汽车成为人们消费的热点。

5. 技术进步及新产品开发的信息

技术进步和新产品开发情况关系到企业的长远发展和产品在市场上的竞争能力，因此，技术进步及新产品开发的信息对企业来说十分重要。主要包括：

（1）本行业的生产技术发展水平（包括国内、国外）和发展趋势的信息，如生产冰箱采用环保型的无氟技术。

（2）国内、国外与本企业有关的新产品开发的信息。

6. 同行业竞争状况的信息

在市场经济大背景下，企业与企业之间的竞争日趋激烈。竞争状况如何，对企业的经营与决策有着重要的影响。为此，必须重视竞争信息的搜集和关注竞争发展的动向。竞争情况的信息主要包括以下内容：

（1）竞争对手基本状况的信息，如竞争对手的数量、规模、技术实力、销售额、市场占有率等信息。

（2）竞争对手竞争行为的信息，如竞争对手开发新产品的动向、价格变动情况、促销措施等信息。

（3）本企业在同行业中地位及差距的信息。

7. 社会政治法律因素的信息

社会政治法律因素能直接或间接影响企业的生产、经营活动，为此企业要认真收集政治法律因素的信息，主要包括：

（1）党的路线、方针、政策及其变化的信息。

（2）党和政府提出的各个时期要完成的主要经济目标和任务。

（3）立法、执法部门制定的法律法规。

（4）政府出台的财税、金融政策等。

8. 国际市场及其发展变化的信息

随着我国加入WTO，我国经济将融入全球经济中。要使产品更好地进入国际市场，企业必须掌握国际市场及其变化的信息，主要包括国际市场环境的信息和国际市场交易状况及其变化的信息。

（1）国际市场的政治、经济、文化的环境信息。国际政治环境信息主要收集各国政治制度及友好关系的情况，各国的有关法律、法规、政策等。例如，国家与国家的友好情况在很大程度上影响两国之间的贸易往来。如近年来我国和俄罗斯的关系逐渐友好，中俄两国的进出口贸易就有了较快的发展。在国际市场政治环境信息中，要特别重视收集各国政府对进口商品控制的法规、政策，其中主要有保护关税政策、许可证制度、进口配额制。保护关税政策，也叫关税壁垒政策，就是用征收高额进口关税的办法来抵制外国商品的输入，以达到保护本国某些工业发展的目的。所谓许可证制度，就是要求进口外国商品的单位或个人，在货物进口之前必须向政府申请并获得政府发给的入关许可证，然后才能进口外国商品。在实行许可证的制度下，政府对某些商品的进口往往是实行严格控制的。进口配额制，就是指政府对进口的某些商品规定严格的数量（配额），如果超出配额的数量，就不准进口，或要征收高额关税，或进行罚款。上述这些方面的信息对我国扩大商品出口是必不可少的。我国现已加入WTO，我们要尽快熟悉WTO的有关条文，学会按国际规则办事。

国际经济环境的信息，主要包括各进口国的人口数量、地区分布、家庭数量及人员构成、国民经济发展状况、居民收入水平、居民对消费品的需求等资料，还包括地理环境、气候等资料。

国际文化环境的信息，主要包括各进口国的居民受教育的程度、宗教信仰、风俗习惯、人们的审美观念、价值观念。文化环境的信息与商品销售有密切的关系，如印度人禁食牛肉，很显然，牛肉食品就不能进口到印度。在世界上存在着各种不同的宗教，每一种宗教都有自己的信条习惯、礼节，这对产品的需求有重要的影响。例如，比利时地毯商范德维格聪明地将扁平的指南针嵌入祈祷地毯。这种特殊的指南针不是指南或指北，而是直指圣城麦加。这样，伊斯兰教徒不管走到哪里，只要把地毯往地上一铺，麦加方向顷刻之间就能准确找到。这种地毯一推出，在穆斯林居住地区立即成了抢手货，几个月内，范德维格在中东和非洲迅速就卖掉了25000多块地毯，赚了大钱。

（2）国际市场商业经济情报的信息。国际市场商业经济情报的信息反映了世界各国贸易往来及经济活动变化最新动态。如世界各银行利率的变化、汇率比价变动、各国进出口业务变化、价格的变动等，这是企业开展进出口业务至关重要的信息。经常地、及时地、准确地收集和掌握国际市场的商业、经济活动及变化信息，对企业制订和调整国际市场营销策略，战胜竞争对手，牢固占领国际市场，扩大产品进口，都有十分重要的意义。例如，福建某电机厂的电机进入国际市场后深受中国香港地区和东南亚各国用户的欢迎。后来日本电机厂商降价10%在香港市场与他们竞争，该厂获悉这一国际商业信息后，也立即作出降价的决策，结果挤垮了日本电机产品，使自己的产品在香港市场上处于优势地位。

总之，系统、快速地收集国际市场商业、经济活动及变化的信息，对于一个企业开拓国际市场，提高参评的国际竞争力、扩大进口，都是十分必要的。

四、市场信息收集的主要途径

市场信息是企业经营活动不可缺少的依据。企业作为市场信息的主要使用者，可以从多方面去收集各种市场信息，主要途径如下：

1. 通过市场调查收集市场信息

市场调查是指企业以市场为对象，运用科学方法收集、记录、整理分析有关市场信息资料的实践活动。因此，市场调查是企业自觉收集市场信息的重要途径。

2. 通过政府部门收集市场信息

政府各个部门是管理各行业的行政机关，它们往往掌握整个行业产、供、销的全面情况，因而它们是市场信息的重要发源地。如信息产业部就掌握我国整个信息产业发展的全面信息，包括电子计算机生产、销售的信息。国家和地方的统计局历年发表的国民经济和社会发展计划执行结果的公报，包括工农业总产值和国民收入的增长情况，农业、工业、固定资产投资、交通运输、国内商业、对外经济贸易、科学、教育、文化、卫生、体育、人民生活和人口等各方面的内容，这对企业了解市场环境有很重要的作用。

3. 通过银行系统收集市场信息

银行是全国金融信贷的中心，也是全国经济信息的中心。银行机构遍及全国各地。银行由于自身业务活动的需要，掌握了国家和地方经济发展状况、市场供求变化状况、市场需求发展变化的动向、社会资金流向、一些企业生产经营状况等信息，所以银行系统是我国市场信息的重要来源。

4. 通过各种大众传播媒体收集市场信息

大众传播媒体包括报纸、杂志、图书、广播、电视等，它们是传递社会信息，包括市场信息的重要工具。

5. 通过企业销售人员和销售服务网点收集市场信息

企业的销售人员经常活动在市场之中，他们与商业部门、消费者和用户有着密切的联系，因此，可以向企业提供各种有用的市场信息。许多企业有明确规定，推销人员外出推销产品，回厂时必须带回市场信息。许多企业都在全国各地

建立销售和服务网点。这些经销点既是推销产品的"窗口",又是分布在全国各地的市场信息网络。企业可以灵敏地捕捉到市场的各种信息,并根据市场动向作出生产、经营决策,组织新产品开发或销售活动。

6. 通过各种商品交易会、订货会等收集市场信息

各种形式的商品交易会、订货会、展销会是企业收集市场信息的重要方式。如在订货会或展销会上可以了解各种产品的供求状况及需求发展趋势,了解竞争者推出了什么新产品,他们的产品质量、价格水平和服务情况等信息。同时,还可以与客户建立比较密切的联系。

7. 通过各种信息中心和信息咨询机构收集市场信息

各种形式的信息中心、信息咨询机构储存着大量的信息资源,它们可以为企业提供各种信息咨询服务,使企业获得有用的现实信息。这里所指的信息咨询机构也包括专门从事市场信息收集、加工、整理、研究的市场调研机构。

第三节 市场调查的概念和作用

市场调查是随着商品经济的发展逐步形成的一种了解市场、认识市场的重要经济活动。有市场存在,就必然有市场调查,在市场经济条件下市场调查越来越显得重要。

一、市场调查的概念

如何理解市场调查这一概念,人们存在一定的差异,这主要是因为人们对市场含义理解不同造成的。狭义的市场调查概念是把市场理解为商品销售对象,即消费者群体,因此,狭义市场调查是指对消费者的消费需求、消费水平、购买动机、购买行为等方面资料的收集、记录和分析研究。广义的市场调查概念是从市场营销活动角度来理解的,它认为市场调查除了对消费者进行调查外,还对企业的营销环境、营销状况、营销全过程等方面进行全方位的调查。如在国外较有影响的美国市场营销学会给市场调查所下的定义:"市场调查是有系统地收集、记录及分析有关商品与劳务的市场营销问题的资料,此项工作可由独立单位担任,也可由企业本身或其代理人进行,来解决他们的市场营销问题。"这被称为广义的市场调查的定义,因为它的调查范围包括了企业市场营销的各种因素在内,诸如产品、销售渠道、价格以及宣传推广的调查研究。

本书认为市场调查是运用科学方法,有目的地系统收集、记录、整理和分析市场信息资料,从而认识市场发展变化的现状和趋势,为市场预测、经营决策提供科学依据。这一定义包含了以下几层意思:其一,市场调查是一种有目的、有意识的认识市场的活动。任何一项市场调查,都不是盲目地进行,而是围绕企业经营活动中存在的问题而展开的,有明确目的性。其二,市场调查的具体对象是市场体系,即市场主体(家庭、个人、政府、企业)、市场客体(消费品和生产要素)、市场媒体(货币、价格、信息)等。其中,市场调查的重点对象是消费者市场。其三,市场调查需要借助一套科学方法,其中包括观察调查法、询问调查法、问卷设计、实验设计,也包括抽样调查的技术等。其四,市场调查是为企业的市场预测和经营决策服务的。市场调查是一种认识市场的手段,它本身不是目的,它最终是为企业的经营决策服务的。其五,市场调查的任务是收集、记录市场信息。市场调查与市场信息有着极为密切的关系。市场信息直接构成市场调查的内容,市场调查是围绕着获取某一方面的市场信息而展开的。

下面通过对日本自行车是如何打进欧美市场进行的市场调查的案例帮助读者理解什么是市场调查。

中国是世界上自行车拥有量最多的国家,但出口数量却不多,进入欧美市场的则更少。欧美是世界自行车的主要消费地区,在激烈的自行车经销竞争中,日本取得了成功,他们成功的关键是通过市场调查准确掌握了市场的信息资料并加以应用。例如,调查欧美人的体格特征。欧美人的手与腿比日本人的长,于是他们特意设计不同高度与距离的车架座垫和车把来适应欧美人的需要。又如,调查欧美流行色彩。1984年,他们调查得知欧美人对颜色的爱好:蓝色占27.4%,红色占25.9%,银灰色占14%,黑色占15.3%,奶白色占11%,其他占6.3%,等等,根据这些数据来调整自行车的色彩。再如,调查自行车在欧美的用途。在欧美市场上自行车代步数量等功能早已被汽车或其他交通工具所代替,现在其主要用途:旅游、娱乐、运动、健身、妇女短途购物及学生上学所用。根据这些特点,日本在款式造型、原料工艺、包装、价格等方面作了相应的改进。通过以上几方面细致的市场调查,使日本的自行车成功地打进了欧美市场。

二、市场调查的类型

从不同的角度、按照不同的标准,市场调查可以分为以下不同的类型:

1. 探测性市场调查、描述性市场调查和因果性市场调查

根据市场调查的目的不同划分,有探测性市场调查、描述性市场调查和因果性市场调查。

(1) 探测性市场调查。它是为了使企业经营中存在的问题能够明确而进行的市场调查。它是在企业对存在的问题不明确、不清楚的情况下开展的调查,其目的是通过收集一些有关的市场资料，以确定企业经营中存在问题的症结。例如，某公司近一段时期销售额持续下降，公司不明确产生这一问题的症结是市场已经饱和、广告宣传不力、销售价格偏高，还是消费者偏好改变？要找到销售额下降问题的症结，就可采用探测性市场调查。探测性市场调查属于初步的市场调查，通过探测性市场调查可以查明问题的症结，为进一步探讨解决问题的办法打下基础。探测性市场调查方法较为简单，一般不必制订严密的调查方案，灵活性强。

（2）描述性市场调查。它是指企业对有关的市场现象、市场因素做准确、如实反映的调查。例如，某企业欲调查购买本企业产品的顾客是一些什么人，他们的性别、年龄、职业、收入、文化程度等，以及他们对产品有何看法。这样的市场调查就属于描述性市场调查，描述性市场调查要求对所研究的市场现象、市场因素作客观的全面的反映，所以称为描述性的调查。

在市场调查实践中大量的市场调查都属于描述性市场调查。如对产品调查、销售渠道调查、竞争对手调查等均属于描述性市场调查。描述性市场调查作为正式市场调查的一种，所获得的资料必须要真实、详尽、系统，在调查中必须按市场调查的步骤进行，要有完整的市场调查方案和精密的搜集资料的工具。描述性市场调查所取得的市场资料是了解和分析市场的基础。

（3）因果性市场调查。它是为了研究两个市场变量之间是否存在因果关系的调查。如果一种市场现象的变化会引起另外一种市场现象的变化，则前者称为原因，后者称为结果，这两种市场现象之间就存在着因果关系。消费者的收入和消费者的购买力之间就存在着因果关系，消费者收入增加必然会导致消费者购买力的提高。如果说，描述性市场调查侧重回答"是什么"，那么，因果性市场调查侧重回答"为什么"。因果性调查旨在发现现象之间的因果关系，如要调查"消费者为什么喜欢购买海尔牌电冰箱"，海尔电冰箱畅销国内外，这是结果，必然有它的背后原因（如产品质量好），对这类客体的调查就是因果性的市场调查。因果关系的调查在于找出市场现象之间的因果关系。可以运用从描述性调查资料中找出的市场现象之间的关系，进一步分析、揭示出原因和结果的关系，也可以收集各种变量的具体资料，并运用一定的方法进行综合分析、推理判断，在众多的联系中揭示市场现象原因和结果的关系。因果关系的调查对宏观市场管理决策和企业市场营销决策是更为直接和有利的。

2. 消费者市场调查和生产者市场调查

根据市场购买主体不同，市场调查可分为消费者市场调查和生产者市场调查。

消费者是指以满足个人生活需要为目的的商品购买者和使用者。消费者市场购买主体是个人或家庭这类消费者。消费者市场是最终产品的消费市场，是社会再生产中消费环节的实现。消费者市场调查的目的主要是了解消费者需求数量和结构及其变化。而消费者的需求数量和结构的变化受到多方面因素的影响，如人口、经济、社会文化、购买心理和购买行为，等等。对消费者市场进行调查，除直接了解需求数量及其结构外，还必须对诸多的影响因素进行调查。生产者市场购买主体是生产性的企业，其购买目的是为了生产出新的产品或进行商品转卖。生产者市场调查是初放市场调查，主要是对市场商品供应量、产品的经济寿命周期、商品流通的渠道等方面内容进行调查。

消费者市场和生产者市场的区别，不仅体现在购买主体的不同，而且在购买特点和购买目的上都有所区别。消费者市场的商品购买活动频繁、零星、量少，购买活动有一定弹性，购买商品目的是进行消费，着眼于商品的使用价值。这个市场的购买者一般都缺乏较专门的商品知识，服务质量的高低对商品销售量的多少影响很大。

生产者市场的购买活动定期、量大，缺乏一定的弹性，购买者一般具有专业知识，不是轻易能够说服的。购买商品的目的是为了生产，为企业带来经济的利益。

3. 定期市场调查、经常性市场调查和一次性市场调查

根据市场调查的时间要求不同，市场调查可分为定期市场调查、经常性市场调查和一次性市场调查。

（1）定期市场调查。它是指企业针对市场情况和经营决策的目标，按时间要求定期所做的市场调查，它的形式有月末、季末、年终调查等。通过定期调查，分析研究一定时间内企业经营活动的内部和外部信息，以便科学地认识市场环境，定期按计划指导业务经营活动。

（2）经常性市场调查，也叫不定期的市场调查。它是根据企业经营活动的实际需要，组织进行不定时的连续调查。如企业对产品质量的调查，消费者对商场服务质量的调查都属于经常性的市场调查。在经常性市场调查中，每次调查时间、内容都是不固定的。

（3）一次性市场调查，也叫临时性市场调查，它是为解决企业某一经营问题的特殊需要，组织进行的一次调查。问题解决了，市场调查也就结束了，例如某企业要开发新产品，对新产品开发的可行性进行一次专门的市场调查就是属于一次性市场调查。

此外，市场调查按产品层次不同可区分为很多不同商品类别或商品品种的市场调查。如按市场商品大类可分为食品类、衣着类、文娱用品类、日用品类、医药类、燃料类等的市场调查。各种商品大类的市场调查还可进一步区分为不同的小类或具体商品的市场调查。如食品大类商品又可区分为粮食类、副食类、蔬菜类、干鲜果类、调味品类等小类商品的市场调查；副食类商品又可具体分为肉、

禽、蛋、鱼等商品的市场调查。市场调查按空间范围不同，可以分为国际性市场调查和国内市场调查。国内市场调查又可分为全国性市场调查、地区性市场调查和本地市场调查，也可分为城市市场调查和农村市场调查。

科学认识市场调查的各种不同类型，有助于对各种市场问题进行深入的研究分析，便于针对不同类型市场的特点、功能，提出不同调查要求，选择正确的调查方法和技术，获得好的调查结果。

三、市场调查的原则

现代市场调查的特点是目的性、系统性、决策性和真实性。因此，在市场调查活动中必须按照市场调查的原则进行。市场调查的原则，是指在决定、策划、进行市场调查活动时应该遵守的规范和标准，主要是指市场调查活动的设计者、调查结果的提供者和信息数据的收集者和处理者应该遵守的行为规范和工作标准，是市场调查活动取得成效的保证，也是调查机构和调查人员树立信誉的主要途径。

1. 可信性原则

可信性原则，是指在市场调查过程中，应该遵守真实的、实事求是的、可以令信息资料使用者相信的工作原则。市场调查是为了给企业的决策提供依据，如果调查后获取的资料内容虚假，可能会对企业产生误导作用，它所造成的危害比没有调查可能还要大得多。因此，收集和提供真实的信息资料是进行市场调查活动的首要原则。

2. 适用性原则

适用性原则，是指调查活动提供的信息资料内容适合企业进行经营决策时使用的原则。企业进行市场经营决策，有时需要的信息可能只有关键的几条（个）。如果市场调查机构收集了数量比较大的信息资料，可是偏偏少了关键的那么几条，企业仍然不能很好地进行决策。因此，市场调查活动的质量不在数量上，而在对企业决策的适用性上。市场调查机构应该尽量收集和提供企业需要的更多的信息资料。

3. 系统性原则

系统，是指因为各种不同的事物相互联系、相互影响、相互制约而形成的一个整体。坚持市场调查的系统性原则，首先，需要深入、全面地对系统内的有关事物以及它们之间的关系进行调查，不能顾此失彼、丢三落四。其次，注意调查系统内的主要矛盾和矛盾的主要方面。在一个系统内存在着这样一个事物，它的存在和变化会对系统内其他事物的存在和变化起到主导作用，这就是系统内的主要矛盾和矛盾的主要方面。主要矛盾或矛盾的主要方面代表了系统的主要特征，并且对系统的发展变化起主要作用。因此，系统内的主要矛盾是市场调查活动的主要对象。要对系统内各种事物之间的联系以及变化发展的因果关系进行调查，至于调查系统内不同事物之间的联系或者因果关系，可以用已知事物去了解和预测系统内未知事物的发展变化，为市场预测提供有利依据。

4. 动态性原则

市场中的任何事物都处于不断地变化和发展过程中，不变化的事物是不存在的。因此，在市场调查活动中，必须用发展的、变化的、动态的观点指导工作。用动态的原则指导调查活动，就应该做到不仅要注意市场的现状，而且还要了解市场的过去；不仅满足于已经掌握的信息资料，而且还要注意发现和收集没有掌握的信息资料；不仅应该妥善保管已经拥有的信息资料，而且还要注意不断地进行信息资料的更新和完善，尽量保持信息资料与市场变化的动态同步性。

5. 经济性原则

经济性原则，是指尽量使用最小的成本和最短的时间提供可信的、有用的信息资料。首先，应该注意调查活动的成本和收益之间的关系；其次，尽量节省调查活动过程中的费用。可以采用低成本的方法就不要使用高成本的方法，能够节省的开支就应该尽量节省。

6. 科学性原则

为了在市场调查活动中能够贯彻以上原则，首先也是最后应该贯彻的原则就是科学性原则。市场调查的科学性原则要求调查人员树立对待调查工作的科学态度，提高对信息工作的认识；重视信息在收集、整理和分析过程中的特点和规律，注意遵守市场调查的程序和要求；注意信息资料的时效性、保密性和使用价值，规范调查人员的行为和调查活动，有效降低各种功利性因素对市场调查活动的影响，防止各种伪科学的干扰；坚持对调查的管理和监督，以便保证调查活动的质量标准，保证及时、准确、全面提供有用的资料；应该坚持定性调查和定量分析相结合的科学方法，以便提供可以进行决策的依据；应该注意对调查活动的总结和提高，以利于以后的调查活动等。这些都是调查的科学性原则。没有科学的工作态度、工作作风和科学的管理制度，是不可能获得好的调查成绩的。

四、市场调查的重要性

市场调查的重要性，尤其是对消费者需求调查的重要性，已经越来越引起企业经营决策层的重视，尤其引起了一些跨国公司高层的重视。例如，美国福特汽车公司的首席执行官在谈到对中国市场的开拓时反复强调，要调查了解中国的消费者有什么要求，就要了解他们需要哪些方面的服务。而居世界十大名牌之首的可口可乐公司总裁，在中国参加经济高峰会议期间亲自到上海的大街小巷进行市

场调查,他非常注重可口可乐产品放在商店的什么位置才可以方便消费者购买的问题。经过调查后他认为,如果能把可口可乐放在与西瓜同样的,起码是仅次于西瓜的位置,销售量一定可以增加。由此可见,大企业的高层领导人对市场调查的重视以及重视的细微之处。

没有调查就没有发言权。在市场经济条件下,没有对市场的调查研究就同样没有对市场经济和市场活动的发言权。市场调查对企业的意义如下:

1. 市场调查是企业经营决策的前提

了解市场目前情况是市场调查的首要功能,即描述功能。市场是企业经营活动的始点和终点。因此,对于企业而言,了解市场目前状况和程度是进行经营决策和经营活动的前提,是企业经济活动和工作运转过程的第一道工序,也是决定市场胜负的一个首要环节。

2. 市场调查是企业生存和发展的条件

发现机会和风险是市场调查的第二个功能,即发现功能。企业能够生存和发展,完全是因为它能够不断地发现市场没有被满足的需求,即发现市场机会。只有不断满足顾客的需求而成功地实现了交换,不断地了解消费者的需求而使企业的产品拥有稳定的忠实的市场,企业才能发展,同时,也只有通过市场调查发现和预测风险,并且成功地避免风险,企业才能获得生存。因此,市场调查的发现功能是企业生存和发展的基础条件。

3. 市场调查是企业进行市场竞争的有力手段

解释和分析问题是市场调查的第三个功能,即手段功能。竞争是市场经济加在企业身上的唯一压力。无论竞争的策略有多少,无论市场如何发展,"知己知彼"是任何竞争都必须具备的手段和策略。充分了解自己和竞争者才是企业立于不败之地的根本。

4. 市场调查是企业提高经济效益的主要方法

利润的获得和增加有赖于不断寻找和确定新的利润增长点,在于寻找和确定增加收入和减少开支的途径。效益是市场调查的第四个功能。在市场环境变化快、消费需求差异过大的情况下,市场调查一方面可以使企业有目的、有针对性地进行新产品的开发,从而增加销售收入;另一方面又可以使企业避免因为盲目开发而造成时间、人力和物力的大量浪费。因此,科学的市场调查属于投入小、产出大的投资活动,是企业提高经济效益的主要方法。

5. 市场调查是预测的基础

市场调查的第五个功能是预测。预测未来可能出现的机会和风险,预测市场需求与变化的特点,预测各种情况出现的概率和效果,都是企业必须经常进行的工作,但是,只有充分掌握各种相关的信息,预测才能正确。因此,市场调查是预测的前提，预测是市场调查的继续，在某种意义上说，调查就是为了预测。

总之，在市场经济条件下，对于国家或者企业而言，进行市场调查不是可有可无的事情，也不仅仅是"有利于"的问题。市场调查是决策的前提和基础，是一个经营过程中必不可少的工作环节，是一项收益最大、最值得进行的投资，是关系到企业生存和发展的大事，是一项应该引起企业领导人高度重视的工作。

第四节 国内外市场调查发展的历史与现状

市场调查是市场经济发展的产物，古往今来，人们对市场信息的收集路径各异，方法也各不相同，然而殊途同归，伴随商业文明的不断发展，人类共同演绎并推进市场调查的历史进程。

一、市场调查的产生和发展

市场调查是随着商品生产和商品交换的发展而产生和发展起来的。由于商品生产和交换本身经历了一个漫长的历史过程，因而市场调查的产生、发展也经历了一个较长的过程。

1. 小商品经济社会的市场调查

小商品经济社会主要指奴隶社会和封建社会，市场调查产生于小商品经济社会。在小商品经济社会里，自给自足的自然经济占据统治地位，社会分工和商品生产尽管逐渐地有了一定程度的发展，甚至在某一地区和某一时期中商品经济有了较为迅速的发展，可是在漫长的历史时期中它只是在社会经济中占从属的地位，故称为小商品经济的社会。

尽管如此，由于商品经济的发展，市场在经济生活中的作用逐渐明显，市场调查的实践活动就出现了。一些善于经营的商人和生产者都在自觉或不自觉地对市场进行研究，观察市场变动，收集市场行情。我们仅以司马迁在《史记·货殖列传》中的记载为例。司马迁着重叙述了端木赐和范蠡的经营之道。端木赐出生在有重商传统的卫国，是孔子的学生。他善于经商，赚了很多钱。孔子所以能够周游列国，在经济上都是靠他支持的。司马迁说他"好废举，与时转货赀"，意指他能够及时分析市场行情，商品贱时买进，贵时卖出，这就是通过研究市场的行情，较准确地掌握时机，从中获得利润的表现。他还提出了物以稀为贵的市场观察经验。范蠡原是越国的大夫，协助勾践灭吴国之后，弃官经商，成为富豪。他认为："时用则知物"，就是说，要知道什么时候市场上需要哪种商品，才能决定

自己经营什么商品。这种将市场需求的调查了解与生产经营结合起来的思想在当时的条件下提出是难能可贵的。在小商品经济社会里虽然有了最初的市场调查活动，但是从总体上说，它仍然十分不成熟，具有以下特点：

第一，社会没有形成市场调查观念。在奴隶社会和封建社会，由于商品经济处于从属地位，人们没有必要去搞市场调查，人们对市场调查的重要意义普遍没有认识到位（除了少数精明的经商者）。

第二，市场调查范围小，而且分散。在小商品经济社会中，由于商品生产规模小，市场范围狭窄，用于交换的商品数量少，品种少，因而市场调查范围小。

第三，市场调查没有采用科学方法。在小商品经济社会里，一些人开展市场调查活动主要凭借个人积累的经验和主观判断能力，缺乏系统的科学的方法。

2. 商品经济发达社会的市场调查

商品经济发达社会就是资本主义社会。市场调查活动的全面发展是在资本主义社会完成的。

16世纪后由于资本主义生产方式的产生，使西方资本主义市场经济得到了较大的发展。特别是20世纪初，资本主义进入垄断阶段，一方面市场规模迅速扩大，产品更新换代速度越来越快，出现买方市场；另一方面资本主义经济危机的影响日益加深，市场竞争日趋激烈。对于商品生产者和经营者来说，只有采用科学的调查方法，随时了解和掌握消费者的购买能力、偏好和购买行为等，才能探明市场需求，发掘市场潜力，在竞争中赢得主动权。市场调查由此进入了一个新的阶段。

市场调查首先在美国兴起。1910~1920年，问卷设计兴起，问卷调查成为当时主流的市场调查方式。1910年，美国当时最大的柯的斯出版公司首先设立市场调查部门，佩林任经理，先后对农具销售、纺织品销售渠道和百货公司进行了系统的调查，编写了《销售机会》一书，这是第一本有关市场研究的专著，创见性地阐述了询问调查法、观察调查法、统计分析法等市场调查方法。还包括美国各大城市的人口、收入水平及相关资料，被推崇为市场调查学科的先驱。与此同时，美国哈佛大学商学院建立了商业调查研究所，由马丁任第一任所长；西北大学商学院也于1918年建立了商业调查研究所。他们的调查实践使市场调查的理论与方法有所发展。特别是1929年，美国政府和有关地方工商团体共同配合，对全美进行了一次分销普查，这次普查被看成是美国市场调查工作的一个里程碑。1937年，美国市场销售协会组织专家集体编写的《市场调查技术》一书对市场调查这门学科的创立与发展起到了重要作用，给这门学科在理论和实践两方面打下了基础。第二次世界大战后，市场调查得到了迅速发展。1948年，全美有200多家专门从事市场调查的公司，仅尼尔逊一家公司，1962年营业额就超过4000万美元。20世纪40年代后，有关市场调查的书籍陆续出版，越来越多的大学商学院开设了市场调查课程，教科书也不断翻新。在此期间，配额抽样、随机抽样、消费者固定样本调查、问卷访问、统计推断、回归分析、简单相关分析、趋势分析等理论也得到了广泛的应用和发展。

  20世纪50年代后，市场调查学进入了一个大发展的新阶段，主要是调查方法的创新、分析方法的发展和计算机技术的应用，形成了一股研究市场调查方法的热潮。第二次世界大战结束后，西方资本主义国家进入了经济迅速发展阶段，市场经济空前繁荣，企业竞争激烈化，激烈的竞争促使企业经营理念由生产导向转变为市场消费需求导向。消费导向的市场要求企业更加重视对市场的调查研究和市场情报的搜集工作。市场调查业进入了迅速发展阶段。在西方，市场调查业经过多年的发展已经形成了相当的规模。西方国家大约73%的公司都设立有市场调查和研究部门。美国有1300多家公司直接从事市场调查和咨询服务业，美国企业每年花在市场调查方面的费用就超过100亿美元。市场调查的结果在企业的决策中起着举足轻重的作用。社会和企业对市场调查的普遍重视和广泛应用又反过来促进了学科的发展。很多大学已经把市场调查作为重要课程，有关市场调查的书籍、教材、报纸、杂志得到大量的出版发行。市场调查的理论、方法、技术越来越高级化、系统化、实用化。在大发展阶段，由于电子计算机的出现，市场信息的收集、整理和分析各个过程都实现了计算机化。调查数据的分析、储存和提取能力大大提高。同时，各种调查技术，如动态分析、运筹学运用、态度测量表、多元回归分析、数理模式、计算机模拟、经济计量模型、决策理论和方法都得到创新和发展。计算机的普及又促进了各种分析工具的应用，如SPSS、SAS等。这些分析工具大大促进了分析速度以及简化了分析过程，进一步推动了市场调查业的计算机化。至今，市场调查业以及有关市场调查的理论和方法依然在不断发展完善中。[①]

二、市场调查发展的表现

  在商场胜战场的共识驱使下，市场调查和市场情报活动更得到了前所未有的发展。主要表现在以下几个方面：

1. 市场调查成为独立的学科

  大量的市场调查实际工作和研究工作的开展，大量研究成果的问世和有关书籍的出版，大批市场调查机构的建立和对企业营销活动的影响促进了市场调查的发展。早在1905年，市场调查就成为一门学科，现在，更发展成为一门集市场

[①] 曹智. 市场调查业发展史 [J]. 合作经济与科技，2008.

营销学、社会学、心理学、语言学、统计学、档案学、计算机应用等多学科内容的边缘性、应用性学科。近几年，由于互联网的普及，网站信息资料的数量越来越多，为更有效地进行信息资料的管理和使用提供了便利，网络越来越成为人们获得信息的主要渠道。越来越多的人注意到如何使信息成为企业市场营销手段和新利润的增长点的问题，网络上的信息沟通与电子商务同时成为新经济的特征之一，也将促使市场调查这门学科在新的起点上获得进一步的发展。

2. 市场调查发展成为市场情报学

20世纪90年代初，美国中央情报局退休上校撰写并出版了世界上第一本《市场情报学》，不仅把市场调查作为一门学科来研究，而且上升到情报学的高度，使市场调查在应用性上和范围上都比以前有较大的变化和提高。自该书出版以来，了解市场情报并据此进行经济预测受到了更广泛的注意。市场情报学是研究以比较隐蔽性的手段获取内容比较私密的信息的技术、方法、手段、策略、活动规律和人员培训的一门学科。后来，有人以"竞争情报学"作为学科，更加受到不少国家的注意，各国相继开发了以竞争情报学为主题的各种研究，出版了以"竞争情报学"命名的系列书籍。伴随各种情报活动和市场调查的发展，经历了"市场调查学—市场情报学—竞争情报学"的飞跃，市场调查研究取得了更大程度的发展。

3. 市场调查与决策的关系更加密切

以前的市场调查大多为独立的、具体的活动做准备。现在，随着市场经济发展，市场调查和研究已经成为企业战略发展和营销决策过程中一个不可或缺的关键环节和前提。因为只有通过市场调查才能发现市场机会和预警威胁，企业才能制定和修改战略和经营计划，并且按照市场调查和预测对计划结果进行评价。因此，市场调查和研究的范围越来越广，调查的内容越来越多，决策对于市场调查的依赖程度也越来越强。

4. 市场调查费用增加

自冷战结束以来，尤其是进入20世纪80年代以来，各国、各地、各企业对情报活动的投入大大增加。据不完全统计，每年专业市场调查公司的调查费用超过90亿美元。其中10家最大的市场调查研究公司占据39%，20家公司占据了该项费用的72%。更多的小公司和各种不公开的调查机构的开支费用也数量不菲。据不完全统计，1996年，美国500家大型的公司中有80%的公司增加了自己的情报费用。

5. 市场调查收益很大

市场调查和市场情报活动的意义，使企业虽然增加了调查费用，但同时也获取了更大的收获。例如，日本每年都要花费5亿美元收买美国的官员，从这些官员身上得到了他们所需要的信息资料。据估计，他们至少取得了 500 亿美元的收益，投入产出比是 1∶100。在知识经济条件下，人们对市场调查的更大投入将会带来更大的收益。

6. 市场调查竞争加剧

在市场竞争的压力和巨大实际利益的诱惑下，一些国家、地区和企业把经济间谍战与市场情报的收集和利用作为增强自己经济实力的战略武器，他们努力进行市场情报学的研究，开发获取市场情报途径，提高市场调查水平，使市场调查技术在各个方面获得高速发展。

（1）日本建立了庞大的情报网。为了获取市场情报，日本各大商社主要利用大量的情报人员，在全世界范围内建立了广泛而严密的经济情报网。据有关消息认为，日本的商社至少在 114 个国家和地区设有 6800 个大公司，公司下又设有办事处。这些办事处既进行商业活动，又进行情报的收集工作。他们每天向日本发回的情报用纸连起来长度可以绕地球 7 周以上，而近些年盛行的"无纸情报"还没有计算在内。他们采取雇用人员在目标国家订阅报纸或者杂志、收集垃圾、收买奸细、跟踪记录、乔装改扮混入目标机构、长期卧底等手段，从中了解需要的和暂时不需要的信息资料。同时，他们在市场情报的收集上使用高科技手段。1990 年以前，他们在收集和传递市场情报中的速度就已经很惊人了。据报道，他们"5~60 秒钟，可获得世界各地金融市场行情。1~3 分钟，可查询日本与世界各地进出口贸易商品的品种、规格等资料。3~5 分钟，可查询、调用国内一万多个重点公司、企业当年经营生产情况的时间系列数据。5 分钟，即可利用数量经济模型和计算机模拟，用图和曲线画出国际经济因素变化可能给宏观经济带来的影响，并且随时取得当天各地汽车销售、生鲜食品批发市场的产、销、存以及价格变动的情况。5~10 分钟，可查询和调用政府的各项法律、法令和国会的记录"。在知识经济条件下，信息资料的收集、信息传递的速度更是快得惊人，以上的时间表应该成为历史了。现在，他们可以在很短的时间内了解世界上发生的与他们有关的更多事情。

（2）美国主要利用各种高科技手段。在国际市场的情报战中，美国主要是利用高科技手段进行市场情报的获取。他们把现代科技的各种最新成果运用到市场情报的收集过程中，其手段之高明前所未有，别的国家也难以望其项背。他们利用卫星进行拍摄、监控，利用各种高科技手段进行窃听等。例如，美国安全局利用高科技手段对经济通信往来进行各方面的监控，从而窃取有关情报，协助美国公司抢走了法国"空中客车"公司即将到手的沙特阿拉伯的 60 亿美元的订单；1995 年 10 月 15 日，《纽约时报》刊登了一个爆炸性消息：美国中央情报局（CIA）在当年的美、日汽车贸易谈判期间，对日方人员进行了窃听与监视。消息

一出，国际舆论界顿时哗然。"斯诺登事件"让美国人不择手段利用高科技获取信息的水平再次引起世人关注。

（3）法国主要是进行收买。与美国不同，法国在市场情报战中，主要是利用各种方法收买间谍和"鼹鼠"来达到他们的目的。例如，他们会收买在目标国政府机构中掌握经济机密的工作人员，他们会向与经济活动有关的部门中派出"特别人员"，他们会以各种手段，包括以经济利益进行贿赂，或者用色情手段收买对方的谈判人员，以便了解对手的"底牌"等。一次，法国世界航空展在开幕前几天，美国的报纸突然刊登了一则消息：49家美国国防及航空工业企业、24家美国财务机构、6个盟国联邦政府部门，全部成了法国间谍收集情报的目标，而且都有法国间谍在大肆活动。消息使国际舆论界震惊，也使法国尴尬。于是筹备了很长时间的世界航空展不得不"胎死腹中"。

（4）德国主要利用私人侦探。德国私人侦探行业发展有100多年的历史，私人侦探性质的注册公司有约1200多家，从业人数大约27万人，比警察还多5万人，行业营业额大约200亿欧元。因此，德国的私人侦探所涉猎的范围非常广泛，涉及政治、经济、社会范畴中顾客所委托的任何事情，甚至参与刑事案件的侦探，所以说德国的调查行业占据重要地位，他们的主要业务是经济业务，占据全部业务和营业额的80%以上。其中重中之重是商业竞争，最出名的沃尔赫奇侦探公司有工作人员2000多人，业务600多项，并在美国、英国、日本等国家建立了分公司。他们的手段包括：一是精心挑选出全球1000多家计算机数据联网，实现信息资源共享。二是建立庞大的秘密情报网，广设眼线耳目，运用非常规手段猎取高级保密情报。三是在重要城市和国家广设分公司，使业务连片成网，分工合作。四是使用高科技设备，例如卫星定位监视仪器、数码摄录工具、伪装器具等。一位私人侦探执行任务时，携带的设备往往超过3万欧元，除了枪械外，可以说比美国联邦调查局的设备一点也不逊色。

7. 市场调查成为一个产业

丰厚的回报必然会吸引大量的投资。与费用增加相适应的是各种间谍机构的增加，大量工作人员的纷纷加入，各种间谍活动的如火如荼，结果是孵化出一个新兴产业。市场调查和市场情报已经发展成为一个人数不少、机构各异、增长很快的产业。[①]

三、我国市场调查行业发展及现状

市场调查是市场形成与发展的产物，并伴随着市场的发展而日趋完善。市场

---

① 李桂荣.市场调查与预测 [M].经济管理出版社，2004（6）：6-8.

调查作为一种基本的经济活动，在我国从古至今始终存在，只是在不同时期会呈现出不同特征。随着我国改革开放的日渐深入，基于国内市场本身的发展需求以及世界经济发展一体化的影响，市场调查行业也已逐步形成，并呈蓬勃发展的态势。

1. 我国市场调查行业的形成与发展

新中国成立以后，政府部门是进行市场调查的开山鼻祖和主导力量。国家、地方、各部门都设立了统计机构，开始对国民经济、社会发展等资料进行全面收集、整理和分析工作，如20世纪50年代成立的城市抽样调查队伍，了解城市职工生活状况及市场变动。其后又陆续建立了农村抽样调查队伍和企业抽样调查队伍，政府进行市场调查的范围越来越大。同时，少数企业也设立了专门的调查机构，并由专门的调查人员从事市场调查。由于在新中国成立以后的较长一段时间里，我国一直处于计划经济体制中，对市场经济和市场信息认识不足，市场调查的重要性一直没有得到足够认识，业务范围也基本局限在政府市场调查的范围，市场调查业无法得到发展，这是我国市场调查业在初创阶段的主要特征。

我国进行经济体制改革以后，市场调查业在我国得到了迅速发展。在这个阶段，市场调查作为一个行业正式建立，并且由原来的政府主导转变为政府和市场调查公司共同发展。根据《中国信息报》报道，1995年我国市场调查业的营业额为3.5亿元人民币，相比于1990年增长了30多倍；1997年为4.5亿元人民币，1999年约为11亿元人民币，2001年超过19亿元人民币，2003年已经达到32亿元人民币。由此可以看出，进入20世纪90年代后，市场调查业在我国一直处于高速发展的阶段，年平均增长率一直保持在20%以上。[①] 近几年来国内调查业已呈现高速发展的势头。目前全国业内有约2000家调查企业（不包括纯咨询公司），其中大多数为中小型规模的执行公司，研究性质的公司只有几百家。在这几百家公司中，生存能力较稳定且规模较大的企业多为国外知名调查机构在中国的独资或合资公司，共20家左右，它们主要以各行业内较知名的外资或合资客户为服务对象。相反，内资企业的调查需求却普遍不足，那些以内资客户为主要服务对象的调查机构由于很难生存而先后倒闭。在参加CMRA最新调查的全国范围内134家调查企业中（多数为研究性质的公司），年营业额超过2亿元人民币的排名前几位的超大型调查公司全国共4家，都在北京，分别为RI China（华南国际）、CTR（央视市场研究）、CSM（央视索福瑞媒介研究）、IPSOS（益普索）；年营业额在1亿~2亿元人民币的调查公司全国共5家，分布在北京、上海、广东三地，分别为北京特恩斯市场研究、新华信国际信息咨询（北京）、

---

① 曹智. 市场调查业发展史 [J]. 合作经济与科技，2008.

ACNielson Chima（上海）、AGB Nielson（艾杰比尼尔森市场研究）、广州诚予国际市场信息研究；年营业额在5000万元至1亿元人民币的调查公司数目就更多些，有慧聪、匀海、零点、盖洛普、思纬、新生代等。[①] 综合来看，目前国内调查业的现状可概括如下：起步晚，规模偏小，地域发展不平衡，业务面较窄，经验欠缺，现实需求不足，收费及服务标准不一致，缺乏成熟完善的行业规范和管理。另外，专业人才匮乏、调查分析技术水平较低等因素使本应成为知识密集型的国内调研业目前还基本处于劳动密集型阶段，尤其绝大多数内资调查企业能够提供给客户的也仅仅是原始或粗加工的数据。所谓粗加工，是指对整理后的数据进行一些浅层的加工分析，与发达的国外调查服务相比还远没有达到高知识、高技术含量的程度。以上这些都是我国调查业发展中的不利因素，然而它同时也存在着有利因素，即市场潜力巨大，且正在快速发展，这又意味着其发展前景相当可观。

2. 国内调查业现状分析

综观国内市场调查行业的发展现状，其特征仍旧比较明显。企业分布不均等，行业标准不统一，服务质量良莠并至以及供需矛盾突出等问题仍是制约国内尤其是国内民营市场调查业健康发展的主要原因。

（1）国内调查市场的营业额及其构成状况。

第一，国内调查业在全球中的份额、自身营业额及增长率状况体现为以下方面：我国调查市场在世界调查市场中的份额不断增加，近十年来我国调查业在全球市场中的份额是呈上升态势的。事实上，近十年来国内调查市场的增长速度相当可观，存在发展的潜力。根据中国市场信息调查业协会等的有关资料，我国调查业的年度营业额从1995年的3.5亿元经过逐年攀升，达到2007年的近52亿元，这种变化速度在世界调查业中应属可观。在20世纪末21世纪初的几年中，国内调查业营业额的年增长率尤为突出，最快的甚至超过了50%，这与同期全球调查业6%~9%的增长率相比可谓数字惊人。2002年以后，我国调查业年营业额的增长相对稳定下来，基本保持在15%~25%。业内人士一致认为，近3~5年内我国调查业的年增长率会保持在至少10%~15%。这是一个正在以相当快的速度发展壮大着的市场，与GDP的增长率相比，国内调查业表现出强劲的增长态势。

第二，国内调查市场营业额的多角度构成。从不同的角度来分析国内调查市场营业额的构成：从调查企业资本构成的性质看，所占数量比例很小的合资公司创造的营业额占整个行业年营业额的50%以上，而数量比例占绝对优势的内资私营调查企业营业额占整个行业营业额的比例并不多。另外两种资本构成性质的调

---

① 陈焱晗. 我国市场调查行业发展现状及特点分析[J]. 商业时代，2010（5）.

查机构,有行政单位背景的调查公司和由学术机构创办的调查单位,创造的营业额在整个行业中都不占优势。不过,近年来私营经济发展很快,已逐渐成为调查业中的一支主力军,对行业总营业额的贡献在逐步攀升。从调查企业的功能作用来看,在全国上千家调查企业中(包括研究公司和执行公司),排名前20位的研究性质的公司的营业额占了整个行业营业额的绝大多数。从调查企业分布的地域看,京、沪、穗三地的调查公司很集中,其营业额占了全行业营业额的80%以上。从调查业客户类型来看,由制造业产生的调查营业额最多,主要来自快速变动的消费品制造业,其次是汽车、广告、电信行业的调查营业额较多。并且,相对于前些年调查业营业额主要来自外资企业这一特点,从调查企业的规模来看,近年来,来自内资企业的调查营业额越来越呈现出产生于规模较大的调查企业这一趋势,即行业集中度在上升。2003年以后,营业额1000万元以上的公司总营业额占整个调查业营业额的90%,初步具备了行业规模化的特点,为行业的规范化打下了良好的基础。

(2)企业成立的时间、地域及规模分布。

第一,行业的出现及企业成立时间分布。CMRA(中国市场研究协会)的资料显示,在全国范围内,20世纪80年代成立的调查企业数目很少,绝大多数调查企业是在1990年以后成立的。1996~2000年这5年期间,国内调查公司的建立达到历史高峰;2001~2005年,新出现的调查企业数有相当程度的回落;2006年以后这3年期间,新公司数就更少了,几乎恢复到了1990年以前的水平,也就是说国内调查公司的数目已经基本稳定下来。并且这一涨落的规律在北京、上海、广州和深圳几个市场经济迅猛发展的城市表现得尤为突出。

第二,地域及规模分布。从调查企业在全国范围内的地域分布看,主要集中在北京、上海、广州、深圳这几个城市,北京的企业数最多,后面三个城市依次递减。并且这四个城市拥有的调查公司数目占到国内总数的60%以上,体现了地域分布的高度集中性。这种地域分布的不平衡也体现了不同地区经济和市场发展程度的差异。一般而言,经济较发达的地区其市场调查业也相对发达,且业务质量也较经济不发达的地区要好。从调查企业的规模来看,在参加CMRA调查的全国范围内134家企业(包括综合性的研究公司和纯粹的执行公司)中,小型公司共57个,所占比例43%,为所有规模中最高的;位居第二的是中小型公司,38个,占28%;以下依次是中型、大型和超大型公司,其中超大型调查公司数目最少,共4家,都在北京,都有外资成分;科研院校的相关研究机构所占比例也很小,只占4%,全国一共6家,其中有5家在北京。从规模上看,调查行业的企业以小型和中小型居多。相比上海市和广东省两个调查企业集中的地区,北京市的中型企业更多。之所以内资调查企业规模普遍不大,与国内调查市场的有

效需求不足以及内资调查企业自身的分析技术、服务水平落后,从而严重影响其竞争力直接相关。

(3) 国内调查业通常的业务结构及其收费和服务标准。

第一,业务结构。在调查业发展的初级阶段,我国调查机构所提供的服务比较单一,基本上是专项调查服务,即针对具体客户的具体问题开展特定的市场调查工作。加入 WTO 之后,面对国际调查业的挑战以及各种先进管理理念和技术的引进,国内调查的业务范围逐渐扩大到国民经济的各个方面。相对宏观层面的调查业务包括收集社会资料,对国民经济、科技进步、社会发展等情况进行调查、分析、预测和监督,了解社会民众对政府政策和社会热点问题的意见和态度等,提供统计信息和咨询建议。相对微观层面的调查业务主要涉及以下三方面:①市场需求调查。市场需求调查是企业规划自己资源投入的评估起点,主要是针对消费者在"何时"、"何地"、"需要什么"和"需要多少"进行调查,包括商品需求量、需求结构和需求时间调查。②市场环境调查。企业的经营活动是在复杂的社会环境中进行的,环境的变化既可能给企业带来机会,也可能形成威胁。所以,对市场环境的调查研究是企业有效开展经营活动的基本前提。环境可以分为宏观环境和行业环境两部分。宏观环境涉及政治、法律、经济、技术、社会、文化、自然等因素,行业环境涉及现有竞争行业、潜在竞争对手、供应商、用户和替代品等因素。③市场营销实务调查。市场营销实务调查是围绕整个营销活动而展开的,主要包括产品、价格、促销、销售渠道及销售服务调查几个方面。促销调查中应用最广的是广告调查,其中又分为广告信息调查和广告效果测试两种。一个完整的广告效果测试分为四个阶段:广告事前测试、事中测试、事后测试和追踪测试。

第二,收费和服务标准。与世界其他发达国家相比,我国调查机构平均报价水平较低。中国调查业同业联席会议公布的一项同业机构运作状况的调查结果显示,中国调查机构的报价水平只相当于世界平均水平的 40%~50%;如果只考虑非合资型调查机构的报价水平,则国内的报价水平大约只相当于世界平均水平的 20% 还不足。我国调查业起步较晚,行业发展不成熟,缺乏规则规范的约束,因此在行业内部并没有统一的价格参考标准。一般来说,调查企业资本构成的性质会影响报价,即外资调查公司比内资公司在国内市场的收费平均高出 20%~50% 不等。另外,规模不同的调查企业在同类业务上报价也可能会相差很大,有些小公司为了在竞争中获得优势会采用压价的方式来取得订单,这也是导致国内调查服务质量不高甚至引起恶性竞争的一个原因。除此以外,影响报价的因素通常还有以下几点:调查方式的不同、样本量的多少、人工成本的高低、调查区域的差别以及客户方的经济实力等因素都会影响到报价,目前国内调查业的收费标准很不统一。不仅收费方面没有统一标准,国内调查业在服务质量方面同样也没有规范化的标准。大大小小不同类型的调查企业在为客户提供的服务中,无论是数据的质量、分析模型和研究的质量、客户服务的质量等都存在不小的差异。遗憾的是,目前业内尚未制定出一套较完整的服务标准体系来规范和约束这些提供调查服务的企业。

(4)调查方式、技术及研究方法。

第一,调查方式(数据收集途径)。国内调查业的数据收集方式可以分为定性问题和定量问题两种。对于定性问题的调查,调查公司一般都会采用专题座谈会和个别深访两种方式来收集信息。而对于定量问题的调查,数据收集方式就比较多,分别有各种面访(包括拦截街访和入户访问等)、邮寄调查、电话调查、网络在线调查等。前三种方式拒访率都较高,且邮寄调查现今已经采用得很少了,面访和电话调查是当今使用相当多的两种方式。面访又分为纸质问卷访问和计算机辅助采访(Computer Assisted Personal Interview,CAPI)两种。CAPI 相对于传统的纸质问卷应该算是数据收集方式的一种进步,但它仅适用于文化程度较高且习惯使用计算机的人群,而且成本远高于纸质问卷。因此,纸质问卷仍然是面访中的主要方式。而原始的电话调查方式发展到今天已经成为计算机辅助电话(Computer Assisted Telephone Interview,CATI)系统,该系统可以使调查者以更短的时间、更少的费用得到更优质的访问数据,并且这些数据可直接被各种统计软件使用。随着科技的发展进步以及人们对数据收集效率要求的提高,网络调查已成为现今调查业获取数据的第三种主要方式。不同的是,有些公司完全依靠网络来展开调查,而有些则与传统的网下调查方法相结合。随着科技的进步,将来还会出现无线上网调查。目前,数据的网络收集方式大致分为网上问卷和网上论坛两种。网上问卷又分为网站发布问卷和电子邮件传送问卷两种;网上论坛调查是指通过 BBS 和新闻组进行网上调查。不同的网络调查方式各有优劣,暂不赘述。相对于面访和电话调查两种传统数据收集方式,网络调查无疑是效率最高且发展潜力最大的,它具有无可比拟的优越性:成本低,受众多,反馈速度快,客观性强,回答问卷不受时间、地点限制。而其弱点也相应存在:问卷不宜过于复杂、详细,否则回答者会厌烦;问卷回答者的可控性较差,难以杜绝作弊等。

第二,技术及研究分析方法。首先,我国调查企业对基础统计分析方法的掌握程度良莠不齐,这与调查分析人员的知识背景和素质直接相关。一般性描述统计分析在国内的调查企业中都常有运用,但复杂些的推断统计方法则因企业人员专业素质的不同而差异很大。在一些民营研查公司中真正懂得推断统计方法的人员寥寥无几。其次,一些与调查研究相关的学科,例如经济学、营销学、社会学、心理学、社会心理学、消费者行为学等在我国市场调查中都没有得到充分而有效的运用,这是分析方法上极大的欠缺,在相当程度上影响了国内的调查层次和深度。再次,我国调查业没有自己研发的技术,所用技术方法几乎全部来自国外。而较低的专业水平又决定了大多数调研企业无法将国外的技术很好地吸收和运用到自己的工作中,只有极少数发展成熟的调查机构能够较好地运用。

(5) 调查服务的需求与供给。

第一,供给。从总体上来看,无论是在数量上还是在质量上,我国调研服务的供给都是不足的。首先,国内绝大多数调查企业规模小,且地域分布严重不平衡,沿海开放城市和经济中心城市调查企业数量多,而内陆及经济较落后的地区几乎为空白。有一定规模的调研机构数量颇少。其次,我国市场调查服务整体水平偏低、调研产品质量不高。这一方面是由于调查业内专业人才缺乏,调研技术、信息处理手段相对落后,调查经验不足等因素决定的。许多调查公司为客户提供的仅仅是原始或经过粗加工的数据,缺少对自身产品差异化和专业化的定位,很难形成有竞争力的产品。另一方面,有些调研机构由于利益驱动,存在伪造数据、发布虚假信息的现象。而且,国内数据库建设相对滞后、业内彼此封闭、政府资源开发不够,使得信息的获取、传输和处理速度慢,未能形成网络化,难以满足社会对市场信息及时性的质量要求。

第二,需求。从总体上来看,国内调查市场潜力巨大,而目前实际表现出来的需求却不足。销售额主要来源于外资、合资企业,内资企业还是一片远未有效开发的市场。需求不足的原因可以从企业和调查业两个角度来分析。从企业的角度来看,大多内资企业调查意识差,还没有从投资或生产前的调查活动中受益的体验,加之对调查行业及其机构也缺乏基本的了解和信任,所以不愿出资做市场调查。他们大多运用政府、传媒公开的信息并且凭经验来做决策。虽然这部分调查需求巨大,但目前并未转化为现实。从调查业的角度来看,需求不足的原因主要是行业本身不规范、专业化水平低造成的调查产品质量不保。该行业在我国起步较晚,发展尚不成熟,专业人员严重缺乏,行业规则不成体系。因此,会出现一些调查方法不科学、数据处理不规范、分析方法运用不得当、结论缺乏针对性等现象。这些都在相当程度上影响了调研的需求。然而,我国调查业随着国内外经济环境的变化也在发展壮大,企业对调查的认识和需求层次也在逐步提高。事实上,近年来国内调查业的发展速度很快,不少行业对调查的需求在增长,另外政府对社会问题的调查也越来越多。综上所述,国内调查的现实需求虽然相对潜在需求远远不足,但是呈增长态势。[1]

---

[1] 陈焱晗. 我国市场调查行业发展现状及特点分析 [J]. 商业时代, 2010 (5).

本章小结

市场调查是有计划地获取市场有效信息的一项严谨的科学的经济活动，而整体性原则是市场调查活动获取信息的重要原则。众所周知，完整的市场信息是企业发展决策的重要依据，不完整的市场信息对企业发展决策也会产生负面影响。而市场信息的整体性的获取，源自于对市场整体性和信息整体性的理解。为了体现这一思想，本章系统地阐述了市场、信息以及市场信息的一系列概念理论。市场是一个整体性概念，包含市场主体、市场类型、市场规制、市场机制以及市场中介组织等要素。市场具有交换功能、竞争功能、调节功能以及反馈功能等。市场信息作为市场的延伸系统，除具备信息本身的特点之外，更具有社会性、目的性、价值性、时效性等特点。市场信息的分类，尽管有许多约定俗成的分类形式，如定性信息、定量信息等，但是企业仍可以依据调查目的自行分类。

在此基础上，本章进而阐述什么是市场调查及其相关理论。市场调查就是运用科学方法，有目的地系统收集、记录、整理和分析市场信息资料，从而认识市场发展变化的现状和趋势，为市场预测、经营决策提供科学依据的活动。市场调查需要遵循客观性、动态性、系统性、可信性、经济性以及科学性等原则，市场调查对企业的发展具有十分重要的意义，市场调查是企业经营决策的前提，还是企业生存和发展的条件，同时市场调查也是企业进行市场竞争的有力手段以及企业提高经济效益的主要方法。因此，了解并掌握市场调查对于管理者而言十分重要。

此外，本章还对国内外市场调查发展的历史和现状进行简单梳理。研究表明，市场调查是市场经济发展的产物，古往今来，人们对市场信息的收集路径各异，方法也各不相同，然而殊途同归，伴随商业文明的不断发展，人类共同演绎并推进市场调查的历史进程。本章最后一节着重对我国当前市场调查行业发展中存在的问题，例如，企业分布不均衡，民营企业发展滞后，行业制度不健全，从业人员综合素质低等问题的阐述，旨在阐明市场调查行业的重要性以及发展前景，强调学习并掌握市场调查这一经济活动行为是未来职业发展的重要因素。

课后习题

一、名词解释

市场　市场体系　市场信息　市场调查　探测性市场调查　描述性市场调查　因果性市场调查

二、简答题

1. 试述市场的基本功能。
2. 试述信息的一般特点。
3. 试述市场信息收集的主要途径。
4. 试述市场信息的主要内容。
5. 试述市场调查的原则。
6. 试述市场调查的重要性。

三、论述题

1. 举例说明市场调查对企业发展的重要作用。
2. 试述我国市场调查行业发展的现状及存在的问题。

第二章　市场调查研究的内容

本章提要

一般来说，市场调查的内容主要涉及影响营销活动的宏观因素和微观因素两大方面，也可以从内外部环境角度围绕产品、企业、市场和消费者几个方面展开，本章主要从影响企业内外部因素的七个方面来对市场调查内容进行详细的分析和阐述，包括市场环境调查、市场供求调查、产品调查、销售渠道调查、促销方式调查、消费者行为调查以及竞争状况调查。在具体进行市场调查时，要根据不同的调查目的对调查内容的侧重点做相应的调整和组合。

学习目标

1. 了解市场调查的内容
2. 了解市场环境调查的内容
3. 市场供需调查的内容
4. 产品调查的内容
5. 销售渠道调查的内容
6. 促销方式调查的内容
7. 消费行为调查的内容
8. 竞争状况调查的内容

开篇案例

市场调查报告应包括哪些内容

以下是某家具公司的市场调查人员准备对昆明市的定制家具市场进行调查的调查报告提纲：

昆明定制家具市场调查报告

调 查 人：林××

调查时间：2013年3月1日至2013年3月31日

调查地区：云南省昆明市

调查目的：对定制家具市场和团购渠道的了解及相关竞争对手的了解

调查对象：规模较大的家具建材卖场销售员、团购渠道、家装公司

调查方式：询问调查法、观察法、面对面的沟通

调查内容：网络团购渠道调查、卖场的竞争品牌调查、家装公司经营状况调查

主要调查思路：①竞品的价格差异，不同档次间的价格状况；②主要销售的渠道有哪些；③团购网的情况；④家装公司的主要情况。

【思 考】

1. 你认为该市场调查报告所涵盖的内容是否全面？
2. 如果由你来做该项市场调查，你认为还需要从哪些方面深入展开？

随着企业竞争的加剧以及消费者需求的多样化，市场调查工作对于企业而言显得越来越重要。因此，明确市场调查中的工作任务和内容是从事市场调查的人员必须首先明确的。市场调查涉及营销调研的各个方面，凡是与市场营销活动有关的所有事项，均可能成为市场调查的内容。一般来说，市场调查包括市场环境调查、市场供需调查、产品调查、销售渠道调查、促销方式调查、消费者行为调查以及竞争状况调查。

第一节 市场环境调查

市场宏观环境是指能够对企业营销活动造成影响的主要社会力量。这些力量能够给企业带来机会，同样也可能带来威胁。因此，企业应尽量全面地把握这些因素的变化，以更好地适应环境。

一、市场宏观环境调查

市场宏观环境调查包括人口环境、政治法律环境、经济环境、自然环境、科技环境和社会文化环境等方面的调查。

1. 人口环境

人口因素是影响企业营销活动最重要的要素，主要包括人口总量、年龄结构、地理分布、家庭结构组成、人口性别比例、人口教育水平和民族分布等。

人口数量直接影响着社会生产总规模；人口的性别比例和年龄结构在一定程度上决定了社会的需求结构，进而影响社会供给结构和企业生产规模；人口的地理分布影响着企业的厂址选择；家庭户数及其结构的变化与耐用消费品的需求和变化趋势密切相关，因而影响到耐用消费品的生产规模；人口的教育文化水平直接影响着企业的人力资源状况；民族分布关系到消费者的偏好分布，也直接影响消费者的消费状况。

当今世界人口发展的主要趋向表现为：①世界人口迅速增长，意味着消费将继续增长，世界市场将继续扩大；②世界发达资本主义国家的出生率开始下降，儿童减少；③许多国家人口趋于老龄化，我国也进入人口老龄化时期，老年人市场逐渐形成；④许多东方国家的家庭状况发生变化，如家庭规模减小；⑤在西方国家，非家庭住户也在迅速增加，非家庭住户包括单身成年人住户、暂时同居户和集体住户。

我们只有在人口因素的动态变化过程中把握人们的消费趋向和趋势，才能准确地把握好消费者的消费期望。可以说，人口因素是影响消费者消费行为的宏观要素中最重要的一个因素。

2. 政治法律环境

政治法律环境是指一个国家和地区的政治制度、体制、方针和法律法规等。这些因素常常影响和制约企业的经营行为，尤其是影响企业较长期的投资行为。

（1）政治环境。政治环境对企业的影响特点是：直接性、不可预测性、不可逆转性。政治环境包括国内政治环境和国际政治环境。国内政治环境涵盖了国家制度、政党和政党制度、政治性团体、党和国家的方针政策、政治气氛等；国际政治环境涵盖了国际政治局势、国际关系、目标国的国内政治环境，如政局变化、政府人事变动、战争、罢工、暴乱等。

企业在为经营战略选择而做的市场调查中，重点要考虑拟投资企业所在国家和地区政局的稳定性和安全性，在此基础上要着重考虑政府对发展地方经济的支持力度和政务工作的效率。为了促进当地经济的发展，一般来说，所在国家和地方政府会出台一系列优惠政策来吸引投资者，为企业提供优质、高效的行政服务，切实保障企业的利益。但企业在某些国家和地区也会遇到一些地方政府部门存在官僚主义，直接干预过多，办事效率低，地方保护主义严重等不良影响。企业应选择稳定安全、能提供高效优质服务的政治环境。国际化经营的企业还需要考虑目标国对外来企业和外来产品的政策及态度等。

(2) 法律环境。当今世界经济全球化进程在加快，法律环境对企业越来越重要。同样，企业在为经营战略的选择而进行的市场调查中，要注意拟投资企业所在国家和地区法律体系的完备性、法律仲裁的公正性和法制的稳定性等。对从事国际化经营的企业来说，在遵守不同东道国法律法规的同时还要遵守国际行为准则。当然，企业在某些国家和地区也会遇到一些执法机构有法不依、执法不严、违法不纠的现象，这会严重制约企业的发展。随着国际间相互投资的增加，为了给投资者提供充分的法制保护，坚定其投资信心，国家和地方政府必须不断健全法制，完善投资规范，形成一个宜于国际资本流动的良好法律环境。

在某种程度上，政治和法律环境不可控性较其他宏观因素更难把握，这使得调查者在市场调查的过程中所需付出的努力和代价会更大，调查者要充分重视。反之，若对政治和法律环境把握得好，可能会取得事半功倍的效果。

3. 经济环境

经济环境主要包括宏观和微观两个方面。宏观经济环境主要指一个国家经济政策、人口数量及其增长趋势、国民收入、国民生产总值及其变化情况以及通过这些指标能够反映的国民经济发展水平和发展速度。微观经济环境主要指企业所在地区或所服务地区消费者的收入水平、消费偏好、储蓄情况、就业状况等因素。这些因素直接决定着企业目前及未来的市场大小。

需要关注的关键经济变量有：GDP 及其增长率、可支配收入水平、居民消费（储蓄）倾向、利率、通货膨胀率、经济规模、政府预算赤字、消费模式、失业状况、劳动生产率水平、汇率、证券市场状况、外国经济状况、进出口因素、不同地区和消费群体间的收入差别、商品价格波动、国家的货币与财政政策。

在对经济因素的调查过程中要注意各经济变量之间是相互关联的，不能孤立地看待某一因素，否则，所得到的调查结果会有失偏颇。

4. 自然环境

自然资源的丰歉在一定程度上影响着企业已投资产业的成败。营销活动受自然环境的影响也是极大的。如石油危机，一方面导致汽车燃油价格上涨，用车成本上升；另一方面使宏观经济减速，消费者信心指数下滑。在两者的双重作用下，汽车销量下降，汽车产量下降，对汽车制造业产生强烈影响。

随着工业化的发展，人类在利用自然资源的同时也对自然环境造成了一定程度的破坏，这又反过来影响人们利用自然资源的效率和结果。如近些年的重金属污染、雾霾等问题的产生，对工业生产和人们生活产生了很大的负面影响。因此，企业在营销中更需要注意生态环境的保护和维持，大力推进绿色营销。

5. 科技环境

科技环境指企业所处的环境中科技要素及与该要素直接相关的各种社会现象

的集合，包括国家科技体制、科技政策、科技水平和科技发展趋势等因素。科技环境调查主要是对国际国内新技术、新工艺、新材料的发展速度、变化趋势、应用和推广等情况进行调研。

如今，变革性的技术正对企业的经营活动发生着巨大影响。企业要密切关注与本企业产品有关的科学技术现有水平、发展趋势和发展速度，对新技术如新材料、新工艺、新设备，企业必须随时跟踪掌握；对新的软技术，如现代管理思想、管理方法、管理技术，企业要特别重视。

对各行业内的企业来说，要密切关注所在行业的技术发展动态和竞争者技术开发、新产品开发方面的动向，及时了解是否有新技术替代当前的技术，并发现可能给企业带来竞争利益的新技术、新材料和新工艺。

科技从来都是一把双刃剑，在造福人类的同时也会给人类带来很多负面的影响，关键是要看人们如何把握它。

6. 社会文化环境

社会文化环境是指企业所处地区在社会与文化方面所具备的基本条件，它包括民族特征、文化传统、价值观、宗教信仰、教育水平、社会结构、风俗习惯等因素。社会文化因素对企业经营的影响是间接的、潜在的和持久的。

文化水平会影响居民的需求层次；宗教信仰和风俗习惯会禁止或抵制某些活动的进行；价值观念会影响居民对组织目标、组织活动以及组织存在本身的认可与否；审美观点则会影响人们对组织活动内容、活动方式以及活动成果的态度。

如上所述，社会文化环境对企业经营和营销的影响不是直接的、表面的和短期的，但对消费者的影响是长久的和深远的，从某种意义上讲，人们消费方式的形成无不受其文化背景的影响，文化因素对人们消费行为和心理的影响是长期和持久的，也是根本性的。因此，在进行市场调查的过程中一定要对消费者的文化以及亚文化背景有深刻的认识，才能更好地把握消费者的行为。

二、公共关系调查

公共关系调查指通过运用定性和定量的研究方法，准确地了解公众对组织的意见、态度和反映，发现影响公众舆论的因素，并从中分析和确定社会环境状况、组织的公共关系状态及其存在的问题，为组织制定切实可行的公共关系筹划方案提供客观的依据。由于公共关系涉及了企业与周边环境的互动关系，因此公共关系调查实际上也是企业所面临的宏观、微观环境的一个重要的组成部分。

公共关系调查主要包括如下内容：

1. 组织的基本情况调查

指对组织内部各种因素的分析，主要是分析组织的政策、活动程序及行为是

怎样促成问题的产生和环境变化的，还包括对组织关键人物的观点和行为进行分析，对与问题相关的组织内各部门和单位的活动过程进行分析及对组织历史等问题进行分析。

2. 组织形象调查

组织形象是组织内外公众对组织的整体印象和评价，也是组织的表现和特征在公众心目中的反映。因此，公共关系调查的目的就是以了解组织的知名度和美誉度两项指标为依据。

知名度＝知晓人数/调查人数×100%

美誉度＝赞美人数/知晓人数×100%

3. 组织的公众舆论调查

即外界环境对组织的认识、态度、认可度等方面的反映，这在一定程度上体现了企业在公众中的地位，说明企业面对的是正面的还是负面的舆论环境，这对企业的经营思路和方向会产生极大的影响，因此，必须得到企业足够和充分的认识。

第二节 市场供求调查

市场供求关系是指在商品经济条件下商品供给和需求之间的相互联系、相互制约的关系，它同时也是生产和消费之间的关系在市场上的反映。市场供求调查包括了市场供给调查和市场需求调查。

一、市场需求调查

对企业来说，市场就是具有一定支付能力的需求。平时所说的产品市场好坏、容量大小等实际上是针对消费者而言的。市场容量大小制约着企业生产、经营的规模。没有需求，也就谈不上具有市场容量，当然就无法进行生产；需求变化，生产也会随之发生变化。所以，针对消费者需求所进行的调查是市场调查内容中最基本的部分。

市场需求是指一定的顾客在一定的地区、一定的时间、一定的市场营销环境和一定的市场营销方案下对某种产品或服务愿意而且能够购买的数量。可见市场需求是消费者需求的总和。市场需求的构成要素有两个，一是消费者愿意购买，即有购买的欲望；二是消费者能够购买，即有支付能力，两者缺一不可。研究市场需求有利于企业的营销活动真正树立"以消费者需求为中心"的现代营销理念，促使生产和销售协调发展。

反映市场需求的指标：人口、产品的总销售额、销售量、市场占有率、潜在需求、社会购买力、购买力投向等。其中，对市场需求有较大影响的是社会购买力和购买力投向。

1. 社会购买力

购买力是指在一定时期内用于购买产品的货币总额，是取得收入之后购买货品和服务的能力。它反映该时期全社会市场容量的大小。由于购买力是指对产品的购买能力，因此，一切不通过货币结算的实物收支和不是用来购买产品和劳务的货币支出，如归还借款、缴纳税金、工会会费等，均不属于社会产品购买力范围。影响居民消费品购买力的因素包括如下内容：

（1）居民货币收入。是指居民实际获得的货币收入，其支出分为产品性支出，即购买物质产品的支出和居民非产品性支出，如房租费、水电费、煤气费、学杂费、保育费、交通费、邮电费、文化娱乐费、修理服务费、医疗费。

（2）结余购买力。又称结转购买力，是指在一定时期一定地区内未实现的购买力。结余购买力是由城乡居民的储蓄和手存现金构成。它实际上都是结余的货币额，并不一定都能形成产品购买力。

（3）流动购买力。又称流入流出购买力，是指在不同地区之间转移的社会购买力。流动购买力是由于本地居民货币收入转移到外地购买产品，或者外地居民货币收入转移到本地购买产品以及人口流动、汇款等原因而产生的，它反映了某地区常住居民的购买力同当地实际产生的购买力之间的差额。

2. 购买力投向

购买力投向是指在购买力总额既定的前提下，购买力的持有者将其购买力用于何处。购买力投向调查，主要是搜集社会产品零售额资料并对其做结构分析。它是从卖方角度观察购买力投向变动，其方法是将所搜集到的社会产品零售额资料按产品主要用途进行分类，计算各类产品零售额占总零售额的比重，并按时间顺序观察其特点和变化趋势。

二、市场供给调查

市场供给是指在一定的时期内、一定条件下，在一定的市场范围内可提供给消费者的某种产品或劳务的总量。如前所述，市场供给能力分析的时间也应考虑整个项目寿命期，市场范围包括国内市场和国际市场。市场供给分析还可以分为实际的供给量和潜在的供给量，前者是指在预测时市场上的实际供给能力，后者是指在预测期（项目寿命期内）可能增加的供给能力，实际的供给量和潜在的供给量之和近似为市场供给量。

市场供给量又具体分为国内供给量和国外供给量,对市场供给能力的分析,不仅要分析国内的供给能力,而且还要研究国外的供给能力。

影响供给关系的主要有如下因素:

1. 产品价格

在其他条件不变的情况下,某种产品自身的价格和其供给的变动呈正方向变化。在其他条件一定时,价格提高,就会增加企业的利益或利润,从而吸引企业去生产更多的产品,其他企业也会生产这种产品,使供给增加;反之,价格下降,收益减少,供给就会减少。

2. 生产成本

在其他条件不变时,成本降低,意味着利润增加,则供给就会增加;反之,如果生产成本上升,供给就会减少。

3. 生产技术

生产技术的进步或革新,意味着效率的提高或成本的下降,从而影响企业的利润。因此,技术水平在一定程度上决定着生产成本并进而影响供给关系。

4. 预期

生产者或销售者的价格预期往往会引起供给的变化。预期越高,商品价格往往会上涨;预期越低,商品价格往往会下降。

5. 相关产品的价格

相关产品的价格变化影响着消费者对替代产品的需求,进而也影响了对原有消费产品消费的数量和价格。

6. 其他因素

其他因素包括生产要素的价格以及国家政策等。特别是国家政策,对商品的价格具有指导和限制作用,其对供给关系的影响也是不容忽视的。

三、消费结构调查

消费结构是在一定的社会经济条件下,人们(各种不同类型的消费者和社会集团)在消费过程中所消费的各种不同类型的消费资料(劳务)的比例关系。有实物和价值两种表现形式。实物形式指人们在消费中消费了一些什么样的消费资料以及它们各自的数量;价值形式指以货币表示的人们在消费过程中消费的各种不同类型的消费资料的比例关系。在现实生活中具体表现为各项生活支出。

消费结构研究的是居民消费随着其总消费支出的增加而变化的规律,消费结构一词虽然被广泛应用,但学界对其确切定义有不同的认识,具有代表性的观点如下:人们在消费过程中所消费的不同类型消费资料的比例关系;在消费过程中，各类消费品和劳务在数量上各自所占的百分比及其相互之间的配合、替代诸比例关系；在需求和供给的矛盾运动中形成的各类消费资料（劳务）在消费支出总额中所占的比例及其相互关系；人们在生活消费过程中各种社会因素、自然因素内部以及社会因素与自然因素之间的相互关系和数量比例的关系。这些观点为人们深入研究消费结构奠定了基础，但这些定义也存在一些不足，把消费结构的概念仅仅规定为比例关系，没有反映其内涵，没有反映对质的要求和质与量的相互协调性。

实际上，消费结构应包括质与量两个方面的统一。消费结构的质包括消费品本身的质量、生活消费中各种消费品的相互协调状况、消费环境和消费者本人享受各种消费品的能力，也包括直接反映生活消费过程中的舒适和便利程度及人们在心理上、精神上所得到的享受和乐趣。消费结构的量是各种消费对象的实物量和价值量的统一。消费结构从质与量的规定性出发可定义为：人们在生活消费过程中所耗费的各种消费对象的构成及其协调程度，指各种不同内容、不同形式的消费在消费总体中所占的比重以及它们的相互关系，比如，按照人们消费的实际内容来划分，可以把消费分为吃、住、行、游、购、娱等六个方面的结构；按照消费形式来划分，可以把消费分为实物消费和服务消费。

1. 消费结构分类

根据以上对消费结构定义的分析可以看出，消费结构从根本上看是消费对象的实物量和价值量的统一，因此实物消费结构和价值消费结构是其基本的分类方法。除此之外，还有从宏观微观的角度和不同社会集团的角度进行的分类：

（1）实物消费结构和价值消费结构。前者由一系列消费资料和消费服务的实物名称和数量来表示，后者则通过人们收入中各项货币支出的数量和比例来表示。在中国，当前实际消费的实物结构还包括一定量的自给性实物消费，这部分一般不通过价值结构表现。

（2）宏观消费结构与微观消费结构。前者指整个社会的消费结构，表明总体的消费数量和比例关系，从总体上反映一个国家或一个地区的消费结构状况。后者指某一家庭或个人的消费结构，它从一个消费单元上反映消费结构状况，并成为宏观消费结构的基础。前者与国民经济状况及国民收入水平相适应，后者与消费者收入及消费对象的价格变化相适应。

（3）不同社会集团的消费结构。例如农民家庭的消费结构和城市职工家庭的消费结构等。

2. 消费结构的影响因素

消费结构的变动受多种因素影响。主要是：社会生产力发展水平、社会经济制度、产业结构、新兴产业部门的出现、消费者的收入水平、消费品价格与消费

决策（引导）、人口的社会结构和自然结构所决定的需求结构、消费者心理和消费行为、自然环境。

（1）产业结构。农、轻、重结构直接影响消费结构以及农、轻、重内部结构对消费结构的影响。比如，农业内部种植业、畜牧业、水产业的结构是否合理，对人们消费结构中粮食、肉、禽、蛋、奶、水产品的消费产生直接的影响。

（2）新兴产业部门的出现，也对消费结构的变化产生影响。高科技不断发展，新产业、新产品不断出现，从而不断开拓新的消费领域，就会促进消费结构的优化、升级。

（3）居民收入。收入水平是影响消费结构最重要、最基本的因素。收入水平提高了，意味着购买力提高了，使消费可能在内涵上和外延上扩大，过去只能满足最基本的消费需要，现在可以满足更高层次的需要。这样必然使消费结构发生变化。

3. 恩格尔系数

从食品开支在家庭总支出中所占的比例可以大致推知家庭生活水平的高低。这是由19世纪中叶德国统计学家恩斯特·恩格尔提出的。食品支出占家庭总支出的比重被称为恩格尔系数，恩格尔系数＝(食品支出/家庭总支出)×100%。

恩格尔系数过大必然影响其他消费支出，特别是影响发展资料、享受资料的支出，限制消费层次和消费质量的提高。恩格尔系数减小，通常表明人民生活水平提高，消费结构改善。恩格尔系数的变化体现了消费者消费结构的变化。

第三节 产品调查

产品调查是针对某一性质的相同产品，对其发展历史、设计、生产等相关因素而进行的调查，包括产品生产能力调查、产品实体和产品包装调查、产品生命周期调查、产品价格调查等。

一、产品生产能力调查

产品生产能力是指在计划期内企业参与生产的全部固定资产在既定的组织技术条件下所能生产的最大产品数量，或者能够处理的原材料数量。生产能力是反映企业所拥有的加工能力的一个指标。

产品生产能力与市场产品的可供量直接相关，同时也关系到企业产品未来发展的潜力。产品能力调查包括原料、技术水平、资金状况、人员素质等。

产品生产能力可以反映企业的生产规模。每位企业主管之所以十分关心生产能力，是因为他随时需要知道企业的生产能力能否与市场需求相适应。当需求旺盛时，他需要考虑如何增加生产能力，以满足需求的增长；当需求不足时，他需要考虑如何缩小生产规模，避免能力过剩，尽可能减少损失。

实际生产中的生产能力有多种不同的表达方式，包括设计生产能力、查定生产能力和计划生产能力等。

1. 设计生产能力

设计生产能力是企业建厂时在基建任务书和技术文件中所规定的生产能力，它是按照工厂设计文件规定的产品方案、技术工艺和设备，通过计算得到的最大年产量。企业投产后往往要经过一段熟悉和掌握生产技术的过程甚至改进某些设计不合理的地方才能达到设计生产能力。设计生产能力也不是不可突破的，当操作人员熟悉了生产工艺，掌握了内在规律以后，通过适当的改造是可以使实际生产能力大大超过设计生产能力的。

2. 查定生产能力

查定生产能力是指企业在没有设计生产能力资料或设计生产能力资料可靠性低的情况下，根据企业现有的生产组织条件和技术水平等因素重新审查核定的生产能力。它为研究企业当前生产运作问题和今后的发展战略提供了依据。

3. 计划生产能力

计划生产能力也称为现实能力，是企业计划期内根据现有的生产组织条件和技术水平等因素所能够实现的生产能力。它直接决定了近期生产的计划。

计划能力包括两大部分。首先是企业已有的生产能力，是近期内的查定能力；其次是企业在本年度内新形成的能力。后者可以是以前的基建或技改项目在本年度形成的能力，也可以是企业通过管理手段而增加的能力。

二、产品实体和产品包装调查

产品实体调查包括产品的规格、产品的颜色及图案、味道、式样、原料、功能等方面的调查。产品包装调查包括销售包装调查和运输包装调查。

1. 产品实体开发调查

产品实体开发主要解决产品构思能否转化为技术上和商业上可行的产品这一问题，是新产品从构思方案到形成具体产品的过程。它是通过对新产品实体的设计、试制、测试和鉴定来完成的。其中设计是企业从消费者的角度对产品构思方案进行具体研究，规定产品的性能、结构、式样、型号、质量、名称、具体用途、工艺过程等，从技术上、经济上将用户的需求具体化，把新产品的构思方案变成可操作的产品图纸。试制是按照设计的具体要求把新产品的实体制造出来的

过程，包括样品试制和小批量试制。

2. 产品包装调查

产品包装是消费者对产品的视觉体验，是产品个性的直接和主要传递者，是企业形象定位的直接表现。好的包装设计是企业创造利润的重要手段之一。定位准确、符合消费者心理的产品包装设计能帮助企业在众多品牌竞争中脱颖而出。

包装设计具有建立品牌认知的行销作用，也就是利用包装设计呈现品牌信息，建立品牌识别，使消费者知道产品的品牌名称、品牌属性，进而建立品牌形象。在品牌知识的架构中，亦将产品的包装视作品牌形象联想的来源之一。

了解到品牌形象主要是由制造商形象、使用者形象、产品本身的形象以及品牌本身的人格形象所构成。包装视觉设计要能传达包含这四者的品牌信息，才算是构成完整的品牌形象。

在产品极大丰富的今天，消费者对每件产品的关注时间非常短暂，必须抓住消费者扫过货架的一瞬间。只有包装能够综合利用颜色、造型、材料等元素同时表现出产品品牌等企业的内涵和信息，突出产品与消费者的利益共同点，对消费者形成较直观的冲击，进而影响到消费者对产品和企业的印象，使产品醒目地摆在货架上，有效地完成吸引消费者的目的。产品的包装首先是表现出销售力，承担着吸引消费者的主要功能。

包装作为一个品牌的外在表现，是企业希望自己的品牌给消费者带来什么样的感觉的工具。它所产生的差异以及由此而表现出的"品牌特征"，使其成为吸引消费者的主导因素。包装所承载的物质利益与精神利益就是消费者购买的东西，对包装所代表的品牌要充分表现出品牌的内涵。假如内涵没有或者是不突出，消费者看到包装无法产生联想，就使品牌成为无源之水。

三、产品生命周期调查

任何进入市场的产品都有其市场寿命，被称为产品的生命周期，它包括引入期、成长期、成熟期和衰退期四个阶段。企业首先要明确自己所生产和经营的产品处于生命周期的哪一个阶段，所以，需要在产品的销售量、利润率、经营者和消费者对产品的兴趣等方面进行调查。

1. 引入期

当产品处于引入期时，这时产品初次进入市场，带有一定风险性，必须经消费者认可才能在市场上站住脚跟，此时，市场调查的重点应是：消费者选择此种产品的动机；消费者对此种产品价格的承受力；市场上有无类似产品；消费者对此种产品的需求程度；产品的特殊优势。

2. 成长期

当产品处于成长期时，产品已在市场上保住了自己的阵地，这时的调查内容应包括：产品受欢迎的程度；产品在哪些方面尚有不足，还需要改进；是否出现竞争产品；潜在的消费需求量有多大。

3. 成熟期

当产品处于成熟期，产品已达到销售量的最高点，市场上出现许多竞争者，销售量已很难再提高，且还有下降的趋势，此时，生产者应考虑转向或改进产品，因而对市场的调查应着重在消费者减少购买的原因、竞争产品的优势上。

4. 衰退期

在这一时期，产品将逐渐退出市场，这时企业应该注意及时调整策略，避免该产品再次进入市场，并尽早开发新产品以应对市场竞争的需要。

四、产品价格调查

产品价格是产品价值的货币表现。它是与产品经济紧密联系的一个经济范畴。产品是使用价值和价值的统一体。产品的价值是凝结在产品中的一般人类劳动。这种劳动是以量的形式表现出来的。产品的价值量由生产这种产品所耗费的社会必要劳动时间所决定。产品的价值不能自我表现，一个产品的价值必须由另一个产品来表现，并且只能在同另外一个产品相交换时才能实现。

1. 产品价格

产品价格的产生是以生产力水平的提高，产品交换范围的扩大，货币的出现为条件的。它是产品交换发展的必然结果。

2. 产品价格构成的要素

产品价格是受许多复杂因素影响的，生产成本是其最基本的构成要素，此外，由于市场中的宏观微观环境要素是随时发生改变并且是复杂多样的，因此，产品价格的构成要素涉及了诸多方面，大体上可以分为内部和外部两个方面的因素。内部主要是生产成本和管理费用等；外部包括国家相关政策要求、进入流通领域的费用，更为关键的是外部市场及消费者的需求状况。

（1）生产成本。生产成本是用货币表现的生产产品的各种劳动消耗。由于工业生产和农业生产具有各自不同的某些特点，其生产成本的具体构成也存在差别。工业生产成本主要包括在工业品生产过程中使用的机器设备等固定资本折旧、原材料辅助材料、电力及其他耗费等费用和生产工人、管理人员等的劳动报酬；农产品生产成本主要包括在农产品生产过程中使用的农业机械和农具等固定资产折旧、种子、肥料、农药、饲料、燃料、电力及其他有关费用和农业生产者的劳动报酬。明确生产成本的具体构成对于正确核定生产成本和价格，加强成本

管理而言有重要作用。在核定生产成本时既要防止遗漏必要的生产费用开支项目，又要防止把一些与生产成本无关的开支计入成本。

(2) 流通费用。发生在商业领域的流通费用，按其是否参与产品价值的形成，可分为生产性流通费用和纯粹流通费用。生产性流通费用支出的多少会直接影响产品价格的涨落以及人民生活水平的高低。纯粹流通费用只能从生产劳动者为社会劳动所创造的价值中得到补偿。因而，它的变化不应引起产品价格的变化。在产品价格一定的条件下，它的节约会相对地增加盈利。因此，纯粹流通费用支出的多少会直接影响企业利润和国家积累。

产品流通费用分别发生在产品流通的不同阶段，参与不同环节产品价格的形成。产品的购进价格加流通费用是制定商业价格的最低界限。

(3) 税金和利润。价格构成中的税金和利润，具体分解为生产税金、生产利润、商业税金和商业利润。其中生产税金和生产利润是生产部门劳动者为社会所创造的价值中部分价值的货币形态；商业税金和商业利润是从生产部门劳动者为社会创造的价值中让渡给商业部门的部分价值和商业部门劳动者追加劳动为社会所创造的价值部分的货币形态。简言之，税金和利润是劳动者在生产流通中为社会所创造的价值的货币表现，是产品价格超过生产成本和流通费用的余额。

价格中的税金是国家积累资金的一种重要形式。税率的高低是按照不同产品种类，根据兼顾国家、集体、个人三者利益的原则，结合国家经济发展的需要，由国家通过法令加以具体规定的。

价格中的利润是国家积累资金的另一种形式，其中也有一部分留作企业基金，它分为生产利润和产品利润。工业品价格中的生产利润称为工业利润，农产品价格中的生产利润称为农业纯收益。由商业部门购销的工业品的工业利润，是工业品出厂价格同时也是商业收购价格的构成因素，它所体现的经济关系是工商企业之间的关系。由于工商企业都实行经济核算，以收抵支，并以利润指标作为考核工商企业经济效益的重要指标之一，因此，在制定价格时必须正确处理工商利润的分配。确定工商利润的分配比例要以产品成本和工业品之间的合理比价为依据，并考虑各种产品的产销情况和供求关系，以及各种产品对国计民生的重要程度等因素作出适当安排。使之既有利于工业生产的发展，又有利于产品流通的扩大，并有助于促进工商企业加强经济核算，改善经营管理，提高经济效益。

(4) 目标市场及目标顾客对产品的需求程度。目标市场不同的消费者对产品价格的要求是有其不同的期望值的，同时，在当今的竞争环境下，同时还要考虑竞争者的价格，从而决定自身的产品定价预期和水平。当然，在一般情况下，首先要考虑到现有的定价水平能否使企业盈利。因此定价时，要在竞争和盈利这两个因素之间进行有效的平衡。

第四节 销售渠道调查

分销渠道是指产品从生产领域进入消费领域所经过的通道，需求是分销渠道形成的前提。在现代社会里，大多数产品不能直接送到消费者手中，而只能通过中间环节，即产品经营者（如中间商、经销商、代理人、经纪人等）来完成产品从生产到消费的转移。

一、中间商调查

中间商是指在制造商与消费者之间从事产品交换的经济组织或个人。中间商可以按照不同的标准进行分类，按照中间商是否拥有产品所有权，可将其划分为经销商和代理商；按照销售对象的不同可以分为批发商和零售商。中间商调查就是要了解中间商的功能以及如何选择中间商并对所选中间商进行引导，以提高销售渠道的运作效率。

1. 中间商的功能

中间商在商品由生产领域到消费领域的转移过程中起到了关键的桥梁和纽带作用。中间商的存在可以帮助生产商提高商品流转的效率，节省一定的人力、物力资源，使生产商可以专注于自身的生产。

（1）提高销售活动的效率。随着跨国公司和全球经济的迅速发展，如果没有中间商，产品由生产厂家直接销售给消费者，工作将非常复杂，而且工作量特别大。对消费者来说，没有中间商也会使购买时间大大增加。

（2）储存和分销。产品中间商从不同的生产厂家购买产品，再将产品分销到消费者手中，在这个过程中，中间商要储存、保护和运输产品。

（3）监督检查产品。中间商在订购产品时就考察了厂家产品的设计、工艺、生产、服务等质量保证体系，或者根据生产厂家的信誉、产品的品牌来选择产品；进货时，会按照有关标准严格检查产品；销售产品时，一般又会将产品划出等级。这一系列的工作起到了监督检查产品的作用。

（4）传递信息。中间商从生产厂家购买产品和向消费者销售产品时，会向厂家介绍消费者的需求、市场的信息、生产同类产品各厂家的情况；也会向消费者介绍各厂家的特点。无形中传递了信息，促进了竞争，有利于产品质量的提高。

2. 选择中间商的原则

选择中间商应把握以下几个原则：

（1）到达目标市场的原则。这是选择中间商的基本原则。因为企业选择中间商的目的就是要将自己的产品打入目标市场，方便消费者购买。根据这一原则，企业在选择中间商时，应了解所要选择的中间商是否在企业产品的目标市场拥有销售渠道、销售场所。

（2）角色分工原则。这是指所选择的中间商应当在经营方向和专业能力方面符合所建立的分销渠道功能的要求。明确角色分工，既是合作的前提也是选择中间商的原则与标准，如宝洁公司在每一地区只发展少数几个大分销商，然后通过分销商对下级批发商、零售商进行管理。分销商与宝洁公司签订合同，双方明确权利、义务和责任，并进行合理分工。

（3）共同愿望原则。分销渠道作为一个整体，只有所有的渠道成员都具有合作愿望才能建立起一个有效的分销渠道。在选择中间商时，要分析中间商参与有关产品分销的意愿，以及与其他渠道成员的合作态度等。

3. 选择中间商的条件

中间商在商品流转中的作用非常重要，但由于各类中间商的形态、规模、作用大小各异，使得选择中间商需要考虑的因素也较为复杂。但不管怎么说，以下几点是在进行中间商选择时需要综合考量的：

（1）中间商的市场范围。市场是选择中间商最关键的因素。首先要考虑中间商的经营范围所包括的地区与产品的预计销售地区是否一致，比如，产品在东北地区，中间商的经营范围就必须包括这个地区。其次，中间商的销售对象是否是生产商所希望的潜在顾客，这是最根本的条件。因为生产商都希望中间商能打入自己已确定的目标市场，并最终说服消费者购买自己的产品。

（2）中间商的产品政策。中间商承销的产品种类及其组合情况是中间商产品政策的具体体现。选择时一要看中间商有多少"产品线"（供应来源），二要看各种经销产品的组合关系是竞争产品还是促销产品。一般认为，应该避免选用经销竞争产品的中间商，即中间商经销的产品与本企业的产品是同类产品，比如都为21英寸的彩色电视机。但是若产品的竞争优势明显，就可以选择出售竞争者产品的中间商。因为顾客会在对不同生产企业的产品作客观比较后决定购买有竞争力的产品。

（3）中间商的地理区位优势。区位优势即位置优势。选择零售中间商最理想的区位应该是顾客流量较大的地点。批发中间商的选择则要考虑它所处的位置是否利于产品的批量储存与运输，通常以交通枢纽为宜。

（4）中间商的产品知识。许多中间商的规模巨大，而且经销某些名牌产品，它们对销售某种产品有专门的经验。选择对产品销售有专门经验的中间商就会很快地打开销路。因此，生产企业应根据产品的特征选择有经验的中间商。

（5）预期合作程度。中间商与生产企业合作得好，会积极主动地推销企业的产品，对双方都有益处。有些中间商希望生产企业也参与促销，扩大市场需求，并相信这样会获得更高的利润。生产企业应根据产品销售的需要确定与中间商合作的具体方式，然后再选择最理想的合作中间商。

（6）中间商的财务状况及管理水平。中间商能否按时结算，包括在必要时预付货款，取决于其财力的大小。整个企业销售管理是否规范、高效，关系着中间商营销的成败，而这些都与生产企业的发展休戚相关。因此，这两方面的条件也必须考虑。

（7）中间商的促销政策和技术。采用何种方式及运用选定的促销手段来推销产品直接影响销售规模。有些产品通过广告促销比较合适，而有些产品则适合通过销售人员直销。有的产品需要有效储存，有的则应快速运输。要考虑到中间商是否愿意承担一定的促销费用以及是否有必要的物质、技术基础和相应的人才。选择中间商前必须对其所能完成的对某种产品销售的市场营销政策和技术的可能实现程度作全面评价。

（8）中间商的综合服务能力。现代商业经营服务项目很多，选择中间商要看其综合服务能力如何，有些产品需要中间商向顾客提供售后服务，有些在销售中要提供技术指导或财务帮助（赊购或分期付款），有些产品还需要专门的运输存储设备。合适的中间商所能提供的综合服务项目与服务能力应与企业产品销售所需要的服务要求相一致。

二、零售终端调查

零售商是指将产品直接销售给最终消费者的中间商，是相对于生产者和批发商而言的，处于产品流通的最终阶段。零售商的基本任务是直接为最终消费者服务，它的职能包括购、销、调、存、加工、拆零、分包、传递信息、提供销售服务等。在地点、时间与服务方面方便消费者购买，它又是联系生产企业、批发商与消费者的桥梁，在分销途径中具有重要作用。

零售商主要包括以下几种形式：

1. 零售商店

零售商店是众多零售形式中最常见，也是最古老的一种。但在其发展的过程中经历了多种形式的变更和演进，目前，比较常见的有以下几种形式：

（1）百货商店。指综合各类产品品种的零售商店。其特点：产品种类齐全；客流量大；资金雄厚，人才齐全；重视商誉和企业形象；注重购物环境和产品陈列。

（2）专业商店。指专门经营某一类产品或某一类产品中的某一品牌的商店。

其特点：品种齐全；经营富有特色、个性化；专业性强。

（3）超级市场。以主、副食及家庭日用产品为主要经营范围，实行敞开式售货，顾客自我服务的零售商店。其特点：实行自我服务和一次性集中结算的售货方式；薄利多销，产品周转快；产品包装规格化、条码化，明码标价，并要求注有产品的质量和重量。

（4）便利商店。接近居民生活区的小型商店。其特点：营业时间长，以经营方便品、应急品等周转快的产品为主，并提供优质服务。如饮料、食品、日用杂品、报刊、快递服务等。产品品种有限，价格较高，但因方便，仍受消费者欢迎。

（5）折扣商店。以低价、薄利多销的方式销售产品的商店。其特点：设在租金便宜但交通繁忙的地段；经营产品品种齐全，多为知名度高的品牌；设施投入少，尽量降低费用；实行自助式售货，提供服务很少。

（6）仓储商店。是20世纪90年代后期才在我国出现的一种折扣商店，其特点：位于郊区低租金地区；建筑物装修简单，货仓面积很大，一般不低于1万平方米；以零售的方式运作批发，又称量贩商店；通常采取会员制销售来锁定顾客。

此外，还有综合商店、样品目录陈列室、邮购目录营销、自动售货机、购物服务公司、流动售货等形态。随着零售业的不断发展，其形态也会不断发生变化，这些都是随着消费者的需求变化应运而生的。

2. 无店铺零售

无店铺零售是伴随着网络经济的不断发展而逐渐产生、发展和逐渐成熟起来的。与传统零售商店相比，无店铺零售节省了大量的店租和部分管理费用，提高了与消费者主动接触的概率。其主要形式如下：

（1）上门推销。企业销售人员直接上门，挨门挨户逐个推销。雅芳公司就是这种销售方式的典范。

（2）电话电视销售。这是一种比较新颖的无店铺零售形式。其特点是利用电话、电视作为沟通工具，向顾客传递产品信息，顾客通过电话直接订货，卖方送货上门，整个交易过程简单、迅速、方便。

（3）自动售货。利用自动售货机销售产品。第二次世界大战以来，自动售货已被大量运用在多种产品上，如香烟、糖果、报纸、饮料、化妆品等。

（4）购货服务。主要服务于学校、医院、政府机构等大单位特定用户。零售商凭购物证给该组织成员一定的价格折扣。

3. 零售新业态

零售业态近年来变化越来越趋于多样化。这主要是由于经济的高速发展、网络经济的不断发展以及消费者的消费行为在不断发生改变。因此，在对零售商的调查中要注意这种趋势的特征，以便更好地加以把握。零售新业态主要有以下几种形式：

（1）连锁商业。指众多的、分散的、经营同类产品或服务的零售企业，在核心企业（连锁总部）的领导下，以经济利益为连接纽带，统一领导，实行集中采购和分散销售，通过规范化经营管理，实现规模经济效益的现代流通组织形式。

（2）连锁超市。是连锁商业形式和超级市场业态两者的有机结合。它是我国现代零售业的主流，在发展中进一步细分和完善。主要经营大众产品，其中70%是百货，30%是食品。又如仓储式会员店连锁超市，以零售方式运作批发，采用会员制。

（3）特许经营。是一种根据合同进行的商业活动，体现互利合作关系。一般是由特许授予人（特许人）按照合同要求、约束条件给予被授予人（受许人，亦称加盟者）的一种权利，允许受许人使用特许人已开发出的企业象征（如商标、商号）和经营技术、诀窍及其他工业产权。特许经营分为产品商标型特许经营、经营模式特许经营、转换特许经营。

（4）商业街。由经营同类或异类产品的多家独立零售商店集合在一个地区形成的零售商店集中区，也有集购物、休闲、娱乐综合功能的商业街。

（5）购物中心。由零售商店及其相应设施组成的商店群体，作为一个整体进行开发和管理，通常包括一个或多个大的核心商店，并有许多小的商店环绕其中，有庞大的停车场设施，顾客购物来去方便。购物中心占地面积大，一般在十几万平方米。其主要特征是容纳了众多各种类型的商店、快餐店、餐饮店、美容店、娱乐场所、健身场所、休闲场所，功能齐全，是一种超巨型的商业零售模式。

三、供货渠道调查

供应商是指直接向零售商提供产品及相应服务的企业及其分支机构、个体工商户，包括制造商、经销商和其他中介商；或称为"厂商"，即供应产品的个人或法人。供应商可以是农民、生产基地、制造商、代理商、批发商（限一级）、进口商等，应避免太多中间环节的供应商。

1. 供应商

采购商选择供应商建立战略伙伴关系、控制双方关系风险和制定动态的供应商评价体系是中国采购商普遍关心的几个问题。供应商的评估与选择作为供应链正常运行的基础和前提条件。

2. 选择供应商的标准

选择供应商的标准有许多，在确定选择供应商的标准时一定要考虑短期标准和长期标准，把两者结合起来，才能使所选择的标准更全面，进而利用该标准对供应商进行评价，最终寻找到理想的供应商。

（1）采购价格。采购价格低是选择供应商的一个重要条件。但是价格最低的供应商不一定就是最合适的，因为如果在产品质量、交货时间上达不到要求，或者由于地理位置过远而使运输费用增加，都会使总成本增加，因此总成本最低才是选择供应商时考虑的重要因素。

（2）能否及时交货。供应商能否按约定的交货期限和交货条件组织供货，直接影响企业生产的连续性，因此交货时间也是选择供应商时要考虑的因素之一。

（3）供应商的整体服务水平。是指供应商内部各作业环节能够配合购买者的能力与态度。如采购者对如何使用所采购的物品不甚了解，供应商就有责任向采购者培训所卖产品的使用知识。

具体来讲，供应商的调查主要包括供应商的注册地、注册资金、主要股东结构、生产场地、设备、人员、主要产品、主要客户、生产能力等。通过分析这些信息，可以评估其工艺能力、供应的稳定性、资源的可靠性及其综合竞争能力。在综合考虑多方面的重要因素之后，就可以给每个供应商打出综合评分，选择出合格的供应商。

四、供货以及结算方式调查

所谓结算方式，是指用一定的形式和条件来实现各单位（或个人）之间货币收付的程序和方法。结算方式是办理结算业务的具体组织形式，是结算制度的重要组成部分。结算方式的主要内容包括：产品交易货款支付的地点、时间和条件，产品所有权转移的条件，结算凭证及其传递的程序和方法等。现行的银行结算方式包括：银行汇票、商业汇票、银行本票、支票、汇兑、委托收款、异地托收承付等。

这几种结算方式根据结算形式的不同可以划分为票据结算和支付结算两大类；根据结算地点的不同可以划分为同城结算方式、异地结算方式和通用结算方式三大类。其中，同城结算方式是指在同一城市范围内各单位或个人之间的经济往来，通过银行办理款项划转的结算方式，具体有支票结算和银行本票结算。异地结算方式是指不同城镇、不同地区的单位或个人之间的经济往来通过银行办理款项划转的结算方式，具体包括银行汇票结算、汇兑结算和异地托收承付结算。通用结算方式是指既适用于同一城市范围内的结算，又适用于不同城镇、不同地区的结算，具体包括商业汇票结算和委托收款结算，其中商业汇票结算方式又可分为商业承兑汇票结算和银行承兑汇票结算。

1. 转账结算

通过银行票据的传递进行资金划拨的清算方法主要用于经济组织、事业单位、行政机关之间的资金往来清算。

2. 现金结算

通过现金收付进行资金往来清算的办法适用于个人（自然人）、个体工商户和机关企业事业单位。个人之间的借贷支付以及个人消费品的购买基本上采用现金结算方式。机关、团体、部分企事业单位和其他单位之间的经济往来按规定必须使用转账结算方式。

3. 网上支付

从网上支付的供给者来看，非银行金融机构和非金融企业尚未介入，主要是一些商业银行和中央银行下属机构（如银行卡信息交换中心）。

从网上支付业务发展情况来看，银行提供网上支付服务已经介入了 B to C、B to B、C to C 等各种电子商务形态中。这是一个发展趋势，必将对原有的支付体系和方式产生一定的影响。

第五节 促销方式调查

促销就是营销者向消费者传递有关本企业及产品的各种信息，说服或吸引消费者购买其产品，以达到扩大销售量的目的。促销实质上是一种沟通活动，即营销者（信息提供者或发送者）发出作为刺激消费的各种信息，把信息传递到一个或更多的目标对象（信息接收者，如听众、观众、读者、消费者或用户等），以影响其态度和行为。常用的促销手段有广告、人员推销、销售促进和公共关系。企业可根据实际情况及市场、产品等因素选择一种或多种促销手段的组合。

一、广告调查

广告运作中的市场调查又称广告调查，它的基本任务是提供与广告有关的资讯以作为广告决策的依据。一般来说，广告调查的主要内容分为信息研究、媒介研究和效果测定三类。广告调查主要从广告的前期市场调查、媒介调查和广告实施后的广告效果调查等几个方面来展开。广告市场调查是编制广告计划的依据，具体包括广告市场所在的社会环境调查、消费者调查和产品调查等。

1. 社会环境调查

社会环境构成的因素很多，在广告调查中具体应该着重于以下几个方面的调查：政治和法律环境的调查；经济环境的调查；文化环境的调查。

其中，调查文化环境主要是为了了解广告产品所处环境的文化特征、文化禁忌等，使广告及广告产品能够与社会文化相融合，而不至于发生严重的冲突；或

者能够使广告及广告产品在扩展其市场空间时避免与新开拓的活动环境的文化规则相冲突。

2. 消费者调查

所谓消费者调查是对与广告产品有关的各种消费者购买行为的调查。具体包括生理因素、心理因素和个性因素的调查。

3. 产品调查

产品调查是指对预订的广告产品的调查,以了解其是否适销、是否符合市场的要求和消费者的习惯。产品调查具体包括产品本身及产品附属性的调查和产品竞争结构的调查。

4. 企业形象调查

企业形象调查是对社会公众所给予企业的整体评价与认定的情况调查。企业形象调查的内容很多,具体包括品牌形象、技术形象、企业视觉识别系统等。这些企业形象转化为具体的指数就是企业的知名度和美誉度。

所谓知名度是指一个企业被社会公众知晓、了解的程度,以及企业对社会产生影响的广度和深度。这一指数是评价企业在社会上名气大小的客观尺度。所谓美誉度是指一个企业获得社会公众认可、信任、赞许的程度,以及企业在社会上产生影响的美与丑、好与坏等。这一指数是评价企业在社会上名声好坏的客观尺度,是任何一个企业都极力追求的目标。

通过对企业形象进行调查,就会得到社会公众对企业整体形象认识的真实和完整的情况。使之与企业自身设定的形象进行比较,就会找到企业开展广告活动和公共关系活动的工作重点或区域。

5. 广告媒体调查

广告媒体调查中常见的基本概念如下:

(1)收视(听)率。这是指接收某一特定电视节目或广播节目的人数(家庭数)的百分数。收视(听)率是广播电视媒体中最重要的术语之一。收视(听)率的计算方法:如果10户有电视家庭中的5户在看节目A,节目A的收视率即为(5÷10)×100%,即50%;如果10户有电视家庭中共有20人,只有2人在看B节目,则节目B的收视率为(2÷20)×100%,即10%。开机率是指在一天之中某一特定时间家庭开机的百分数。开机率的高低会因季节、一天之中的时段、地理区域以及市场状况而有所不同。

(2)节目视(听)众占有率。这是指收看某一特定节目开机率的百分数。它是说明某一节目或电台在总收视或收视(听)众中有多少百分数。节目视(听)众占有率并不表示拥有电视机的总家庭数,而只是在某一特定时间那些"正在看电视的"家庭数。节目视(听)众占有率=(视(听)节目的户数/视(听)开机户数）×100%。

（3）毛评点。这是指个别特定广告媒体所送达的收视（听）率总数。毛评点说明送达的总视（听）众，而不关心重叠或重复暴露于个别广告媒体之下。对于个人或家庭，他们暴露于广告下多少次就计算多少次数。毛评点的计算方法如下：

毛评点=播出次数×播出时的收视（听）率

（4）视（听）众暴露度。这是指全部广告暴露度的总额。它以个人数目来表示，而与百分数不同。

视（听）众暴露度的计算方法有以下几种：

视（听）众暴露度=人口群体的人数×送达给某特定人口群体的毛评点

视（听）众暴露度=广告排期表中每一插播的广告所送达的视（听）众（人数）累计加总

到达率是指不同的个人（或家庭）在特定期间中暴露于某一媒体广告排期表下的人数，一般均以百分数表示。

（5）暴露频次。这是指个人（或家庭）暴露于广告信息下的"平均"次数，它是以一个人（或家庭）所看节目相加之和与个人（或家庭）数相比的值而产生的。

（6）有效到达率。这是指在某一特定暴露频次，由一媒体广告排期表所达到的个人（或家庭）数目。有效到达率又通称为有效暴露频次。

（7）每千人成本。它是一种媒体或媒体排期表送达1000人（或家庭）的成本计算单位。

6. 广告媒体的类型调查

广告媒体调查主要包括印刷类媒体调查、广播类媒体调查、电视类媒体调查以及网络类媒体调查。前三类媒体调查方法类似，而网络媒体调查有其一定的特殊性。

（1）印刷类媒体的调查。在进行这类媒体调查时，首先，要调查其性质。要分清楚是晚报还是早报、日报，是机关报还是行业报、专业期刊，是娱乐性还是知识性、专业性，是邮寄送达还是零售、直接送达等。其次，要调查其准确的发行量。发行量越大则覆盖面也就越广，每千人广告费用就越低。再次，要调查清楚读者层次。对读者的年龄、性别、职业、收入、阅读该刊所花费的时间等情况都要清楚地加以了解。最后，要调查其发行周期，即报刊发行日期的间隔，如日报、周报、周刊、旬报、旬刊、月刊、双月刊、季刊等。

（2）网络类媒体调查。网络媒体与传统媒体相比较有其一定的特殊性，主要体现在时效性更强、传播速度更快等方面。对网络媒体调查，主要注意以下几点：

1）点击率。是指网站页面上某一内容被点击的次数与被显示的次数之比，

它反映了网页上某一内容的受关注程度，常常用来衡量广告的吸引力。例如，如果该网页被打开了 1000 次，而该网页上某一广告被点击了 10 次，那么该广告的点击率为 1%。

2）页面浏览量。网页页面浏览量类似于电视的收视率，是衡量一个网络新闻频道或站点甚至一条网络新闻"好坏"的主要指标。

3）独立访问者数。实际浏览的人数，在统计访问数据的时候同一 IP 地址的多次访问只被记录一次，该数据较真实地反映出某一站点或新闻页面的实际质量。

7. 广告效果调查

广告效果调查分事前调查和事后调查。

事前调查又称广告试查，是指广告在实施前对广告目标对象进行小范围的抽样调查，了解消费者对该广告的反应，以此而改进广告策划及广告表现，提高随后的广告效果。这种调查是广告发布前所开展的工作。

事后调查是指在广告实施之后的一段时间里，对广告的目标对象所进行的较大规模和较广范围的调查，通过广大消费者对该广告活动的反应而测定广告效果的调查工作。其目的在于测定广告预期目标与广告实际效果的态势，反馈广告活动的受众信息，为修正广告策略和随后进一步开展广告工作奠定量化基础，以便广告主或广告公司的广告活动更好地促进企业目标的实现。

广告效果调查必须以严格的定量化指标为结果和表现形式，所有的定性内容都必须基于严格的量化参数。这就要求在广告效果的调查活动中采用科学化的手段与方法去进行各个调查环节的工作，以实现广告效果测定结果的可信性与有效性。

二、其他促销方式调查

促销在实际的营销活动中，主要功能除了能够促进销售外，更主要的功能是一种沟通活动，通过信息的不断交流，达到对消费者行为产生一定影响的效果。常用的促销手段除上述的在实际营销活动中被广泛采用的广告外，还有人员推销、销售促进和公共关系等几种主要的形式。企业可根据实际情况及市场、产品等因素选择一种或多种组合促销手段。

1. 人员推销

人员推销是一种专业性和技术性很强的工作，它要求推销员具备良好的政治素质、业务素质和心理素质，以及吃苦耐劳、坚韧不拔的工作精神和毅力。人员推销是一种金钱、时间、才智合聚的综合性商业活动。从不同的角度出发，人员推销有不同形式的定义，但它们包含的关键内容和要素是相同的。一般而言，人员推销的基本要素为推销员、推销产品、推销对象。人员推销是一种具有很强人性化因素的、独特的促销手段。它具备许多区别于其他促销手段的特点，可完成许多其他促销手段所无法实现的目标，其效果是极其显著的。相对而言，人员推销较适于推销性能复杂的产品。当销售活动需要更多地解决问题和说服工作时，人员推销是最佳选择。说服和解释能力在人员推销活动中尤为重要，它会直接影响推销效果。人员推销调查主要是对人员推销中的三个基本要素——推销员、推销产品、推销对象进行调查。

2. 销售促进

销售促进主要指能够刺激顾客产生强烈反应，促进短期购买行为的各项促销措施。其目标是介绍新产品和提供产品改良的信息；增加本企业产品在零售店的陈列架和陈列量；动员中间商采购本企业产品或增加库存量；争取批发商的协作，积极反馈来自零售商的信息；作用于流通业者，争取增加订货量；争取消费者增加每次购买量；促进顾客对店铺的惠顾和对品牌的忠诚；促使顾客改变品牌偏好，争夺其他品牌的顾客；鼓励推销人员大力推销新产品，开发新市场，开拓新店铺；激励推销人员寻找潜在顾客，维持现有顾客等。

销售促进的类型有以下几种：

（1）针对消费者的有产品陈列、现场表演、展销会、样品赠送、现金折扣、优惠券、减价销售、奖券、奖售等。

（2）针对中间商的有在销售地点举办展览会、实行购买数量折扣、提供广告、陈列津贴、合作广告等。

（3）针对推销人员的有鼓励对推销人员的奖励。

销售促进调查主要是对针对不同对象展开的活动形式的效果进行调查和分析。

3. 公共关系

公共关系是由英文"Public Relations"翻译而来的，中文可译为"公共关系"或"公众关系"，不论是字面意思还是实际意思基本上都是一致的，都是指组织机构与公众环境之间信息的沟通与传播关系。关于公共关系的定义有很多，一般指一个社会组织用传播手段使自己与相关公众之间形成双向交流，使双方达到相互了解和相互适应的管理活动。这个定义反映了公共关系是一种传播活动，也是一种管理职能。

这些促销方式的调查与广告调查都是促销调查的重要组成部分，而广告调查由于广告近年来在营销活动中得到了广泛应用和认可而显得尤为突出，但随着网络时代的来临以及一些互动媒体以及自媒体的逐步应用，市场调查的范围也正在逐步地扩大。

第六节 消费行为调查

消费行为是市场调查中较难把握而又带有不确定性的因素。它受多方面因素影响,如消费者心理、性格、宗教信仰、文化程度、消费习惯、个人偏好和周围环境等。这些因素都可以在一定程度上促成消费者的购买行为。消费行为调查就是要了解这些主客观因素及其发展变化对消费者购买行为的影响。

一、消费行为类型调查

购买行为类型主要包括以下内容:

1. 习惯型购买

即根据以往形成的习惯或效仿他人的经验而决定购买,表现为长期惠顾于一种型号的产品或几家商场而不易受外界的干扰。

2. 理智型购买

即根据自己的经验和知识判别产品,对产品进行认真分析、比较和衡量后才做出决定,而且不愿意外人介入。

3. 感情型购买

即在购买时因感情因素的支配,容易受到某种宣传和广告的吸引,经常以产品是否能符合感官的需要进行购买。

4. 冲动型购买

即消费者为产品的某一方面(商标、样式和价格等)所强烈吸引,迅速做出购买决策,而不愿对产品进行反复比较。

5. 经济型购买

即消费者多从经济方面着眼考虑购买,特别是对价格非常敏感,购买高级产品以求好,而购买低级产品以求廉的购买行为。

6. 随意型购买

即消费者缺乏购买经验,或随大溜儿,或奉命购买,并乐于听取别人的指教。

二、消费满意度调查

顾客满意,是指一件产品的绩效满足顾客期望的程度。

菲利普·科特勒认为,顾客满意"是指一个人通过对一件产品的可感知效果与他的期望值相比较后所形成的愉悦或失望的感觉状态"。当商品的实际消费效果达到消费者的预期时就使顾客满意，否则，则会导致顾客不满意。

从上面的定义可以看出，满意水平是可感知效果或测量分析后效果和期望值之间的差异函数。如果效果低于期望，顾客就会不满意；如果效果与期望相匹配，顾客就满意；如果效果超过期望，顾客就会高度满意、高兴或欣喜，从而达到提高顾客满意度的目标。

一般而言，顾客满意是顾客对企业和员工提供的产品和服务的直接性综合评价，是顾客对企业、产品、服务和员工的认可，在企业内部也可认为是下一个过程对上一个过程的评价及认可。"顾客"根据他们的价值判断来评价产品和服务，因此，菲利普·科特勒认为，满意是一种人的感觉状态的水平，它来源于对一件产品所设想的绩效或产出与人们的期望所进行的比较。从企业的角度来说，顾客服务的目标并不仅仅止于使顾客满意。

三、顾客的需求结构调查

要建立一组科学的顾客满意程度的评价指标，首先要研究顾客的需求结构。顾客需求的基本结构大致有以下几个方面：

（1）品质需求。包括性能、适用性、使用寿命、可靠性、安全性、经济性和美学效果（外观）等。

（2）功能需求。包括主导功能、辅助功能和兼容功能等。

（3）外延需求。包括服务需求和心理及文化需求等。

（4）价格需求。包括价位、价质比、价格弹性等。

组织在提供产品或服务时均应考虑顾客的这4种基本需求。但是，由于不同国家和地区、不同的消费人群对这些需求有不同的需求强度，在消费后又存在一个满意水平的高低。当顾客需求强度高时，稍有不足，他们就会有不满或强烈不满；当需求强度低时，只需低水平的满足即可。

因此，企业应该根据不同的顾客需求确定主要的需求结构，以满足不同层次顾客的要求，使顾客满意。

企业应根据顾客需求结构及产品或服务的特点，选择那些既能全面反映顾客满意状况又有代表性的项目作为顾客满意度的评价指标。全面就是指评价项目的设定应既包括产品的核心项目又包括无形的和外延的产品项目；否则，就不能全面了解顾客的满意程度，也不利于提升顾客满意水平。另外，由于影响顾客满意或不满意的因素有很多，企业不能一一用作测量指标，而应该选择那些具有代表性的主要因素作为评价指标。

第七节 竞争状况调查

竞争环境是企业生存与发展的外部环境,对企业的发展至关重要。竞争环境的变化不断产生威胁,也不断产生机会。对企业来说,如何检测竞争环境的变化,规避威胁,抓住机会就成为与企业利益休戚相关的重大问题。目前,在中国加快融入国际经济的背景下,中国企业的竞争环境出现了急剧的变化,行业结构、竞争格局、消费者需求、技术发展等都发生了急剧的变化,不确定性增强。任何企业都必须时刻关注环境的变化,才能趋利避害。任何对环境变化的迟钝与疏忽都会对企业造成严重的甚至是毁灭性的打击。

一、竞争者调查

竞争者调查是指企业通过某种分析方法识别出竞争对手,并对它们的目标、资源、市场力量和当前战略等要素进行评价。

1. 竞争者调查的目的

竞争者调查的目的是为了准确判断竞争对手的战略定位和发展方向,并在此基础上预测竞争对手未来的战略,准确评价竞争对手对本组织战略行为的反应,估计竞争对手在实现可持续竞争优势方面的能力。对竞争对手进行分析是确定组织在行业中战略地位的重要方法。

2. 竞争者的类型

(1) 从行业的角度来看企业的竞争者。

1) 现有厂商。指本行业内现有的与企业生产同样产品的其他厂家,这些厂家是企业的直接竞争者。

2) 潜在加入者。当某一行业前景乐观、有利可图时,会引来新的竞争企业,使该行业增加新的生产能力,并要求重新瓜分市场份额和主要资源。另外,某些多元化经营的大型企业还经常利用其资源优势从一个行业侵入另一个行业。新企业的加入可能导致该行业产品价格下降,利润减少。

3) 替代品厂商。与某一产品具有相同功能、能满足同一需求的不同性质的其他产品属于替代品。随着科学技术的发展,替代品将越来越多,某一行业的所有企业都将面临与生产替代品的其他行业的企业进行竞争。

(2) 从市场的角度来看企业的竞争者。

1) 品牌竞争者。企业把同一行业中以相似的价格向相同的顾客提供类似产品或服务的其他企业称为品牌竞争者。品牌竞争者之间的产品相互替代性较高，因而竞争非常激烈，各企业均以培养顾客品牌忠诚度作为争夺顾客的重要手段。

2）行业竞争者。企业把提供同种或同类产品，但规格、型号、款式不同的企业称为行业竞争者。所有同行业的企业之间存在彼此争夺市场的竞争关系。

3）需要竞争者。提供不同种类的产品，但满足和实现消费者同种需要的企业称为需要竞争者。

4）消费竞争者。提供不同种类的产品，满足消费者的不同愿望，但目标消费者相同的企业称为消费竞争者。

二、竞争状况调查

竞争状况调查主要是指对企业的竞争对手和存在于企业外部的竞争环境的调查。企业调查竞争状况，目的是认识市场状况和市场竞争强度，根据本企业的优势，制订正确的竞争策略。

1. 企业竞争环境

企业的竞争环境，是指企业所在行业及其竞争者的参与、竞争程度，它代表了企业市场成本及市场进入壁垒的高低。

在任何市场上销售产品，企业都面临着竞争。市场上从事同类产品生产经营的企业，其竞争者包括现实的竞争者和潜在的竞争者。同一市场，同类企业数量的多少造成了竞争强度的不同。

竞争环境调查，重在认识本企业的市场地位，制订扬长避短的有效策略，取得较高的市场占有率。

2. 竞争环境分析

在制订竞争战略、评估外部环境时，需要回答一个基本问题：企业在选择竞争市场时可能会出现什么情况？

在回答这个问题的同时可能会提出某些其他的有关问题，如企业参与竞争的是什么市场。为了给市场定位，企业必须了解客户的需求，并且使他们明白企业的竞争对象是谁。俗话说：知己知彼方能百战百胜。

一般来讲，每个行业都有五种竞争势力：现有企业的竞争；来自新的竞争者的威胁；买家的议价实力；供应商的议价实力；来自替代产品或服务体系的威胁。企业最关心的是竞争对手的能力，所以有必要对他们的竞争战略进行探讨。

三、市场占有状况调查

市场占有率是指在一定的时期内，企业所生产的产品在其市场的销售量或销售额占同类产品销售量或销售额的比重。市场占有率分析是企业战略环境分析的

一个非常重要的因素。而市场占有率分析是根据各方面的资料计算出本企业某种产品的市场销售量占该市场同种产品总销售量的份额，以了解市场需求及本企业所处的市场地位。

1. 市场占有率分析的内容

市场占有率分析的主要内容：依据公司产品销售市场的地域分布情况，可将公司的销售市场划分为地区型、全国型和世界范围型。根据销售市场地域范围能大致估计一个公司的经营能力和实力及公司产品在同类产品市场上的占有率。公司的市场占有率是利润之源。

2. 市场占有率分析的指标

市场占有率分析的指标主要内容如下：

（1）全部市场占有率。以企业的销售额占全行业销售额的百分比来表示。使用这种测量方法必须作两项决策：第一是要以单位销售量或以销售额来表示市场占有率。第二是正确认定行业的范围，即明确本行业所应包括的产品、市场等。

（2）可达市场占有率。以其销售额占企业所服务市场的百分比来表示。所谓可达市场就是企业产品最适合的市场和企业市场营销努力所及的市场。企业可能有近100%的可达市场占有率，但全部市场占有率却较小。

（3）相对市场占有率（相对于三个最大竞争者）。以企业销售额对最大的三个竞争者的销售额总和的百分比来表示。如某企业有30%的市场占有率，其最大的三个竞争者的市场占有率分别为20%、10%和10%，则该企业的相对市场占有率是30/40=75%。一般情况下，相对市场占有率高于33%即被认为是强势的。

（4）相对市场占有率（相对于市场领导竞争者）。以企业销售额相对于市场领导竞争者的销售额的百分比来表示。相对市场占有率超过100%，表明该企业是市场领导者；相对市场占有率等于100%，表明企业与市场领导竞争者同为市场领导者；相对市场占有率的增加表明企业正在接近市场领导竞争者的地位。

本章小结

市场调查内容包括市场环境调查、市场供求调查、产品调查、销售渠道调查、促销方式调查、消费行为调查以及竞争状况调查。

市场环境分析要从宏观、微观两个方面入手。环境分析最终必须回答：有关因素何时发生变化，发生变化的可能性有多大，这种变化将成为企业或某项任务的机会还是威胁，会带来多大影响，应当采取何种对策。

市场供求调查主要是对市场供给和消费者需求总量的调查；产品调查中要注意产品生命周期的不同阶段的调查特征；销售渠道调查要注意渠道发展的不同形态以及网络经济对传统业态的冲击和改变；广告调查需要与其他促销形式结合来展开调查；消费者调查是市场调查中最为重要的一环；竞争状况调查要求对竞争对手要能够做出详尽的分析。

诸多的调查内容其实都是围绕着消费者和整个竞争市场而进行的。通过了解消费者的诸多人文属性，如性别、年龄、职业、受教育程度、婚姻状况、收入水平、居住区域等，确定消费者的消费偏好、消费水平、消费结构、消费心理、消费行为习惯等，以此作为企业制定营销战略和策略的依据。

对于一个企业来说，不可能也没有必要对所有的环境因素做到详尽分析，可以根据经营任务的性质要求确定特定的环境因素，然后集中力量对影响较大的因素进行调查研究。需要注意的是必须重视预测有关因素将来发生变化的时间和方向。

总之，市场调查的内容应该包括与市场营销活动相关的所有方面，只有全面而准确地把握市场信息才能为企业的决策提供可靠而有力的保证。

课后习题

一、名词解释

宏观市场环境　公共关系　市场供求关系　产品生产能力　消费结构　分销渠道　结算方式　广告调查　消费行为　竞争环境

二、简答题

1. 市场宏观环境调查包括哪些内容？
2. 宏观环境对企业的营销活动有哪些影响？
3. 市场微观环境调查包括哪些内容？
4. 微观环境对企业的营销活动有哪些影响？
5. 市场供求调查包括哪些内容？
6. 产品调查包括哪些内容？
7. 销售渠道调查包括哪些内容？
8. 供货以及结算方式调查包括哪些内容？

9. 广告调查包括哪些内容?
10. 消费者行为调查包括哪些内容?
11. 竞争状况调查包括哪些内容?

三、论述题

1. 试述市场调查的内容及其相互之间的关系。
2. 试述企业应如何根据调查目的的不同进行调查内容的确定与组合。
3. 为什么说消费者行为调查是市场调查中的核心内容?

四、案例分析

F 市家用空气净化器市场的调查与分析

近年来,随着消费者对 PM2.5 关注的不断升温,推动了空气净化器这一新兴行业的迅速崛起。某大学市场营销专业学生对 F 市家用空气净化器市场进行了调查。这次调查共分三个部分:问卷调查;对商场竞争品牌空气净化器柜台销售人员的调查;用户偏好调查。调查结果及分析如下:

1. 市场容量的测算

在有关空气净化器市场容量的调查中,F 市已有空气净化器的家庭占 33.7%。没有空气净化器的家庭想购买一个空气净化器的占 66.3%。F 市现在有 700 万人,按每家 4 人计算,大约有 175 万户家庭。再加上一些企事业单位、写字楼的购买量,以及外地流动人口的购买量,容量至少超过 150 万个,因此推算 F 市空气净化器家庭的市场需求将极具潜力。

2. 市场竞争状况

F 市是 F 省政治、经济、文化中心,是诸多商家必争之地。在 F 市的空气净化器市场中,空气净化器品种繁多,竞争非常激烈。各种空气净化器品牌、价格大致如表 1 所示。

表 1 各品牌空气净化器价格比照

排 名	产品名称	功率(W)	价格(元)
1	松下 F-PDF35C	74	699
2	飞利浦 AC4076	47	3590
3	亚都 KJF2202T	40	1520
4	飞利浦 AC4074	47	3355
5	亚都 KJF2901	53	2538
6	飞利浦 AC4025/00	30	987
7	夏普 KC-W200SW	25	2998

续表

排名	产品名称	功率（W）	价格（元）
8	飞利浦 AC4072	47	2966
9	松下 F-VXG35C-S	—	1999
10	夏普 KC-W280SW	—	5200

其中，最受欢迎的品牌是飞利浦和亚都，均得到了两成以上的用户支持。而多数用户在选择时也对千元以上的产品"情有独钟"，也正因如此，产品关注榜上售价最低的产品排在了冠军位置，其为松下 F-PDF35C，产品售价仅为699元。此外，在功率方面，用户大多首选47W的产品。

3. 用户偏好调查

（1）品牌关注格局。飞利浦、亚都和松下再度成为空气净化器市场的领头羊。但这三家品牌的竞争也尤为激烈，统计数据显示，亚都重磅突击抢占了飞利浦和松下共占4.2%的关注份额，使其与飞利浦的人气又近了一步，三家品牌所获关注的比例分别为29.0%、23.9%和17.0%。

（2）产品关注格局。在产品关注榜上，松下 F-PDF35C 获得人气冠军，但松下品牌上榜的产品数量仍敌不过飞利浦。飞利浦上榜4款产品，而亚都、松下和夏普各有2款产品。

（3）产品特点。就价格来看，千元以下价位的产品得到了用户广泛的认同，关注比例为25.2%。而47W产品无论是从价格方面还是从功率方面来看，其所获的关注份额均最大。

（4）主流品牌。从飞利浦、亚都和松下三家品牌的关注份额走势来看，飞利浦一直处于较为强势且稳定的状态。此外，亚都和松下呈现了反向的走势形态，整体来看，亚都更胜一筹。

此外，飞利浦的产品数量虽不多，但单品竞争力最强，且其产品在3001~4000元高端价位市场中占有重要席位。而其余两家品牌低端价位的产品最受青睐。

4. 结论

随着人们生活水平的提高，对生活质量要求也在逐步提高。特别是环境污染在一定程度上有所加重的情况下，消费者对空气净化器的需求也在逐步增加。在F市，已有33.7%的家庭购置家用空气净化器。在没有家用空气净化器的家庭（占66.3%）中，想购买的占80.3%。而没有家用空气净化器也不想购置的只占19.2%。消费者在购置家用空气净化器时，第一考虑的是净化质量；第二是品牌；第三是价格；第四是耐用；第五是方便。而真正性能好、质量好的家用空气净化器，其价格高一些，消费者也是能接受的。这说明消费者对产品追求的品位再次

提高。生产企业只有搞好产品的更新换代，给消费者提供品质优良、式样新颖的产品，才能赢得用户、拥有市场。

讨论题：

1. 如果企业要开发一款新的家用空气净化器，本例中的调查是否可以提供充分的依据？如果不可以，你认为还应做哪些方面的调查？

2. 如果你对某一种产品进行一次市场调查，你会考虑从哪些方面展开调查工作？

第三章　市场调查方法

 **本章提要**

市场调查的资料收集在整个市场调查中具有极其重要的作用,是市场调查的关键,担负着提供基础资料的任务。所有的市场研究、市场预测、市场决策都建立在市场调查资料的基础上。本章主要介绍了市场调查中资料收集的若干方法,通过对其特征、优缺点、操作方式等方面的介绍,使读者对各种调查方法有全面而深入的了解。

 **学习目标**

1. 了解市场调查方法的种类及概念
2. 理解文案调查法、访谈法、观察调查法、实验调查法和网络调查法的特征及优缺点
3. 熟悉文案调查法、访谈法、观察调查法、实验调查法和网络调查法的操作流程
4. 掌握各种调查法的应用场合和应用范围,注意其应用细节
5. 能综合应用各种调查方法

 开篇案例

AskForm 问道员工满意度调查平台上的相宜本草员工满意度调查

调查背景:相宜本草由中医名家之后封帅女士于 1999 年创立,公司独创"肌芯养肤科技",将汉方本草和现代科技结合,开发出一系列功效卓著、使用安全的本草护肤品。公司与 AskForm 问道公司合作,于 2010 年 6~8 月开展了基于网络的员工满意度调查工作,借以了解员工的真实感受和想法,为公司管理决策提供依据。

调查实施：AskForm 问道为相宜本草配置了个性化的问卷调查平台系统，成功导入相宜本草的组织架构，在线创建了 50 个问题项的员工满意度调查问卷。通过为每个员工分配具有唯一识别码参数登录入口，完成了全体员工的问卷作答工作，根据公司要求，分部门、分层级进行各类统计，并输入统计结果，给予专业建议并协助完成最终分析报告。

调查效果：基于 AskForm 问道员工满意度调查平台，轻松完成了组织结构的配置、问卷导入、唯一识别码参数登录入口分配、分类统计、报告分析等全过程 E 化调查工作，为相宜本草提供了方便、快捷、高效且专业的满意度调查技术服务支持，收效甚佳。

【思　考】相宜本草采用的是哪种调查方法？

市场调查资料收集在整个市场调查中具有极其重要的作用，是市场调查的关键，担负着提供基础资料的任务。只有搞好市场调查资料的收集，才能保证市场调查达到认识市场经济及其发展变化规律，以及为市场预测和决策提供依据的目的。

市场调查资料收集的方法有很多，依调查资料来源及资料收集方法分类，可分为文案调查法、访谈法、观察调查法、实验调查法和网络调查法等几大类。

第一节　文案调查法

文案调查法，又称文献资料调查法或间接调查法，是指调查人员在充分了解市场调查目的后，通过收集各种有关文献资料，对现有的数据资料加以整理、分析，进而提出有关建议，以供企业相关人员决策参考的市场调查法。文案调查法主要包括收集、鉴别、整理文献资料，并通过对文献资料的研究，形成对事实科学的认识。作为一种间接资料调查法，文案调查法有其他调查方法不可替代的作用，特别适用于调查以往的产品销售状况、以往的市场占有率、现在的市场供求趋势和市场环境因素变化等，如要调查某地区前两年各种品牌饮料的市场占有率，就可以采用这种方法从有关部门获取相关资料。

一、文案调查法（文案法）的用途

1. 文案法可以发现或解决市场问题

根据市场调查的实践经验，文案法通常被作为市场调查的首选方法。几乎所有的市场调查都可以始于文案法，只有当二手资料不能为解决问题提供足够的依据时，才进行实地调查。例如，企业可以根据目前的销售资料洞察经营中出现的问题；要想了解竞争对手的媒体广告投放量，可以直接购买广告监测资料。

2. 文案法可以为实地调查提供经验

市场营销人员所面对的问题以及下达给市场调查者的问题在很大程度上不是从未遇见的，很可能曾经有人研究过同样的或类似的问题，相关的二手资料只不过不是针对当前所面对的具体问题而已，但依然具有参考价值。针对当前的调查问题，调查者可以借鉴其他相关调查，进而选择行之有效的调查方法。

3. 文案法可以辅助实地调查的执行

在实地调查中，文案法可以提供大量的背景资料，帮助调查者明确调查主题、设计调查方案、选取抽样框、掌握问卷设计的素材等。例如，在进行分层抽样时，样本的分层是以人口统计资料为依据的；二手资料所反映的调查对象使用语言的方式，有助于调查者组织问卷语言，使被调查者准确地理解问卷。

4. 文案法可以解释和补充调查结果

通过文案法收集的资料，不仅能够在调查方案中阐明为什么这样做调查，而且可以在调查报告中进一步分析调查结果。当原始资料无法完全说明问题时，二手资料可以起到解释和补充的作用，令调查报告更具说服力。

二、文案调查资料获得的渠道

企业在进行市场调查时，由于其所解决的问题不同，也就需要不同的调查方式和途径收集相关的信息资料。在当今社会中，由于信息流动速度快、更新速度快、信息量大等原因，文案资料的收集变得更加快捷、简便。文案资料的来源主要包括企业内部渠道和外部渠道两种。

1. 企业内部资料来源

企业内部资料主要是调查对象活动的各种记录，具体包括业务资料、统计资料、财务资料和其他资料四类。

（1）业务资料。业务资料包括与调查对象活动有关的各种资料，如订货单、进货单、发货单、合同文本、发票、销售记录、业务员访问报告等。通过对这些资料的了解和分析，可以掌握本企业所生产和经营的商品供应情况，以及分地区、分用户的需求变化情况。

（2）统计资料。统计资料包括各类统计报表，企业生产、销售、库存等各种数据资料以及各类统计分析资料等。企业统计资料是研究企业经营活动数量特征及规律的重要定量依据，也是企业进行预测和决策的基础。

（3）财务资料。财务资料主要是由企业财务部门提供的各种财务、会计核算

和分析资料，包括生产成本、销售成本、各种商品价格及经营利润等。财务资料是企业加强管理、研究市场、反映经济效益的重要依据，一般从财务会计部门收集而得。

（4）其他资料。企业积累的其他资料包括各种调查报告、工作总结、经验总结、顾客意见和建议、同业卷宗及有关照片、录音、录像等。这些资料对市场研究有着一定的参考作用。

2. 企业外部资料来源

企业外部资料是指来自企业外部的各种信息资料的总称，可以从以下几个主要途径进行收集：

（1）各级政府部门发布的有关资料。如各级纪委、财政、工商、税务、银行、贸易等部门经常不定期发布的各种有关政策法规、财政和金融信息、价格、商品供求等信息。这些信息都是重要的市场调查资料。

（2）各级统计部门发布的有关统计资料。统计局和各地方统计局都定期或者不定期发布国民经济统计资料。各级统计局每年还会出版统计年鉴，内容包括综合、人口与就业、投资、财政、工业、农业、建筑业、商业、对外贸易、文化、教育、卫生、环保等许多重要的国民经济统计资料。这些资料是市场调查必不可少的重要数据信息。

（3）各种经济信息中心、专业信息咨询机构、各行业协会和联合会提供的市场信息和有关行业情报。例如，本行业的统计数据、市场分析报告、市场行情报告、工商企业名录、产业研究、商业评论、政策法规等。这些专业信息机构资料齐全、信息灵敏度高，有较强的专业性和可靠程度。这些资料是研究行业状况和市场竞争的重要依据。

（4）各种公开出版物。国内外有关的书籍、报纸、杂志等都会提供许多科技信息、文献资料、广告资料、市场行情、预测资料和各种经济信息。它们是积累资料、充实信息库的重要来源，特点是信息量大、容量大。

（5）新闻媒体所发布的信息资料。各国家、各地区的电台、电视台每天都会发送大量的广告信息和各种有关的市场信息，这种信息资料的优点是信息量大、涉及范围广、信息传播速度快、成本低。

（6）国内外各种博览会、展销会、交易会、订货会等促销会议上所发放的文件和材料。这些会议一般都有新产品、新技术、新设备、新材料等生产供应方面的信息。通过参加展销会、交易会、订货会等可以收集大量的市场调查资料，还可以直接获取样品、产品说明书等资料，甚至可以获得拍照、录音、录像等信息资料。

（7）国际市场信息。国际市场信息是国际市场上与各种经济活动相关的数据、资料、情报的统称，它反映了市场环境的变化、特征和趋势等情况；或是指在一定时间和条件下，有关国际市场产品营销及与之相联系的多功能服务的各种消息、数据资料、报告等的总称，一般以文字、数据、凭证、图表、符号、报表、商情等形式表现出来。各种国际组织、外国使馆、商会等都会提供国际市场信息。

（8）工商企业名录。工商企业名录有两种类型：按区域收录和按行业、产品系列或市场收录。它能够帮助调查人员寻找目标市场的潜在客户、中间商和竞争对手的信息资料。

（9）公共图书馆和大学专业图书馆里的大量经济资料。图书馆一般分为综合图书馆和专业图书馆。在我国的大中城市都建有公共图书馆，一般以综合图书馆为主。其内收藏着各种文献资料，以及所有公开出版的书籍、杂志、报纸、光盘等。专业图书馆主要分布在科研院所和高等院校，主要收藏与专业研究有关的图书情报、资料。

（10）其他信息来源。各类研究机构的调查报告、研究论文集，各类专业组织的调查报告、统计报告及相关资料。常见的有大学的研究所或个人的研究报告、学术论文、学位论文、专著，专业性和学术经验交流会议等发放的资料。

三、二手资料的评估

在调查者收集、整理、分析和提交资料的过程中，会有很多潜在的错误。使用二手资料并不意味着调查者可以不评估资料的准确性，即使是权威机构的资料也应注意可能存在的误差。因此，在收集二手资料的同时，要确立一些标准对其进行分析评价。这是保证市场调查科学性的重要环节。

1. 资料的来源

二手资料的来源是判别其准确性的关键。信誉好的权威机构在资料收集过程中比较客观、科学，数据资料会比较可靠。在一般情况下，政府的统计部门、各个行业协会、大型市场调查公司的调查数据和报告往往是可以信赖的。但采用不知名的机构提供的资料时要格外谨慎，最好能具体了解该机构收集资料的方法、过程、目的，以判断其所提供资料的可靠性。另外，即使是官方机构，在调查报告中也难免会有倾向性，在判断其准确性时还要衡量其他标准。

2. 调查的目的

资料是为了某种目的而收集的，了解调查的动机可以提供评估资料质量的线索。有的资料是为资料使用者本身的利益采集的，可能会夸大利好消息，甚至是雇用调查公司做的伪调查结果，这种资料的可信度就比较低。

3. 调查的时间

资料收集的时间决定二手资料的时效性。有些资料是近期公开发表或出版的，但资料收集却在很早以前进行，这种资料可能已失去时效性。即使是近期采集的资料，也可能由于市场的迅速变化而失去价值。

4. 调查的方法

调查方法运用得是否恰当是判断二手资料客观性、可信性的重要依据。在判断二手资料价值时，要了解资料的收集方法，包括抽样方法、样本量、调查方法、调查实施过程、问卷回收率等，从而努力辨明由于资料收集过程而导致的偏差。有些调查往往限制在一定条件下，其结论有局限性，如实验室的实验结果不一定适用于真实情景。

四、文案调查法的优缺点

1. 文案调查法的优点

（1）节省时间和费用。文案调查法可以用很少的人力、经费、时间，获得大量的数据和资料。二手资料一般集中存放在图书馆、档案馆、研究中心等地方，随时可以去查阅；网络的发展既加快了搜索信息的速度，又扩大了信息量；获得二手资料的花费往往比大规模的调查费用少得多。

（2）不受时空的限制。文案调查法可以跨越时空，获取以往的数据和资料。

2. 文案调查法的缺点

（1）时效性差。随着时间的推移和市场环境的变化，有些资料过时了，新问题难以得到及时的反映。

（2）相关性差。二手资料往往是为其他目的而收集的，因此很难与实际从事的调查活动相一致，不能直接使用，需要进一步加工处理。

第二节　访谈调查法

访谈调查法是收集第一手资料最常用、最基本的方法之一。访谈调查法又称访谈法、询问调查法，是指访问者通过口头交谈等方式向被访问者了解社会情况或探讨社会问题的调查方法。访谈调查法一般都是访问者向被访问者做面对面的直接调查，是通过口头交流方式获取信息的口头调查。这种调查方法的最大特点是在整个访谈过程中，访问者和被访问者及被访问者之间会互相影响、互相作用，这需要访问者要有一定的访谈技巧和控制能力。

一、面谈访问法

企业在进行市场调查时,往往想知道消费者的真实感受和想法,因此很想与他们进行面对面的交谈,以此来把握市场信息。面谈访问法将为企业成功地解决这一问题。

面谈访问是调查人员按照调查的目的、要求和事先规定的方法选取合适的被调查者,依照问卷或调查提纲进行面对面的直接访问。面谈可以直接听取被调查者的意见,是最直接的访问调查法,具有回答率高、访问过程灵活、收集资料质量较好、适用于各式各样的被访问人群等优势。在选择这种调查方法时,还应考虑调查活动的经费、人力等问题,因为面谈访问的调查费用较高,要求调查人员的综合素质较高,并具备访问的技巧和应变能力,实施时间也比较长。

1. 入户访问

入户访问是指根据合理、科学的抽样,调查员到被调查者的家中或工作单位进行访问,直接与被调查者接触,然后利用访问式问卷对问题逐个进行询问,并记录下对方的回答;或将自填式问卷交给被调查者,讲明方法,等对方填写完毕再回来收取问卷。

入户访问是一种私下的、面对面的访问形式,是访问法中收集信息的主要方法,有较强的适用性。这种方式灵活方便,谈话伸缩性强,彼此可以沟通思想,能够产生激励效果,问卷回答得较为完整;还能控制问题的次序,谈话集中,有针对性,在交谈中及时反馈,获得较丰富的资料。另外,通过直接交谈,可以针对复杂的问题进行解释,减少访问中出现的错误,从而大大提高了调查结果的准确性。但是,入户访问在实施过程中也存在诸多问题:费用较高,要对被调查者进行逐一访问,还有交通费用、劳务费用、赠送给被调查者的礼品费用等;访问过程中,受环境影响较大,有时难以控制局面;由于近年来社会治安问题,拒访率很高;入户访问对访问人员的要求较高,要求有较强的亲和力及良好的沟通能力,能够说服住户开门并愿意参与调查访问,还要在访问过程中察言观色,促使调查顺利进行。当选定的调查样本较多时,分别进行入户调查所花费的时间较长,这种方法就明显不太适用。

2. 街头拦截

街头拦访又称拦截访问,是指在某个场所(一般是较繁华的商业区,如超市、写字楼、车站等)拦截在场的一些人进行面访调查。这种方法常用在商业性的消费者意向调查中。

街头拦截式面访调查通常有两种方式:一种是由经过培训的访问员在事先选定的若干个地点,如交通路口、户外广告牌前、商城或购物中心内(外)等,按

照一定的程序和要求，选取访问对象，征得其同意后，在现场按照问卷内容进行简短的面访调查；另一种是中心地调查或厅堂测试，在事先选定的若干场所内，根据研究的要求，摆放若干供被访者观看或试用的物品，按照一定的程序，在事先选定的若干场所的附近，拦截访问对象，征得其同意后，带到专用的房间或厅堂内进行面访调查。

街头拦截式面访被广泛应用在对产品（服务）的消费心理、动机、态度及行为的调查之中。由于调查对象的面很广，各方面的差异较大，因此为了访问成功，调查员必须掌握以下技巧：

（1）便利和安全的调查地点。拦截访问的地点通常为购物中心、超市、百货公司、车站等，选择这些地点最大的好处是被访对象集中，极易寻找；另外，安全因素也很重要。尤其是欲将受访者带入有固定调查设施的地点，安全感是取得被访者信任和合作的基本前提。

（2）合适的访问时间。一般选择受访者有充裕的时间（如周末、节假日）进行访问，尽量避开上下班高峰期。访问时间不宜过长，一般控制在10分钟之内，以降低拒答率和无效回答率。

（3）理想的受访者。为取得有效的调查资料，拦截访问时进行受访者的甄别十分必要。调查者要根据调研的目的和要求，在性别、年龄、职业、收入、购买力等方面瞬时观察和迅速判定样本的代表性，从而降低访问的难度，节省费用，提高调研资料的质量。这主要取决于调查者的专业水准和经验判断。

（4）调查者得体的形象外观、友善的态度、熟练的沟通技巧也是拦截访问成功的必要条件。

（5）拦截访问时，赠送有意义的小礼品也能在一定程度上吸引被访对象的关注。

街头拦截最大的优点是效率高，因为它既具有与入户访问相同的能够直接获得反馈、对复杂问题进行解释等优点，又能够节省入户访问所需要的路费、时间，更容易接近目标顾客，收集资料。但是，匆匆赶路的行人如果觉得访问员妨碍了他们正常的行程，拒绝访问的概率也相当高。同时，在街上短时间内是没有办法和被调查者进行深度、复杂交谈的，还不太方便展示必要的图片、声光电的资料以及产品本身。此种方法最大的缺点是无论如何控制样本及调查的质量，收集的数据都无法证明对总体有很好的代表性。

二、小组座谈

小组座谈又称焦点座谈，是指采用小型座谈会的形式，挑选一组具有代表性的消费者或客户，在一个装有单面镜或录音录像设备的房间里（在隔壁的房间可以观察座谈会的进程），在训练有素的主持人组织下，以一种无结构的自然形式与被调查者进行某个专题的讨论，从而获得对有关问题深入了解的一种调查方式。

小组座谈法是一种最重要的定性调查方法，在国内外被广泛应用。其原因主要在于：它是主持人同时访问若干个被调查者，而不只是一问一答式的面谈，往往一个人的发言会点燃其他人的思想火花，从而可以观察到被调查者的相互作用。通常，小组座谈主要是为了获取创意，理解顾客的语言，显示顾客对产品和服务的需要、动机、感觉以及心态，帮助理解从定量分析中获得的信息。

 小资料

外部情报的收集该如何着手？

小组座谈是一种最重要的定性研究方法。在发达国家，小组座谈的使用十分普遍，以至于不少调查者将这种方法当作定性研究的代名词。

在美国，几百家公司都以每周几次小组座谈的频率在运转。一般一次小组座谈要花费客户 4000 美元左右。当被调查者是一些专家或难以采访的人员（如医生、律师等）时费用相对来讲还要高得多。例如，对参加小组座谈的一位医生的付费大约是每小时 100 美元。美国每年用于组织小组座谈的经费在 3 亿~9 亿美元。

1. 小组座谈的优缺点

（1）小组座谈的优点。能够产生互动，参与者之间的互动作用可以激发新的思考和想法，还可以促进更为有效的信息快速地产生；小组座谈的对象有很多，都是企业现有的或潜在的顾客和期望顾客，通过这种方法可以了解顾客的真实想法和特点，从而为企业了解顾客的需要建立沟通桥梁；在操作上，小组座谈通常比其他方法容易执行，能最大限度地获得自己所需要的信息。

（2）小组座谈的缺点。访问的样本容量比较小，只能是总体中很小的一部分，难以表现整体的完整特征，容易产生误导；小组座谈的最大不足在于群体会谈本身，主持人是整个互动过程中的一部分，这就决定了其不能有任何的偏见，个人风格的不同也会使结果产生偏差，另外也与受访者本身有关。

2. 小组座谈的实施流程

在进行小组座谈前，一些技术性问题必须解决。一次小组座谈要请多少人？都请什么人？用什么方法选择样本？在哪里进行小组座谈？这些都是十分重要的问题。一般来说，小组座谈的实施流程包括准备工作、确定主持人、编制讨论指

南和撰写小组座谈报告等步骤。

（1）准备工作。采用小组座谈形式，参加会议的人员比较多，会议时间有限，做好准备工作对小组座谈最终能否成功将起到关键作用。具体应注意以下几个方面：①确定会议主题，设计详细的调查提纲。②选择参加人员。小组座谈的人数规模一般为7~12人。参加人数过少，往往不能有效讨论，而人数太多，又会较为混乱，常常跑题。③准备好环境及设备。讨论往往会安排在一个较大的房间，以圆桌形式就座。房间里的主要设备应包括话筒、单向镜、室温控制、摄像机等。有时候为了建立融洽的气氛，还可以准备一些水果等小食品。

（2）确定主持人。拥有合格的受访者和一个优秀的主持人是小组座谈成功的关键因素。小组座谈要求主持人具有熟练的交流技术，并有能力创造和谐的座谈环境。放松的、非正式的气氛鼓励人们自由地、本能地发表评论；座谈会的全部进程完全依赖主持人的推动，主持人应对座谈会的整个过程进行安排和自如把控；主持人应该是有经验、有准备，并保持中立的态度和十分投入的热情；主持人必须正确理解研究目的，要保持讨论活动始终围绕着研究问题进行；主持人的导言是很重要的，它确立了整个讨论的基调；在整个讨论过程中，主持人应该是讨论时"隐形的领导"，避免专断与打压，还要鼓励讨论，鼓励参与者之间的相互启发，允许不同意见。

（3）编制讨论指南。编制讨论指南一般采用团队协作法，要保证按一定顺序逐一讨论所有突出的话题。一般来说，讨论指南包括三个阶段：第一阶段是建立友好关系、解释小组中的规则，并提出讨论的个体；第二阶段是由主持人激发深入的讨论；第三阶段是总结重要的结论，衡量信任和承诺的限度。

（4）撰写小组座谈报告。正式的报告，开头通常解释调研目的，申明所调查的主要问题，描述小组参与者的个人情况，并说明征选参与者的过程。接着总结调研发现，并提出建议，通常为2~3页的篇幅。如果小组成员的交谈内容经过了精心归类，那么组织报告的主体部分也就很容易了。先列出第一个主题，然后总结对这一主题的重要观点，最后使用小组成员的真实记录（逐字逐句地记录）进一步阐明这些主要观点。以同样的方式一一总结所有的主题。

三、电话调查

电话调查是指通过电话向被调查者进行问询，了解市场情况的一种方法。电话调查常用于样本数量多，调查内容简单明了，易于让人接受，需快速获取信息的有关事项（如企业对其售后服务的了解）的调查。采用电话调查可以坐在办公室里，利用现代化的通信工具进行，大大节省了时间和调查费用，而且能迅速得到结果。

1. 电话调查的形式

电话调查常用的形式有四种：传统电话访谈、中心控制电话访谈、计算机辅助电话访谈（CATI）、全自动电话访谈（CATS）。

（1）传统电话访谈。传统电话访谈时，访问员给样本中的调查对象打电话，向他们提出一系列问题，借助一份纸质问卷并用铅笔记录下回答。电话调查刚兴起时，采用普通的电话进行调查，但由于无法对访问员的工作进行实时监督，访问质量难以得到保证，此法近年来使用得越来越少。

（2）中心控制电话访谈。中心控制电话访谈法是通过一套专门的设备进行的。现在，几乎所有的电话访谈都是通过这种方式来进行。这种访谈方法的优越性归纳为一个词便是"控制"。

1）可以对实际的访谈过程进行监听。大多数的中心控制电话访谈系统都有一个监听系统。这样，督导人员能够听到访谈员所进行的访谈内容。不正确的访谈会被及时纠正，不称职的访谈员会被解雇。一个督导员可以监听 10~20 名访谈员。在一般情况下，每名访谈员当班时至少要被监听一次。

2）已完成的访谈可以当场得到进一步的质量检查，访谈员能够立刻得知自己工作中不妥当的地方。

3）访谈员的工作时间始终有控制，工作人员必须按时工作。

美国的大多数国内调查都是由一台设备控制。例如，一项调查需要达拉斯、萨克拉门托和华盛顿的样本各 150 名，需要由这三地的调查机构共同完成该项目。如果没有中心控制技术，数据分析员便会遇到这样一个问题：不同城市的数据间是否具有可比性，不同城市在调查方法上是否完全一致。然而，如果这项调查的整个过程是由一台设备来控制，分析人员便能够很肯定地得出结论。

（3）计算机辅助电话访谈。目前，大部分调查公司已经将中心控制电话访谈进行了"计算机化"，计算机辅助电话访谈（Computer Assisted Telephone Interviewing，CATI）技术系统使调查数据收集过程得到改善，主要包括以下内容：

1）以磁盘作为记录工具。每一位访谈员都坐在一台计算机终端或个人计算机面前，当被访者电话接通后，访谈员通过一个或几个键启动机器开始提问，问题和选择题的答案便立即出现在屏幕上。访谈员说出问题并输入回答者相应的答案，计算机会自动显示恰当的下一道问题。

2）大量的过滤型问题。起初，在一些调查中只有 20~30 个过滤型问题（进行特征的区分或决定是否继续回答）。逐渐地，这种类型的问题被用在每一层次的分类过程中。近来许多软件都增加了处理这种问题的功能。例如，我们要问被访者是不是养狗，如果回答为"是"，接下去会显示一系列有关选择"狗用食品"的问题；如果回答为"不是"，就会显示其他合适的问题。

3）拨号系统。电话技术将 CATI 软件与电话拨号联系起来。自动拨号系统确保计算机按照屏幕上所显示号码进行拨叫，并防止拨号的错误。如尼尔森媒体调查公司的"预先拨号系统"会自动转接所有占线和无人接的电话，而只将有效电话转给访谈员。

4）多重问卷的电话访谈。有时需要在一份问卷进行之中转向另一份问卷。例如，某项调查除了要访问户主外，还要访问其他家庭成员。需要能够迅速地更换问卷，以防中断，并使其能用上同一份问卷的有关信息。计算机能帮助整理转换问卷。

5）所有权。很难得到的样本，如医生、高层经理人员或短暂旅行者会因其他紧急的事项而中断访谈。当访谈重新进行时，他们通常希望能够与上次的访谈员进行合作。因此，盖洛普组织要求在重续访谈中，访谈员继续自己"所拥有"的那些电话。

6）省略了数据编辑及录入步骤。由于没有实物的问卷，因此不需要编辑。另外，在大多数计算机系统中不可能出现"不可能"的答案。例如，如果一道问题有三个备选答案 A、B、C，而访问员输入 D，则计算机不接受，它将要求重新输入答案。

7）统计工作可以在任何时候进行。根据列表统计的结果，某些问题可能被删掉，以节约以后的调查时间及经费。例如，如果有 98% 被访者对某一问题的回答是相同的，基本上不需要再问这个问题了。统计结果同样也会提出增加某些问题的要求。如果产品的某项用途在先前的调查中未被涉及，则可以在访谈中加上这道问题。总之，管理者会发现，调查结果的提前统计对调查计划及战略的实施是有帮助的。

（4）全自动电话访谈（CATS）。近年来，在美国利用一种使用内置声音回答技术取代传统的电话调查方式。这种全自动电话访问方式利用专业调查员的录音来代替访问员逐字逐句地念出问题及答案。回答者可以将封闭式问题的答案通过电话上的按键输入，开放式问题的答案则被逐一录在磁盘中。

全自动电话访谈主要有两种类型：向外拨号方式和向内拨号方式。向外拨号方式需要一份准确的电话样本清单，电脑会按号码进行拨号，播放请求对方参与调研的录音。这种方式的回答率很低，因为人们通常容易挂断电话。而向内拨号方式是由被访者拨叫指定的电话号码进行回答，这些号码通常是邮寄出被访者的。使用全自动电话访谈的公司发现它们可以在较短的时间、利用较低的费用快速收集到大量的信息。该系统的适用性很强，能适合各种特定调研的需要。它已用于几种不同类型的研究，如顾客满意度调查、服务质量跟踪调查、产品（担保）登记、家庭用品测试及选民民意测试等。虽然全自动电话访谈无法代替其他传统的调查方法，但它为调查者们提供了另外一种全新的选择。

2. 电话调查的注意事项

（1）以问卷形式预先设计电话调查的问题，确保调查工作顺利有效进行。由于受通话时间和记忆规律的约束，电话调查的问题大多采用两项选择法，而且要控制在5~10分钟完成。

（2）为降低拒接率、提高访问效率，对某些重要的访问可与受访者预约。

（3）挑选和培训好调查员。要求调查员普通话标准、音质清晰、音色甜美，使接话者产生好感。

（4）选择理想的访问时机。如对企业员工的调查，可选择上班时间；对普通消费者的调研，最好避开工作时间。总之不要干扰和妨碍受访者的休息、生活，如午休、就餐等。另外，节假日也不是合适的访问时机。

（5）讲究访问技巧。调查员的态度应文明礼貌、平等友善、情绪饱满、语速适中、音量适度。调查员应自始至终掌握通话的主动权，同时学会倾听，及时在电话的另一端给予回应。

3. 电话调查的优缺点

（1）电话调查的优点。

1）成本低。由于个人访问成本的不断上涨和电话通信网络的快速发展，电话访问就变得相对便宜了。有关调查表明，电话访问的成本仅相当于入户访问的25%，几乎无须耗费途中的时间和费用。

2）速度快，辐射范围广。电话访问不用花费几个星期来收集数据，上百个电话访问几乎可以在一个晚上完成。如果借助CATI这种形式，数据处理过程还可能更快。

3）不必面对面接触。电话访问一般不会受个人情感的影响，应答者更容易回答令人尴尬或比较隐私的问题，可能在某些问题上得到更为坦诚的回答。

4）有可能获得高质量的样本。如果实施了恰当的抽样和回访程序，电话访谈较其他访谈形式更有可能得到完善的样本。

（2）电话调查的缺点。

1）调查内容难以深入。电话访问的时间不宜过长，问题不宜过于复杂，难以调查比较深入的问题。

2）调查者不在现场，很难判断所获信息的准确性和有效性。

3）拒答率高。随机拨打的电话可能是空号或错号，停机、关机也时有发生，被访者不在或者被访者在但不愿意接受访问等因素的存在，都制约着接话率的上升。

4）回答时间短。应答者如果对访问失去耐心，他们可以随时挂掉电话。为

了鼓励他们参与的积极性，访问时间应适当短些。访问员必须密切关注电话另一端受访者情绪和态度的变化，细心把握访问时间的长度。

5）缺乏视觉媒介。因为电话调查无法使用视觉工具，有些需要使用视觉材料的调查就不能通过电话执行，如包装调查、电视广告或印刷广告版本以及概念测试等。

四、邮寄调查

邮寄调查是指将设计印制好的调查问卷，通过邮政系统寄给被调查者，由被调查者根据要求填写后再寄回来，从而获取信息的一种调查方法。邮寄调查因其具有调查问题的专业性与标准性，调查对象的广泛性与针对性，完成问卷的经济性与简便性等特点，在市场调查中一直被广泛地运用着。除了书籍、杂志出版单位比较普遍地采用征订单邮寄的方法了解市场信息、推销商品以外，工业企业、商业企业也开始通过向用户、消费者邮寄问卷、订单，了解市场需求。特别是近年来，一些社会调查机构、研究咨询机构、信息中心等，纷纷采用邮寄调查法开展调查活动，了解市场需求的第一手资料。

1. 邮寄调查的步骤

（1）进行科学抽样，确定调查对象。

（2）问卷发放前，与调查对象进行事先的沟通，笼络情感，寻求其支持与合作。

（3）向调查对象寄出调查邮件。调查邮件的内容一般包括：信封、信、调查问卷、礼品等。

（4）问卷发放一段时间后，再次与调查对象联系，请求其按时寄回问卷。

（5）统计回收的问卷。如果回收率还未达到理想的水平，则再次打电话或寄提示信。

2. 邮寄调查应注意的问题

（1）调查对象的针对性。一般可利用现有的各种通信录、花名册等抽取调查对象，也可在专业的报纸、杂志、书籍上刊登或附带调查问卷。调查对象的针对性是提高调查结果有效性的基本保证。

（2）邮寄地址清晰具体，正确无误。

（3）问卷设计科学、规范。邮寄问卷是在无人指导的状况下，由受访对象独立完成的，因此，应保证问卷能被正确理解，易于回答，便于统计。

（4）努力提高问卷回收率。如何采取有效可行的办法提高回收率，是邮寄调查人员应高度重视的一个问题，以下方法可供借鉴：

1）提前通知。提前通知距离正式问卷到达的时间越短，产生的效果就越好。

据业内人士分析，提前通知的最佳时间是在邮件调查到达之前 3 天左右。

2）设置有趣的问题。可以在问卷开头部分加入几道有趣的题目，以提高应答者的兴趣及合作的积极性。设计并排版具有吸引力的问卷和措辞，令其简单易懂，也可以保证较高的回应比率。

3）附上空白信封并贴上足额邮票。如果应答者需要自己支付邮资，可能会大大降低回应比率。

第三节　观察调查法

观察调查法是指调查者在现场对被调查者的情况直接观察、记录，以取得市场信息资料的调查方法，主要是依靠调查人员在现场直接观看、跟踪和记录，或是借助某些摄录设备和仪器来考察、跟踪和记录被调查者的活动和现场事实，来获取市场相关信息。如在消费者需求调查中，可以通过对消费者购物时对商品品种、规格、花色、包装、价格等的要求进行观察，从而了解消费者的需求情况。

一、观察调查法的特点

观察法具有以下特点：

（1）直接性。观察者与被调查对象零距离。观察法通过观察直接获得资料，不需要其他中间环节，可以获得更加真实的原始资料。

（2）客观性。所获得的是"眼见为实"的资料。采用观察法的时候，被观察对象往往处于自然状态下，由调查员利用眼睛、耳朵等感觉器官或利用录音机、照相机等仪器设备去感知观察对象。

（3）全面性。可以从多个角度进行观察。对一些不能用访谈或问卷进行信息收集的事物，适用于观察法。问卷调查和访谈的对象是人，单个的人，因此收集的信息有很强的个体性。对于一些总体性的现象如交通秩序、人员流量等，无法用问卷或访谈获得。

二、观察法的分类

观察法可以从不同角度进行分类。

1. 参与观察和非参与观察

按观察者参与观察活动的程度不同，可划分为参与观察和非参与观察。

（1）参与观察是指观察者深入到被调查群体中，隐瞒自己的真实身份，在参与被调查者各种活动的同时，不断观察和记录被调查者，较长时间隐身于被观察者群体之中，亲自体验被观察者的处境与感受，更快、更直接地掌握事态发展情况；不完全参与观察是指调查者参与被观察者的群体活动，但不隐瞒自己的真实身份，取得被观察者的容纳与信任，置身于被观察者群体之中去获取资料。

 小资料

神秘购物法

神秘购物法，也称伪装购物法，是一种常用的参与观察法；它是指让观察人员扮成购物人员，作为普通消费者进入特定的调查环境（如商场、超市等）进行直接观察的方法。通过神秘购物法，可以观察购物环境、消费者购买情况、服务质量等方面内容。

（2）非参与观察是指调查者不参与被观察对象的任何行动，也不干预事件发生过程，主要依靠耳闻目睹，完全处于客观立场，实事求是地记录事件发生、发展的情况。

 小资料

顾客观察法

顾客观察法是一种常用的非参与观察法。它是指通过观察顾客在营业场所的活动情况，了解顾客的构成、顾客的行为特征、偏好及成交率等重要市场信息资料。观察内容主要包括顾客购物的偏好、顾客对商品价格的反映、顾客对商品性能的评价、顾客对商标的选择等。

2. 控制观察和无控制观察

按观察结果的标准化程度不同，划分为控制观察和无控制观察。

（1）控制观察是指根据调查目的，按照标准化规程做总体规划，预先拟定观察提纲，确定观察具体对象和项目，以标准化的手段、观察程序和观察技术，有计划地实施观察。

（2）无控制观察是指见机行事，随时随地对周围发生的事情进行观察。这种方法比较灵活，对观察目的、程序等不做严格规定。

3. 人员观察、机器观察和痕迹观察

按观察的具体形式不同，划分为人员观察、机器观察和痕迹观察。

（1）人员观察是指由调查人员亲自实地观察被调查对象，以了解情况的调查方法。

（2）机器观察是指通过照相机、录像机、录音机等机器观察被调查者获取相关信息的方法。这些机器可能需要也可能不需要被调查者的直接参与。如有些商场在进出口处安装顾客流量观察仪器，用以测量顾客流量，并对顾客进行分类。

（3）痕迹观察是指调查人员不直接观察被调查者的行为，而是通过对现场遗留下来的食物或痕迹进行观察，用以了解和推断过去的市场行为。如国外流行的食品厨观察法，即调查者通过察看被调查者的食品厨，记下其购买的食品品牌、种类和数量等，以此来收集相关资料。

三、观察法的优缺点

1. 观察法的优点

（1）直观可靠。观察法可以实地记录市场现象的发生，能够比较客观地获得直接、具体、生动的第一手材料，直接记录调查的事实和被调查者在现场的行为，调查结果更接近实际。

（2）观察法一般不依赖语言交流，不与被调查者进行人际交往。因此，它有利于对无法、无须或难以进行语言交流的市场现象进行调查，有利于排除语言交流或人际交往中可能发生的种种误会和干扰。

（3）观察法简便、易行，灵活性强，可随时随地进行调查。

2. 观察法的缺点

（1）观察法只能反映客观事实的发生经过，而不能说明发生的原因和内在动机。因此，观察的深度往往不够。

（2）观察法只能观察到公开的行为，对一些私下的行为无法进行实地观察。

（3）时间长、费用高。观察法常需要大量观察员到现场做长时间观察，调查时间较长，调查费用支出较大。因此，观察法常会受到时间、空间和经费的限制，比较适用于小范围的市场调查。

（4）观察法对调查人员的业务技术水准要求较高，如敏锐的观察力，良好的记忆力，必要的心理学、社会学知识及对现代化设备的操作技能等。

四、常用的观察技术

1. 观察顾客流量

这种观察主要应用于一些商场超市，它们的经营者可以通过公开的观察来记

录顾客流量、统计客流规律和商店购买人次,重新设计商品的陈列和布局。在美国超级市场的入口处,通常陈列着厂家用来推销的新产品或者商店要推销的季节性商品。顾客走进商店时,多半会驻足观看甚至选购这些商品。市场调查人员可以利用这一机会,观察和收集消费者对新产品或季节性产品的注意力以及购买情况的资料。商店经营者往往需要了解竞争对手的经营情况,才能在商场上知己知彼,处于竞争的主动地位。

但是,公开地在竞争对手的商店进行调查会引起对方的注意。隐蔽观察法是可以作为直接收集竞争对手资料的一种调查方法。如果企业采用派遣市场调查人员作为顾客到竞争对手的商店进行直接观察,将可以获取竞争对手商品的花色品种、价格,以及陈设和布局、商店的促销活动、销售人员的服务等方面的资料。

2. 观察现场痕迹收集数据

痕迹观察法是通过对现场遗留下来的实物或痕迹进行观察,了解顾客行为规律或者其他市场情报的调查方法,这也是一种间接观察的方法。

查尔斯·巴林先生在20世纪初对芝加哥街区垃圾的调查便是这样的一个例子。这种对垃圾的调查方法,后来竟演变成进行市场调查的一种特殊的、重要的方法——"垃圾学"。所谓的"垃圾学"是指市场调查人员通过对家庭垃圾的观察与记录,收集家庭消费资料的调查方法。这种调查方法的特点是,调查人员并不直接地对住户进行调查,而是通过察看住户所处理的垃圾,据此对家庭食品消费的调查。

美国亚利桑那大学的几位社会学教授曾采用"垃圾学"的方法,调查土克桑市居民的食品消费情况。调查结果表明:土克桑市的居民每年浪费掉9500吨食品;被丢弃的食品中有许多竟是诸如一整块牛排、一个苹果或者一听打开的豆子罐头等可以食用的食品;低收入家庭比高收入家庭能更合理地安排食品消费;所有的家庭都减少对高脂肪、高蛋白食品的消费,但对方便食品的消费却有增无减。这项由政府资助的项目得到有关方面的高度重视,它为调查美国居民的食品消费提供了样本和数据。

3. 顾客行为仪器观察法

顾客行为仪器观察法,是指在顾客可能发生行为的特定场所放置可以进行科学记录的仪器,而后定期通过仪器对顾客的行为进行观察,以获得有关信息的调查方法。人们常常使用照相机、录像机、心理测定器、闭路电视、计算机等仪器来观察或记录被调查对象的行为或所发生的事情,以提高调查的准确性。比如,在商场的进出口安装此类仪器可以测试顾客的流量;在柜台附近,可以研究顾客对产品的挑选过程、评价标准等;甚至在顾客的家里,得到其允许后安装仪器,观察顾客使用产品的过程,常见的是电视频道的调查。美国最大的市场调查公司

A.C.尼尔森曾采用尼尔森电视指数系统评估全国的电视收视情况。尼尔森电视指数系统代替了传统的调查小组日记的方法。尼尔森公司抽样挑出 2000 户有代表性的家庭为调查对象，并为这 2000 户家庭各安装上一个收视计数器。当被调查者打开电视时，计数器自动提醒收视者输入收视时间、收视人数、收看频道和节目等数据。所输入的数据通过电话线传到公司的计算机中心，再由尼尔森公司的调查人员对计算机记录的数据进行整理和分析工作。利用现金扫描机对商品条形码作记录是另一种普遍应用的市场调查法。

4. 神秘顾客法

人员观察是观察法中最主要的形式之一，可以分为神秘顾客法、单向镜观察法、购物形态和行为、内容分析等。其中，神秘顾客法是最常使用的，是由经过严格培训的调查员，在规定或指定的时间里扮演成顾客，对事先设计的一系列问题逐一进行评价或评定的一种商业调查方式。神秘顾客检测最早出现在美国银行与零售业，用来防止员工偷窃行为。20 世纪 40 年代，"神秘购物/神秘顾客检测"一词正式出现，并且开始使用这种方法评估客户服务。这种方法在国外使用非常普遍，涉及的行业有星级酒店、民航班机、IT 专卖店、加油站、电信营业厅、汽车 4S 店、快餐连锁店和其他连锁店服务等。

五、观察法的注意事项

第一，为了使观察结果具有代表性，应设计好抽样方案，以使观察的对象和时段具有较好的代表性。

第二，在进行实际观察时，最好不让被调查者有所察觉，否则，就无法真实记录被调查者的自然反应、行为和感受。

第三，在实际观察中，必须实事求是、客观公正，不得带有主观偏见，更不能歪曲事实真相。

第四节　实验调查法

实验调查既是一种实践过程，又是一种认识过程，它将实践与认识统一为调查研究过程。

一、实验调查法的定义

实验调查法是指市场调查者有目的、有意识地通过改变或控制一个或几个市

场影响因素来观察市场现象在这些影响因素下的变动情况,以认识市场现象的本质特征和发展规律。例如,实验者控制一个或多个自变量(如包装、价格、广告、质量等),研究在其他因素(如质量、服务、销售环境等)都不变或相同的情况下,这些自变量对因变量(如销售量)的影响或效果。

1. 理解实验调查法的概念要注意的问题

(1)自变量是在实验过程中实验者所能控制、处置或操纵,其效果可以测量和比较的变量或因素,如广告形式、外形设计、包装样式、定价策略、分销渠道等。

(2)因变量也称响应变量,即测量自变量对实验单位影响的变量,常见的因变量有消费者满意度、销售量、品牌认知度、市场占有率等。

(3)外来变量也称无关变量,是指除自变量之外影响因变量的其他所有变量。这类变量是实验调查法中必须努力加以控制、排除和平衡的,如商场规模、商场的地理位置、消费者文化程度的差异,气候、季节、不同的地区经济差异等。

实验调查法主要用于市场销售实验。无论是生产资料、生活资料,还是企业试制的新产品,或者老产品改变了质量、包装、价格,均可以通过实验调查法来了解市场对商品的评价和商品对市场的适应性。

 **案例**

百货商场的围巾

国外有家百货商场,购进了一批羊毛围巾,颜色有棕色、白色、灰色三种。老板发现不同颜色的搭配可能会使人们产生不同的感觉,于是他做了如下实验:先将灰、白、棕三种颜色的围巾同时陈列出来,经过几天销售,发现白色围巾最受欢迎,其次是棕色围巾,而灰色却很少有人问津。老板决定将灰色围巾从陈列架上撤下,并停止销售此种围巾,又过了几天,发现白色和棕色围巾的销售量不断下降。老板决定再将灰色围巾与白色、棕色围巾一同上架销售,结果发现白色、棕色围巾的销售量又上升了。由此实验可知,灰色围巾在这里是起了衬托作用。

2. 实验调查法的基本要素

(1)实验者,市场实验调查有目的、有意识的活动主体,如上面案例中的百货商场的老板。

(2)实验对象,通过实验调查所要了解认识的市场现象。

(3)实验环境,实验对象所处的市场环境的总和。

(4)实验活动,改变市场现象所处市场环境的实践活动。

(5) 实验检测，在实验过程中对实验对象所做的检验和测定。

3. 实验调查法的特点

(1) 实验调查法最突出的特点在于它的实践性，这是实验调查法的本质特点。观察法、访谈法、小组座谈法等调查方法，都不涉及改变调查对象所处社会环境的问题。实验调查法则不同，不仅要眼看、口问、耳听，而且要亲自动手干，即通过某种实践活动有计划地改变实验对象所处的社会环境，并在这种实践活动的基础上对实验对象的本质及其变化发展规律进行研究。这说明，实践性是实验调查的本质特点；没有一定的实践活动，就不能称为实验调查。

(2) 实验调查法的另一个重要特点是调查对象的动态性。在其他调查方法中，调查对象一般处于相对静止状态。实验调查法则不同，由于实践活动不断进行，社会环境不断变化，实验对象本身也必然发生不断的变化。

(3) 实验调查法还具有综合性的特点。在实验调查过程中，除了要进行改变社会环境的实验活动外，一般都要采用其他调查方法。实验调查的过程，不仅是不断搜集材料的过程，而且是不断研究材料的过程，各种调查研究方法的综合应用，在实验调查法中也表现得很明显。

上述特点说明，与文献调查法、观察法、访问调查法等调查方法比较起来，实验调查法是最复杂、最高级的调查方法，也是一种最有效的直接调查方法。

二、实验调查法的类型

1. 按实验场所划分

实验调查法按照实验的场所分为实验室实验和现场实验（市场实验）两种。

(1) 实验室实验是在人造的环境中进行实验，研究人员可以进行比较严格的、高水平的实验控制。此类方法多适用于对一些深层次因素的调查。例如，一些不成熟方案的消费者实验，广告文案、广告效果的注意度测试，新产品创意测试等。这种实验的特点是：容易操作、所需时间较短、费用较低、易保密。

(2) 现场实验是在实际的市场环境中进行实验，研究人员不太容易对实验进行高水平的控制。多用在企业对市场营销组合决策方案的优选、新产品的市场需求量评估等方面。这种实验操作难度大、所需时间较长、费用较高、易泄密。

2. 按误差分析划分

实验调查法按照是否可以进行误差分析，可以分为正式实验调查和非正式实验调查。

(1) 正式实验调查是指能够进行实验误差分析的调查，它有较规范的实验手段和设备，实验结果有较充分的数据，对数据进行误差分析能够满足要求。其特点：实验调查要求严、时间长、费用高。

（2）非正式实验调查只需要了解调查后的结果即可，不需要进行各种误差分析。它操作简单，比较节省时间和费用，具有较广泛的使用价值。

三、实验调查法的步骤

应用实验调查法的一般步骤如下：

第一步，根据市场调查项目和课题要求，提出研究假设。

第二步，进行实验方案设计，确定实验方法。

第三步，选择实验对象。实验对象的选择，一定要选择在同类事物中具有较高的代表性的事物。对于复杂的事物来说，选择的实验对象还应该具有不同类型。

第四步，进行正式实验，严格按照实验设计规定的进程来进行实验，对实验结果进行认真观测和记录。

第五步，整理、分析实验资料，并做实验检测，得出实验结论，写出调查报告。

四、实验调查法的方案

实验方案设计是调查者进行实验活动、控制实验环境和实验对象的规划方案。它是实验调查各步骤的中心环节，决定着研究假设能否被确认，也决定着实验对象的选择和实验活动的开展，最终还会影响实验结论。

实验调查法的实验方案有很多种，下面介绍最基本的、最常用的三种实验方案。

1. 单一实验组前后对比实验

选择若干实验对象作为实验组，将实验对象在实验活动前后的情况进行对比，收集必要的数据，得出实验结论。这是一种最简单的实验调查方法。这种设计可用来测试商品包装的变换、商品价格调整后的效果。

例如，某食品厂为了提高糖果的销售量，经过对市场的初步分析，认为应改变原有的陈旧包装，并为此设计了新的包装图案。但对于新包装设计效果如何，能否增加销量、扩大市场占有率，没有确实的把握。为了检验新包装的效果，以决定是否在未来推广新包装，厂家取 A、B、C、D、E 五种糖果作为实验对象，对这五种糖果在改变包装的前一个月和后一个月的销售量进行了检测，得到的实验结果见表 3-1。

从表 3-1 中的实验前后测量的销售数据可以看出，改变包装比不改变包装的销售量大，可见顾客不仅注意糖果的质量，也对其包装有所要求。因此断定，改变糖果包装，以促进其销售量增加的研究假设是合理的，厂家可以推广新包

表 3-1　单一实验组前后对比

单位：千克

实验品种	实验前销售量（Y）	实验后销售量（Y'）	实验结果（Y'-Y）
A	300	340	40
B	280	300	20
C	380	410	30
D	440	490	50
E	340	380	40
总　计	1740	1920	180

装，以扩大销售量，提高市场竞争力。当然，市场现象可能受许多因素的影响，180千克销售量，不一定只是改变包装引起的。只有在实验者能有效排除非实验变量的影响，或者是在非实验变量的影响可忽略不计的情况下，实验结果才能充分成立。

单一实验组前后对比实验设计，是最简单的实验调查设计，只要选择一个实验组就可以进行实验调查，同时，也是最基本的实验调查设计，其他任何实验调查设计都离不开"选择实验对象——前检验——实验激发——后检验——得出实验结论"这个基本程序。

2. 实验组与对照组对比实验

选择若干实验对象作为实验组，同时选择若干与实验对象相同或相似的调查对象为对照组，将实验组与对照组处于相同的实验环境之中，实验者先对实验组进行实验活动，对对照组不进行实验活动，观察一段时间后，两组对调，最后根据实验组与对照组的实验结果对比做出实验结论。

例如，某食品公司为了解面包的配方改变后消费者有什么反应，选择了A、B、C三个商店为实验组，再选择与之条件相似的D、E、F三个商店作为对照组进行观察。观察一周后，将两组对调，再观察一周，其检测结果见表3-2。

表 3-2　实验组与对照组对比

单位：百袋

	原配方销量		新配方销量	
	第一周	第二周	第一周	第二周
A		37	43	
B		44	51	
C		49	56	
D	35			41

续表

	原配方销量		新配方销量	
	第一周	第二周	第一周	第二周
E	40			47
F	45			52
合　计	120	130	150	140

从表 3-2 中可知，两周内原配方面包共销售了 120+130=250（百袋）；新配方面包共销售 150+140=290（百袋）。这说明改变配方后增加了 40 百袋的销售量，企业可以采取改变面包配方的方法来提高销售量。

实验组与对照组对比实验，在选择实验组和对照组的时候，必须注意二者须具有可比性，即二者在规模、类型、地理位置、管理水平、营销渠道等方面的条件应大致相同。只有这样，实验结果才具有较高的准确性。但是，这种方法无法反映实验前后非实验变量对实验对象的影响，为弥补这一点，可将上述两种实验方法进行综合设计。

3. 实验组与对照组前后对比实验

这是对实验组和对照组都进行实验前后对比，再将实验组与对照组进行对比的一种双重对比的实验法。它吸收了前两种方法的优点，也弥补了前两种方法的不足。

例如，某公司在调整商品配方前进行实验调查，分别选择了三个门店组成实验组和对照组，对其月销售额进行实验前后对比，见表 3-3。

表 3-3　双组前后对比

单位：百元

实验单位	前检验	后检验	前后对比	实验效果
实验组	Y = 2000	Y' = 3000	Y'-Y = 1000	(Y'-Y)-(X'-X) =
对照组	X = 2000	X' = 2400	X'-X = 400	1000-400=600

表 3-3 中的检测结果表明，实验组的变动量 1000 百元，包含实验变量即调整配方的影响，也包含其他非实验变量的影响；对照组的变动量 400 百元，不包含实验变量的影响，只有非实验变量的影响，可能是期间经济发展速度快，到该商品的销售旺季，或是利率调低等引起的。实验效果 600 百元——销售额的增加，是从实验变量和非实验变量共同影响的销售额变动量中，减去由非实验变量影响的销售额变动量，反映调整配方这种实验变量对销售额的影响作用。由此可

见，实验组与对照组前后对比实验，是一种更为先进的实验调查方法。但需要注意，在进行消费行为、态度测量时，将会受到调查者、被调查者态度的相互影响。

以上三种实验方案设计，都应注意对实验过程的控制，包括对实验激发的控制和对非实验因素的控制。

对实验激发的控制，既要严格按照设计方案进行，又要在不违背实验目的的前提下有一定的灵活性。其原因有两个方面：一方面，不严格按照设计方案进行实验激发，不改变或任意改变实验对象所处社会环境，就会打乱整个实验计划，达不到实验的预期目的；另一方面，实验调查是一种实践性、动态性调查，原定实验方案无论怎样完善，都不能完全符合实验过程中不断变化发展的实际情况。因此，在实验过程中，必须给实验者一定自主权，以便他们在不违背实验目的的前提下，灵活处置那些在实验过程中无法完全避免的特殊情况、特殊问题。

努力排除或减少非实验因素对实验过程的干扰，是控制实验过程的另一重要任务。这些干扰因素主要来自四个方面：实验者自身的干扰、实验对象的干扰、社会环境因素的影响和实验过程自身的干扰。

五、实验调查法的优缺点

1. 实验调查法的优点

（1）方法科学，针对性强。调查者可以根据调查需要，进行合适的实验方案设计，有效控制实验环境，有意识地使调查对象在相同条件下重复出现，反复进行实验，因此其结论说服力较强。

（2）结果的客观性和实用性强。实验调查法排除了人们主观估计的偏差。一般进行实验都与正常市场活动相结合，所以取得的资料和数据比较客观、可靠，具有一定的可信度。

（3）方法具有可控性和主动性。调查者可以主动地引起市场因素的变化，并通过控制其变化以研究该因素对市场的影响，而不是被动地、消极地等待某种现象的发生，这是市场实验调查法最突出的优点，也是其他几种调查方法无法做到的。

（4）能够显示或确立市场现象之间的相互关系。市场实验调查是调查者积极主动地改变某些要素，促进市场现象的发展，以达到实验目的。所以实验调查不但能够说明某市场是什么，还能够说明为什么。因此，实验调查法可在实验过程中探索、总结各种因素及其可能产生的结果。

2. 实验调查法的缺点

（1）管理控制比较困难。在实验调查中，人们很难对实验过程进行充分有效

的控制。因为实验不仅不能影响公司的日常工作和批发商、零售商的活动，并且还要考虑外来因素的影响，所以控制起来比较困难。

（2）保密性差。现场实验情况不易保密，竞争对手可能会有意无意地干扰实验的结果。

（3）花费的费用高，时间长。实验调查方法要求由专业对口人员来操作，难度较大，对实验组和对照组的多次测量大大增加了研究费用，一般在短时间内实验得不出可靠的结果，因此需要花费的时间较长。

这些缺点使实验调查法的应用受到一定局限，市场调查人员对此应给予充分的注意。

第五节　网络调查法

随着信息技术的发展，互联网在人们的生活中占据了很重要的地位。于是，在传统的面对面的市场调查中衍生出了一个新兴的网上市场调查，这种通过网络的市场调查方式极大地扩大了市场调查的人群数及地域度，让更多的人能够参与到该市场调查的活动中来，这样既节省了人力、物力，还能够使该调查数据更符合现今的市场状况。

一、网络调查的定义

网络调查法又称网上调查，是指充分利用网络的特殊功能和信息传递与交换的技术优势，将企业需要的市场相关信息通过网络收集、处理和分析，以获得有价值的数据和资料的一种调查方法。

网络调查在 20 世纪 90 年代开始成为热门。这类调查的主要研究目的与一般的市场调查和民意调查原则上并没有什么不同，所不同的只是利用计算机网络为传播手段，代替传统的面对面访问、电话访问或者邮寄访问手段，来研究消费者的一般行为或研究特定群体的行为。

二、网络调查的常用方法

网络调查方法是随着网络技术的发展而兴起的一种新的社会调查方法，其方法有很多，主要是利用企业的网站和公共网站进行市场调查研究。

1. 网站或网页调查

网站或网页调查是将设计好的问卷放在网站的某个网页上，问卷一般都设计得比较吸引人，而且易于回答。网民可以根据自己的情况，决定是否参与调查。方法一般是给调查对象发出一封 E-mail，解释该调查的性质并邀请他们参加。邮件中有与调查问卷的超链接，只要点击该链接，浏览器就会自动打开显示出问卷的第一页。调查的结果自动进入数据库，便于快速处理。

网站或网页问卷调查类似传统调查中将问卷刊登在报纸、杂志上的调查，如果调查员能得到目标群体的名单（以及他们的 E-mail 地址），网站或网页调查的效果可能是不错的。

2. 电子邮件调查

电子邮件调查是将问卷直接发送到被调查者的私人电子邮件信箱里，引起被调查者的注意和兴趣，主动地填答并发送回问卷。这种调查方法需要收集目标群体的电子邮件信箱作为抽样框。

根据问卷生成的工具不同，电子邮件调查可以细分为电子邮件文本调查、电子邮件软件调查、可执行文件调查三种方式。

电子邮件调查类似传统调查中的邮寄问卷调查，其到达范围广，是几种网络调查方法中相对最快、最简单的。不过，由于电子邮件大多只限于平面文本格式，因此无法实现跳答、随机化、自动查错等较为复杂的问卷设计，而且调查的质量在很大程度上取决于抽样框的完备性和回收率的高低。

3. 弹出式调查

当网民在访问网站的过程中，可能会碰到弹出来的一个窗口，邀请网民参与一项调查。如果网民有兴趣参与，点击该窗口中的"是"，便会出现有一份问卷的新窗口，完成网上问卷后即可以在线上提交。网站安装有抽取被调查者（在线网民）的软件，可按照一定的方法自动地抽取被调查者。

这种调查类似传统调查中的街头或固定地点拦截式调查，得到的一般也不是真正意义上的随机抽样。由于"拦截的标准"根据的是访问（在线网民）而不是访问者（网民），因此，经常访问者（重度网民）被拦截抽取的可能性大于偶尔访问（轻度网民）的人。这种调查更适合了解网站使用情况的调查。

除了以上几种常用的网络调查法之外，还可以采用网上固定样本、一对一的网上深层访谈、网上座谈会、网上文献资料分析等方法进行调查。各种网络调查方法有不同的特点，在运用网络调查方法时，应扬长避短，与传统社会调查方法相结合，根据不同的调查对象选择不同的调查方法。

三、网络调查的优缺点

1. 网络调查的优点

（1）方便。网络调查的范围广泛，几乎可以方便地在任何城市甚至进行全国

性、全球性的调查；在调查时间方面也可以让被调查者自己掌握，可以根据自己的方便选择合适的时间和合适的地点进行，一些高端的、不好接近的人群也可以加入其中。

（2）快速。由于互联网技术和调查软件的发展，网络调查可以省掉传统调查中的很多花费时间较多的环节（问卷的印刷、运输，问卷的发放和回收、录入等环节），因此比较快速。

（3）成本相对较低。由于网络调查可以省掉传统调查中很多花钱的环节（问卷印刷的成本、问卷发放的交通费用、访问员的培训和雇用费用等），因此网络调查的成本相对较低。但是尽管网络调查的成本较低，可是也要购买大量昂贵的硬件设备，日后的设备维护需要一个长期的较高的投入。

不过，从总的发展趋势来看，由于拒访、无法接触等问题日益严峻，传统调查的成本也会越来越高，网络调查随着互联网的普及会逐步成熟，成本也会随之降低。

（4）数据质量相对较高。网络调查的数据质量有无保证，很多人对此都存在疑问。似乎由于人们在网络这个虚拟世界里的行为是不可信的，因此网络调查的结果是不可靠的。但事实上并非如此；相反，网络调查有可能得到更真实、更可靠的高质量的数据。

首先，网络调查中被访者的真实身份是可以通过一些技术手段来控制的。例如，通过IP地址、插件（cookie）技术、安全密码进入和身份识别符等手段，加上在被访者注册和答题过程中的人工甄别，可以较好地保证回答问卷的真实性和可靠性。其次，由于没有访问员的影响和干扰，就如同邮寄问卷调查那样，被访者仅凭自己的感受或直觉，更易作出真实的回答，特别是对于一些比较敏感的问题。

事实上，传统调查中访问员的作弊问题一直很难解决。此外，问卷的回收、录入和整理等过程中的人为差错也是很难避免的，而网络调查则没有类似的问题。因此，如果调查机构和研究者高度重视和努力，就完全有可能得到比传统方法更高质量的数据。

2. 网络调查的缺点

（1）样本对象的局限性。网上访问仅局限于网民，这就可能造成因样本对象的阶层性或局限性问题带来调查误差。从互联网的普及程度来看，网民是消费者总体中比较特殊的一部分，大多集中在城市、年轻的群体，网民和非网民之间的消费行为习惯的差异还是很大的。所以，会影响部分调查的总体代表性。如每年春晚的收视率调查都会是大家关注的重点。据央视网消息，2010年承担CCTV春节联欢晚会同步电话调查的CTR市场研究公司于大年初二通过随机抽样，电话调查了 2290 个收看家庭,结果显示,96.1%的用户收看了 2010 年的春晚,其中 81.6%认为 2010 年的春晚办得好。而 2 月 15 日的《广州日报》却报道说,在某门户网站对 2010 年的春晚的满意度调查上,认为"好"的只占 15.2%,不到两成,46.5%的人认为"不好"。这其中的原因除了抽样的方法和调查数据分析方法等方面的差异之外,还有一部分原因是网络调查所关注的人群大多为年轻人,样本本身具有一定的特殊性,代表性差。

(2) 网络安全性和个人资料的保密问题。被调查者对网络安全的顾虑是网络调查发展的另一个障碍。因为被调查者可能担心填写网络调查问卷后,自己的隐私会被暴露,个人资料可能被其他人利用等原因,而不愿意合作。调查机构面对这样的情况,必须承诺被调查者参与网络调查是安全的,保证被调查者的个人资料是不会被窃取的,调查的目的不会被用于市场调查之外的其他任何目的的任何行为。

当然,随着技术的发展,能够采用先进的技术手段从一定程度上减少被调查者对网络安全的担心,随着市场研究行业的日益规范和自律也可以消除被调查者的顾虑。

(3) 网上访问需要一定的网页制作水平。在使用网络调查时,网上访问的基本网页制作、数据库的建立等方面都需要技术支持。这也是制约网络调查发展的一大障碍。

但不管怎样,随着网络的迅猛发展和网民比例的不断上升,网上访问不仅代表着一种趋势,也代表着一种潮流,其作用将越来越凸显。

本章小结

在市场调查中,依照调查资料来源不同分为第一手资料和第二手资料,市场调查的资料收集方法分为文案调查法和实地调查法。

文案调查法主要收集、鉴别、整理文献资料,并通过对文献资料的研究,形成对事实科学的认识。文案资料的来源主要有企业的内部渠道和外部渠道两种。实地调查法分为三大类:访谈法、观察法和实验法。

访谈法可以分为面谈访问、电话访问、邮寄访问。观察法是指调查员根据一定的研究目的、研究提纲或观察表,用自己的感官和辅助工具深入现场去直接观察被调查对象,记录正在发生的市场行为或市场现状,以获取各种原始资料的一种方法。实验法是市场调查中收集第一手资料的重要方法,是指在影响调查问题

的许多可变因素中，调查者有目的、有意识地通过改变或控制其中一个或几个市场影响因素的实践活动，来观察其他因素在这些因素影响下的变动情况，从而认识市场现象的本质和发展变化规律。

没有哪种调查方法适用于所有场合，由于调查目的、调查对象、调查预算及调查的其他因素的限制，并不是一种调查方法就能达到调查的目的，可能同时需要两种或者更多种方法的结合运用。事实上，不同的调查方式之间并不相互排斥；相反，它们能在一定程度上以一种互补的形式存在，从而反映出被调查对象的全貌。

课后习题

一、名词解释

文案调查法 访谈调查法 面谈访问 小组座谈 电话调查 邮寄调查 观察调查法 实验调查法 网络调查法

二、简答题

1. 什么是文案调查法？它的主要作用和局限性各表现在哪些方面？
2. 文案调查体系如何建立？
3. 文案调查法的具体方法有哪些？
4. 访问调查法有哪几种形式？面谈访问法有何优缺点？
5. 什么是观察法？其有何优缺点？有哪几种观察手段？
6. 实验调查法有何优缺点和适用范围？
7. 网络调查的常用方法有哪些？
8. 通过网络进行市场调查，调查的主要内容有哪些？

三、论述题

1. 假设你是美的空调的营销人员，想要了解竞争对手在福州的销售情况，从什么渠道可以获得相关资料呢？
2. 到一个学生或者教师小型集会的场合，取得召集人的同意，在会议上进行与与会者有关的问题调查，然后分析这种调查方法的优缺点以及需要改进的地方。
3. 利用学生进餐的时候，开展关于学校伙食质量和服务质量改进意见的调查。

4. 请评价现在社会上一些杂志或报纸对读者进行调查的方法，并说明你的理由。

四、案例分析

力拓"间谍门"事件

2009年7月9日，上海市国家安全局证实，力拓上海办事处的4名员工因涉嫌窃取中国国家机密已被拘捕，据称这4名员工是力拓中国铁矿石业务部门最核心的团队成员。据悉，被有关部门带走的力拓上海办公室办公计算机已被"拿下"，数十家与力拓签有长期合同的钢企资料藏身于计算机。这些资料涉及企业详细的采购计划、原料库存、生产安排等数据，甚至连有的大型钢企每月的钢铁产量、销售情况也非常明晰；对我国各钢企的技术分析非常详细，各生产流程的参数也非常准确，"不像是推测出来的"。

从国家有关部门掌握的证据来看，力拓案涉及的主要是刺探窃取国家秘密罪，当然也不排除商业秘密罪和商业贿赂。根据有关部门通报，自2009年以来，力拓在中外进出口铁矿石谈判期间，采取不正当手段，通过拉拢收买中国钢铁生产单位内部人员，刺探窃取了中国国家秘密，对中国国家经济安全和利益造成重大损害。

力拓"间谍门"事件在国内钢铁行业掀起一场"大地震"，也使得原本不露痕迹的国际性"商业间谍"加速浮出水面。

讨论题：

1. 力拓公司收集客户信息的途径是什么？
2. 通过力拓"间谍门"事件，作为一名市场调研人员，你能得出哪些启示？

第四章 抽样调查设计

 **本章提要**

本章基于抽样设计最基本的理论框架展开，讲述市场调查中所要运用的抽样技术的内容。本章首先介绍了抽样调查的含义、在抽样调查中常用的一些基本术语和抽样调查的程序，其次重点介绍了各种随机抽样技术和非随机抽样技术，最后简要介绍了抽样误差和抽样推断的内容。

 **学习目标**

1. 理解抽样调查的含义及程序
2. 掌握各种类型的随机抽样技术和非随机抽样技术
3. 学会抽样误差的分析及其计算
4. 能根据已知条件选择合适的抽样调查与分析方法

 **开篇案例**

黄豆和绿豆的比例[①]

梁老师在课堂上提了一袋豆子，里面有新鲜的黄豆和绿豆。梁老师把同学们分成十组，要求各组在五分钟之内求出袋子里黄豆和绿豆之比，并填好实验报告。大部分小组的同学直接走上讲台用杯取豆子，有的直接撮了满满一杯；有的撮了少半杯；还有的则先搅拌均匀之后撮一小杯。五分钟之后，各组有了不同的结论，具有典型代表的是第一组和第六组。

第一组的代表站起来说道：我们计算的比值为 1∶0.91，我们采用的方法是从袋中取出一小把豆子，然后我们几个人分工，数出这一小把豆子中有黄豆193

[①] 许以洪，熊艳. 市场调查与预测 [M]. 机械工业出版社，2010.

粒,绿豆有 176 粒,然后算出黄、绿豆的粒数比为 193∶176,即 1∶0.91,所以袋中黄、绿豆的粒数比即为 1∶0.91。

第六组还没有结果,这组同学认真地数着杯子里的黄豆和绿豆,十分钟后得出比例为 1∶0.9。

【思 考】
1. 杯子中的黄豆和绿豆之比能代表袋子中的黄豆和绿豆之比吗?
2. 为什么第一组同学只取了杯子中一小把豆子?
3. 第六组同学采用的方法存在什么问题?

市场调查分为普查和抽样调查两类,普查获得的信息尽管具有真实性、可靠性等优点,但是,普查费时费钱,而且在有些情况下进行普查是不可能的。抽样调查是市场调查中最基本的一种方法,是市场调查设计者必须掌握的基本技术,在市场调查中具有十分重要的理论和现实意义。

第一节 抽样调查概述

市场调查根据其调查对象涵盖的范围不同,可分为全面调查和非全面调查。非全面调查主要有重点调查、典型调查和抽样调查。抽样调查是指从研究对象的总体中抽取一部分单位作为样本,对其样本进行调查,获取有关总体目标量的调查方式。它包括随机抽样(概率抽样)和非随机抽样(非概率抽样)。在市场调查中,这两类抽样方式都经常被采用。其中,非随机抽样是从方便出发或根据研究者的主观判断来抽取样本,因其主要依赖研究者的经验和判断,所以它无法估计和控制抽样误差,更不能用样本的定量资料来推断总体。但非随机抽样简单易行,特别适应于探索研究。随机抽样调查是指调查者为了特定的调研目的,按照随机原则,运用科学的抽样方式,从研究对象的总体中抽取一部分样本单位进行调查,并在一定的条件下,运用数理统计的原理和方法,对总体的数量特征进行估计和推断的一种非全面调查。

一、基本概念

在学习抽样调查时,必须掌握以下几个基本概念:
1. 总体和样本
总体和样本是抽样调查两个最基本的概念。

(1) 总体。它是统计研究对象的全体（"调查对象"），由若干个相同性质的调查单位所构成的集合体。其单位数体现了其容量，用 N 表示。按照总体容量大小可分为有限总体和无限总体。有限总体是指总体单位数是有限的，可进行全面调查和抽样调查。无限总体是指总体单位数是无限不可数的，只能进行抽样调查。柯赫伦（W. G. Cochran）认为，凡样本单位数占总体单位数 5% 以上的可视为有限总体，不够 5% 的就按无限总体处理，即 $n/N \geq 5\%$ 为有限总体；$n/N < 5\%$ 为无限总体。

(2) 样本。它是从总体中抽取部分单位所构成的集合体。其单位数体现了其容量，用 n 表示。一般认为总体是要研究的目标，而样本是要对其进行观察的对象。如从福州市的所有居民户（总体）中抽取 1500 户来进行生活质量调查，那么被抽中的居民户就组成了一个样本。按照样本容量的大小可分为：大样本（$n \geq 30$），小样本（$n < 30$）。对于一个完全唯一确定的总体，随着样本容量和抽样方式的不同，可以从中抽选多个不同的样本。样本中包含总体的有关信息。

2. 总体指标和抽样指标

总体指标和抽样指标是用来描述总体和样本特征的两个综合指标。

(1) 总体指标。又称总体参数，它是描述总体特征的综合指标，用 θ 表示。由于总体是唯一确定的，所以，各指标值也是唯一确定的；但指标是未知的，它是抽样调查的对象。包括总体平均数 $\bar{X}$、总体成数 P、总体标准差 σ（σ_p）。

(2) 抽样指标（样本指标）。又称统计量，它是描述样本特征的综合指标，用来推断总体数量特征的依据，用 θ' 表示。包括样本平均数 $\bar{x}$、样本成数 p、样本标准差 s（s_p）。

由于从总体中可以抽取多个可能样本，这样不同的样本就会有不同的指标值，因为样本指标是个随机变量，也即由样本观察值所决定的统计量是随机变量。样本指标是用来推断总体数量特征的依据。

3. 重复抽样与不重复抽样

从抽取样本方式的角度划分，抽样调查可区分为重复抽样和不重复抽样。

(1) 重复抽样（有放回的抽样）。它是指从总体 N 个单位中随机抽取一个容量为 n 的样本，每次抽中的单位经登录其有关标志表现后，又放回总体中重新参加下一次的抽选。每次抽取均是在相同的条件下进行。

(2) 不重复抽样（无放回的抽样）。它是指从总体 N 个单位中随机抽取一个容量为 n 的样本，每次抽中的单位登录其有关标志表现后，不再放回总体中参加下次的抽选。经过连续 n 次不重复抽选单位构成样本，实质上相当于一次性同时从总体中抽中 n 个单位构成样本。上次的抽选结果会直接影响到下次抽选，可见，不重复抽样的样本是经 n 次相互联系的连续试验形成的。

两种抽样方法会产生三个差别：抽取的样本数目不同、对于随机抽样其抽样误差的计算公式和抽样误差的大小均不同。

4. 抽样框与抽样单元

抽样框是包含所有抽样单元的抽样总体。通常，抽样框是一份包含所有抽样单元的名单，给每一个抽样单元编上一个号码，就可以按一定的程序进行抽样。对抽样框的基本要求是，抽样框中应该具有抽样单元名称和地理位置的信息，以便调查人员能够找到被选中的单元。在电话调查中，电话号码簿便是抽样框，它起到了提供抽样单元信息的作用。一个理想的抽样框应该与目标总体一致，即应包括全部总体单位，既不重复也不遗漏，通常要求具有完整性和唯一性（不重复性）。完整性要求不遗漏总体中的任意一个个体；唯一性则要求任意一个个体都是唯一的，不能重复列入抽样框。也就是每个总体单位在抽样框中必须出现一次，而且只能出现一次，以保证抽样框能完全代表目标总体。在抽样调查中，抽样框可以有以下几种形式：

（1）名单抽样框，即以名单一览表形式列出总体的所有单位。例如，要从 10 万名大学生中抽取 2000 名大学生组成一个样本，则 10 万名大学生的名册就是抽样框。名单抽样框一般可采用现成的名单，如花名册、户口、企业名录、企事业单位职工名册等。在没有现成名单的情况下，可由调查人员自己编制。应该注意的是，在利用现有名单作为抽样框时，要先对该名录进行检查，避免有重复、遗漏情况发生，以提高样本框对总体的代表性。

（2）区域抽样框，即按自然地理区域划分并排列出总体的所有单位。例如，在进行农产品抽样调查时，把土地划分为许多相等面积的单位进行编号。

（3）时间表抽样框，即按时间顺序排列总体单位，如对流水线生产的产品进行抽样调查，检验产品质量，可以把一天 24 小时划分为许多抽样时间单位并按先后顺序排列，然后按一定要求进行抽样。

抽样单元是构成抽样框的基本要素。抽样单元不仅指构成抽样框的目录项，同时还表示该目录项所对应的实际总体特定的一个或一些单元。为了区分抽样单元的这两种不同意义，实体抽样单元又称为样本单元或样本点。

抽样单元不一定是组成总体的最小单位——基本单元。它可以只包含一个个体，也可以包含若干个个体。抽样单元还可以分级。在抽样单元分级情况下，总体由若干个较大规模的抽样单元组成，这些较大规模的抽样单元称为初级单元，每个初级单元中又可以包含若干个较小的单元，称为二级单元。用同样的方法还可以定义三级单元、四级单元等。例如，欲对福州市小学生的营养状况进行抽样调查，可以把每所小学视为初级单元，把小学校中的班级视为二级单元，把学生视为三级单元。抽取样本的顺序为先抽取学校，再抽取班级，最后抽取学生。单元可以是自然形成的，也可以是人为划分的。在一项调查中，单元分成几级不是固定不变的。在前面的例子中，如果采用抽取学校，然后在选中的学校中直接抽取接受调查的学生而越过班级时，学校就是初级单元，学生则成为二级单元。通常把接受调查的最小一级抽样单元称为基本抽样单元。在上面的例子中，小学生是基本抽样单元。

抽样单元的不同划分，是针对不同抽样方法而言的。若抽样单元只包含一个个体，即抽样单元是基本单元，没有分级，与之对应的是简单随机抽样；若抽样单元中包含若干个体，抽样单元为群，与之对应的是整群抽样；在抽样单元分级情况下，与之对应的是多阶段抽样。由于抽样单元可以分级，于是就有了与之相对应的不同级上的抽样框。在抽样实践中，抽选哪一级抽样单元，有同级的抽样框即可。

5. 抽样误差与非抽样误差

（1）抽样误差。抽样误差是指在遵守随机原则条件下，样本指标（统计量）与总体指标（参数）之间的差异，它是一种偶然性的代表性误差，是抽样调查中不可避免的误差，在概率抽样的条件下可以计量和控制。

抽样误差无特定偏向，其误差大小主要受以下四个因素影响：①被研究总体各单位标志值的变异程度及总体标准差。总体的方差越大，抽样误差就越大；反之，则抽样误差越小。如果总体各单位标志值之间没有差异，那么，抽样误差也就不存在了。②抽取的样本量。抽样误差的大小可由样本量的调整而得到控制，在其他条件不变的情况下，抽样单位数越多，抽样误差就越小；反之，抽样误差就越大。③抽样调查的组织方式。采用不同的抽样组织方式，也会有不同的抽样误差。在随机抽样时，抽样误差可加以计算和控制。④抽样方法。不重复抽样可以避免极端样本的出现，故其抽样误差比重复抽样的抽样误差小。

要确定根据样本统计量评估出的总体参数的精确性，首先要确定抽样误差的大小。不过，由于下述两个原因，无法准确地测定抽样误差的大小：首先，并不知道真正的总体参数值（如果我们已经知道的话，就没有必要进行抽样研究了）；其次，在同一总体中，样本间的统计量值也各不相同。因此，在既定的抽样程序中，我们只能评估抽样误差的平均值，即抽样平均误差（抽样标准误差）。

（2）非抽样误差。非抽样误差是相对于抽样误差而言的，是由于其他多种原因引起的估计值与总体参数之间的差异。在概率抽样、非概率抽样、其他非全面调查和全面调查中，非抽样误差都会存在。而且会产生于抽样调查的各个阶段，包括调查及抽样设计、数据采集及数据处理与分析阶段。例如，由于调查方案不科学、调查对象范围划分不清而产生的误差。上述非抽样误差按其来源、性质不同，可以分为以下三类：

1) 抽样框误差，即由不完善或不准确的抽样框引起的误差。它是一种非抽样误差。因为抽样框是一份关于总体中全部研究对象或抽样单位的资料，在实际调查中有时搜集不到这样一份名单，或虽能得到此名单，但可能遗漏了总体中的一些元素，还可能包括了并不属于研究总体的另外一些元素，使用这样的名单就会产生抽样框误差。当总体与抽样框之间的误差很小，对抽样框误差可不加考虑。但在大多数情况下，对此误差应给予关注并作出相应处理。抽样框误差主要表现为丢失目标总体单元、包含非目标总体单元、复合连接以及不正确的辅助信息，几种情况的结果都会导致抽样框中的单元与目标总体单元不完全对应，产生抽样框误差。

2) 无回答误差。在抽样调查中，总希望能取得所要求的全部样本单位的数据或特征记录，但在实践中，常有部分单位的调查结果会因多种原因而出现空缺，发生无回答现象，产生无回答误差，即由于种种原因调查人员没能够从入选样本的单元处获得所需要的信息，导致数据缺失造成估计量的偏误。

无回答没有提供样本数据，如果其指标值与回答没有显著差异，倒也无妨。但事实上，无回答和回答之间常有较明显的非随机性差异。

这种情况一般发生在以人为调查对象时。无回答误差是一种重要的非随机抽样误差，对调查数据的质量起着重要影响。而且这种现象十分普遍，对估计量的危害也比较大。无回答产生于不同的情况，从内容上看，可以分为单元无回答和项目无回答。单元无回答指被调查单元没有参与或拒绝接受调查，他们交的是一份白卷。项目无回答指被调查单元虽然接受调查，但对其中的一些调查项目没有回答。与单元无回答相比，项目无回答或多或少地提供了一些信息。从性质上看，可以分为有意无回答和无意无回答。有意无回答常常与调查内容有关，因其对数据质量的影响很大，回答者和无回答者之间往往存在系统性差异。这种无回答不仅减少了有效样本量，造成估计量方差增大，而且会带来估计偏误。例如对调查内容反感，或涉及个人隐私不愿意回答。无意无回答通常与调查内容无关，之所以出现，有时是由于其他原因造成的，如被调查者生病或很忙，无法接受调查等。无意无回答可以看作随机的，这种误差虽然会造成估计量方差增大，但一般认为不会带来估计偏误。

3) 计量误差。指由于种种原因，调查所获得的数据与其真值之间不一致造成的误差。主要表现为设计不周引起的误差、被调查者没有给出真实的回答所产生的误差、调查员工作态度及其水平限制所产生的有意识误差和无意识误差，以及测量工具、编码和录入等产生的其他误差。一般从调查设计、现场准备和调查结果审核等方面进行控制，以减少计量误差。

6. 精度与费用

在抽样设计中，抽样精确度是个非常重要的技术问题。不同概率抽样方法在抽样效率方面各不相同。抽样效率是反映抽样成本和精确度之间平衡关系的一个概念。精确度是指关于被测特征的不确定性程度。要求的精确度越高，成本就越高，大多数研究要求这两者之间有个平衡。研究人员都期望在服从所配给的预算的同时尽力设计出最有效率的抽样方案。在设计中应首先明确的一点是，目标准确度怎样确定。有些人认为调查结果应达到百分之百的准确，甚至可以为此不惜一切代价，这实际上是抽样设计中的一种误区。正确的观点应是，调查所需要的准确度，不是也不可能达到百分之百，只要准确性能满足决策要求就可以了。如果花费 75% 的费用，达到了 95% 的精确度，我们就不必再为了 5% 的精确度去花费 25% 的费用；也就是说，不必追求过分的精确，以致花费过多的不必要代价。进行抽样方案设计时，应该花一定的时间去了解这项调查所要求的准确程度，并以此作为设计整个调查方案的依据，这样做既能满足决策的要求，又能提高调查的效率。例如，我国城市家庭调查一般要求当置信度为 95% 时，误差不超过 2%~3% 就可以了。

精度与费用既相互影响又相互制约，通常，精度由误差来表现。如果不考虑非抽样误差，则精度的具体体现是抽样误差。抽样误差越小，说明用样本统计量对总体参数进行估计时的精确度越高。精度和费用均与样本量成正比，精度要求越高，在其他条件相同的情况下，抽样误差就要求越小，那么样本量则要求越大。同时，如果要求样本量越大，则调查费用就越高。样本量与调查费用大致呈线性关系，但样本量与精度却呈非线性关系。也就是说，在样本量比较小时，每增加一个抽样单元对提高精度的作用比较显著，但随着样本量的增大，达到一定程度后，每增加一个抽样单元对提高精度的作用就逐渐下降。另外，影响精度与费用的是抽样方式与估计方法。一个好的抽样设计必须同时考虑到精度与费用两个方面；反过来，精度与费用也是评价抽样设计方案优劣的两条准则。对于一个具体的抽样设计，在核定的费用内达到最高的精度，或在达到精度要求的条件下使调查的费用最少，则称这样的抽样设计为最优设计。最优设计的抽样效率最高，因此效率是对精度与费用的综合。

二、抽样方式的确定

在运用随机抽样方式进行调查时，调查方式的选取是一个很重要的现实问题，抽样组织方式不同，误差大小差异较大。对同一抽样总体，类型抽样和等距抽样其抽样（平均）误差要比简单随机抽样的误差小。因其事先经过划类和排队，可以缩小总体各单位之间的差异程度，因而抽取相同数目的样本单位，其代

表性误差中的抽样（随机）误差要比简单随机抽样的小。而且，抽取样本的方法不同也会影响误差的大小，对同一总体抽样，不重复抽样误差小于重复抽样误差。因此，一般情况下，确定抽样方式应考虑以下四个方面的因素：

1. 总体方差的大小

在相等样本量的条件下，抽样误差大小主要受总体方差的影响。抽样误差与总体方差成正比。抽样时应根据总体方差大小，选择合适的抽样方式。

2. 对抽样误差大小的要求

不同的抽样方式其抽样误差有所不同。在进行调查时，可根据对调查误差的不同要求和实际条件，选择适当的抽样调查方式。

3. 调查对象本身的特点

一般来说，对调查对象了解越全面，调查方式选择越准确。如果没有关于总体各单位的全面、详细的资料，就无法采用按有关标志排队的等距抽样或分类抽样等。

4. 人力、物力、财力和时间等各种调查条件

例如，在调查前考虑到抽出的样本可能极为分散，在各地都有，会增加调查往返的时间和费用，就可考虑采用整群抽样方式，使调查样本相对集中，调查员行动半径缩小，以节省人力、费用和时间。如果调查力量较强，经费又比较充足，那么可以选择提高精度的调查方式。

强调根据调查要求和调查对象特点选择适宜的抽样方式，并不应否认上述几种方式的结合运用，在实际调查中，往往是根据具体情况，互相结合使用的。例如，20世纪80年代末开展的个体商业抽样调查，由于当时基层统计基础薄弱，统计人才缺乏，对于较为复杂的抽样方式不易实施，就采用简单随机抽样与整群抽样相结合的抽样方式，以街道为群，对抽中的街道进行全面调查。

三、抽样调查的程序

尽管不同的抽样调查项目，其调查过程包含的步骤不尽相同，但一般都需要经过以下几个步骤：

1. 确定调研问题

要有效地进行抽样调查，必须首先确定调查问题，这是整个调查的第一步，也是至关重要的一步。确定抽样调查问题，就是根据管理决策的信息需求提出市场调查的课题，并考虑调查课题的难易程度、覆盖范围、总体分布、调查要求和经费限制等因素，决定是否有必要采用抽样市场调查。一般来说，调查总体范围大，数据的时效性、准确性要求高，调查经费又有限，不可能或不必要采用全面调查时，抽样调查是首选。

确定调查问题所要回答的是"为什么要做这项调查研究"、"做这项调查研究要达到怎样的目的、取得怎样的预期效果"。问题的确定取决于研究的目的,为此,必须事先了解和掌握总体的结果及各方面的情况,并根据研究目的,明确界定总体的范围和研究问题的具体组成部分。只有问题定义清楚了,才有可能进一步设计和执行。调查人员需要据此掌握和分析相关的背景材料、所需要的信息以及这些信息在进行分析时如何适用。有时还需调查人员与有关部门的决策者进行认真讨论,访问有关行业的专家,分析二手资料,必要时还需要进行如召开座谈会那样的定性调查。

同时,还要考虑调查的财力和调查技术力量等条件的限制,把调查的问题界定在适当的范围内。每一项调查,都需要费用、时间、人力的支持。对于一项大规模的调查,需要较多的调查费用,如果实际的预算费用明显不够,就必须缩小调查问题的范围以适应财力的情况。

2. 制定抽样方案

由于抽样调查技术性高、实施调查过程较为复杂,必须事先制定详细、可行的抽样方案,才能保证抽样的科学有效。如何在保证所抽选的样本对总体具有充分代表性的前提下,力求取得最经济、最有效的结果,一直是摆在抽样方案设计者面前的一个重要问题,也是抽样方案设计的难点所在。为此,一般在进行抽样之前都必须设计抽样调查方案。按照国外调查经验,在制定抽样方案时,常将调查资料使用者、抽样专家、实际调查工作组织者和数据处理人员等相关人员聚到一起,共同交流意见,协商探讨各种问题,最后提出一个合理可行的抽样方案。

抽样方案要描述样本是如何抽取的,即抽样技术的选择。在制定抽样方案时,既要考虑方法的科学性,又要照顾实际的可行性。例如,在一项多阶段抽样中,前一二阶段抽样十分关键,需要采用效率高的抽样方法,由于这两个阶段的抽样可以由设计人员来实施,所以技术复杂一些也无妨。后面阶段的抽样则力求简单,以便基层的操作者能够胜任。收集资料的方法有面访调查、电话调查、邮寄调查等;抽样框和抽样单位的确定,不同收集方法需要不同的抽样框;必要样本容量的确定也是方案的主要内容,还要给出与抽样设计相匹配的总体参数的估计公式及估计量的精度公式,总体目标量的估算方法;调查数据的整理和分析技术、调查报告的撰写、制定实施方案的办法和步骤等一整套抽样调查的方法、技术和要求。如果调查中遇到调查对象失访,如受访者不在家或拒访,还需要制定一些具体的处理方法,把失访对调查结果的影响降到最低程度。一般情况下,抽样调查方案设计的基本内容如下:①确定抽样调查的目的、任务和要求;②确定调查对象(总体)的范围和抽样单位;③确定抽取样本方法;④确定必要的样本

量；⑤提出主要抽样指标的精度要求；⑥确定总体目标量的估算方法；⑦制定实施总体方案的办法和步骤。

3. 设计调查问卷

调查问卷又称调查表、询问表或访谈表，是一组用于从调查对象获取信息的格式化问题。问卷可以是表格式、卡片式或簿记式。设计问卷，是询问调查的关键。完美的问卷必须具备两个功能，即能将问题传达给被问的人和使被问者乐于回答。要完成这两个功能，问卷设计时，研究者应当遵循有明确的主题、结构合理、逻辑性强、通俗易懂、控制问卷长度等原则，并按照一定的程序，运用一定的技巧，将所要研究的问题编制成问题表格，以邮寄方式、当面作答或者追踪访问方式填答，从而了解被调查者对某一现象或问题的看法和意见，所以又称问题表格法。

4. 实施调查

实施调查是利用调查表或问卷进行实际调查，收集样本资料，获得样本单元的调查数据，这个过程的关键问题是要保证原始数据的质量，这就需要对调查过程进行有效的管理和监控。调查实施前，需要对调查员进行技术培训，使调查员熟悉调查问卷，掌握访谈技巧，并增强责任心。在调查过程中加强质量检查，出现问题及时总结，及时补救。调查人员要有操作手册，调查过程中也要有管理制度和措施，使得从事具体调查的人员有章可循。如果调查项目比较大，又是第一次进行，或者对问卷设计的把握不够大，在正式调查实施前，还应当进行一次预调查，进一步完善问卷和检验各方面的工作是否到位。

5. 整理分析数据

数据整理分析是整个调查的收获阶段，它既是对抽样调查前阶段工作的总结，也是调查报告撰写阶段的起点，它为撰写调查报告提供基本的素材。在这个阶段，首先要对经过调查获得的原始数据进行审查、核对，对验收合格的调查问卷进行编码和录入。数据录入后，多数情况下需要进行数据的预处理，为统计分析做好准备。数据的预处理包括：录入数据的再编码，它是对原编码的补充和调整，满足某些统计分析软件对编码的特殊要求，也是根据研究要求对数据的重新归类分组；对缺失值进行插补，以构造出完整的数据集；进行变量的转换，进而进行常规的统计分析；计算目标量的估计值、方差及变异系数的估计值等。必要时还需要结合研究目的进行深入的统计处理与分析。

6. 撰写调查报告

最后一个阶段是编写抽样市场调查报告，即在数据处理、推断分析的基础上，得出调查结论和主要启示，然后用调查报告的形式向决策者报告抽样市场调查的过程、调查问题的分析、调查的结论和主要启示。调查报告可以有不同的类型；从内容上可以分为描述性报告和探索性报告；从技术上可以分为一般报告和技术报告；从性质上可以分为普通调查报告和学术研究报告等。

四、抽样调查的应用

对于不同的研究项目，其抽样方法的选取有不同要求。选择随机抽样还是非随机抽样应该以研究性质、抽样误差和非抽样误差的相对大小、总体的差异化程度，以及统计和操作上的要求等为基础。

当需要对整个市场的市场份额或者销售容量做出高度精确的估计时，应使用随机抽样。随机抽样能够消除选择偏差和计算抽样误差。如果考虑的是总体中需要研究的变量的同质性，对于一个较为异质的总体，选择随机抽样更可取，因其能够确保样本的代表性。从统计的角度看，随机抽样也更可取，因为它是大多数统计技术的基础。针对结论性研究，研究人员希望用结果估计总体的市场份额或者全体市场的大小，随机抽样则更受欢迎。随机样本允许结果向目标总体进行统计推论。美国市场跟踪研究提供了关于产品种类、品牌使用率以及用户的心理和人口概况的信息，它使用的便是随机抽样。使用随机抽样的研究一般利用电话访谈，将分层抽样和系统抽样与一些随机拨号的形式结合起来选择被访者。

但是，随机抽样并不总是能够得到更为精确的结果。而且随机抽样很复杂，要求研究人员在统计上受过训练，一般比非随机抽样的成本更高、花费的时间更长。在许多市场调查研究项目中，时间和开支都相对紧张，因此，在实践中，研究的目的决定了将使用哪种抽样方法。如果研究项目的非随机抽样误差更大，选择非随机抽样可能更好，因为通过判断能更好地控制抽样过程。特别是对于探索性研究，调查的结论往往只是初步的，而且可能没有充分的基础使用随机抽样。非随机抽样被用于概念测试、包装测试、名称测试和文案测试中，因为这些测试通常不需要对总体的推论。在这类研究中，需要重视的是给出不同反应或者表达不同态度的样本比例，这些研究的样本可以用诸如商场拦截式配额抽样的方法来抽取。

第二节 随机抽样技术

根据调查对象的性质和研究目的的不同，随机抽样技术可以采用以下几种形式：简单随机抽样、分层抽样、系统抽样、整群抽样和多阶段抽样等。下面分别对各种抽样技术的概念、特点、误差分析等内容进行阐述。

一、简单随机抽样

简单随机抽样又称纯随机抽样,它是从一个包含 N 个单位的总体中,抽取 n 个单位作为样本,且给予总体中的每一个个体一个已知且相等的抽中概率。根据抽样单位是否放回可分为有放回随机抽样和无放回随机抽样。

1. 简单随机抽样的方法

要产生简单随机样本,首先需将 N 个总体单位从 1 到 N 编号,每个单位对应一个号,如果抽到某个号,则对应的那个单位入样,直到选出 n 个单位样本。通常采用抽签法和随机数法。

(1) 抽签法。当总体不大时,可以用均匀同质的材料制作 N 个签,将它们充分混合,然后一次抽取 n 个签,或一次抽取一个签但不放回,接着抽下一个签,直到第 n 个签为止,则这 n 个签上所示的号码表示入样的单位号。然后,按照抽中的号码,查对调查单位,加以登记。

(2) 随机数法。当总体较大时,抽签法实施起来很困难,这时可以利用随机数表、随机数骰子、摇奖机和计算机产生的伪随机数进行抽样。在使用随机数表时,为克服可能的个人习惯,增加随机性,使用随机数表的页号及起始点应该用随机数产生。

1) 随机数表。随机数表是由数字 0,1,2,…,9 组成的表,每个数字都有同样的机会被抽中。用随机数表抽取简单随机样本时,一般是根据总体大小 N 的位数决定在随机数表中随机抽取相同列数,如果要抽取 m 位数的 n 个样本,则在随机数表中随机抽取 m 列,顺序往下,选出头 n 个符合要求的互不相同的数;如果选取的 m 列随机数字不够,可另选其他相同 m 列继续,直到抽满 n 个单元为止。但如果 N 的第一位数字小于 5,且 n 不小,可采用随机数减去 N 或除以 N 的处理方法,取其余数或商作为取样随机数。这时可采用在随机数表中随机抽取 m 列,顺序往下,如果得到的随机数大于 N,则将这个数字减去 N,由此大于 N 的数字被扔掉,取其余数作为入选样本。或者,在随机数表中随机抽取 m 列,顺序往下,如果得到的随机数大于 N 且小于 N 的倍数,则用这个随机数除以 N,得到的商入样,显然这两种方法比第一种方法效率要高。

2) 随机数骰子。随机数骰子是由均匀材料制成的正 20 面体,面上标有 0~9 的数字各 2 个。我国"运筹"牌随机数骰子一盒有 6 个不同颜色的骰子,使用时,根据总体大小 N 的 m 位数,将 m 个不同颜色的骰子放入盒中,并规定每种颜色所代表的位数,如红色代表个位数、蓝色代表十位数、黄色代表百位数等,盖上盒盖,摇动盒子,使骰子充分旋转,然后打开盒盖,读出骰子所表示的数字。重复上述步骤,直到产生 n 个不同的随机数。

3）摇奖机。各类彩票中奖号码的产生通常是由摇奖机完成的，这个过程可以从电视节目中看到。将标有数字 0~9 的 10 个球放入摇奖机中，充分搅拌，使球充分转动，直到摇出其中的一个球，记录该球所标明的数字，产生了随机数的个位数；将球放回到摇奖机中，重复上述步骤，直到摇出下一个球，记录该球所标明的数字为随机数的十位数；同理产生百位数等，如此产生一个随机数。重复上述步骤，直到产生 n 个不同的随机数。

4）计算机产生的伪随机数。利用计算机产生的随机数具有快捷、方便的特点，但需要注意的是，利用计算机产生的随机数是伪随机数，并不能保证其随机性，通常产生的伪随机数有循环周期，当然，我们希望产生的伪随机数循环周期越长越好。在可能的情况下，建议还是利用随机数表和随机数骰子来产生随机数。

2. 简单随机抽样标准误差

简单随机抽样最符合随机原则，它完全排除了抽样中的主观因素的干扰，并且简单易行。当总体各单位的变异较大时，它不能保证所取得的样本单位在总体中有较均匀的分布，所抽得的样本可能缺乏代表性，抽样误差就较大。为减少抽样误差，保证抽样推断结果的精度，就需要抽取较多的样本单位数。因此，简单随机抽样只适用于总体单位数不多、总体单位变异度较小的情况。在简单随机抽样中，抽样标准误差的计算，数理统计已证明，计算公式如下：

（1）重复抽样条件下简单随机抽样的抽样标准误差。

$$\mu_{\bar{x}} = \sqrt{\frac{\sigma^2}{n}}$$

$$\mu_{\bar{p}} = \sqrt{\frac{P(1-P)}{n}}$$

（2）不重复抽样条件下简单随机抽样的抽样标准误差。

$$\mu_{\bar{x}} = \sqrt{\frac{\sigma^2}{n}\left(1-\frac{n}{N}\right)}$$

$$\mu_{\bar{p}} = \sqrt{\frac{P(1-P)}{n}\left(1-\frac{n}{N}\right)}$$

3. 简单随机抽样的优缺点

简单随机抽样的优点是：方法简单直观，易于理解，样本的结果可以映射到目标总体上，当总体名单完整时，可直接从中随机抽取样本，由于抽取概率相同，计算抽样误差及对总体指标加以推断比较方便。大多数统计推论的方法都假定数据是由简单随机抽样方法收集的。尽管简单随机抽样在理论上是最符合随机原则的，但在实际使用中则有一定的局限性，表现在以下几方面：

（1）采用简单随机抽样，一般必须对总体各单位加以编号，而实际所需调查的总体往往是十分庞大的，单位非常多，逐一编号几乎是不可能的，即通常很难

构建一个可以供简单随机抽样用的抽样框架。

（2）某些事物无法适用简单随机抽样，例如，对连续不断生产的大量产品进行质量检验，就不能对全部产品进行编号抽样。

（3）当总体的标志变异程度（方差）较大时，简单随机抽样所产生的样本可能具有代表性，也可能没有。虽然平均来说，所抽出的样本可以很好地代表总体，但是一个给定的简单随机样本也存在错误代表目标总体的可能；如果样本量很小，这种情况就更可能发生。其代表性就不如经过分层后再抽样的代表性高。

（4）由于抽出样本单位较大或跨越地理区域很广，较为分散，就会增加数据收集的时间和成本，和抽样调查节省人力、物力、时间的初衷相违背。因此，这种方式适用于总体单位数不太庞大以及总体分布比较均匀的情况。

（5）简单随机抽样经常比其他概率抽样方法的精确度低，有较大的标准差。

二、分层抽样

由于影响估计精度的因素除了样本量、总体大小（通常不是主要因素）以外，还有总体的方差。也就是说在其他因素不变的情况下，总体方差越大，估计的精度越差；反之，估计的精度就越高。对于一个总体，其方差是客观存在且无法改变的，但如果对总体单元进行分类，即分成若干子总体，在子总体内单元之间比较相似，使每一个子总体的方差变小，这样只需在子总体中抽取少量样本单元，就能很好地代表子总体的特征，从而提高对整个总体估计的精度。这就是抽样调查中的分层抽样技术。

1. 分层抽样的概念

分层抽样（Stratifled Sampling）又称类型抽样，是按某个重要标志先将总体 N 个单位划分成 M 个互不重复的子总体，每个子总体称为层，它们的大小分别为 N_1, N_2, …, N_M，这 M 个层合起来就是整个总体（$N = \sum_{i=1}^{M} N_i$），然后在各类（层）中采用简单随机抽样或等距抽样方式分别独立抽取样本单位的一种抽样方式。所得到的样本是分层随机样本。

2. 分层抽样的具体步骤

把总体各单位分成两个或两个以上的相互独立的完全的组（如城市和农村），从两个或两个以上的组中进行简单随机抽样或等距抽样等，样本相互独立。总体中各单位按主要标志加以分组，分组的标志与我们关心的总体特征相关。例如，学校有一批助学贷款要发放，需要对学生的家庭经济状况进行了解，初步分析，城市有下岗职工的子女，农村有家庭困难的学生，都需要贷款，那么城乡应是划分层次的适当标志。如果不以这种方式进行分层抽样，分层抽样就没什么效果，助学贷款就不可能充分发挥其助学的作用。

分层抽样与简单随机抽样相比，其误差更小些。也就是如果目标是获得一个确定的抽样误差水平，那么更小的分层抽样即可达到这一目标。在调查实践中，为提高分层样本的精确度，一般有两个步骤。

第一步，辨明突出的（重要的）与所研究的行为相关的分类特征。例如，研究某品牌空调的消费率时，按常理认为城市和农村有不同的消费率。为了把城乡作为有意义的分层标志，调查者肯定能够拿出资料证明城市与农村的消费水平明显不同。用这种方式可识别出各种不同的显著特征；一般来说，识别出六个重要的显著特征后，再增加显著特征的辨别对于提高样本代表性就没有多大帮助了。

第二步，确定在每个层次上总体的比例（如城乡已被确定为一个显著的特征，那么总体中城市占多少比例，农村占多少比例呢）。利用这个比例，可计算出样本中每组（层）应调查的单位数。最后，调查者必须从每层中抽取独立简单随机样本。

3. 分层抽样的方法

分层抽样可分为比例分层抽样、纽曼分层抽样、德明分层抽样和多次分层抽样。实际中，比例分层抽样方法由于比较简单而被经常采用，而比例分层抽样又分为等比例分层抽样和不等比例分层抽样。

在等比例分层抽样中，要求各类样本单位数的分配比例与总体单位在各类的分配比例一致，即 $n_i/n = N_i/N$（n_i 为各层中抽出的样本数，n 为样本量，N_i 为各层的总体单位数，N 为总体单元总量）。等比例抽样简便易行，分配比较合理，在实际工作中应用较广。例如，要在一个有1000名教师的学校中选取100名教师参加科研大会，可以把职称作为分层指标，将教师分为教授、副教授、讲师和助教四类，已知的情况是教授占教师总数的30%、副教授占35%、讲师占25%、助教占10%，从而确定了各类人员的样本数为教授30名、副教授35名、讲师25名、助教10名。然后，用简单随机抽样的方法对各类教师进行抽样。

在非等比例的分层抽样中，则不受上述条件限制，即有的层可多抽些样本单位，有的层也可少抽些样本单位。非等比例抽样大多适用于各层的单位数相差悬殊，或层内方差相差较大的情形。即从每层中抽取的样本数与该层的相对大小相关，并与该层元素在所感兴趣的特性（指标、变量）的分布标准差相关。在这种情况下，如按等比例抽样，可能在总体单位数少的层中抽取样本单位数过少，代表性不足，则可适当放宽多抽。非等比例的分层抽样从逻辑上说很简单：首先，较大的层在确定总体均值时具有较大影响，因此，这些层应当在推导样本均值时施加较大的影响，所以，从这些相对较大的层中应当抽取较多的元素。其次，为了增加精度，从标准差大的层中应当抽取更多的元素，从标准差小的层中应当抽取较少的元素（如果同一层中的所有元素是一致的，那么只需抽取一个元素的样本就可以得到完善的信息）。当每层内的感兴趣变量的标准差都相同时，上述两种方法实际上是一致的。但在调查前，准确了解各层标志变异程度大小是比较困难的。

分层随机抽样法，即先将总体按一定特性划分为不同的层次，然后在每一层次中随机选取部分个体组成样本。例如，张三分包客户300个，其中每月进货量在1000条以上的客户有120个，进货量在500~1000条的客户160个，进货量在500条以下的客户20个，拟抽10%的客户为调查样本。其确定方法是：先按10%的比例计算三种进货量应抽取的样本数，分别为12个、16个和2个，共计30个样本；然后再按简单随机抽样的方法从各层中抽样，以确定具体的调查对象。分层随机抽样法的关键在于，首先要正确地选择分层标志，然后再计算各层抽取的样本数。

4. 分层抽样标准误差

分层抽样的误差，取决于各组样本单位数的总和与各组组内的方差（各组组内标准差的平方）的平均数，即只和层内方差有关，而与层间方差无关。因此，当测定平均数指标时，计算抽样误差不是用方差 σ^2，而是用各组组内方差的加权算术平均数 $\overline{\sigma_i^2}$（各组组内方差的平均数）。根据同样的道理，在测定成数指标时，计算抽样误差不是用全及总体 P 和（1-P）的乘积，而是各组 P_i 和（1-P_i）乘积的平均数 $\overline{P(1-P)}$。因此，只要能够扩大层间方差而缩小层内方差，就可以提高抽样效率。

（1）重复抽样条件下分层抽样的抽样标准误差。

$$\mu_{\bar{x}} = \sqrt{\frac{\overline{\sigma^2}}{n}}$$

$$\overline{\sigma^2} = \frac{\sum \sigma_i^2 N_i}{\sum N_i} = \frac{\sum \sigma_i^2 n_i}{\sum n_i}$$

$$\mu_p = \sqrt{\frac{\overline{P(1-P)}}{n}}$$

$$\overline{P(1-P)} = \frac{\sum P_i(1-P_i)N_i}{N} = \frac{\sum P_i(1-P_i)n_i}{n}$$

（2）不重复抽样条件下分层抽样的抽样标准误差。

$$\mu_{\bar{x}} = \sqrt{\frac{\overline{\sigma^2}}{n}\left(1-\frac{n}{N}\right)}$$

$$\mu_p = \sqrt{\frac{\overline{P(1-P)}}{n}\left(1-\frac{n}{N}\right)}$$

在实际中，由于全及总体各类型组内方差和各类型成数未知，所以分别用样本标准差和样本成数代替。

5. 分层抽样的优缺点

分层抽样比简单随机抽样和等距抽样等方法更为精确，能够通过对较少的抽样单位的调查，得到比较准确的推断结果，特别是当总体较大、内部结构复杂时，分层抽样常能取得令人满意的效果。同时，分层抽样在对总体推断的同时，还能获得对每层的推断。

但分层抽样也会带来某些技术问题。首先是层的划分，有时在实际工作中分层并不容易，需要收集必要的资料，从而耗费额外的费用。其次，分层抽样要求各层的大小都是已知的，当它们不能精确得知时，就需要通过别的手段进行估计，这不仅增加了抽样设计的复杂性，而且也会带来新的误差。

三、系统抽样

系统抽样（Systematic Sampling）又称机械抽样或等距抽样，它是事先将全及总体所有单位 N 按某一标志排序，通过选择一个随机的起点，然后按某种确定的规则，连续地每隔 k 个个体抽取一个，确定样本的一种抽样方法。通过将总体 N 除以样本量 n，并将结果四舍五入到最接近的整数，来确定抽样间距 k。系统抽样的实际应用非常广泛，如城乡居民住户抽样调查、人口抽样调查、农产品抽样调查、产品质量抽样检查等，都普遍采用系统抽样。

1. 系统抽样法的操作步骤

第一步，将 N 个总体单位按一定顺序排列，编号为 1，2，…，N。

第二步，根据总体单位数 N 和样本单位数 n 计算出抽样间隔 k（必须是整数），$k = N/n$。

第三步，在 1 和 k 之间随机选一个数字，称为随机起点 i。

第四步，根据 i 和 k 从总体中抽取 n 个样本单位。总体中第 i 个单位即作为第一个样本单位，i 加一个间隔 k 即为第二个样本单位，其余类推。这样，总体中选中的 n 个单位号码依次为：$i, i+k, i+2k, i+3k, \cdots, i+jk, \cdots, i+(n-1)k$，抽样完成。

例如，总体中有 10000 个个体，想要抽取一个样本量为 100 的样本，此时抽样间距 k 为 100，在 1~100 选出一个随机数，如 21，该样本就由个体 21、121、221、321、421 和 521 等组成。

2. 系统抽样的总体单位排序

系统抽样时 N 个总体单位的排序情况一般分为两种。

（1）按无关标志排队。即各单元的排列顺序与所研究的内容无关。例如，调

查城乡居民收支情况，将城乡居民按其居住门牌号排序，门牌号与收支之间没有必然联系；又如学生成绩与其学号无关。这种排队抽样类似于简单随机抽样，也称为无序系统抽样。

（2）按有关标志排队。即各单元的排列顺序与所研究的内容是有关系的。例如，调查学生的学习情况，将全部学生按学习成绩由高到低排队；又如对商业企业销售额进行抽样调查，将所有商业企业按规模由小到大进行排队。这种排队抽样称为有序系统抽样，可以使抽取的样本单元更具代表性，减小抽样误差，提高估计的效率。

另外，还有一种情况处于上述两者之间，根据各单位原有的自然位置进行排序。例如，入户调查根据街道门牌号码按一定间隔抽取；工业生产质量检验每隔一定时间抽取生产线上的产品；学生按入校时的学号排队等。这种自然状态的排列有时与调查标识有一定的联系，但又不完全一致，目的是为了抽样方便。

3. 系统抽样的样本抽取方法

系统抽样按照样本单位抽选的方法不同，可以分为随机起点系统抽样法、半距起点系统抽样法、对称系统抽样法和循环系统抽样法四种。

（1）随机起点系统抽样法。当抽取间隔 k 确定以后，在第一组随机抽取一个样本单位，其顺序号为 i，则在第二个样本单位的顺序号为 $k+i$，第三个样本单位的顺序号为 $2k+i$，其余类推，第 n 个样本单位的顺序号为 $(n-1)k+i$。当总体按无关标志排队时，随机起点系统抽样法是可以应用的。当总体按有关标志排队时，随机起点系统抽样会产生系统性误差。

（2）半距起点系统抽样法。要求各样本单位都选在各组的中点。各样本单位的顺序号是：第一个样本单位是 $k/2$，第二个样本单位是 $k+k/2$，第三个样本单位是 $2k+k/2$，第 n 个样本单位是 $(n-1)k+k/2$。

无论按有关标志排队和按无关标志排队都可以采用这种方法，这种方法的优点是简单易懂、易于实践。当总体按有关标志排队时，各组抽取处于中点位置的单位最能代表这一组的一般水平，由这些单位组成的样本能保证其有充分的代表性，长期以来，在大规模社会经济调查中被广泛运用，实际检验其效果也是令人满意的。但半距起点等距抽样也存在一定的局限性：首先，随机性不明显，当总体排队确定、样本容量确定，则样本单位也随之确定了；其次，只能抽取一个样本，不能进行样本轮换，抽样的利用率太低。

（3）对称系统抽样法。要求在第一组随机抽取第一个样本单位，其顺序号为 i，在第二组与第一个样本单位对称的位置抽取第二个样本单位，其顺序号为 $2k-i$，在第三组与第二组样本单位对称的位置抽取第三个样本单位，其顺序号为 $2k+i$。以后抽出的样本单位序号依次为 $(4k-i)$、$(4k+i)$、$(6k-i)$、$(6k+i)$……

对称等距抽样保留了半距起点等距抽样的优点，而又避免了它的局限性，使其优点更加明显。

（4）循环系统抽样法。当全及总体单位数 N 为有限总体且不能被 n 整除，即 N≠nk 时，可将总体各单位按顺序排成首尾相接的环（圆形图），取最接近 N/n 的整数为抽样间隔 k，然后，在 1 到 N 的单位中随机抽取一个单位作为起点，沿着圆圈按一定方向，每隔 k 个抽取一个单位，直到取足 n 个单位为止。按照此法，可以保证样本量 n 不变。不过首尾两个样本的间隔不一定恰好为 k，大于或小于 k 都有可能。

4. 系统抽样的抽样标准误差

不同方法下的系统抽样标准误差计算公式不同，下面介绍一下无关标志排队法的系统抽样标准误差和有关标志法的系统抽样标准误差的计算方法。

（1）无关标志排队法的系统抽样近似于简单随机抽样，可以采用简单随机抽样方法计算抽样误差。它是不重置抽样。其计算公式如下：

$$\mu_{\bar{x}} = \sqrt{\frac{\sigma^2}{n}\left(1-\frac{n}{N}\right)}$$

$$\mu_p = \sqrt{\frac{P(1-P)}{n}\left(1-\frac{n}{N}\right)}$$

（2）有关标志排队法系统抽样实质上可以看作是一种特殊的类型抽样，不同的是分类更细致，组数更多，而在每个组中只抽取一个单位。因此，一般认为可以采用类型抽样误差公式，近似地计算系统抽样误差。其计算公式如下：

$$\mu_{\bar{x}} = \sqrt{\frac{\overline{\sigma^2}}{n}\left(1-\frac{n}{N}\right)} \quad \overline{\sigma^2} = \frac{\sum_{i=1}^{k}\sigma_i^2 N_i}{N} = \frac{\sum_{i=1}^{k}\sigma_i^2 N_i}{N} = \frac{1}{n}\sum_{i=1}^{k}\sigma_i^2 n_i$$

$$\mu_p = \sqrt{\frac{\overline{P(1-P)}}{n}\left(1-\frac{n}{N}\right)} \quad \overline{P(1-P)} = \frac{\sum_{i=1}^{k}P_i(1-P_i)N_i}{\sum_{i=1}^{k}N_i} = \frac{\sum_{i=1}^{k}P_i(1-P_i)n_i}{n}$$

5. 系统抽样的优缺点

从系统抽样的形式可知，它是一种不重复抽样。通常可以保证被抽出的样本较均匀地分布在总体中，以提高样本单位的代表性，从而降低了抽样误差。系统抽样的最大优点是简便易行，可简化抽样手续。不同于其他概率抽样方法，系统抽样可以省去编号等带来的麻烦，而是只需要对总体单位进行排列，只要随机确定一个（少数几个）起始单位，整个样本就自然确定，在某些场合下甚至可以不需要抽样框。

运用系统抽样按有关标志排队时，要有总体每个单位的有关资料，特别是往

往需要有较为详细、具体的相关资料,这是一项很复杂、很细致的工作。如果单位的排列存在周期性的变化,而抽样者对此缺乏了解或缺乏处理经验,抽取出样本的代表性就可能很差,甚至会导致系统误差。例如,白酒的销售量存在明显的周期性变化,如果系统抽样的样本单位间隔正好与周期变化的长度吻合,不采用一些处理方法进行调整,系统抽样的样本代表性就很差。

四、整群抽样

整群抽样(Cluster Sampling)是将总体划分为由总体单位所组成的若干群,然后,以群作为抽样单位,从总体中抽取若干个群体作为样本,而对选中的群内所有单位进行全面调查的抽样方式,又称为聚类抽样、整体抽样或集团抽样。例如,若欲调查某个大学的学生视力,组成总体的基本单位是每个学生,假定抽样单位是由学生组成的班级,将选中的班级里的全部学生作为样本进行观察。

对于每个被选中的群而言,要么所有的个体都被包括进了样本,要么用概率抽样的方法抽出一个个体的样本。如果每个被选出的群中的所有个体都被包括进了样本,这种方法称为单阶段整群抽样;如果从每个被选出的群中按概率抽出一个个体的样本,这种方法叫做两阶段整群抽样。

划分群时,每群的单位数可以相等,也可以不等,在每一群中的具体抽选方式,既可以采用等概率抽样(如简单随机抽样),也可以采用不等概率抽样。

1. 整群抽样的适用场合

因其抽样框容易获得,整群抽样的实际应用比较广泛,主要表现在以下几个方面:

(1)当缺少基本单位的名单而难以直接从总体中抽取所要调查的基本单位,但以由基本单位组成的群体(组合单位)作为抽样单位却有现成的名单或有明显的空间界限时,整群抽样就显得方便实用,避免了编制基本单位名单(抽样框)的问题。

(2)整群抽样由于样本相对集中,既方便调查,又节省费用和时间。虽然对同样多的个体而言,整群抽样的精度稍低,但因每调查一个小单元的平均费用和耗时均低,故可以通过适当增加样本量来达到费省、精度高的目标。

(3)采用整群抽样是抽样调查本身目的的需要。有些抽样调查,只有进行整群抽样才能说明问题。例如,人口普查后的抽样复查,要想估计出它的差错率,只有通过对一定地理区域(如省、市、街道等)的抽样复查后的人口群体进行全面调查才行。类似的,人口出生率、流动率等调查都需要采用整群抽样。

(4)如果某些总体的各子总体之间的差异不大,例如,调查目标是学生的性别比例或城市居民户平均拥有家庭计算机等,此时对班级或居委会采用整群抽样的精度不比直接抽取学生或居民户的精度低。

2. 整群抽样的抽样误差

整群抽样的抽样误差受三个因素影响：首先是抽出群数多少。设所有的群数为 R，抽出的群数目为 r。显然抽出的 r 数目越多，则抽样误差越小。其次是群间方差。群间方差也称组间方差，它说明群和群之间的差异程度。在整群抽样时，群内方差（组内方差）无论多大都不影响抽样误差。因为对每一个群来讲，进行的是全面调查，不发生抽样误差问题。最后是抽样方法。整群抽样都采用不重复抽样，因此，在计算抽样误差时要使用修正系数 $\frac{R-r}{R-1}$。

整群抽样无论是采用纯随机抽样还是等距抽样来抽选样本群，通常都是采用不重置抽样方式。其计算公式如下：

$$\mu_{\bar{x}} = \sqrt{\frac{\sigma_{\bar{x}}^2}{r}\left(\frac{R-r}{R-1}\right)} \approx \sqrt{\frac{\sigma_{\bar{x}}^2}{r}\left(\frac{R-r}{R-1}\right)}$$

$$\mu_p = \sqrt{\frac{\sigma_p^2}{r}\left(\frac{R-r}{R-1}\right)} \approx \sqrt{\frac{\sigma_p^2}{r}\left(\frac{R-r}{R-1}\right)}$$

3. 整群抽样的优缺点

整群抽样最大的优点是可行性高和成本低。在许多情况下，对于目标总体而言，唯一容易得到的抽样框架是群，而不是总体的个体。由于资源和约束条件的原因，经常无法编辑出一个总体中所有消费者的名单。但是，构建地理区域的名单、在校学生花名册、电话本等群相对容易一些。整群抽样是最有成本效益的概率抽样方法。

但这一优点必须与其几个局限性相权衡。整群抽样可能导致相对不精确的样本，由于抽取的样本单位比较集中，很难构成异质的群，原因在于一个群内各单位之间的差异往往比较小，不同群之间则差异比较大，明显地影响了样本分布的均匀性。而且对基于群的统计数字进行计算和解释也可能很困难。因此，在抽取同样多的基本单位数目时，整群抽样误差常常大于简单随机抽样。在抽样调查实践中，采用整群抽样时，一般都要比其他抽样方式抽选更多的单位，以降低抽样误差，提高抽样结果的准确程度。

五、多阶段抽样

多阶段抽样，就是在抽样调查抽选样本时并不是一次直接从总体中抽取，而是分两个或两个以上的阶段来进行。因为在许多情况下，特别是在复杂的、大规模的市场调查中，调查单位一般不是一次性直接抽取到的，而是采用两阶段或多阶段抽取的办法，即先抽大的调查单元，在大单元中抽小单元，再在小单元中抽

更小的单元,才能完成样本的抽选。我国城市住户调查采用的就是多阶段抽样,先从全国各城市中抽取若干城市,再在城市中抽取街道,然后,在各街道中抽选居民家庭。多阶段抽样在抽样调查中具有独特的作用:首先,当抽样调查的面很广,没有一个包括所有总体单位的抽样框,或者总体范围太大,无法直接抽取样本时,须采用多阶段抽样。其次,可以相对地节约人力、物力。最后,可以利用现成的行政区划、组织系统作为划分各阶段的依据,为组织抽样调查提供方便。

1. 多阶段抽样的特点

多阶段抽样因其在抽样调查抽选样本时并不是一次直接从总体中抽取,而是分两个或两个以上的阶段来进行,与其他抽样调查方式相比较,具有以下三个特点:

(1) 多阶段抽样对基本调查单位的抽选不是一步到位的,至少要两步。

(2) 组织调查比较方便,尤其对于那些基本单位数多且分散的总体,由于编制抽样框较为困难或难以直接抽取所需样本,就可以利用地理区域或行政系统进行多阶段抽样。

(3) 多阶段抽样是多种抽样方法的有机结合。

2. 多阶段抽样的原理

多阶段抽样所划分的抽样阶段数不宜过多,一般以划分两三阶段为宜,至多四个阶段。在多阶段抽样中,前几阶段的抽样,都类似整群抽样。每一阶段抽样都会存在抽样误差。为提高抽样指标的代表性,各阶段抽取群数的安排和抽样方式,都应注意样本单位的均匀分布。首先,适当多抽第一阶段的群数,使样本单位在总体中得到均匀分布。但是,样本过于分散则需要更多的人力和经费。其次,根据方差的大小,来考虑各阶段抽样群数的多少。对于群间方差大的阶段,应当适当多抽一些群;反之,则可少抽一些群。最后,各阶段抽样时,可以根据条件,将各种抽样组织方式灵活运用,而且尽可能利用现成材料。

以两阶段抽样为例,述说其抽样原理。在将总体划分为 R 组之后,其中每组包含 M_i 个单位。第一步,从 R 组中随机抽取 r 组;第二步,再从选中的 r 组中分别随机抽取 m_i 个单位,构成一个样本,这种抽样就是两阶段抽样。其中总体单位数 $N = M_1 + M_2 + \cdots + M_R$,各组的单位数 M_i 可以是相等的,也可以是不等的。为简化起见,假定 R 组中各组的单位数相等,都为 M,则有 $N = RM$,而且从各组抽取的单位数也相等,都为 m,则有 $n = rm$。据此可估计两阶段抽样的抽样误差。

第三节 非随机抽样技术

非随机抽样也称非概率抽样，是指抽样时不遵循随机原则，而是按照调查员主观判断或仅按方便的原则抽选样本。在市场调查中，由于受客观条件限制，无法进行严格的随机抽样；为了快速获得调查结果；调查对象不确定，或无法确定（对某一突发或偶然事件进行现场调查）；总体各单位间离散程度不大，且调查员具有丰富的调查经验等情况下，通常采用非随机抽样调查。非随机抽样包括方便抽样、判断抽样、配额抽样和雪球抽样等具体方法。

与随机抽样比较，非随机抽样具有抽样实施简便易行的优点，但抽样过程的主观性、抽样误差的不可测性、对总体分布信息要求较高等局限性，也是非随机抽样相对于随机抽样不够科学的方面。

一、方便抽样

方便抽样又称任意抽样，是指调查者根据方便性原则，随意选择碰巧在适当的时间正处在恰当地点的被访者，搜集调查资料的抽样方法。如"街头拦人法"、"方位选择法"。方便抽样在所有抽样方法中成本最低、耗时最少，抽样单位易于接近、易于测量并且易于合作。但也存在严重的局限性，存在许多潜在的选择偏差来源，包括被访者自我选择。方便样本并不是任何可定义的总体的代表，故从一个方便样本推广到任何总体在理论上是没有意义的，并且方便样本不适用于涉及总体推论的研究项目。对于描述性研究或因果性研究不宜使用方便样本，但是可以将其用于探索性研究中以产生概念、初步的看法或假设。方便样本可以被用于某些对时效性要求较高的调查，对流动性特征明显或边界不清的总体的调查、专题组、预测试问卷或者初步研究。若在总体中各单位的同质性很明显的条件下，运用这种方式也能获得较好的调查结果。即使在这种情况中，在解释结果时也应该谨慎。尽管如此，这一技术有时甚至被用在大型调查当中。

二、判断抽样

判断抽样又称目的抽样，是指凭研究人员的主观意愿、经验和知识，从总体中选择具有典型代表性样本作为调查对象的一种抽样方法。应用这种抽样方法的前提是研究者必须对总体的有关特征有相当高的了解。所谓"判断"，主要包括对总体的规模与结构以及样本代表性两方面的判断。判断抽样适用于调查人员基

于既定选择标准抽取典型样本的任何情形。比如被选来确定一种新产品潜力的试销市场；在投票行为研究中选出的代表民意的选区；为测试一个新的商品陈列系统而选出的百货商店等。

判断抽样选取样本单位一般有两种方法：一种是由专家判断决定样本单位，选择最能代表普遍情况的对象，常以"平均型"或"多数型"为标准。"平均型"是在调查总体中具有代表性的平均水平的单位；"多数型"是在调查总体中占多数的单位。应尽量避免选择"极端型"，但也不能一概而论，有时也会选择"极端型"，其目的是研究造成异常的原因。另一种是利用调查总体的全面统计资料，按照一定标准，主观选取样本。样本的代表性和调查结果的准确性取决于调查者对调查对象的了解程度及其判断能力，因此这是一项富含经验性的工作。

判断抽样需要注意的两种情况：首先，强调样本对总体的代表性。当调查目的是为了解总体的一般特征时，判断抽样方式必须严格选择对总体有代表性的单位作为样本。其次，注重对总体中某类问题的研究，而并不过多考虑对总体的代表性。在这种情况下，判断抽样必须有目的地选择样本，即选择与研究问题目的一致的单位作为样本。

判断抽样成本低、便捷，调查回收率高。然而样本资料只能说明调查总体某些特征的大致情况，因为通常没有明确定义总体，而并不支持对一个特定总体的直接推论。判断抽样是主观的，它的价值完全取决于研究人员的判断、专业知识以及创造力。如果不要求有广泛的总体推论，它可能有用。

三、配额抽样

配额抽样也是首先将总体中的所有单位按一定的标志分为若干类（组），然后按一定比例在每个类（组）中用方便抽样或判断抽样方法选取样本单位。该方法简单易行，配额确保样本的组成与总体的组成在特定特征方面相同，即样本单位在总体中均匀分布，能够保证样本有较强的代表性，调查结果比较可靠。

采用配额抽样，事先要对总体中所有单位按其属性、特征分为若干类型，这些属性、特征称为"控制特征"。如被调查者的姓名、年龄、收入、职业、文化程度等。然后，按照各个控制特征分配样本数额。

按照配额的要求不同，配额抽样可分为"独立控制"和"交叉控制"两种。

1. 独立控制配额抽样

独立控制配额抽样是根据调查总体的不同特性，对具有某个特性的调查样本分别规定单独分配数额，而不规定必须同时具有两种或两种以上特性的样本数额。因此，调查员就有比较大的自由去选择总体中的样本。现举例说明如下：

某市进行家用计算机消费需求调查，确定样本量400名，选择年龄、性别、消费者收入三个标准分类。独立控制配额抽样，其各个标准样本配额比例及配额数列见表4-1。

表4-1　独立控制配额抽样分配数

年龄	人数	性别	人数	月收入	人数
18~30岁	80	男	200	2000元以下	40
31~45岁	120			2000~3000元	100
46~60岁	140			3001~5000元	140
60岁以上	60	女	200	5000元以上	120
合计	400		400		400

从表4-1中可以看出，对年龄、性别、月收入三个分类标准，分别规定了样本数额，而没有规定三者之间的关系。因此，调查员在进行具体抽样时，抽选不同收入段消费者，并不需要顾及年龄和性别标准。同样，在抽选不同年龄或性别的消费者时，也不必顾及其他两个分类标准。这种方法的优点是简单易行，调查员选择余地较大；缺点是调查员可能图一时方便，选择样本过于偏向某一组别，如过多地抽选高收入的男性消费者，从而影响样本的代表性。

2. 交叉控制配额抽样

交叉控制配额抽样是对调查对象的各个特性的样本数额交叉分配，上例中如果采用交叉控制配额抽样，就必须对年龄、性别、月收入这三项特性同时规定样本分配数，见表4-2。

表4-2　交叉控制配额抽样分配

月收入 性别 年龄	2000元以下		2001~3000元		3001~5000元		5000元以上		合计
	男	女	男	女	男	女	男	女	
18~30岁	4	4	10	10	14	14	12	12	80
31~45岁	6	6	40	12	20	32	2	2	120
46~60岁	20	2	6	8	24	14	6	60	140
60岁以上	10	4	4	10	16	6	6	4	60
合计	40	16	60	40	74	66	26	78	400

从表4-2可以看出，交叉控制配额抽样对每一个控制特性所需分配的样本数都做了具体规定，调查员必须按规定在总体中抽取调查单位，由于各个特性都同时得到了控制，从而克服了独立控制配额抽样的缺点，提高了样本的代表性。

需要注意的是配额抽样类似随机抽样中的分层抽样。但二者有两点重要的区别：首先，配额抽样的被访者不是按随机原则抽出来的，而分层抽样必须遵守随

机原则;其次,在分层抽样中,用于分类的标志应联系研究目标来选择,而配额抽样没有这些要求。

四、雪球抽样

雪球抽样是以"滚雪球"的方式抽取样本,即通过少量样本单位以获取更多样本单位的信息。这种方法的运用前提是总体样本单位之间具有一定的联系,在不甚了解总体的情况下对总体或总体部分单位情况进行把握。这种方法即使在选择最初的被访者时使用了概率抽样,但最终的样本还是一个非概率样本。与随机的方式相比,被推举出的人将具备与推荐人更为相似的人口及心理特征。

雪球抽样的基本步骤:首先,找出少数样本单位;其次,通过这些样本单位了解更多的样本单位;再次,通过更多的样本单位去了解更多的样本单位;最后,如此类推,如同"滚雪球",使调查结果越来越接近总体。

雪球抽样的一个主要目的是估计在总体中非常稀少的某些特征。例如,享受特殊政府或社会服务的人群,如失业或贫困救济的对象;特殊的普查群体,如空巢老人等。比如对空巢老人的调查,通过由最先访问的几名,到几十名,最后到几百上千名被访者的调查,全面掌握他们的生活状况、健康程度等。

雪球抽样的主要优点是便于有针对性地找到被调查者,而不至于"大海捞针",而且显著地增加了在总体中找出具有某种特征的可能性,同时样本方差和成本相对比较低。其局限性是要求样本单位之间必须有一定的联系,并且愿意保持和提供这种联系,否则,将会影响这种调查方法的进行和效果。

第四节 抽样误差与抽样推断

抽样调查的目的,是用样本指标推断总体指标。通常较多用的是样本平均数推断总体平均数,用样本成数推断总体成数等。用样本指标推断总体,应该分两步考虑:首先是看样本指标和总体指标之间的差异能否用具体数量表示;其次是如何利用样本指标及其与总体指标之间的差异来推断总体指标。对此,数理统计理论已经做出了详尽的论述和证明,只要将其应用于市场调查实践中,就能得到所需要的市场总体资料。

一、抽样误差

抽样误差，是指随机抽样调查中样本指标与总体指标之间的差异。

抽样误差的大小，由于抽样方法的不同而有所差别。一般来说，重复抽样的误差大于不重复抽样的误差；简单随机抽样、等距随机抽样、类型随机抽样、整群随机抽样等所产生的抽样误差也各不相同。从理论上对抽样误差进行介绍时，一般以简单随机抽样法为基础，以重复抽样误差公式为例，计算抽样平均误差。

在简单随机抽样条件下，抽样平均数的抽样平均误差计算公式如下：

重复抽样 $\mu_x = \dfrac{\sigma}{\sqrt{n}}$

不重复抽样 $\mu_x = \sqrt{\dfrac{\sigma^2}{n}\left(1 - \dfrac{n}{N}\right)}$

式中：μ_x 为抽样平均数的抽样误差；σ 为总体标准差；n 为样本单位数。

用于抽样成数的抽样平均误差公式如下：

重复抽样 $\mu_p = \sqrt{\dfrac{P(1-P)}{n}}$

不重复抽样 $\mu_p = \sqrt{\dfrac{P(1-P)}{n}\left(1 - \dfrac{n}{N}\right)}$

式中：μ_p 为抽样成数的抽样平均误差；P 为总体成数；n 为样本单位数。

案例

抽样误差的计算

在某城市某街道办事处所管辖的 10000 户居民中，用简单随机抽样方法抽取 200 户，对某种商品的月平均需求量和需求倾向进行调查。对 200 户居民调查所取得的资料进行整理，分析计算的结果表明，每户居民对该商品的月平均需求量为 500 克，标准差为 100 克；表示一年内不选择其他替代商品，继续消费该商品的居民户为 90%。现对抽样平均数和抽样成数的抽样误差进行计算。

需要说明的是，在抽样误差计算公式中，要求用总体标准差和总体成数，但在此问题中，只具有样本标准差和样本成数。抽样调查的理论证明，在大样本情况（$n \geq 30$）下，可以采用样本标准差代替总体标准差，用样本成数代替总体成数。

抽样平均数的抽样误差如下：

$$\mu_x = \dfrac{\sigma}{\sqrt{n}} = \dfrac{100}{\sqrt{200}} = \dfrac{100}{14.14} = 7.1 \text{（克）}$$

抽样成数的抽样误差如下：

$$\mu_p = \sqrt{\frac{P(1-P)}{n}} = \sqrt{\frac{0.9 \times (1-0.9)}{200}} = \sqrt{0.0005} = 0.02$$

在上例问题中，肯定是采用不重复抽样方法。但当总体 N 很大，样本 n 相对很小时，$\left(1-\frac{n}{N}\right)$ 趋近 1，这时可以用重复抽样的公式计算不重复抽样时的抽样平均误差。

上例所计算出的抽样误差，用数据说明由于随机原因样本指标与总体指标之间的差异。显然，总体的标准差越大，即总体各单位之间客观存在的差异越大，抽样误差也就越大。抽样的单位数越大，抽样误差就越小。因此在实践中，为了有效地控制样本指标与总体指标之间的误差，更准确地推断总体指标，往往可以通过加大样本单位数（样本容量）的办法，或对总体分层抽样的办法，减小或控制抽样误差。利用样本指标和所计算出的抽样误差，可以对相应的市场总体指标进行区间估计。

二、抽样推断

抽样调查的最终目的，就是要用抽样指标去推断总体指标。这种推断实际上是一种科学估计，抽样推断一般是采用区间估计的方法。区间估计就是在一定的抽样误差范围内建立一个置信区间，并考虑这个区间的置信度，用样本指标推断总体指标。

1. 抽样估计的置信度

统计推断是概率推断。在区间估计过程中，必须处理好抽样误差范围与置信度之间的关系。所谓置信度就是进行推断时的可靠程度大小。抽样推断可靠程度，是指总体所有可能样本的指标落在一定区间的概率度。抽样推断可靠程度有高低之分，通常资料的使用者提出对它的要求时用百分比表示。

对于置信度与抽样误差之间的关系，数理统计理论可用正态分布来描述它，即在抽样误差前乘以 t，并使置信度成为 t 的分布函数 F(t)，将二者关系对应起来建立正态分布概率表，以便使用时查找。这样任何一个置信度都可以查到对应的 t 值。如常用的置信度为 90%、95%、99%，所对应的 t 值分别是 1.65、1.96、2.58。任何一个 t 值抽样误差范围都可以查到对应的置信度。t=1 时置信度为 68.27%，t=2 时置信度为 95.45%，t=3 时置信度为 99.73%。在市场调查实践中，对于抽样误差范围或置信度是在调查方案中事先规定的，并据此确定样本单位数。

事实上，当样本容量 n 一定的情况下，抽样误差与置信度是一对矛盾。如果加大 t 值，当然可以提高置信度；但随着置信度的提高必然加大抽样误差范围，就降低了抽样调查的准确程度。因此，在市场抽样调查的实践中，既不能只强调置信度而忽视了市场调查的准确度，也不能只重视准确度而不顾调查总体数据的置信度。对调查的准确度和置信度，应根据市场调查的具体需要和市场现象的不同特点，综合地考虑二者的关系。

2. 区间估计值的测算

区间估计是统计推断的常用方法，它是在考虑到抽样误差的情况下，以样本指标推断总体指标的过程，同时必须联系到抽样误差与置信度的关系。区间估计可以用样本平均数推断总体平均数，也可以用样本成数推断总体成数。

（1）用样本平均数推断总体平均数的区间估计公式。

$$\bar{x} - t\mu_x \leqslant \bar{X} \leqslant \bar{x} + t\mu_x$$

式中：$\bar{X}$ 为总体平均数；$\bar{x}$ 为样本平均数；$t\mu_x$ 为样本平均数误差范围。

以上区间估计公式说明，总体平均数表现为样本平均数加减抽样误差范围的区间值，而不是一个固定点值。

（2）用样本成数推断总体成数的区间估计公式。

$$p - t\mu_p \leqslant P \leqslant p + t\mu_p$$

式中：P 为总体成数；p 为样本成数；$t\mu_p$ 为样本成数误差范围。

以上区间估计公式说明，总体成数表现为样本成数加减抽样误差范围的区间值，而不是一个固定点值。

现仍以前面计算抽样误差的问题为例，以样本指标推断总体指标。为了进一步说明抽样推断的准确性与置信度之间的关系，分别以不同的置信度作区间估计。

1. 置信度为 85% 的区间估计

若以 85% 的置信度作区间估计，其相应 t=1.44，对总体平均数和总体成数的区间估计结果如下：

$$500 - 1.44 \times 7.1 \leqslant \bar{X} \leqslant 500 + 1.44 \times 7.1$$

$$489.8 \leqslant \bar{X} \leqslant 510.2 \text{（克）}$$

即某街道所辖 10000 户居民对该商品的月户平均需求量为 489.8~510.2 克，这种估计的置信度为 85%。

$$0.9 - 1.44 \times 0.02 \leqslant P \leqslant 0.9 + 1.44 \times 0.02$$

$$0.87 \leqslant P \leqslant 0.93$$

即某街道所辖 10000 户居民表示将继续消费该商品的居民户占 87%~93%。

2. 置信度为95%的区间估计

若以95%的置信度作区间估计，其相应t=1.96。对总体平均数和总体成数的区间估计结果如下：

$500 - 1.96 \times 7.1 \leq X \leq 500 + 1.96 \times 7.1$

$486.1 \leq X \leq 513.9$（克）

即某街道所辖10000户居民对该商品的月户平均需求量应为486.1~513.9克，其置信度为95%。

$0.9 - 1.96 \times 0.02 \leq P \leq 0.9 + 1.96 \times 0.02$

$0.86 \leq P \leq 0.94$

即某街道所辖10000户居民表示将继续消费该商品的居民户占86%~94%。

从以上采用85%和95%两种置信度对总体指标的推断可见，不同的置信度会产生不同的抽样误差范围。在85%置信度要求下，推断总体平均数的抽样误差范围是±1.44×7.1，即±10.2克，推断总体成数的抽样误差范围是±1.44×0.02，即±0.03克。在95%置信度要求下，推断总体平均数的抽样误差范围是±1.96×7.1，即±13.9克，推断总体成数的抽样误差范围是±1.96×0.02，即±0.04克。显然，提高抽样推断的置信度的同时，也就加大了抽样误差范围，即降低了抽样推断的准确性。因此，在市场调查的实践中，应当兼顾置信度和准确度两方面。若置信度和准确度的要求都提高，就只能加大样本容量，当然也就增加了工作量。

3. 推断总体总量

若将市场调查看作市场预测的一个步骤，根据上述抽样调查的结果，还可对市场进行预测。

假定以95%的置信度的推断结果为依据，其每户月平均需求量为486.1~513.9克，表示继续消费该商品的居民户占86%~94%。则某街道办事处所辖10000户对该商品的月需求总量大致可做如下预计。

若以最低需求户比重预计需求量为：

$486.1 \times 10000 \times 86\% = 4180.5$（千克）

$513.9 \times 10000 \times 86\% = 4419.5$（千克）

即以最低需求户比重预计每月需求总量将达到4180.5~4419.5千克。

若以最高需求户比重预计每月总需求量为：

$486.1 \times 10000 \times 94\% = 4569.3$（千克）

$513.9 \times 10000 \times 94\% = 4830.7$（千克）

即以最高需求户比重预计每月需求总量将达到4569.3~4830.7千克。

总体来说，某街道办事处所辖10000户居民对该商品的月需求总量将会在

4181~4831千克,这种推断有95%的置信度。在实践中,当然还可根据实际情况对此预计值加以适当调整,并可用多次调查的数据做多阶段随机抽样推断更大总体指标的基础。

本章小结

在进行抽样设计的时候要考虑很多方面的问题,也要遵循一定的步骤,如目标总体、数据收集的方法、样本框架等,这不但要求抽样的设计者有扎实的理论功底,也要求设计者有丰富的实战经验。对于初学者来说,首要任务是学好理论知识,只有学好理论基础,才能在实际操作中获得更加丰富的经验。抽样技术涉及数理方面的内容居多,公式和检验方式也有很多,本章基于抽样设计最基本的理论框架展开,讲述市场调查中所要运用的抽样技术的内容。抽样技术应用极其广泛,不仅仅应用于市场调查中,在其他领域也有应用,如生物、水电等。

课后习题

一、名词解释

抽样调查　概率抽样　非概率抽样　判断抽样　简单随机抽样　分层抽样　系统抽样　整群抽样　总体　样本　重置抽样　不重置抽样　抽样框　抽样单元　抽样误差　非抽样误差　抽签法　随机数法　多阶段抽样　方便抽样　配额抽样　判断抽样　雪球抽样　置信度

二、简答题

1. 什么是抽样调查?有何作用?
2. 抽样设计中常用的概念有哪些?
3. 简述抽样方案的基本内容。
4. 怎样理解重复抽样和不重复抽样?
5. 随机抽样调查的组织方式有哪几种?各有何优点和局限性?
6. 什么是非随机抽样方式?有哪几种?

7. 什么是抽样误差？影响抽样误差的因素有哪些？

三、论述题

1. 讨论抽样设计应注意的几个问题，试提出解决的途径。
2. 某市商业银行准备开展储户投资意向调查，试设计一份抽样方案。

四、案例分析

中国人民银行城镇户调查抽样方案的设计[①]

长期以来，银行储蓄是居民金融资产的重要组成部分，而储蓄与消费又是密切相关的。通过对储户的调查，可观测和反映消费景气的变动，从中观察和分析总体经济的走势，为货币政策的决策提供依据。

由于以上目的，中国人民银行从1988年第三季度起，开始进行不定期城镇居民储蓄问卷调查，到1993年形成了按季调查的制度。共选定20个城市进行调查，其中省会城市12个、中等城市4个、小城市4个。储蓄所的选择由各大城市的人民银行根据周围居民阶层的分布情况自行确定。多数城市选择8~9个调查点（储蓄所）。每次共调查10000名储户，样本量按城市的大小来确定：大城市700人，中等城市600人，小城市400人。

为了完善这项调查制度，使其覆盖面更广、代表性更强，自1995年起，将调查城市扩大，增加了6个省会城市和7个中等城市，每季调查一次，每次调查储户20000人。

讨论题：

1. 在样本城市的选择中，中国人民银行为什么分别选择省会城市、中等城市和小城市，而且数量不等？
2. 本项目的调查总体是什么？大城市储户样本量700人，中等城市储户样本量600人，小城市储户样本量400人，如何才能提高这些样本量的质量？
3. 如何完善1988年以来已有的抽样框？

---

① 资料来源：http://www2.sdfi.edu.cn/netclass/jiaoan/2008/chyllff/anlijiaoxue.htm。

第五章　市场调查策划

 **本章提要**

市场调查策划是市场调查资料收集、整理和分析研究的前提,关系到市场调查工作的成败。本章主要围绕市场调查策划展开阐述。首先介绍了市场调查策划的概念、作用、原则和分类;其次重点介绍了市场调查策划的依据、程序和市场调查策划书的写作;最后简要介绍了市场调查策划书的可行性研究的评价。

 **学习目标**

1. 了解市场调查策划的含义
2. 熟悉市场调查策划的原则
3. 掌握市场调查策划的程序
4. 掌握市场调查策划书的写作
5. 了解市场调查策划书的可行性研究方法

 开篇案例

A 品牌涂料的市场调研策划

湖南××涂料集团有限公司是以研究制造涂料、树脂为主业,金属包装制作、设备制作安装等多种经营为一体的大型综合性企业集团。近年来,随着市场竞争的日趋激烈,尤其是中国涂料行业受全球金融危机的影响出现了全行业的下滑后,湖南市场也未能幸免,而随着房地产市场的持续热销和国家对基础建设投资力度的增加,城市墙面涂料市场在竞争激烈的同时,也蕴含着巨大的市场机会。面对严酷的市场形势,××涂料集团有限公司没有等待观望,而是主动出击,一方面在产品上狠下功夫,开发出独具特色的新产品;另一方面准备在营销上花大力气,聘请专业的营销策划公司对 A 品牌涂料进行整合营销推广策划和市

场运作。

为此,××市场调查公司受湖南××涂料集团有限公司的委托,在长沙市范围内对主城区墙面涂料市场进行了一次深入的市场调查。

【思 考】

1.××市场调查公司为××涂料集团有限公司市场调查策划时,应考虑哪些问题?

2.××市场调查公司制订的市场调查方案应包括哪些内容?

3.如何评价××市场调查公司制订的市场调查方案是否可行?

中国有句古话"凡事预则立,不预则废",意思是说,做事之前要有所预谋、有所准备,这样才能成功;否则就极有可能失败。市场调查是一项十分具体、细致的工作,需要花费较多的人力、物力、财力和时间。为了在整个调查过程中统一认识、统一内容、统一方法、统一步调,按时按量按质完成调查任务,有必要事先制订出一个科学、严密、可行的市场调查总体方案,而这个工作是市场调查策划。

第一节 市场调查策划概述

在进行市场调查策划之前,市场调查团队应对市场调查策划有一定的认知。本节主要介绍策划的来源、市场调查策划的概念以及市场调查策划的作用和原则。

一、策划

策,在《辞源》中有八个义项。其中有作名词用的,如"马鞭"、"杖"、"简"、"策书"、"一种文体"、"占卜用的蓍草"等;作动词用的有"以鞭击马",后来演化为谋略的意思,这也成为"策"最重要的义项,也是其用得最多的意思。划,在《辞源》中主要是"割开"、"谋划"等意思。"策"与"划"一般联起来作筹划、谋略、计策、对策等意思解释。策划古时也称策画,《辞海》、《汉语大辞典》对其所作解释主要是出谋划策之意,故策划又称为策略规划。在美国,策划一般称为咨询,在日本大多使用企划,在中国台湾也与日本相仿,使用企划居多,在中国内地,企划与策划并用。那么,策划具体是指什么呢?目前,理论界说法不一,尚无权威性的定义。

事前设计说——策划是策划者为实现特定的目标,在行动之前进行的相应行动设计。如美国学者威廉·H.纽曼认为，策划是在事前决定做什么，而计划是经设计后的妥善的行动路线。所以策划是非常广泛的人类行为。

管理行为说——策划与管理是密不可分的整体，策划是一种有效的管理方法。有的西方学者认为，策划在本质上是较好的决定手段，是行动的先决条件，策划包括确定目标及达成目标的最佳手段。策划事先要准备有效的运行程序，确认实施过程的监督程序。总之，策划就是管理。

选择决定说——策划是一种决定，是在多个方案计划中寻找最佳者，是在选择中做出的决定。美国学者哈罗德·库恩慈认为，策划是管理者从各种可行方案中选择目标、政策、程序及执行计划。因此，策划也就是决定将来行动路线的计划，是思维的过程，是决定行动路线的意识，是以目标、事实以及用缜密思考所做出判断为基础的决定。

思维程序说——策划是人们的一种思维活动，是人类通过思考而设定目标及为达到目标而进行的最基本、最自然的思维活动。如日本策划大师星野匡认为，所有的策划或多或少都有虚构的东西，从虚构出发，然后创造事实，加上正当理由，而且要正大光明地去做，这就是策划。

综合以上观点，策划是在充分考虑现有资源和各种可能资源条件下，思考确立一个可行的目标，在此基础上发挥创造性，设计出能顺利实现既定目标的策略，并加以实施总结的全过程。策划是一种程序，在本质上是一种运用脑力的理性行为。基本上所有策划都是关于未来事物，也就是说，策划是针对未来要发生的事作当前的决策；换句话说，策划是预先决定做什么、何时做、如何做、谁来做。策划如同一座桥，它连接着我们目前之地与未来我们要往之处。策划的步骤是以假定目标为起点，然后制订出策略、政策以及详细的内部作业计划，以求目标顺利达成，最后还包括成效评估和反馈，然后返回到起点，重新循环。

二、市场调查策划的概念

市场调查策划是策划的一种类型。所谓市场调查策划是在市场调查运行之前，根据调查研究的目的和调查对象的性质，有的放矢地对调查工作的各个方面和全部过程进行全面考虑和安排，制定相应的实施方案和合理的工作程序。其具体工作包括确定调查目的和任务，确定调查对象和单位，确定调查内容，确定调查时间和期限，设计调查表，选择恰当的调查方式、方法和进行经费预算，等等。

市场调查策划是整个调查过程的开始，十分重要。在市场调查策划中，策划人员需要把已经确定的市场调查问题转化为具体的调查内容，通过调查指标的方式表现出来，并对调查指标作出明确的定义。一般来说，市场调查策划可以从横向策划和纵向策划两个方面来考虑。对市场调查所经历阶段的策划称为纵向策

划；对每个阶段内容，即每个阶段组成项目的考虑称为横向策划。

三、市场调查策划的作用

随着市场调查工作的越来越复杂，市场调查策划在市场调查工作中主要起以下三个方面的作用：

1. 市场调查策划是对调查对象由定性认识到定量认识的连接点

市场调查策划是市场调查资料收集、整理和分析研究的前提。任何市场调查工作都是先从问题的定性认识开始，比如在具体调查之前，策划人员首先要对企业的生产经营状况、特点和所需面临的问题等有一个比较详细的了解，然后要明确调查什么、调查谁、解决什么问题、可能会如何解决等，所有这些考虑都是研究者的定性考虑。在此基础上，市场调查策划人员设计相应的调查指标，以及设计收集、整理资料的方法等，由市场调查团队去实施。所以说，市场调查方案是从定性认识到定量认识的过渡。市场调查策划是否科学、可行，关系到整个市场调查工作的成败。

2. 市场调查策划起着全面的统一协调作用

现代市场调查可以说是一项繁琐、复杂，通常又需要在比较短的时间之内完成的系统工程，对于大规模的市场调查来讲，尤为如此。在调查中会遇到很多复杂的矛盾和问题，其中许多问题是属于调查本身的问题，也有不少问题则并非是调查的技术性问题，而是与调查相关的问题。例如，抽样调查中样本量的确定，按照抽样调查理论，可以根据允许误差和把握程度大小，计算出相应的必要抽样数目，但这个抽样数目是否可行，要受到调查经费、调查时间等多方面条件的限制。[①]

3. 市场调查策划是适应现代市场调查发展的需要

现代市场调查活动涉及面广，参与人员多，在调查内容要求、人员安排、时间进度、信息质量等方面有明确的标准。现代市场调查已把从单纯的搜集资料活动变成把调查对象作为一个整体来反映的调查活动。与此相应，市场调查过程相应地被视作市场调查方案策划、市场资料搜集、市场调查资料整理、市场调查资料分析研究和撰写市场调查报告的一个完整的工作流程，市场调查策划正是这一系统工程的第一步。[②]

四、市场调查策划的原则

市场调查策划是策划的一种，也应遵循一定策划的原则。在进行市场调查策

---

① 雷培莉，姚飞.市场调查与预测［M］.经济管理出版社，2004.
② 刘红霞.市场调查与预测［M］.科学出版社，2007.

划的时候，应遵循整体性、目的性、科学性、可行性和有效性的原则。

1. 整体性

一个完整的市场调查策划过程包括以下内容：确定调查目的和任务、确定调查对象和调查单位、确定调查内容、设计调查表、确定调查时间和年限、确定调查方式和方法、确定资料整理方案和确定分析研究方案等。在市场调查策划活动中，要使所有市场调查策划工作或活动的各个组成部分、各个子系统相互协调、统一，就要有目的地保持总体的最优化。

2. 目的性

无论何种策划都有一定目的性，策划过程是减少无序和不确定性的过程。市场调查策划的目的性特征是要求通过策划，围绕某一市场调查的特定目标这个中心，努力把各个要素、各项工作从无序转化为有序，从而使市场调查活动顺利圆满地完成，以达到事先拟定的目标。在市场调查策划过程中，一旦偏离了既定的调查目标，所得出的市场调查策划方案就实用性不强，达不到市场调查目的，造成资源浪费。例如，某商业银行想通过一个市场调查了解客户对其营业点的满意度情况，市场调查策划必须始终围绕目标展开，当目标发生变化时，策划方案也必须做出相应的调整。

3. 科学性

在市场调查过程中必须遵循科学性原则，这是毋庸置疑的。由于市场调查工作的复杂性，需要有一整套科学的调查方法作为成功的保证。但是，可供选择的具体市场调查方法很多，必须遵循科学的原则来运用这些具体方法。而在市场调查中，违背科学性的案例也不少。例如，如何使用调查数据与采集这些数据的方法密切相关。如果希望用调查数据对总体的有关参数进行估计，就要采用概率抽样设计，并有概率抽样实施的具体措施，否则，设计就是不科学、不完善的。再如确定样本量是方案设计的一项重要内容，样本量的确定方式有多种，有些情况下需要计算，有些情况下可以根据经验或常规人为确定。如果调查结果要说明总体参数的置信区间，样本量的确定就必须有理论依据，即根据方案设计中具体的抽样方式及对估计的精度要求，采用正确的样本量计算方式。

4. 可行性

市场调查策划必须根据实际情况，从实际出发，具有可行性。只有操作性强的调查方案才能成为市场调查工作的行动纲领。任何一个市场调查策划方案，只是一种设想或文字的组合，这一方案在现实中可能顺利实现，也可能遇到不可克服的困难而半途而废。因此，在市场调查策划时，必须考虑其可行性。"实践是检验真理的唯一标准"，同样，市场调查策划方案也要经得住事实的检验。例如，对调查中的敏感问题，受访者的拒访率通常是比较高的，如果这些敏感性问题不

是特别必要,在设计中就可以删去,以便为调查创造一个宽松的环境。如果这些问题十分必要,不能删除,就要从可行性的角度想一些措施,降低问题的敏感性,使调查不会受到影响。

5. 有效性

市场调查策划不仅要考虑其整体性、目的性、科学性、可行性,而且还要考虑有效性。市场调查策划的有效性是指在一定的调查经费约束下,调查结果的精度是否能满足企业开展调查目的的需要。实质上,这是一个调查费用和精度的关系问题。人们都知道,在费用相同的条件下精度越高,或者在精度相同的条件下费用越少,这样的调查设计是最好的设计。可以说市场调查策划是在调查费用与精度之间寻求某种平衡,而有效性则是进行这种平衡的依据。所以在方案设计中追求科学、可行的同时,还要考虑到调查的效率。

总之,市场调查策划必须遵循整体性、目的性、可行性、科学性和有效性的原则。整体性、目的性、科学性、可行性和有效性侧重于不同的方面,但它们之间又相互联系、相互影响。能够很好地兼顾这些方面的市场调查策划方案就是较好方案。[1]

第二节 市场调查策划的类型

传统的调查策划可以归纳为三种基本类型:探索性调查策划、描述性调查策划和因果性调查策划。市场调查策划人员要根据调查目的选择最适合的策划。如果市场调查的目的是获取项目背景资料、定义术语、阐明市场营销问题和确定市场调查优先顺序,则用探索性调查策划;如果市场调查的目的是描述和测定项目市场营销现象,则用描述性调查策划;如果市场调查的目的是确定项目因果关系,进行"如果……那么"陈述,则采用因果性调查策划。[2]

一、探索性调查策划

探索性调查策划是为了界定问题的性质以及更好地理解问题的环境而进行的小规模市场调查活动策划。探索性调查特别有助于把一个大而模糊的问题表达为小而精确的子问题,以使问题更明确,并识别出需要进一步进行市场调查的信息

---

[1] 简明,金勇进,蒋妍. 市场概述 [M]. 中国人民大学出版社,2005.
[2] 阿尔文·C.伯恩斯,罗纳德·F.布什. 营销调研 [M]. 中国人民大学出版社,2011.

(通常以具体的假设形式出现)。探索性调查策划一般是在市场调查专题的内容与性质不太明确时,为了了解问题的性质,确定市场调查方向与范围而进行搜集初步资料的调查策划,通过这种市场调查策划,可以确定企业营销中的问题、发现潜在的问题和机会、寻找新的理念、确定营销方案之前的小规模测试。

探索性调查策划可以使用二手资料调查、经验调查、小组座谈和选择性案例分析等方法进行资料收集与分析。进行探索性调查最经济、最快速的方法是通过二手资料调查。所谓二手资料是那些可以从现有资料中获取市场调查项目所需的资料,如人口统计资料、已经公开发布的市场调查信息、公司的内部记录等,都是二手资料。经验调查也称为关键人物调查,是通过调查那些熟悉市场调查对象的人来解决问题的一种方法,被调查者一般不使用概率抽样来抽取,而是根据问题的特点由调查者慎重决定的。小组座谈是探索性市场调查的另一种十分有效的方法,在小组座谈中,一些人坐在一起讨论市场调查人员感兴趣的课题,从而收集市场调查资料。选择性案例分析是指选取若干实例或情况,进行广泛调查,并把调查到的情况同该项目市场调查的具体问题进行比较,期望从案例的分析中得到教训,帮助决策。

探索性调查策划的市场调查活动一般是小规模的调查活动,花费的时间和费用都比较少,具有灵活性、省时、省力的特点。探索性调查策划虽然也有一个大致的方向和步骤,但是一般情况下目标不是非常确定,也就不一定有一个固定的计划。

二、描述性调查策划

描述性调查策划是对市场调查项目总体特征的描述性策划。描述性调查策划寻求对"谁"、"什么事情"、"什么时间"、"什么地点"和"怎样"这样一些问题的回答策划。不像探索性市场调查策划,描述性调查策划是市场调查团队已经对市场调查的问题和性质有了一些了解。尽管市场调查人员对问题已经有了一定了解,但对决定项目行动方案必需的事实性问题作出回答的结论性证据,仍需要收集。大多数的市场营销的调查策划都属于描述性市场调查,例如,市场潜力和市场占有率、产品的消费群结构和竞争企业的状况的描述等。在描述性市场调查策划中,可以发现其中的关联因素,但是,此时并不能说明两个变量哪个是因、哪个是果。

一个好的描述性调查策划需要对调查内容有相当的预备知识,它依靠一个或多个具体的假设,这些假设指导市场调查按一定的方向进行。在这方面,描述性调查策划与探索性调查策划存在着很大的差异,探索性调查策划比较灵活,而描述性调查策划比较呆板,描述性调查策划要求对市场调查中的谁、什么事情、什

么时间、什么地点和怎样作出明确的回答。

在描述性调查策划中，出于调查目的的需要，一般会加上变量之间存在某种函数或因果关系，否则调查就没有多大意义了。调查之前一般要根据所需要的数据、所使用的调查方法和分析方法制定一个合理的调查策划书。

三、因果性调查策划

因果性调查策划是调查一个变量是否引起或决定另一个变量的研究，目的是识别和确定两个或多个变量之间的因果关系，并以此为基础预测未来某些环境因素的变化以及对营销活动的影响，以便提出相应对策的策划。例如，某产品的预期价格、包装、广告费用等对该产品销售额的影响。而描述性调查策划能告诉我们两个变量似乎有某种关系，如居民收入和产品销售额、企业广告花费与品牌知名度，但不能提供合适的证据来证明消费者收入的增加引起了销售额的增加，广告投入的增加使知名度提高了。[①]

因果关系调查策划基本上属于定量研究，所用到的数据包括一手数据和二手数据，所用到的方法包括逻辑推理和统计分析方法。逻辑推理是指主要通过三种证据证实因果关系：伴随变化——因与果的伴随；相继变化——先有因而后有果；没有其他影响因素干扰——排除干扰后只剩下因果关系。统计分析方式是指如回归分析、因子分析、层次分析等方法。

总之，市场调查策划分为三类，探索性调查策划、描述性调查策划和因果性调查策划，是市场调查公司常用的三种策划。市场调查策划来源于市场调查问题，这是市场调查策划中决定性的一点，每种市场调查策划类型只适合于某些特定的问题类型。在市场调查的早期阶段，当市场调查人员还不能肯定市场调查问题的性质时实施探索性调查策划；当市场调查人员意识到了市场调查问题，但对有关情形缺乏完整的知识时，通常进行描述性调查策划；当市场调查人员要确定市场调查变量之间的因果关系时，采用因果性调查策划。

第三节 市场调查策划依据与程序

了解市场调查策划概念、市场调查策划的作用、市场调查策划原则和分类后，市场调查团队对市场调查策划有了初步的认识，可以进行市场调查策划。本

---

① 李世杰，于飞.市场调查与预测［M］.清华大学出版社，2010.

节重点阐述市场调查策划的依据和市场调查策划的程序。

一、市场调查策划的依据

所谓市场调查策划依据，实际上是完成某项具体市场调查策划的依据。即市场调查团队在做市场调查策划时，应该依据哪些内容来策划市场调查活动，使项目市场调查活动更具可行性、科学性和有效性。在一般情况下，市场调查团队在进行市场调查策划时，应先考虑以下内容：

1. 调查的必要性

市场调查是一项十分具体、细致的工作，需要花费较多的人力、物力、财力和时间。因此，在进行市场调查活动之前，首先应当考虑该调查项目是否有必要，以免造成企业资源的浪费。当委托调查单位所需的信息可以从其他渠道（如行业协会的统计资料、经销商的销售报表和相关媒体报道等）获取时，就不需要市场调查活动；当委托调查单位所获取的信息对企业生产和营销活动的影响微小时，市场调查也不需要；有且只有当委托调查单位所需的信息从其他渠道无法获取，并且对企业的发展起到一定作用时，市场调查活动才有必要性。

2. 调查项目背景

调查项目背景是指委托调查单位所面临的宏微观环境。微观环境是与本企业联系密切，直接影响生产、营销活动的各种外部力量，包括企业本身、供应商、营销中介、消费者、竞争者和公众。宏观环境是对各企业及各企业微观环境中各因素都有影响的社会力量，包括人口环境、经济环境、技术环境、自然环境、政治与法律环境、社会与文化环境。宏微观环境都会直接或者间接影响企业市场调查所要搜集的信息，也就影响市场调查活动的内容。因此，调查项目背景分析是市场调查团队在进行市场调查策划前必须优先考虑的事情。

3. 调查的内容

调查内容是指委托调查单位所需获取的信息，它的内容包括：社会文化、科学技术、人口、自然环境等；市场规范、市场总体需求量、市场动向、同行业市场分布占有率；现有用户和潜在用户的人数和需求量、市场需求变化趋势、竞争对手的产品在市场上的占有率调查等；消费者的消费需求、企业产品、产品价格、销售渠道等。它直接影响市场调查策划工作。如××公司想了解A市大学生最喜欢喝哪种饮料，以便开发符合大学生需求的新产品。市场调查团队在进行该项调查项目策划的时候，应先了解A市有多少大学、学生的数量有多少和男女比例是多少等信息，为将来市场调查活动做准备。如市场调查单位应如何设计问卷、准备多少份调查问卷，等等。

4. 调查机构的业务能力

市场调查机构是组织市场调查活动的有关单位，一般有企业内部市场调查机构和企业外部市场调查机构。企业内部市场调查机构是属于企业本身的市场调查部门，但大部分企业一般不设置市场调查部门。企业外部市场调查机构又有四种类型：市场调查专业公司、广告公司的市场调查部门、管理咨询公司和政府机关设立的调查部门。不管何种类型的调查机构，它的业务能力，即专业人员应具有的操作能力、提供有价值的资料和营销观念的创新能力等会有不同。因此，企业在选择市场调查机构时，应根据市场调查内容来确定合适的市场调查机构。

总之，市场调查策划是一个系统的工作，策划的好坏直接影响到市场调查活动能否顺利进行和市场调查质量。市场调查策划之前，企业应在判断市场活动调查是否有必要、分析企业面临的宏微观环境、了解市场调查内容和调查机构业务能力的基础上，为市场调查策划工作做准备。在实践工作中，企业在开展市场调查之前，不仅要考虑上述内容，而且要考虑市场调查的费用、时间、地点等。

二、市场调查策划的程序

市场调查策划程序是市场调查工作过程阶段最重要的步骤。市场调查工作是一项涉及面广、复杂的认知活动。要顺利进行市场调查、确保调查质量达到预期目的，必须科学安排市场调查中的各项工作，必须有计划、有组织、有步骤地进行。一个完整市场调查策划的程序一般要经过以下十二道，具体见图5-1。

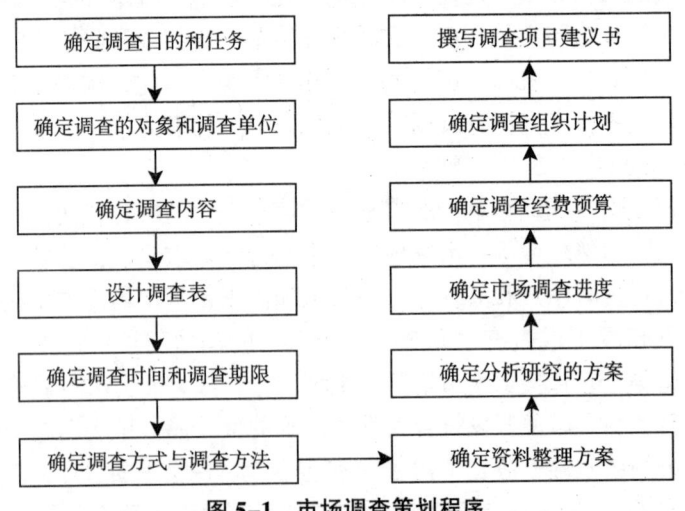

图5-1 市场调查策划程序

1. 确定调查目的和任务

确定市场调查目的是市场调查策划首先需要确定的内容。调查目的是指特定的调查项目所要解决的问题,即为何要调查,要解决什么问题,解决到什么程度;是一般性地了解,还是要验证某些假设,探究因果关系;调查结果是用于学术研究,还是为某个市场行动提供信息或建议。只有确定了调查目的,才能确定调查对象和单位、内容和方法等,才能保证市场调查具有针对性;否则就会列入一些无关紧要的调查项目,漏掉一些重要的调查项目,无法满足调查要求。衡量一个调查设计是否科学、标准,主要看方案的设计是否体现调查目的的要求与是否符合客观实际。一般而言,市场调查目的有三个:一是获得背景信息以构建假设,如消费者需求情况调查;二是测量所关注的变量,如品牌忠诚度调查;三是检验假设,即测量两个或多个变量之间的关系,如广告与品牌忠诚度关系调查。[①]

调查任务是指在调查目的既定的条件下,市场调查应获取什么样的市场信息才能满足调查的要求。提出问题是明确市场调查任务的前提,找出问题的主要原因,进而选择市场调查要解决的主要问题。因此,明确了市场调查要解决的主要问题,也就明确了市场调查任务。

 **小资料**

卡西欧公司市场调查目标设计

闻名世界的日本卡西欧公司,自成立起便一直以新、优取胜,其新、优主要得力于市场调查。卡西欧公司的市场调查主要是销售调查卡,其卡只有明信片一般大小,但考虑周密,设计细致,调查栏目中各类内容应有尽有。第一栏是对购买者的调查,其中包括性别、年龄、职业,分类十分细致。第二栏是对使用者的调查,使用者是购买者本人、家庭成员,还是其他人。每一类人员中又分年龄、性别。第三栏是购买方法的调查,是个人购买、团体购买还是赠送。第四栏是调查如何知道该产品的,是看见商店橱窗布置、报纸杂志广告、电视台广告,还是朋友告知、看见他人使用,等等。第五栏是调查为什么选中了该产品,所拟答案:操作方便、音色优美、功能齐全、价格便宜、商店的介绍、朋友的推荐、孩子的要求等。第六栏是调查使用后的感受,是非常满意、一般满意、普通还是不满意。另外几栏还分别对机器的性能、购买者所拥有的乐器、学习乐器的方法和时间、所喜爱的音乐、希望有哪些功能等方面作了详尽的调查。如此,为企业提高产品质量、改进经营方式、开拓新的市场提供了可靠依据。

资料来源:刘春雄.第一营销网,http://www.top-marketing.cn/,2007-12.

[①] 王秀娥,夏冬.市场调查与预测 [M].清华大学出版社,2012.

2. 确定调查对象和调查单位

确定调查对象和调查单位是为了明确向谁调查和由谁来提供资料的问题。调查对象是根据调查目的和任务确定的一定时间空间范围内的所要调查的总体，它是由客观存在的具有某一共同性质的许多个体单位所组成的整体。调查单位是调查总体中的各个个体单位，它是调查项目的承担者或信息源。确定调查对象和调查单位应注意以下几个问题：

（1）必须严格规定调查对象的含义和范围，以免造成调查登记时由于含义和范围不清而发生错误。例如，对城市个体经营户的经营情况调查，必须明确规定个体经营户的性质、行业范围和空间范围。

（2）调查单位的确定应根据调查的目的和对象而定。例如，调查城市个体经营户的经营情况时，调查对象是所有的个体经营户，调查单位是每一个个体经营户。

（3）调查单位和填报单位是两个不同的概念。调查单位是调查项目的承担者，填报单位是负责填写和报送调查资料的单位，两者有时一致，有时不一致。例如，若调查研究工业企业的生产经营情况，调查单位和填报单位都是每一个工业企业；若调查研究工业企业的产品质量，则调查单位是工业企业经营的每一件产品，填报单位是每一个工业企业，此时，二者不一致。

（4）调查单位的确定取决于调查方式的约束。在普查方式下，调查总体所包括的全部单位都是调查单位，在重点调查方式下，选定的少量重点单位才是调查单位；在典型调查方式下，所选择的代表性的单位才是调查单位；在抽样调查方式下，按随机原则抽出的样本单位才是调查单位。[①]

 **小资料**

如何选择"发酵剂"农村市场调查区域

市场调查区域的选择要点：①公司的主销市场，具有典型性和代表性。A公司民用发酵剂的主要市场集中在华北和陕西、中原地区的六省：皖南、山东、河南、河北、晋南、陕西的关中平原，此次调查是从这六个地方选择了一部分县作为调查区域。②选择不同省份、不同消费层次、不同消费习惯的消费群体和市场区域来研究。中国市场不同省份、不同区域消费习惯、消费水平和消费心理差异是比较大的。只有全面地选择调查区域，才能把握不同市场的特点，找出共性来指导企业的产品推广工作。③根据产品品种分布、市场表现、竞争情况等来选

---

① 龚曙明.市场调查与预测 [M].清华大学出版社，2005.

择。例如，A公司的民用发酵剂有4个品牌，每个品牌又有1~3种规格，不同的品牌有不同价位产品，在不同的区域市场竞争情况又不一样，我们选择区域时也要考虑这些因素。④根据各县实际经济、社会、文化情况，来选择代表不同地区的自然村。具体到一个县，我们一般以县城为中心，东西南北四方向各选一个村庄。按照以上四个要点，我们选择市场调查区域的方法是共选择14个县；根据各省销量大小分配名额（山东5个县，河南3个县，河北2个县，晋南2个县，关中平原2个县）。各区域（省）所选县尽量能代表该省的整体情况；每个县选择4~5个自然村进行入户调查。

资料来源：季绪龙. 有效营销，http://www.em-cn.com，2007-07.

3. 确定调查内容

调查的内容是对调查单位哪些方面进行调查。市场调查的内容包括很多，既包括政治、经济、法律、社会文化、科学技术、人口、自然等环境的调查，也包括市场规范、总体需求量、市场的动向、同行业的市场分布占有率；既包括现有用户和潜在用户的人数和需求量、市场需求变化趋势，竞争对手的产品在市场上的占有率等，也包括消费者对消费需求、企业产品、产品价格、销售渠道等的调查。调查内容的确定取决于调查的目的和任务，以及调查对象的特点与数据资料搜集的可能性。为此应注意以下几点：

（1）调查内容的确定既要满足调查目的和任务的要求，又要能够取得数据，包括在哪里取得数据和如何取得数据，凡是不能取得数据的调查项目应舍去。

（2）调查内容应包括调查对象的基本特征项目，市场调查的主体项目（回答是什么），市场调查的相关项目（回答为什么）。例如消费者需求调查，既要有消费者的基本项目（年龄、性别、职业、文化程度、家庭人口等），又要有消费者需求量、购买动机、购买行为等需求调查主题项目，还要有消费者收入、消费结构、储蓄、就业等引起需求变动的相关项目。

（3）调查内容的表达必须明确，调查项目的答案选项必须有确定的形式，如数值式、文字式等，以便调查者统一填写的形式，便于调查数据的处理和汇总。

（4）调查内容之间应尽可能相互关联，使取得的资料能够互相对应。具有一定的逻辑关系，便于了解调查现象发展变化的原因、结果，检查答案的准确性。

（5）调查内容的含义必须明确、肯定，必要时可附加调查项目或指标解释及填写要求。

4. 设计调查表

调查项目确定之后，就可设计调查表或者问卷，作为搜集市场调查资料的工具。调查表或问卷既可作为书面调查的记载工具，亦可作为口头询问的提纲。调

查表是用纵横交叉的表格按一定顺序排列调查项目的形式；问卷是根据调查项目设计的对被调查者进行调查、询问、填答的测试试卷，是市场调查搜集资料的常用工具。市场调查表或问卷设计应以调查项目为依据，力求科学、完整、系统和适用，能够确保调查数据和资料的有效搜集，提高调查质量。设计调查表和问卷要注意以下几点：

（1）调查表和问卷的设计要与调查主题密切相关，重点突出，避免可有可无的问题。

（2）调查表和问卷中的问题要容易被调查者接受，避免出现被调查者不愿回答或令被调查者难堪的问题。

（3）调查表和问卷中的问题次序要条理清楚，顺理成章，符合逻辑顺序，一般可遵循容易回答的问题放在前面，较难回答的问题放在中间，敏感性问题放在最后；封闭式问题在前，开放式问题在后。

（4）调查表和问卷中内容要简明，尽量使用简单、直接、无偏见的词汇，保证被调查者能在较短的时间内完成调查表。

5. 确定调查时间和调查期限

调查时间是指调查资料的所属时间，即应搜集调查对象何时的数据。确定调查时间是为了保证数据的统一性，否则，数据无法分类和汇总，导致市场调查失效。大多数市场调查活动都有明确的时间要求，如我国第五次全国人口普查登记的标准时间为11月1日零时，登记期为11月1~10日。调查时间的确定主要是根据调查目的的特点，此外需要考虑企业所处的自然环境。比如，"五一"黄金周杭州游客消费情况的调查时间为5月1~7日。在确定调查时间时要分清调查时期现象和调查时点现象。调查时期现象（收入、支出、产量、产值、销售额、利润额等流量指标）时，应确定数据或指标项目的起止时间；调查时点现象（期末人口、存货、设备、资产、负债等存量指标）时，应明确规定统一的标准时点（期初、期末或其他时点）。

调查期限是指整个调查工作所占用的时间，即一项调查工作从调查策划到调查结束的时间长度。一般来说，应根据调查项目的难易程度、工作量的大小、时效性等要求合理确定调查期限，并在此基础上，制定详细的调查进度安排表。

6. 确定调查方式与调查方法

市场调查方式是指市场调查的组织形式，通常有市场普查、重点市场调查、典型市场调查、抽样市场调查、非概率抽样调查，等等。调查方式的选择应根据调查的目的和任务、调查对象的特点、调查费用的多少、调查的精度要求作出选择。

市场调查方法是指在调查方式既定的情况下搜集资料的具体方法，通常有观察法、访问法、实验法、网络调查法和文案调查法等。市场调查方法的确定应考虑调查资料搜集的难易程度、调查对象的特点、数据取得的源头、数据的质量要求等作出选择。若调查课题涉及面广、内容较多,则应选择多种调查方法获取数据和资料。既要获取现成的资料,又要获取原始资料。

例如,对商场顾客流量和购物的调查,通常采用系统抽样调查的组织方式,即按日历顺序等距抽取若干营业日调查顾客流量和购物情况,而搜集资料的方法主要有顾客流量的人工计数或仪器计数、问卷测试、现场观察、顾客访问、小组座谈,等等。

小资料

什么样的市场调查方法适合农村市场调查

农村市场调查对象是农民,必须根据农民的特点来选择合适的市场调查方法。中国农村的农民大多文化水平不高,特别是我们的目标调查对象——30岁以上的家庭妇女,她们大多是小学都没读完,理解力是很有限的。采取通常的问卷调查显然难以沟通,我们采取的方法:设计好问卷——访问员按顺序用大白话问问题——受访对象作答——访问员记录来进行问卷调查工作。大多数农民对"城里人"有一种天然的自卑感,为了拉近与其之间的心理距离,我们的穿着打扮非常朴素,能很快和她们融合在一起,听到她们最真实的声音。农民信眼见为实,我们每到一个村庄,都会组织1~2场馒头演示会,用农民的面粉和A公司的发酵剂做制作馒头的现场演示,并要她们做现场评论,听取她们对产品效果、使用技巧等方面的意见。总之,我们的调查采取:现场演示(小组访谈的一种变体)+个别问卷访问(一问一答再记录)的方法,得到了很好的效果。

资料来源:季绪龙.有效营销.http://www.em-cn.com, 2007-07.

7. 确定资料整理方案

实地调查结束后,即进入资料整理阶段。在该阶段,市场调查团队收集好已填写的调查表或问卷后,由调查人员对调查表或问卷进行逐份检查,剔除不合格的调查表,然后将合格调查表或问卷统一编号,以便于调查数据的统计。资料整理是对调查资料进行加工整理、系统开发的过程,其目的在于为市场分析研究提供系统化、条理化的综合资料。确定资料整理的方案,就是对调查所得原始资料进行审核、订正、编码、分类、汇总、陈示等工作作出具体的安排。大型的市场调查还应对计算机自动汇总软件开发或购买作出安排。

8. 确定分析研究的方案

通过市场调查方法所收集的原始资料大多是零散的、不系统的，只能反映事物的表象，无法深入研究事物的本质和规律性。因此，应制订分析研究的初步方案，对原始资料分析的原则、内容、方法、要求、调查报告的编写、成果的发布等作出安排。所谓市场调查资料的分析研究是对调查数据进行深度加工的过程，其目的在于从数据导向结论，从结论导向对策研究。

在确定分析研究方案时，原始资料的分析方法非常关键。随着经济理论的发展和计算机的运用，越来越多的分析方法可供选择，如回归分析、相关分析、聚类分析等，各种分析方法都有其适用性。在选择分析方法时，应根据资料本身的特点进行选择。

9. 确定市场调查进度

在市场调查总体方案设计或策划过程中，应制定市场调查进度表。市场调查进度表就是对调查研究过程中的每一阶段需要完成的工作任务、所需的时间及人员安排等作出规定。通过设计市场调查活动进度表，一方面以便督促或检查各个阶段的工作，保证按时保质完成各项调研工作；另一方面可以控制调查成本，以达到用有限的经费获得最佳效果的目的。一般来说，一个完整市场调查一般可分为以下几个小阶段：①市场调查总体方案的论证、设计；②问卷的设计、测试、修改、定稿；③调查者的挑选和培训；④调查组织实施；⑤市场调查数据的整理（计算机录入、汇总与制表）；⑥市场调查资料统计分析研究；⑦市场调查报告初稿完成、征求意见；⑧市场调查报告的修改与定稿；⑨调查报告完成，提交有关部门或企业。

制定市场调查进度表一般要考虑整个调查活动安排中不同工作的特点、难易度、重要性、逻辑顺序以及调查人员能力等一系列的主客观因素，进行科学设计。此外还要考虑各种意外情况发生的可能性，使工作期限的安排有一定弹性和余地，但也不能拖得太长。为了提高信息资料的时效性，在可能的情况下，调查期限应当缩短，其目的是使调查工作及时开展，按时完成。通常一个普通的定量调查，从印制问卷到完成整个活动，最少也要有45~60个工作日，一些规模大的市场调查会持续半年到一年。

10. 确定调查经费预算

每次市场调查活动都需要支出一定的费用，在制定市场调查方案时，应编制调查费用预算，合理设计调查的各项开支。市场调查费用因调查目的、调查对象和单位、调查难易程度不同而差异甚大。在费用估算时最常用的方法：依据抽样设计和资料采集方法，列出调查过程中各个费用支出项目及金额，然后求出总费用。一般来说，市场调查所要支出的费用项目包括以下几个方面：①总体方案策划费或设计费；②抽样方案设计费（实验方案设计）；③调查问卷设计费（包括测试费）；④调查问卷印刷费；⑤调查实施费（包括选拔、培训调查员，试调查、交通费，调查员劳务费，管理督导人员劳务费，礼品或谢金费，复查费等）；⑥数据录入费（包括编码、寻入、查错等）；⑦数据统计分析费（包括上机、统计、制表、作图、购买必需品等）；⑧市场调查报告撰写费；⑨资料费、复印费、通信联络等办公费；⑩专家咨询费；⑪劳务费（公关、协作人员劳务费等）；⑫上交管理费或税金；⑬鉴定费、新闻发布会及出版印刷费用等；⑭未可预先费用。

在进行预算时，要将需要的费用尽可能全面考虑，以免将来出现一些不必要的麻烦而影响调查进度。例如，有的市场调查经费预算中没有鉴定费，但是调查结束后需要对成果作出科学鉴定，否则无法发布或报奖。在这种情况下，市场调查组织将面临十分被动的局面。当然，没有必要的费用就不要列上，必要的费用也应该认真核算，合理估计，切不可随意多报乱报。不合实际的预算将不利于市场调查方案的审批或竞标。因此，调查经费的预算既要全面细致，又要实事求是。

11. 确定调查组织计划

调查的组织计划，是指为了确保调查工作实施而制订的具体人力资源配置计划。调查组织计划是调查活动顺利开展的保障，应该根据调查工作的特点和对调查人员的要求确定，主要包括市场调查组织领导、机构设置，人员配备情况，人员培训。

（1）市场调查组织领导、机构设置。大型市场调查活动往往需要很多人员的参与，因此需要成立相应的组织机构来对市场调查人员进行分工、管理和监督，从而提高调查活动的效率，保证市场调查活动的顺利开展。

（2）市场调查人员的配备情况。这是对市场调查活动工作分配的进一步细化，即落实每位市场调查人员的工作，如安排日常主持配置人员、访问员等。预先对市场调查活动实行人员配备，能保证日后市场调查工作的顺利开展，避免出现部分工作无人承担或部分人员无事可做的现象。在实行人员配备时应注意运用一般人事管理的原则，根据工作性质和人员能力进行有效匹配，并注意责权的对等问题。

（3）人员培训。调查人员的素质对市场调查活动的结果有一定的影响，因此，需要对市场调查人员开展培训，如访问员的技巧培训、数据处理人员数据分析软件培训等。[①]

[①] 胡祖光，王俊豪，吕筱萍. 市场调研与预测［M］. 中国发展出版社，2006.

12. 撰写调查项目建议书

通过对调查项目、方式、资料来源及经费估算等内容的确定，调查人员可按所列项目向企业提出调查项目建议书，对调查程序进行简要的说明，供企业审阅。调查项目建议书是调查人员经过试验性调查及一系列的分析研究后拟定的。它对企业提出的调查任务作了更具体、更详细的说明。因此，调查项目建议书完全是以调查者的角度对调查目标及调查程序所作的说明。但由于调查项目建议书是供企业审阅及参考之用，所以其中的内容一般都比较简明扼要，以便于企业有关人员阅读和理解。

市场调查策划的程序是市场调查策划的每一个步骤，是市场调查策划最重要的工作，它的质量好坏直接关系到市场调查工作能否顺利完成。因此，市场调查团队应花费较大的精力精心完成市场调查策划的每一个步骤工作。

第四节　市场调查策划书

市场调查策划书是设计调查方案的书面材料，是市场调查的重要环节，它主要有以下两个作用：一是供雇主即调查委托方审议与检查，作为市场调查项目委托人与承担者之间的合同或协议的主体；二是作为市场调查者实施执行的纲领和依据。下面主要阐述市场调查策划书的概念、特点、内容以及写作要求。

一、市场调查策划书的概念和特点

市场调查策划书又叫市场调查项目计划书、市场调查方案等，是指在调查项目实施之前对调查的目的、内容、研究方法、时间安排、经费预算等所做的统一安排和规划，以及由这些内容所形成的文字资料。简言之，市场调查策划书是对市场调查策划程序得到的资料进行分析整理、筛选和加工形成的一种商务文书。它具有如下特点：

1. 针对性

市场调查的目的是了解市场、消费者以及竞争者情况，促进产品销售、提高品牌知名度等。而市场调查策划书是描述执行和控制市场调查的计划书。因而，市场调查策划书必须目的明确、有的放矢。必须从实际出发，有针对性地调查、研究企业产品在市场销售中存在的问题，及时发现问题。

2. 时间性

企业在生产经营活动中必须掌握准确、及时、系统的经济信息资料，对市快速变化做出反应，并对未来状况加以预测，才能在竞争中取胜。因此，要顺应瞬息万变的市场形势，市场调查策划书必须能够及时了解消费者的需求、偏好、竞争者情况等，及时为企业决策提供参考意见，防止企业盲目经营。

3. 可操作性

市场调查策划书是市场调查者实施、执行计划的纲领和依据，在市场调查工作中起统筹协调作用。市场调查策划书是否可行，关系到整个市场调查工作的质量和效果。一个好的市场调查策划书，应能指导市场调查工作，帮助解决市场调查过程中碰到的问题和冲突。如果市场调查策划书不具有操控性，会导致市场调查项目进行一段时间后，没办法继续下去，也就达不到市场调查的目的。

二、市场调查策划书的内容

一个完整的市场调查策划书一般应包括扉页、目录、前言、正文、附件五个部分。

1. 扉页

扉页主要是指市场调查策划书的封面。扉页一般包括策划书的标题、委托方、调查方和提出报告的日期。标题要把被调查单位、调查内容明确而具体地表示出来；如：××有限公司客户满意度调查策划书，××有限公司是被调查单位，客户满意度是调查内容。扉页设计一般既要规范，又要体现艺术性。

2. 目录

市场调查策划书的目录是策划书各级标题及标题在策划书中相对应的页码，目录可根据策划书的具体内容确定。如果策划书的内容、页数较多，为了方便相关人员阅读，应当使用目录或索引形式列出报告的主要章节和附录，并注明标题、有关章节号码及页码；但一般来说，目录的篇幅不宜超过一页。相反，如果市场调查策划书的内容较少，目录则可省略。

3. 前言

市场调查策划书的前言即所谓的市场调查背景，就是简要地说明调查的由来、委托方委托调查的原因和调查的目的等内容。其内容一般包括此次委托市场调查单位的概况、市场总规模、主要用户情况、产品市场占有率和主要竞争者等，以及面临的问题和调查目的等。

4. 正文

正文是市场调查策划书的主要部分。其主要介绍本次市场调查的目的、调查对象和调查单位、调查内容和调查进度及费用等。

5. 附件

附件是指调查报告正文无法包含或没有提及，但与正文有关必须附加说明的

部分;它是对正文报告的补充或更详尽说明。主要介绍市场调查项目负责人及主要参加者的名单,并可扼要介绍一下团队成员的专长和分工情况。指明抽样方案的技术说明和细节说明,如调查问卷设计中有关的技术参数、数据处理方法及所采用的软件等。

三、市场调查策划书的写作要求

市场调查策划书是否科学、可行,关系到整个市场调查工作的成败。因此,在撰写市场调查策划书时应考虑阅读对象,尽量做到明确,简洁简练,行文流畅、通俗易懂,考虑阅读对象。

1. 明确

明确,是市场调查策划文案不容置疑的要求。市场调查方案的写作目的,不仅是为了向委托单位传达开展项目的市场调查活动方案,而且也是市场调查者实施执行调查工作的纲领和依据。所以,市场调查策划方案的写作目的要明确,写作态度要明确,写作任务和目标要明确。在市场调查策划文案中,不得模棱两可,不得闪烁其词,不得在文案中让人产生曲解和误解。传达内容明白晓畅,语言明白易懂,结构符合阅读习惯,言之有物、分析充分、逻辑严密、层次清楚。在市场调查策划文案的写作过程中,表达准确是作为最基础的要求出现的。

2. 简洁、简练

市场调查策划书是广泛应用的商务应用文之一,它的写作应该具有商务应用文的一个基本特征,就是在文字的使用上不过分地强调文章的色彩、韵味和意境,而是就事实论事实,应简洁与简练。简洁,是指在语言使用与材料组织上,干脆利落,清清净净,不拖泥带水;简练,则是指语言叙述上凝练准确,直达根本,直陈要害。在市场调查策划文案中,不作过多的堆砌,不作繁复的铺陈,以说明问题、直接传达意图为主要目的。

3. 行文流畅、通俗易懂

市场调查策划书应行文流畅,通俗易懂。在市场调查策划文案的写作过程中,市场调查策划书写作人员应使通篇市场调查策划文案形成一个整体,给人完美的整体感,一气呵成,没有阻隔,没有断裂。这样,才能有利于阅读者进行完整的思考,对整个市场调查方案有整体的理解。同时,在写市场调查策划书时,应该用概念成熟的专业用语,非专业用语应力求准确易懂,根据阅读对象的认知习惯和认识水平,有针对性地使用合适的语词,准确传达自己交流的意图。

4. 考虑阅读对象

市场调查策划书制订好,提交给委托调查单位,供委托调查单位的相关公领导审阅确定后，市场调查策划团队才开始开展项目的市场调查活动。但委托调查单位领导所受的教育背景、阅读习惯等均有所不同。因此，为方便交流，市场调查策划团队在写作市场调查策划书时应充分考虑委托调查单位主要阅读对象的知识背景等情况，避免产生不必要的沟通障碍。如××单位相关负责人所受教育程度不高，市场调查策划书应写得简单明了。

第五节 市场调查策划书的可行性研究和评价

市场调查策划团队在撰写完市场调查策划书后，还应对市场调查策划书进行可行性研究和评价，从多个市场调查策划书中选取最优方案。下面介绍市场调查策划书的三种可行性研究方法和市场策划书的评价。

一、调查策划书的可行性研究

在对复杂社会经济现象进行的市场调查中，所设计的市场调查方案通常不是唯一的，需要从多个市场调查方案中选取可行方案。同时，市场调查策划团队在市场调查方案策划过程中有可能考虑不全面，不可避免存在一些问题。因此，可行性研究是市场调查方案科学选取的必经阶段，也是科学策划市场调查方案的重要步骤。对市场调查策划书进行可行性研究的方法有很多，现主要介绍逻辑分析法、经验判断法和试点调查法三种方法。[1]

1. 逻辑分析法

逻辑分析法是检查所设计的市场调查方案部分内容是否符合逻辑和情理。例如，某项市场调查要调查某城市居民的消费结构，而设计的调查指标却是居民消费结构或职工消费结构，按此设计所调查出的结果就无法满足调查的要求，因为居民包括城市居民和农民，城市职工也只是城市居民中的一部分。显然，居民、城市居民和职工三者在内涵和外延上都存在着一定的差别。又如，对于学龄前儿童要调查其文化程度，对于没有通电的山区要进行电视广告调查等，都是有悖于情理的，也是缺乏实际意义的。逻辑分析法可对调查方案中的调查项目设计进行可行性研究，而无法对其他方面的设计进行判断。

2. 经验判断法

经验判断法即组织一些具有丰富市场调查经验的人士，对设计出的调查方案

---

[1] 胡瑞卿，李远. 当代市场调研理论与实务 [M]. 华中师范大学出版社，2007.

加以初步研究和判断,以说明方案的可行性。例如,某项市场调查要对劳务市场中的保姆问题进行调查,就不宜用普查方式,而适合采用抽样调查;对于棉花、茶叶等集中产区的农作物的生长情况进行调查,就适宜采用重点调查等。经验判断法能够节省人力和时间,在比较短的时间内做出结论。但这种方法也有一定的局限性,主要是因为人的认识是有限的、有差异的,而事物在不断发生变化,各种主客观因素都会对人们判断的准确性产生影响。

3. 试点调查法

试点调查是整个市场调查方案可行性研究中一个十分重要的步骤,对于大规模市场调查来讲尤为重要。试点调查的目的是使调查方案更加科学和完善,而不仅是搜集资料。试点调查也是一种典型市场调查,是"解剖麻雀"。从认识的全过程来说,试点是从认识到实践,再从实践到再认识,兼备了认识过程的两个阶段。因此,试点具有两个明显的特点,一个是它的实践性,另一个是它的创新性,两者互相联系、相辅相成。试点正是通过实践把客观现象反馈到认识主体,以便起到修改、补充、丰富、完善主体认识的作用。[①] 同时,通过试点,还可以为正式调查取得实践经验,并把人们对客观事物的了解推进到一个更高的阶段。具体来说,试点的任务主要有以下两个:

(1)对调查方案进行实地检验。调查方案的策划是否切合实际,还要通过试点调查进行实地检验。检查市场调查目标制定得是否恰当,调查指标设计是否正确,哪些需要增加,哪些需要减少,哪些说明和规定要修改和补充。试点调查后,市场调查团队要分门别类地提出具体意见和建议,使调查方案的制订既科学合理又能解决实际问题。

(2)作为实战前的演习。试点调查可以了解该项市场调查工作安排是否合理,哪些是薄弱环节。例如,第二次全国工业普查包括:调查300多个指标,进行500多个行业分类,涉及40多万个企业填报。如此复杂的市场调查,如何有序开展呢?因此,必须通过试点调查取得这方面的实践经验,把分散的经验集中起来,形成做好普查工作的各项细则,成为各个阶段、各项工作应当遵循的规则。

市场调查团队在试点调查时应该注意以下几个问题:其一,应建立一个精干有力的调查队伍。队伍成员应该包括有关领导、调查方案设计者和调查骨干,这是做好试点调查工作的组织保证。其二,应选择适当的调查对象。试点调查对象要选择规模较小,代表性较强的试点单位。必要时可采取少数单位先试点,再扩大试点范围、然后全面铺开的做法。其三,应采取灵活的调查方式和方法。试点调查方式和方法可以多用几种,市场调查团队应经过对比后,从中选择适合的方

---

① 刘红霞. 市场调查与预测 [M]. 科学出版社, 2011.

式和方法。其四，应做好试点的总结工作。在试点调查结束后，要认真分析试点的结果，找出影响调查成败的主客观原因。不仅要善于发现问题，还要善于结合实际，探求解决问题的方法，充实和完善原调查方案，使之更加科学和易于操作。

二、调查策划书的评价

市场调查策划书经过可行性研究后，可能产生多个备选方案。如何从这些市场调查策划书中选取最优方案？对于一个市场调查策划书的优劣选取，可以从不同角度加以评价，现结合中国第二次全国工业普查的情况，简要说明如下：

1. 方案策划是否体现调查目的和要求

市场调查方案设计是否基本上体现了调查的目的和要求，这是最基本的。例如，第二次工业普查从摸清我国工业家底的目的出发，根据市场调查方案确定的调查范围、调查单位、调查内容，据此设置的一系列完整的指标体系，反映了我国工业的现状和全貌。调查方案指标设计的重点基本上能够体现国家调整工业内部结构、发展科学技术，提高职工素质、提高经济效益等方面的要求。

2. 方案设计是否科学、完整和适用

市场调查方案是否科学、完整和适用，这是对市场调查方案可行性进行研究。例如，此次普查对生产、流通、分配和消费各个环节，设置出许多相互联系、相互制约的指标，形成一套比较完整的指标体系，其特点是全面、系统和配套，适用性较强。

3. 方案设计能否使调查质量有所提高

影响调查数据质量高低的因素是多方面的，但调查方案是否科学、可行，对最后的调查数据质量有直接的影响。这次工业普查由于方案设计合理，使调查的实际差错率大大低于20‰的规定。

4. 调查实效检验

评价一项调查方案的设计是否科学、准确，最终还要通过调查实施的成效来体现。即必须通过调查工作的实践检验，来观察方案中哪些符合实际，哪些不符合实际，产生的原因是什么，肯定正确的做法，找出不足之处并寻求改进方法。

本章小结

目前，理论界对策划的理解说法不一，尚无一个权威性的定义，有事前设计说、管理行为说、选择决定说、思维程序说等。策划包括的范围很广，市场调查

策划是策划的一种类型。市场调查策划是在市场调查运行之前，根据调查研究的目的和调查对象的性质，有的放矢地对调查工作的各个方面和全部过程进行全面考虑和安排，制定相应的实施方案和合理的工作程序。市场调查策划是对调查对象由定性认识到定量认识的连接点，有全面的统一协调的作用，是适应现代市场调查发展的需要。

市场调查策划是整个调查过程的开始，十分重要，是市场调查资料收集、整理和分析研究的前提。市场调查策划中，需要把已经确定的市场调查问题转化为具体的调查内容，通过调查指标方式表现出来，并对调查指标作出明确的定义。在市场调查策划时，市场策划人员必须遵循整体性原则、目的性原则、科学性原则、可行性原则和有效性原则。整体性、目的性、科学性、可行性和有效性侧重于不同的方面，但它们之间又相互联系、相互影响。能够很好地兼顾这些方面的市场调查策划方案就是较好方案。

市场调查策划根据调查目的可以归纳为三种基本类型：探索性调查策划、描述性调查策划和因果性调查策划。探索性调查策划是为了界定问题的性质以及更好地理解问题的环境而进行的小规模市场调查活动策划。描述性调查策划寻求对"谁"、"什么事情"、"什么时间"、"什么地点"和"怎样"这样一些问题的回答进行策划。因果性调查策划是调查一个变量是否引起或决定另一个变量的研究，目的是识别和确定两个或多个变量之间的因果关系，并以此为基础预测未来某些环境因素的变化以及对营销活动的影响，以便提出相应对策的策划。

在一般情况下，市场调查团队在进行市场调查策划时，应先考虑以下内容：调查的必要性、调查项目背景、调查的内容、调查机构的业务能力等。一个完整的市场调查策划程序一般要包括以下内容：确定调查目的和任务；确定调查的对象和调查单位；确定调查内容；设计调查表；确定调查时间和调查期限；确定调查方式与调查方法；确定资料整理方案；确定分析研究的方案；确定市场调查的进度和安排；确定调查经费预算；确定调查组织计划；撰写调查项目建议书。

市场调查方案策划的内容确定之后，市场调查策划人员则可撰写市场调查策划书。所谓市场调查策划书是指在调查项目实施之前对调查的目的、内容、研究方法、时间安排、经费预算等所做的统一安排和规划，以及由这些内容所形成的文字资料。它具有针对性、时间性和可操作性特征。一个合理的市场调查策划书一般由以下几部分组成：扉页、目录、前言、正文和附件。

可行性研究是市场调查方案科学选取的必经阶段，也是科学策划市场调查方案的重要步骤。对市场调查策划书进行可行性研究常用的方法有逻辑分析法、经验判断法和试点调查法三种。市场调查策划书的优劣选取，可从方案策划是否体现调查目的和要求，方案设计是否科学、完整和适用，方案设计能否使调查质量有所提高，调查实效检验几个方面评价。

课后习题

一、名词解释

策划　市场调查策划　探索性调查策划　描述性调查策划　因果性调查策划　调查的对象　调查单位　调查时间　调查期限　市场调查策划书

二、简答题

1. 请阐述市场调查策划的原则。
2. 请问市场调查策划有哪几种类型？
3. 一项完善的市场调查策划应经过哪几道程序？
4. 一个完整市场调查策划书应包括哪些内容？
5. 判断某项市场调查策划书是否可行有哪些方法？

三、论述题

1. 为什么说"市场调查策划是整个市场调查的开始"？
2. 为什么市场调查策划工作结束后，还要对策划方案进行可行性研究和评价？
3. 市场调查策划的依据有哪些？试论述为什么要依据这些原则？

四、案例分析

案例（一）烧仙草市场调查计划书

1. 前言

烧仙草是一种源于我国宝岛台湾、由多种材料混合而成的饮料，具有清热解毒等功效。可以做成热饮和冷饮，不受季节影响，不管是冬天还是夏天都适合饮用，加上价格合理，味道甜美，尤其受到青少年的喜爱，不仅在台湾地区流行，在大陆也广受欢迎。

受一家准备进入该市场的烧仙草店主委托，为了更好地了解该市场目前及未来的行情，评估××大学大学城校区烧仙草的营销环境，为其科学合理选择店址和制订可行的营销策划提供参考，从而占据有利市场，因此特组织对××大学大学城校区的烧仙草饮品市场进行调查。

2. 调查目的

（1）全面了解消费者（在校大学生）的购买习惯（品种、购买地点）。

（2）全面了解××大学大学城校区目前有多少竞争者、竞争者的优势、竞争者的基本价格及促销方式。

（3）全面了解目前的竞争者所在位置。

（4）了解消费者最希望开烧仙草店的位置。

（5）了解××大学大学城校区目前有多少人口、预测市场容量。

3. 调查内容

（1）行业市场环境调查。

1）大学城校区的烧仙草市场容量及发展潜力。

2）所有烧仙草店铺的特点及竞争状况。

3）天气状况对烧仙草行业的影响。

（2）消费者调查。

1）消费者的购买形态及购买心理。

2）消费者偏好。

3）消费者平均月开支及消费比例。

4）消费者理想的烧仙草店铺位置。

（3）竞争者调查。

1）主要竞争者地理位置及优势（主要是前门和后门的区别）。

2）竞争者的营销手段和方式（会员制和优惠活动）。

3）主要竞争者经营状况。

4. 调研对象及抽样

烧仙草是一种广受欢迎的饮品，所以全体学生都可以作为调查对象。由于女生是烧仙草的主要消费群体，为了准确快速地得出调查结果，本次调查采取分层比例抽样法：把全体学生分成两大部分，即女生部分、男生部分，然后按照女生和男生比例为6∶4随机抽取样本；其次是对现有的烧仙草店铺进行全面调查。具体情况如下：

（1）消费者（学生）：200名，其中女生120名，男生80名。

（2）竞争者：前校门的5家和后校门的2家。

5. 调查员的规定和培训

（1）规定。

1）仪表端正、大方。

2）举止谈吐得体，态度亲切、热情。

3）具有认真负责、积极的工作精神及职业热情。

4）调查员要具有把握谈话气氛的能力。

5）调查员要经过专门的市场调查培训，专业素质好。

（2）培训。

为了最大限度地节约成本，同时又能准确地了解信息，我们通过查阅一些资料来进行训练，主要通过互联网的资料来进行市场调查基本认知的培训，使得所有小组成员都能熟悉调研时的各个环节，共同进步！

1）组长对小组负责，找寻对组员有帮助的视频讲座。

2）集体进行讨论交流，并发表自己的看法等。

3）提高积极性，团结一致。

6. 调查方法及具体实施

（1）对消费者以问卷调查为主。在完成市场调查的问卷设计和人员指导后就可以进行市场调查了。把问卷分发给调查人员（在校学生），选择午餐和晚餐后或者晚上睡觉前进行调查，也可以拿到教室进行调查。调查人员首先向被调查者说明调查目的，保证进行良好的沟通后，开始进行调查，确保得到真实有效的答案。在得到被调查者同意的情况下写明被调查的基本信息，以便复核。

（2）对烧仙草店主采用访谈的方式进行调查。调查人员一定要事先做好准备工作，把准备要问的问题都写下来。调查人员要有良好的沟通能力，以便从店主口中得到有用的信息。

（3）对大学城校区学生人口的调查采取网上找资料的方式。调查者应注意调查信息的有用性和完整性，更要注意实效性和权威性，也可以到学校网站上查找资料。

7. 调查程序及进度安排

（1）调查程序。本次调查主要分为准备、实施和结果处理三个阶段：①准备阶段，设计调研问题、制订调研方案、设计调研问卷。②实施阶段，根据调研要求及内容，采用多种形式，由调研人员根据资料收集与调研主题有关的信息。③结果处理，将收集的信息汇总、归纳、整理、分析，并将调查结果以书面形式——调查报告表述出来。

（2）进度安排。

调研方案、问卷的设计 ················· 1个工作日

调研方案、问卷的修改和试调查、人员安排 ········· 1个工作日

实地调查阶段 ····················· 3个工作日

数据分析处理阶段 ··················· 2个工作日

调研报告撰写阶段 ··················· 1个工作日

论证阶段 ······················· 1个工作日

8. 经费预算

（1）策划费：200元。

（2）调查人员相关费：100元。

（3）公关费：100元。

（4）问卷调查费：200元。

（5）统计费：100元。

（6）报告费：150元。

总计：850元。

附录　小组各成员负责问题明细

组长：余江

调查方案、问卷的设计：廖维，谢丹，邓飞

调查方案、问卷的修改：全体组员

调查人员：全体组员

调查人员培训：待定

调查数据处理：余江，廖维

调查数据统计分析：李德鸣，陈林

调查报告撰写：谢丹

论证人员：王精龙

调查策划书撰写：王精龙

案例思考题：

结合市场调查策划书一般撰写格式要求，分析讨论该调查策划书存在哪些问题？还有哪些方面需要进一步修改和完善？

案例（二）　湘潭大学单放机市场调查计划书

1. 前言

单放机又称随身听，是一种集娱乐性和学习性于一体的小型电器，因其方便实用而在大学校园内广为流行。目前各高校都大力强调学习英语的重要性，湘潭大学（以下简称湘大）已经把学生英语能否考过四级和学位证挂钩，为了练好听力，湘大学子几乎人人都需要单放机，市场容量巨大。为配合某单放机产品扩大在湘大的市场占有率，评估湘大单放机营销环境，制定响应的营销策略，预先进行湘大单放机市场调查大有必要。本次市场调查将围绕市场环境、消费者、竞争者为中心来进行。

2. 调查目的

要求详细了解湘大单放机市场各方面情况，为该产品在湘大的扩展制定科学合理的营销方案提供依据，特撰写此市场调研计划书。

(1) 全面摸清企业品牌在消费者中的知名度、渗透率、美誉度和忠诚度。

(2) 全面了解本品牌及主要竞争品牌在湘大的销售现状。

(3) 全面了解目前湘大主要竞争品牌的价格、广告、促销等营销策略。

(4) 了解湘大消费者对单放机电器消费的观点、习惯。

(5) 了解湘大在校学生的人口统计资料，预测单放机市场容量及潜力。

3. 调查内容

市场调研的内容要根据市场调查的目的来确定。市场调研分为内调研、外调研两个部分，此次市场调研主要运用外部调研，其主要内容如下：

(1) 行业市场环境调查。主要的调研内容如下：①湘大单放机市场的容量及发展潜力；②湘大该行业的营销特点及行业竞争状况；③学校教学、生活环境对该行业发展的影响；④当前湘大单放机种类、品牌及销售状况；⑤湘大该行业各产品的经销网络状态。

(2) 消费者调查。主要的调研内容如下：①消费者对单放机的购买形态（购买过什么品牌、购买地点、选购标准等）与消费心理（必需品、偏爱、经济、便利、时尚等）；②消费者对单放机各品牌的了解程度（包括功能、特点、价格、包装等）；③消费者对品牌的意识，对本品牌及竞争品牌的观念及品牌忠诚度；④消费者平均月开支及消费比例的统计；⑤消费者理想的单放机描述。

(3) 竞争者调查。主要的调研内容如下：①主要竞争者的产品与品牌优势、劣势；②主要竞争者的营销方式与营销策略；③主要竞争者市场概况；④本产品主要竞争者的经销网络状态。

4. 调研对象及抽样

因为单放机在高校的普遍性，全体在校学生都是调查对象，但因为家庭经济背景的差异，全校学生月生活支出还是存在较大的差距，导致消费购买习惯的差异性，因此他（她）们在选择单放机的品牌、档次、价格上都会有所不同。为了准确、快速地得出调查结果，此次调查决定采用分层随机抽样法：先按其住宿条件的不同分为两层（住宿条件基本上能反映各学生的家庭经济条件）——公寓学生与普通宿舍学生，然后再进行随机抽样。此外，分布在湘大校内外的各经销商、专卖店也是本次调查的对象，因其规模、档次的差异性，决定采用判断抽样法。具体情况如下：

消费者（学生）：300名。其中住公寓的学生占50%。

经销商：10家，其中校外5家（大型综合商场1家；中型综合商场2家；

专卖店2家），校内5家（综合商场3家；专卖店2家）。

消费者样本要求：①家庭成员中没有人在单放机生产单位或经销单位工作；②家庭成员中没有人在市场调查公司或广告公司工作；③消费者没有在最近半年中接受过类似产品的市场调查测试；④消费者所学专业不能为市场营销、调查或广告类。

5. 调查员的规定、培训

（1）规定。对调查员有如下要求：①仪表端庄、大方。②举止谈吐得体，态度亲切、热情。③具有认真负责、积极的工作精神及职业热情。④访员要具有把握谈话气氛的能力。⑤访员要经过专门的市场调查培训，专业素质好。

（2）培训。培训必须以实效为导向，对本次调查人员的培训决定采用举办培训班、集中讲授的方法。针对本次活动聘请有丰富经验的调查人员面授调查技巧、经验。并对他们进行思想道德方面的教育，使之充分认识到市场调研的重要意义，培养他们强烈的事业心和责任感，端正其工作态度、作风，激发他们对调查工作的积极性。

6. 人员安排

根据我们的调研方案，在湘大及市区进行本次调研需要的人员有三种：调研督导、调查人员、复核员。具体配置如下：

调研督导：1名。

调查人员：20名（其中15名对消费者进行问卷调查，5名对经销商进行深度访谈）。

复核员：1~2名可由调研督导兼职，也可另外招聘。

如有必要还将配备辅助督导（1名），协助进行访谈、收发和检查问卷与礼品。问卷的复核比例为全部问卷数量的30%，全部采用电话复核方式，复核时间为问卷回收的24小时内。

7. 市场调查方法及具体实施

（1）对消费者以问卷调查为主。具体实施方法如下：在完成市场调查问卷的设计与制作以及调查人员的培训等相关工作后，就可以开展具体的问卷调查了。把调查问卷平均分发给各调查人员，统一选择中餐或晚餐后这段时间开始调查（因为此时学生们多待在宿舍里，便于集中调查，能够给本次调查节约时间和成本）。调查员在进入各宿舍时说明来意，并特别声明在调查结束后将赠送被调查者精美礼物一份以吸引被调查者的积极参与，得到正确、有效的调查结果。在调查过程中，调查员应耐心等待，切不可督促。记得一定要求其在调查问卷上写明学生姓名、所在班级、寝室、电话号码，以便以后的问卷复核。调查员可以在当时收回问卷，也可以第二天收回（这有利于被调查者充分考虑，得出更真实有效的结果)。

(2) 对经销商以深度访谈为主。由于调查形式的不同,对调查者所提出的要求也有所差异。与经销商进行深度访谈的调查者(访员)相对于实施问卷调查的调查者而言,其专业水平要求更高一些。因为时间较长,调查员对经销商进行深度访谈前,一般要预约好时间并承诺付给一定报酬,访谈前调查员要做好充分的准备、列出调查所要了解的所有问题。调查者在访谈过程中应占据主导地位,把握整个谈话方向,能够准确筛选谈话内容并快速做好笔记,以得到真实有效的调查结果。

(3) 通过网上查询或资料查询调查湘大人口统计资料。调查者查找资料时应注意其权威性及时效性,以尽量减少误差。因为其简易性,该工作可直接由复核员完成。

8. 调查程序及时间安排

市场调研大致来说可分为准备阶段、实施阶段和结果处理三个阶段。

(1) 准备阶段。它一般分为界定调研问题、设计调研方案、设计调研问卷或调研提纲三个部分。

(2) 实施阶段。根据调研要求,采用多种形式,由调研人员广泛地收集与调查活动有关的信息。

(3) 结果处理阶段。将收集的信息进行汇总、归纳、整理和分析,并将调研结果以书面的形式——调研报告表述出来。

在客户确认项目后,有计划地安排调研工作的各项日程,用以规范和保证调研工作的顺利实施。按调研的实施程序,可分以下七个小项来对时间进行具体安排:

调研方案、问卷的设计	3个工作日
调研方案、问卷的修改、确认	1个工作日
项目准备阶段(人员培训、安排)	1个工作日
实地访问阶段	4个工作日
数据预处理阶段	2个工作日
数据统计分析阶段	3个工作日
调研报告撰写阶段	2个工作日
论证阶段	2个工作日

9. 经费预算

(1) 策划费1500元。

(2) 交通费500元。

(3) 调查人员培训费500元。

(4) 公关费 1000 元。

(5) 访谈费 1000 元。

(6) 问卷调查费 1000 元。

(7) 统计费 1000 元。

(8) 报告费 500 元。

总计：7000 元。

附录

参与人员：待定

项目负责人：待定

调查方案、问卷的设计：待定

调查方案、问卷的修改：待定

调查人员培训：待定

调查人员：待定

调查数据处理：待定

调查数据统计分析：待定

调查报告撰写：待定

论证人员：待定

调查计划书撰写：颜儒葵

案例思考题：

结合市场调查策划书可行性研究和评价知识，请对上述市场调查策划进行评价。

第六章 市场调查问卷设计

 **本章提要**

问卷,也叫调查表,它是一种以书面形式了解被调查对象的反应和看法,并以此获得资料和信息的载体。问卷设计是依据调研与预测的目的,开列所需了解的项目,并以一定的格式,将其有序地排列,组合成调查表的活动过程。

本章详细阐述了问卷设计的原则与结构、问卷设计的步骤、问卷设计技术以及现代问卷设计。

 **学习目标**

1. 了解问卷的概念、作用、类型及基本格式
2. 理解问卷设计的原则与结构
3. 了解问卷设计的步骤
4. 熟悉问卷中问题的类型与答案表述的基本方法,并能够设计问卷
5. 理解量表的概念,并能够熟练运用量表
6. 了解现代问卷设计方法

 开篇案例

以下是一位同学针对依嘉蒂娅服饰品牌推广所作的一份调查问卷。

依嘉蒂娅服饰调查问卷

1. 您的性别是(　　)。
A. 男　　　　　　B. 女
2. 您的年龄是(　　)。
A. 20~25 岁　　　B. 26~30 岁　　　C. 31~35 岁　　　D. 35 岁以上
3. 您的收入水平是(　　)。

A. 月薪 1000~2000 元　　　　　　B. 月薪 2001~3000 元

C. 月薪 3001~4000 元　　　　　　D. 月薪 4000 元以上

4. 对于款式，是（　　）影响您的选择。

A. 个人喜好　　　　　　　　　　B. 专业权威的推荐

C. 追求潮流　　　　　　　　　　D. 朋友的建议

5. 您平时在（　　）类型的商店购买服装。

A. 专卖店　　B. 商场　　　C. 自营店　　　D. 个体摊位

E. 网上

6. 在购买服装时，您对（　　）促销方式最感兴趣。

A. 打折优惠　　B. 购物积分　　C. 购物满一定金额赠优惠卡

D. 其他

7. 您平时通过（　　）了解服装的信息。

A. 电视　　　B. 杂志　　　C. 广播　　　　D. 网络

8. 请问您在购买服装时，最主要考虑（　　）。

A. 款式美观　　B. 价格合理　　C. 版型舒适　　D. 做工精致

E. 服装品牌

9. 能接受的价格是（　　）。

A. 100~300 元　B. 301~500 元　C. 501~1000 元　D. 1001~1500 元

E. 1500 元以上

10. 您对于选购服装（　　）。

A. 有耐心，可以一家家商场逛，买到合适的为止

B. 没什么时间逛街，直奔目标，差不多就行

C. 喜欢网购

D. 如果一家款式齐全，不跑其他家买

11. 您的消费理念是（　　）。

A. 只买贵的，认为一分价钱一分货　　B. 性价比很重要，经济实惠物美价廉

C. 认品牌，觉得品牌有保证　　　　　D. 适合自己是最重要的，价钱无所谓

12. 当您走进一家店，最吸引您的是（　　）。

A. 橱窗展示　　　　　　　　　　B. 店内促销广告

C. 模特身上的衣服　　　　　　　D. 店内装修风格

【思　考】

1. 您认为该份市场调查问卷是否完整？

2. 您认为设计好一份市场调查问卷应注意哪些方面的问题？

第六章 市场调查问卷设计

问卷调查是目前调查业中所广泛采用的调查方式之一,即由调查机构根据调查目的设计各类调查问卷,然后采取抽样的方式(随机抽样或整群抽样等)确定调查样本,通过调查员对样本的访问,完成事先设计的调查项目,最后,由统计分析得出调查结果的一种方式。它严格遵循的是概率与统计原理,因而,调查方式具有较强的科学性,同时也便于操作。这一方式对调查结果的影响,除了样本选择、调查员素质、统计手段等因素外,问卷设计水平是其中的一个前提性条件。在调查中,我们一般有多种方法,如开调查会、个别访谈、现场察访、统计调查、网络调查等。其中问卷调查作为一种省时省力,又能对事物进行比较全面、系统地调查的方法在日常工作中备受青睐,但调查问卷作为实现调研目的和收集数据的必要手段在设计中要求也更为严格。调查项目的不同提问形式、提问方法,甚至题目编排顺序都会影响资料的真实性。那么应该如何设计调查问卷呢?

第一节 问卷设计的原则与结构

问卷是市场调查中经常使用的重要工具,通过结构与非结构式的问题,就调查者关注的问题向被试了解其想法及需求,借此为决策者决策提供相应的依据。调查者在进行问卷设计时,首先要注意的是问卷设计的原则与问卷的结构设计。

一、问卷设计时应遵循的原则

问卷设计时要遵循相应的原则,具体如下:
1. 要有明确的主题
要从实际调查目的出发、确定调查的主题。即要明确问题设置的目的,重点突出,不能杂乱无章。若违背了这样一点,再漂亮或精美的问卷都是无益的。而所谓问卷体现调查主题,其实质是在问卷设计之初要找出与调查主题相关的要素。
如"调查某品牌女士手包的用户消费感受"这一主题。这里并没有一个现成的选择要素的法则。但从问题出发,特别是结合一定的行业经验与相关产品知识,要素是能够被寻找出来的。一是使用者,即购买该品牌手包的消费者。包括她的基本情况,如性别、年龄。二是购买力和购买欲,包括她的社会状况、收入水平、受教育程度、职业以及对手包的消费需求等。三是产品本身,包括对包装与商标的评价、广告等促销手段的影响力、与市场上同类产品的横向比较等。四是已使用手包的效果评价,使用过的品牌、价位、产品外观和习惯等消费特点。

具有了这样几个要素对于调查主题的结果是有直接帮助的。被访问者也相对容易了解调查员的意图，从而予以配合。

2. 问卷整体结构要合理，逻辑性要强

由于问卷中设置的问题较多，问题的排列一定要有逻辑顺序，符合一般被试的思维习惯。一般是先易后难、先简后繁、先具体后抽象、先结构式问题后非结构式问题。将比较难回答的问题和涉及被调查者个人隐私的问题放在最后。即所有问题的排列要有整体感，这种整体感即问题与问题之间要具有逻辑性，独立的问题本身也不能出现逻辑上的错误，从而使问卷成为一个相对完善的系统。

如："调查消费者读报的情况"这一问题。

1. 您通常每日读几份报纸？
   a. 不读报　　　　　b. 1 份　　　　　c. 2 份　　　　　d. 3 份以上
2. 您通常用多长时间读报？
   a. 15 分钟以内　　b. 半小时左右　　c. 1 小时　　　　d. 1 小时以上
3. 您经常读的是下面哪类（或几类）报纸？（可多选）
   a. ×市晚报　　　　b. ×省日报　　　c. 人民日报　　　d. 参考消息
   e. 中央广播电视报　f. 足球……

在以上设置的几个问题中，由于问题之间的关联度较高，因而，能够获得消费者读报比较完整的信息。调查对象也会感到问题集中、提问有章法。相反，假如问题是发散的，问卷就会给人以随意性而不是严谨性的感觉。因此，结构合理、逻辑性强的要求是调查问卷必须遵循的一个重要原则。若所问的问题较多，或是在一个综合性的问卷中，调查者将差异较大的问题按一定的逻辑关系进行分块设置，就能够保证整份问卷中的问题都紧密关联，所得到的结果也就具备了一定的逻辑结论。

3. 所问的问题要通俗易懂

问卷的问题应使被试一目了然，并愿意如实回答。问卷中问题的语气要亲切，符合一般应答者的理解能力和认知能力，避免使用专业术语。若一定要使用专业术语，则要做适当说明。提问不能有任何暗示，措辞要恰当，明确给出问题的要旨。这也是问卷设计的一个基本原则。

如对于"消费者广告媒体选择状况"这一问题：

你通常选择哪一种广告媒体？
a. 报纸　　　　　　b. 电视　　　　　c. 杂志　　　　　d. 广播
e. 其他

这样的问题选项就比较清晰明了，不会让被试产生歧义。

而如果答案选项是另一种形式：
a. 报纸　　　　b. 车票　　　　c. 电视　　　　d. 墙幕广告
e. 气球　　　　f. 大巴士　　　g. 广告衫　　　h. ……

答案中的 b、d、e、f、g 等选项就 a、c 选项在媒体等级上不匹配，容易使被试无所适从，或按自身的判断选择不同等级的选项，而这样的回答对我们调查的目的其实是没有帮助的，只会产生更不准确的结果。

4. 所问的问题要清晰明确，便于回答

如在"调查消费者读报的情况"这一问题中"15 分钟"、"半小时"、"1 小时"等设计是十分明确的。统计后会告诉我们：用时极短（概览）的概率为多少；用时一般（粗阅）的概率为多少；用时较长（详阅）的概率为多少。反之，答案若设置为"15~60 分"，或"1 小时以内"，则不仅不明确、难以说明问题，而且令被访问者也很难作答。

又如，问卷中常有"是"或"否"一类的是非式命题。

您的婚姻状况：
a. 已婚　　　b. 未婚

显而易见，此题还有第三种答案（离婚/丧偶/分居）。如按照以上方式设置则不可避免地会发生选择上的困难和有效信息的流失，其问题即在于问卷违背了"明确性"的原则。

5. 问题设置要客观

问题设置要中性，提问者不能参与提示或主观臆断，要完全将被访问者处在独立与客观的条件下。

您认为这种护肤品对您的吸引力在哪里？
a. 色泽　　　　b. 气味　　　　c. 使用效果　　　d. 包装
e. 价格　　　　f. ……

这种设置是客观的，若换另一种答案设置：
a. 迷人的色泽　　　b. 芳香的气味　　c. 满意的效果　　d. 精美的包装

这样的设置则具有了诱导和提示性，从而掩盖了事物本身的真实性，使被试在回答问题时会掺杂主观色彩，从而淡化了主题。

6. 要适当控制问卷的长度

问卷回答的时间一般应控制在 20 分钟左右，既能够让被试顺利地回答下去，又不能花太多时间。

7. 要便于资料的校验、整理和统计

问卷的回答要清晰、准确，以便于随后的统计和汇总工作的完成。一份成功的问卷设计除了考虑到紧密结合调查主题与方便信息收集外，还要考虑到调查结

果容易得出和调查结果具有说服力,即方便问卷在调查后的整理与分析工作。

二、调查问卷的结构设计要求

在遵循以上调查问卷设计原则的基础上,调查者还要注意调查问卷的结构设计,即要根据相应的原则对问卷进行完整的结构设计。一般来说,一份完整的调查问卷通常由标题、问卷说明、填表指导、调研问题、编码和被访者基本情况等内容构成。

1. 标题

问卷的标题要能概括地说明调研主题,使被访者对所要回答的问题有一个大致了解。确定问卷标题要简明扼要,但又必须点明调研对象或调研主题。

如对大学生宿舍的开水供应情况进行调查,可以用"大学生宿舍开水供应现状的调研"这一标题,而不能简单采用"热水问题调查问卷"这样的标题。这样无法使被访者了解明确的主题内容,也妨碍了接下去回答问题的思路。

2. 问卷说明

在问卷的卷首一般有一个简要的说明,主要说明调研意义、内容和选择方式等,以消除被访者的紧张和顾虑。问卷的说明要力求言简意赅、文笔亲切,要用正式的语言来表达,不能太口语化。如下面的例子:

同学,您好!

我是××师范大学的市场调查人员,我们正在做关于企业信息系统使用状况的调查,想就一些相关问题了解您的意见。请放心,您的回答将被完全保密。谢谢你的协助与支持!

这样的表达虽对此次调查做了相应的说明,但表述过于简单和口语化,不能够明确、清晰地表达出此次调查的意义、内容和选择方式。若换成如下的表述,效果会更加清楚和明了。

您好!我是××暑期社会实践团队的采访员,我们正在进行一项关于×××的暑期实践调查,旨在了解×××的基本情况,以分析×××发展的趋势和前景。您的回答无所谓对错,只要能真正反映您的想法就达到我们这次调查的目的。希望您能够积极参与,我们将对您的回答完全保密。调查会耽误您10分钟左右的时间,请您谅解。谢谢您的配合和支持!

3. 填表指导

对于需要被访者自己填写的问卷,应在问卷中告诉回答者如何填写问卷。填表指导一般可以写在问卷说明中,也可单独列出,其优点是要求更加清楚、更能引起回答者的重视。为了减少被访者的麻烦,更加顺利地完成每份问卷的填写,也可以不必向被访者出示填表指导,而由调查人员在旁协助被访者完成问卷的填写工作。填写说明应包括以下内容：①问卷答案没有对错之分，只需根据自己的实际情况填写即可；②问卷的所有内容需您个人独立填写，如有疑问，敬请垂询您身边的工作人员；③您的答案对于我们改进工作非常重要，希望您能真实填写。

4. 调研问题

调研问题的内容是按照调研设计逐步逐项列出调研的问题，是调研问卷的主要部分。这部分内容的好坏直接影响整个调研价值的高低。详细内容见第三节"问卷设计技术"。

5. 编码

编码是将问卷中的调研项目以及被选答案编成统一设计的代码的工作过程。如果对所有问卷均加以编码，就会便于统计分析和进行计算机处理。一般情况都是用数字来表示相应的项目，并在问卷的最右侧留出"统计编码"位置，以便问卷回收后统计工作的延续和完成。

6. 被访者基本情况

这是指被访者的一些主要个人情况，如被调查者的姓名、性别、年龄、民族、出生地、所属单位等。在实际调研中要根据具体情况选定询问的内容，并不是越多越好和越详细越好。如果在统计问卷信息时不需要统计被访者的某些特征，就不需要询问。这类问题一般适宜放在问卷的末尾。如没有很私人的问题，也可以考虑放在"问卷说明"后面。

7. 访问员的情况

在调研问卷的最后，要求附上调研人员的姓名、调研日期、调研的起止日期等，以利于对问卷质量进行检查和控制。如果被访者基本情况是放在"问卷说明"的后面，访问员的情况也可以考虑和被访者的基本情况放在同一张表格中。

8. 结束语

结束语一般采用三种表达方式：

（1）周密式。对被访者的合作再次表示感谢，以及关于不要填漏与复核的请求。这种表达方式既显示访问者的首尾呼应，又促进被访者填好未回答的问题和改正有差错的答案。如以下的表述：

"对于您所提供的协助，我们表示诚挚的感谢！为了保证资料的完整与翔实，请您再花一分钟，翻一下自己填过的问卷，看看是否有填错、填漏的地方。谢谢！"

（2）开放式。提出本次调查研究中的一个重要问题，在结尾安排一个开放式的问题，以了解被访者在标准问题上无法回答的想法。这是一种在问卷设计中经常使用的方式。如以下的表述：

"您对国家制订大学生就业政策有何建议?"

(3)响应式。提出关于本次调研的形式与内容的感受或意见等方面的问题,征询被访者的意见。问题形式可用封闭式,也可用开放式。如以下的表述:

封闭式:您填完问卷后对我们的这次调查有什么感想?(单选)

开放式:您对本次调研的形式与内容有何建议?

第二节 问卷设计步骤

问卷设计是由一系列相关的工作过程所构成的。为使问卷具有科学性、规范性和可行性,问卷设计一般遵循以下步骤:

一、确定调研目的

调研过程经常是在市场部经理、品牌经理或新产品开发经理做决策时感到所需相关信息不足时引发的。有些公司,评价全部二手资料以确认所需信息是否收集齐全是经理的责任。有一些公司,经理将所有的市场调研活动,包括一手资料和二手资料的收集交由市场研究部门去完成。尽管可能是品牌经理发起了市场研究,但受这个项目影响的每个人,如品牌经理助理、产品经理,甚至销售经理、生产经理都应当一起讨论究竟需要些什么数据。询问的目标应当尽可能精确、清楚,如果这一步做得好,下面的步骤会更顺利、更有效。

二、确定数据收集方法

获得数据可以有多种方法,主要有人员访问、电话调查、邮寄调查与网络调查等。每一种方法对问卷设计都有影响。事实上,在街上拦截访问比入户访问有更多的限制,街上拦截访问有时间上的限制;网络调查由于不是面对面的调查,调查结果可能会失真;电话调查经常需要丰富的词汇来描述一种概念以肯定应答者理解了正在讨论的问题。对比而言,在个人访谈中,访问员可以给应答者出示图片以解释或证明概念。

三、确定问题回答形式

问题回答形式主要有三种:开放式问题、封闭式问题和量表应答式问题。

1. 开放式问题

开放式问题是一种应答者可以自由地用自己的语言来回答和解释有关想法的

问题类型。也就是说，调研人员没有对应答者的选择进行任何限制。

2. 封闭式问题

封闭式问题是一种需要应答者从一系列应答项中做出选择的问题。选择方式有单选和多选两种。

3. 量表应答式问题

要求严格按照量表设计格式来设计。量表是通过一套事先拟定的用语、记号和书目，测定、测量人们心理活动的度量工具。

四、决定问题的措辞

问题的措辞对问题回答效果有着重要的影响作用，所以用词必须清楚，避免诱导性的用语。要充分考虑到应答者回答问题的能力以及应答者回答问题的意愿。

五、确定问卷的流程和编排

问卷不能任意编排，问卷每一部分的位置安排都具有一定的逻辑性。有经验的市场研究人员很清楚问卷制作是获得访谈双方联系的关键。联系越紧密，访问者越可能得到完整彻底的访谈。同时，应答者的答案可能思考得越仔细，回答得也越仔细。

六、评价问卷和编排

一旦问卷草稿设计好后，问卷设计人员应再回过来做一些批评性评估。如果每一个问题都是深思熟虑的结果，这一阶段似乎是多余的。但是，考虑到问卷所起的关键作用，这一步还是必不可少的。在问卷评估过程中，下面一些原则应当考虑：问题是否必要、问卷是否太长、问卷是否回答了调研目标所需的信息、邮寄及自填问卷的外观设计、开放试题是否留足空间、问卷说明是否用了明显字体，等等。

七、获得各方面的认可

问卷设计进行到这一步，问卷的草稿已经完成。草稿的复印件应当分发到直接有权管理这一项目的各部门。实际上，营销经理在设计过程中可能会多次加进新的信息、要求或关注。不管相关人员什么时候提出新要求，经常的修改是必需的。即使在问卷设计过程中已经多次加入，草稿获得各方面的认可仍然是重要的。

各方相关人员的认可，表明了具体问卷获得信息的能力及效果的好坏。如果问题没有问及，数据将收集不到。因此，问卷的认可再次确认了决策所需要的信

息以及它将如何获得。

八、预先测试和修订

当问卷已经获得管理层的最终认可后,还必须进行预先测试。应该特别注意的是,在没有进行预先测试前,不应当进行正式的询问调查。通过访问寻找问卷中存在的错误解释、不连贯的地方、不正确的地方,为封闭式问题寻找额外的选项以及应答者的一般反应。预先测试也应当以最终访问的相同形式进行。如果访问是入户调查,预先测试应当采取入户的方式。

在预先测试完成后,如果有需要改动的地方,应当根据实际需要进行修改。在进行实地调研前,应当再一次获得各相关人员的认可;如果预先测试导致问卷产生较大的改动,应进行重新设计,并进行再一次的测试。

九、准备最后的问卷

当所有的测试工作结束之后,精确的打印及预先编码必须正确完成,随后要安排好校对、装订和分发工作。

十、实施

问卷填写完以后,为从市场获得所需决策信息提供了基础。问卷可以根据不同的数据收集方法并配合一系列的形式和过程以确保数据可正确地、高效地、以合理的方式和费用收集。这些过程包括管理者说明、访问员说明、过滤问题、记录纸和可视辅助材料等。

第三节 问卷设计技术

问卷设计是一项十分细致的工作,一份好的问卷应做到:内容简明扼要,信息包含要全,问卷问题安排合理、合乎逻辑、通俗易懂,便于对资料分析处理。

一份问卷通常由三部分组成:前言、主体内容和结束语。

问卷前言主要是对调查目的、意义及填表要求等的说明,包括问卷标题、调查说明及填表要求。前言部分文字必须简明易懂,能激发被访问者的兴趣。

问卷主体是市场调查所要收集的主要信息,它由一个个问题及相应的选项组成。通过主体部分问题的设计和被访问者的答复,市场调查者可以对被访问者的个人基本情况和对某一特定事物的态度、意见以及行为有较充分的了解。

问卷结束语主要表示对被访问者合作的感谢，记录下调查人员姓名、调查时间、调查地点等。结束语要简短明了，有的问卷也可以省略。

以下将就标题设计技术、问题设计技术以及答案设计技术对问卷设计做详细的阐释。

一、标题设计技术

问卷开头主要包括引言和填写说明。引言应包括调查的目的、意义、主要内容、调查的组织单位、调查结果的使用、保密措施等。

1. 引言的设计

首先，引言中向被访问者清楚说明该项调查的主体是谁，为什么要进行调查，为什么要向他调查。例如：

"我们是××咨询公司市场调查部的工作人员，为了了解……"除写清单位，最好在下面附上单位的地址、邮政编码、电话号码等，这样能体现调查的正规性，消除被调查者的疑虑。

其次，保密承诺。要向被访问者说明其所填写的内容会被严格保密，个人隐私方面的情况不会被透露给其他人。这一点很重要，保密承诺实际上是一种与被访问者的约定，是对被访问者的保证，也是对访问者的约束，以避免法律问题或纠纷问题的产生。

最后，如果接受调查有赠品，如酬金、礼物、奖券、优惠券、产品试用等，则要说明赠品情况，以增加被访问者对此次调查的兴趣。

2. 填写说明的设计

填写说明主要是说明调研意义、内容和选择方式等，以消除被访者的紧张和顾虑。问卷的说明要力求言简意赅、文笔亲切，要用正式的语言来表达，注意不能太口语化。

3. 作业证明记载的设计

主要是要清楚地载明被访问者姓名或名称、访问地点、调查员姓名以及访问时间等。这样便于后期资料整理时对问题的追溯、检查与核对。

二、问题设计技术

问题设计是一份调查问卷中的主题部分，因而显得尤为重要。问题设计技术主要包括设计问句时的技巧、问句的基本类型两个方面的问题。

1. 问句设计的技巧

对问句设计的总要求是：问卷中的问句表达要简明、生动，注意概念的准确性，避免提似是而非的问题，具体应注意以下几点：

(1) 避免笼统、抽象或过于专业化的问题。

(2) 避免用不确切的词。

(3) 避免使用含糊的形容词、副词，特别是在描述时间、数量、频率、价格等情况的时候。像有时、经常、偶尔、很少、很多、相当多、几乎这样的词，对于不同的人有不同的理解。

(4) 避免使用含糊不清的句子。在问题中尽量明确什么人、什么时间、什么地点、做什么、为什么做、如何做等六要素。

(5) 问句要尽量获得具体或事实的答案。

(6) 问句要克服偏差，追求准确。

(7) 问句应不带有引导的含义，否则将失去客观性。在设计中，经常出现的两个问题：一是被调查者不加思考就同意所引导问题中的暗示结论；二是由于引导性问题大多是引用权威或大多数人的态度，被调查者考虑到这个结论既然已经是普遍的结论，就会产生心理上的顺向反应。

(8) 问句不应引起反感。

(9) 问句没有给予被调查者充分的答案选择。

(10) 避免提问令被调查者难堪、禁忌和敏感的问题。如各地风俗和民族习惯中忌讳的问题、涉及个人利害关系的问题、个人隐私问题等。在设计时，应采取以下方式避免以上的问题：一是释疑法，在问题前面写一段消除顾虑的功能性文字，或在问卷引言中写明严格替被访问者保密，并说明保密措施；二是假定法，用一个假定条件句作为问句的前提，然后再询问被访者的看法；三是转移法，即把本应由被访者根据自己的实际情况填答的问题，转移到由被访者根据他人的情况来阐述自己的想法。

(11) 问句要考虑时间性。要对问句确定界限，避免混淆。拟定问句要有明确的界限。问句中对时间、地点、人物、事件、频率等界限都应该有一个特定的范围，而不应该只是概括地表示。

(12) 问句语气和内容要适合调查总体内各集团和阶层的被访问者。

2. 问句的基本类型

理想的问句设计应能使调查人员获得所需的信息，同时被调查者又能轻松、方便地回答问题。这就要求调查人员能依据具体调查内容的要求，设计选用合适的问句进行调查。问句的类型很多，按问题的内容可分为：事实问句、意见问句、阐述问句；按问句的回答形式可分为：自由回答式问句、是否式问句、多项选择式问句、顺位式问句、程度评等式问句、过滤式问句，下面分别介绍。

(1) 事实问句。事实问句要求被调查者依据现有事实来回答问题，不必提出主观看法。诸如"你使用的空调器是什么牌子的？""你家庭的年人均收入是多少?""你的职业是什么?"等。这类问题常用于了解被调查者的特征(如职业、年龄、收入水平、家庭状况、居住条件、教育程度等)以及与所消费商品有关的情况(如产品商标、价格、购买地点、时间、方式等),从中了解某些商品消费的现状。这类问题对调查人员确定某类产品的目标市场有很大的帮助。

事实问句的主要特点是问题简单,回答方便,调查覆盖面广,调查结果便于统计处理,但也存在着不足,如由于时间长等原因,被调查者对某些事实记忆不清,或由于某些被调查者的心理因素影响,而使回答的结果在一定程度上失真。

(2)意见问句。意见问句主要是用于了解被调查者对有关问题的意见、看法、要求和打算。例如,"你希望购买哪种品牌的汽车?""你打算何时购买高级组合音响?"等等。这类问题可以帮助调查人员了解被调查者对商品的需求意向,使企业能够根据消费者需求不断改进产品设计,经营对路的商品,从而增强企业的生存能力。

意见问句的主要特点是从这类询问中可以广泛地了解消费者对需求的要求、打算、意见,为决策者提供未来需求信息,但它也存在着不足。其一,这类询问仅能了解调查者的意见、看法,而无法了解产生这些意见、看法的真正内在原因。如上面提到的问题"你希望购买哪种品牌的汽车?"询问这一问题,调查者只能知道消费者喜欢哪种品牌的自行车,而并不能了解消费者究竟喜欢这种牌子的哪些方面,是质量、颜色、式样还是其他等。其二,这类问题在一定程度上受心理因素影响,如在了解消费打算等问题时,被调查者会因家庭财产问题而不愿说真话等。

(3)阐述问句。阐述问句(又称解释问句)主要是用于调查者想要了解被调查者的行为、意见、看法产生的原因。阐述问句根据询问是否给出问题的选择答案,相应地可分为封闭式阐述询问和开放式阐述询问。这类询问可以在一定程度上弥补事实询问存在的不足,如前面提到的事实询问"你希望购买哪种品牌的汽车?"若想进一步了解购买行为的原因,可提出"您为什么希望购买这个品牌的汽车?"这就是阐述性询问。

阐述问句的主要特点是能够较为深入地了解消费者的心理活动,从而找到问题及问题产生的原因,为解决问题提供依据。但是这种询问也存在不足,其一是结果较为复杂,尤其是开放式的阐述问句,答复的结果不易整理;其二是此类问题涉及被调查者的主观因素较前面两种询问多,被调查者因各种原因而回避问题,或只讲问题的次要方面,从而使调查结果的真实性受影响。

(4)自由回答式问句。自由回答式问句又称开放式问句,这种问句的特点是调查者事先不拟定任何具体答案,让被调查者根据提问自由回答问题,例如,"你喜欢穿什么式样的秋季外套?""你对我厂生产的××牌空调有何意见?"这种

询问方式因事先不提供回答答案,能使被调查者思维不受束缚,充分发表意见,畅所欲言,从而可以获得较为广泛的信息资料,但由于被调查者的回答漫无边际,各不相同,使调查结果难以归类统计和分析。

自由回答式问句比较适用于调查受消费者心理因素影响较大的问题,如消费习惯、购买动机、质量、服务态度等,因这些问题一般很难预期或限定答案范围。这种询问在探测性调查中常常采用。

(5) 是否式问句。是否式问句又称二项式问句、伪真式问句。这种问句的回答只分两种情况,必须二者择一。例如:

您是否喜欢海尔牌彩电?　　　　是(　) 否(　)

这种问句回答简单,调查结果易于统计归类。但这种问句也有一定的局限性,主要是被调查者不能表达意见程度差别,回答只有"是"与"否"两种选择。若被调查者还没有考虑好这个问题,即处于"未定"状态,则无从表达意愿。

(6) 多项选择式问句。多项选择式问句是对一个问题事先列出几种(三个或三个以上)可能的答案,让被调查者根据实际情况,从中选出一个或几个最符合被调查者的情况作为答案。例如,某手表厂欲了解本企业产品在同类产品中的市场占有率,设计问句:

您所使用的手表是哪一种品牌的?

a.西湖(　)　　　b.宝石花(　)　　　c.梅花(　)

d.上海(　)　　　e.钟山(　)　　　　f.天津(　)

g.天霸(　)　　　h.浪琴(　)　　　　i.劳力士(　)

j.欧米茄(　)　　k.其他(　)

多项选择式问句保留了是否式询问的回答简单、结果易整理的优点,避免了是否式询问的不足,能有效地表达意见的差异程度,是一种应用较为广泛、灵活的询问形式。使用这种问句有一点值得注意,即在设计选择答案时,应考虑所有可能出现的答案,否则,会使得到的信息不够全面、客观。

此外,在多项选择式问句中,有一种专门用于测量消费者满意程度的量表,有对称性量表和不对称性量表两种形式。例如,询问消费者关于某一滋补保健品的效果时,可以设计如下两种五段量表:

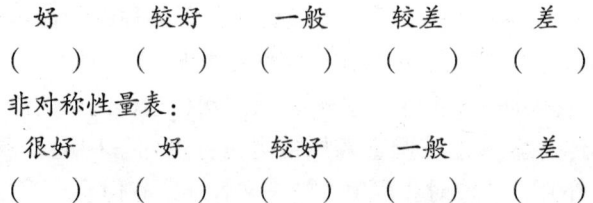

最后分别统计五种情况所占的百分比,确定这种商品在消费者中的总体满意程度。

(7) 顺位式问句。顺位式问句,是在多项选择式问句的基础上,要求被调查者对所询问问题的各种可能答案,按照重要程度不同或喜爱程度不同,对所列答案定出先后顺序。例如:

对于询问"您选购电视机时,对下列各项,请按照您认为的重要程度以1,2,3,4为序进行排序:

a. 图像清晰（　　）　　　b. 音质好（　　）
c. 外形漂亮（　　）　　　d. 使用寿命长（　　）

也可以对不同品牌的同类产品的喜爱程度进行排序。例如:

下列品牌牙膏中,请根据您喜爱程度,以1,2,3,4,5,6序号进行排序:

a. 高露洁（　　）　　b. 佳洁士（　　）　　c. 中华（　　）
d. 两面针（　　）　　e. 黑人（　　）　　　f. 云南白药（　　）

这种询问方式回答较为简单,易于归类统计,但须注意避免可供选择答案的片面性。

(8) 程度评等式问句。程度评等式问句的特点,是调查人员对所询问问题列出程度不同的几个答案,并对答案事先按顺序评分,请被调查者选择一个答案。例如:

您对我厂生产的自行车质量有何看法?请在相应的（　　）中打√。

很好（　　）　好（　　）　一般（　　）　较差（　　）　差（　　）
　　2　　　　　1　　　　　0　　　　　-1　　　　　-2

将全部调查表汇总后,通过总分统计,可以了解被调查者的大致态度。若总分为正数,表明被调查者的总体看法是肯定的;若总分为零分,表明肯定与否定意见持平;若总分为负数,则表明总体上是持否定看法。

这种问句形式,也常被用来对不同品牌的同类产品进行各种性能的评比。例如:

欲在某一范围内进行一次电视机质量评比,评出各种品牌的等级或名次。要求被调查者"根据下面的评分标准,给下列品牌的电视机质量评定分数,分数填入括号内"。

评分标准　很好10分　较好8分　一般6分　较差4分　差2分
a. 海尔（　　）　b. 长虹（　　）　c. 海信（　　）　d. 康佳（　　）
e. 松下（　　）　f. 索尼（　　）　g. 三星（　　）

(9) 过滤式问句。过滤式问句,是逐步缩小提问范围,引导被调查者很自然地对所要调查的某一专门主题作出回答的问句形式。这种询问法,不是开门见

山,单刀直入,而是采取投石问路,引水归渠的方法,一步一步地深入,最后引出被调查者对某个所要调查问题的事实想法。这种问句形式通常用于了解调查者对回答有顾虑或者一时难以直接表达的问题。

例如,某企业欲了解消费者对购买电视机是否影响孩子学习的意见。若一次性提问(非过滤式提问):

"您不购买电视机是怕影响孩子的学习吗?"

上述问句会给被调查者一种很唐突的感觉,是不妥的提问法,因为不购买电视机往往是多种原因引起的,很难直接回答,可用如下过滤式问句提出问题:

"您对电视机印象如何?"

"您是否限制孩子看电视?"

"您认为看电视有什么害处吗?"

"有人说看电视对孩子学习有影响,也有人认为看电视没有影响反而有好处,您是如何看待这个问题的?"

从上面的例句中,我们可以看到,通过调查人员的逐步引导,使被调查者有一个逐步考虑问题的过程,从而自然真实地回答了调查者的问题。

三、答案的设计

答案设计也是一份调查问卷中的主题部分,因而显得尤为重要。答案设计技术主要包括答案设计的技巧、问题答案的设计形式等两方面的内容。

1. 答案设计的技巧

答案设计的技巧主要包括以下几点:

(1)答案要穷尽。要将问答题所有的答案尽可能地列出,才能使每个被访者都有答案可选,不至于因被访者找不到合适的可选答案而放弃回答。

(2)答案须互斥。

(3)定距、定比问题的答案设计。

(4)划分的档次不宜太少,每一档的范围不宜太宽。

(5)在无法确定档次的数目时,采取宁多毋少的做法,因为频次小的档次可以在整理时进行合并。

(6)各档的数字之间应正好衔接,无重叠、中断现象。

(7)注释和填答标记应恰当。

(8)答案的形式应尽量满足分析的需要。

在确定问题形式的同时,决定具体的指标类型和可能得到的指标值,这也就决定了能够进行分析的深度和广度。

2. 问题答案的设计形式

在市场调查中,无论是何种类型的问题,都需要事先对问句答案进行设计。在设计答案时,可以根据具体情况采用不同的设计形式。

(1) 二项选择法。二项选择法也称真伪法或二分法,提出的问题仅有两种答案可以选择,"是"或"否"、"有"或"无"等。这两种答案是对立的、排斥的,被调查者的回答非此即彼,不能有更多的选择。

这种方法的优点:易于理解和可迅速得到明确的答案,便于统计处理,分析也比较容易。但回答难以反映被调查者意见与程度的差别,了解的情况也不够深入。这种方法,适用于互相排斥的两项择一式问题以及询问较为简单的事实性问题。

(2) 多项选择法。多项选择法是指所提出的问题事先预备好两个以上的答案,回答者可任选其中的一项或几项。例如:

您对本次产品试用的总体感觉:

a. 非常满意　b. 满意　　c. 一般　　d. 不满意　e. 非常不满意

这个方法的优点是比二项选择法的强制选择有所缓和,答案有一定的范围,也比较便于统计处理。采用这种方法时,设计者要考虑以下情况:首先要想到可能出现的结果,答案尽可能避免出现重复和遗漏;其次注意选择答案的排列顺序。

(3) 顺位法。顺位法是列出若干项目,由回答者按一定的顺序排列。例如:

您选购手机的原因依次是(请将所给答案按重要顺序法由高到低排序):

a. 价格便宜　b. 外形美观　c. 维修方便　d. 牌子有名　e. 经久耐用

f. 时尚　　　g. 其他

顺位法便于被调查者对其意见、动机、感觉等做衡量和比较性的表达,也便于对调查结果加以统计,但调查项目不宜过多。

(4) 回忆法。回忆法是指通过回忆,了解被调查者对不同商品印象的强弱。如在广告效果研究中常用:"请您举出一周内看到的广告。"调查者依此评价广告的传播效果。

(5) 比较法。比较法是采用对比提问方式,要求被调查者对评价对象做出比较。例如:

请比较下列不同品牌的凉茶,哪种更好喝?(在您认为好喝牌子的□中划√)

王老吉□　　　　加多宝□

(6) 自由回答法。自由回答法是指提问时可以自由提出问题,回答者可以自由发表意见,并无已经拟定好的备选答案。例如,"您对此家超市有什么看法?"这种方法灵活性大,回答者可自由发表意见,可为调查者搜集到某种意料之外的资料。

四、问卷设计中语言表达要求

总体来讲，问卷设计中语言表达常见错误有概念抽象、问题含糊、问题带倾向性、问题有多重含义、问题与答案不协调等，在设计时要注意避免这些问题的产生。

1. 语义表达要准确

为避免问卷设计中上述的语言表达错误出现，就要注意以下几个方面：

（1）不应使填卷人有模糊认识。如调查商品消费情况，使用"您通常喜欢选购什么样的鞋？"就是用词不准确，因为对于"通常"、"什么样"的含义，不同的人有不同的理解，回答各异，不能取得准确的信息。如改为具体的问题："您外出旅游时，会选购什么品牌的旅游鞋？"这样表达就很准确，不会产生歧义。

如消费者对某产品的价格和服务质量感兴趣，询问消费者"您对它的价格和服务质量满意还是不满意？"

该问题实际上包括价格和服务质量两个方面的问题，结果"对价格不满意"、"对服务不满意"或"对价格和服务不满意"的被调查者都可能回答"不满意"，该结果显然得不到消费者想了解的信息。因此，该问题应分为两个问题询问：

"您对它的价格满意还是不满意？"

"您对它的服务质量满意还是不满意？"

这样，消费者可以分别得到某产品的价格和服务质量方面的信息。

（2）问卷要避免使用引导性的语句。如设计问卷时，问"××品牌的旅游鞋质优价廉，您是否准备选购？"这样的问题容易使填表人由引导得出肯定性的结论或对问题产生反感，简单得出结论，这样不能反映消费者对商品的真实态度和真正的购买意愿，所以产生的结论也缺乏客观性，结果可信度低。

某公司想把某电视节目制作成VCD光盘，配合调查其潜在市场，所设计问卷中的标题和说明部分均表明调查是关于该电视节目的。问卷首先要求被调查者列举最喜欢的三个电视节目（开放题），结果该节目名列榜首，98%的被调查者声称最喜欢该节目。

结果显然是有偏差的，原因是标题和说明部分给出了该节目的名称，使得被调查者先对该节目产生或加深了印象，从而诱导被调查者在回答自己喜爱的节目时，有意无意地给出这一节目名称，导致结果出现偏差。

（3）问卷问句设计要有艺术性，避免对填卷人产生刺激而不能很好地合作。如下面两组问句：

A：您至今未买计算机的原因是什么？

　a. 买不起　　　b. 没有用　　　c. 不懂　　　d. 软件少

B：您至今未购买计算机的主要原因是什么？
a. 价格高　　　b. 用途较少　　　c. 性能不了解　　　d. 其他

显然 B 组问句更有艺术性，能使被调查者愉快地合作。而 A 组问句较易引起填卷人反感、不愿合作或导致调查结果不准确。

2. 措辞要准确

措辞的确定，就是将已确定的内容转化为标准化提问的方式，使被调查者能够理解并根据其回答问题。表面看来，这一阶段不过是确定用词语气，然而其作用却是至关重要的。措辞不当往往会使被调查者误解题意或拒绝回答，引起计量误差，从而直接影响数据质量，事后弥补非常困难，而且成本太高。

在这一步骤实践中，经常出现的问题如下：

（1）词不达意，问题的措辞没有准确反映问题的内容。造成这类问题的原因一般有：措辞错误，无法表达原意；模棱两可，令人产生歧义；缺少重要句子成分等。

例如，在某调查中有单选题询问"贵公司从事的产品活动"，而现实中许多公司兼营多种产品活动，选择时仅按照备选答案的顺序，选出第一个见到的自己公司从事的产品活动，而非最主要的产品活动，显然得出的答案有偏。

（2）被调查者无法正确理解问题。其原因主要如下：

1）缺少必要的定义说明。调查对象是非专业人员时，可能不理解某些专业词语的含义。如某 DVD 光盘生产厂家就市场潜力派人员访问调查，询问：

请问您是否使用过 DVD 2.0 版本技术？
□ 使用过　　　□ 没有使用过　　　□ 不知道

因为不知道什么是 2.0 版本技术，有些被调查者可能已使用过却选择了没有使用过，所得的结果显然有误差。

此外，即使对于专业术语或日常用语，不同的人理解也可能不同。如下面的例子：

"请您估计一下，您平均一个月在音像制品上花多少钱？"

这里的"音像制品"虽然是常用词语，但是如果不对"音像制品"范围进行划定，则被调查者对其所含物品种类的理解有些人就可能认为是磁带、录像带等。还有，这里的"花多少钱"，可以指购买，也可以指租借，不同人的理解显然也是不同的。

2）用词生僻或过于专业。在一般调查中，调查对象文化程度分布广泛，生僻、专业的词语会阻碍被调查者对问题的理解。例如，某保险公司调查顾客对本公司业务的印象，询问：

"请问您对本公司的理赔时效是否满意？"

"请问您对本公司的展业方式是否满意?"

许多被调查者不明白什么是"理赔时效"和"展业方式",即便给出答案也没有意义。

3) 语词过于复杂,也容易使被调查者理解错误。使被调查者不能准确回答。主要原因如下:

a. 问题、答案选项的措辞诱导被调查者的思维。如下面的例子:

"您并不认为应该增加反污染法规吧?"

这种否定句提问对被调查者的回答有诱导作用。

b. 问题给出的答案选项含义模糊或相互交叉,使被访问者无法准确表达自己的意见和看法。例如,询问被调查者对某品牌商品的购买时间,选项中有"最近三个月内购买"和"最近一年内购买",如果被调查者是上周购买的,则选这两个选项都对。

c. 问题要求被访问者回忆、估计,而回忆是造成计量误差的主要原因。经常有些市场调查要求被调查者回忆以前三个月甚至半年、一年的购买情况,这显然取决于被调查者的回忆力和合作程度。如某次汤料市场调查,询问被访问者每次做几碗汤,尽管说明了碗的大致容量,但这种估计明显会有很大的计量误差。

d. 问题会有假定性,使被调查者无法准确回答。例如:

"您辞去目前的工作后是否会立即找其他工作?"

被访问者可能因为假设不成立(不打算辞职)而说不,也可能因为辞职后不会立即找其他工作而说不。

4) 缺少必要说明,问题或选项较抽象,都会使被调查者回答的口径不一,引起计量误差,甚至使数据无效。

例如,询问消费者购买 DVD 的平均单价,但没有对单价进行定义说明。结果有人认为是一盒的价格,有人认为是一张盘的价格,结果得到的数字有几百元的,也有几元的。这样的结果根本无法用于推断总体。有些问题含有"偶尔"、"许多"、"大致"等含义模糊的词语,不同的被调查者理解显然也是不同的。

5) 问题的措辞可能会影响回答率,使被调查者不愿意回答或不愿意真实回答。

例如,直接询问一些敏感性问题总会使被调查者产生反感而拒答;又如被调查者可能不愿示弱或怕被看不起而说谎。所以,在决定措辞时要注意研究被调查者的心理。

6) 问题中出现褒义词、贬义词或否定问题,都会影响被调查者的回答。例如:

A: 您是否认为中国应该禁止游戏产业的发展?

B：您是否认为中国应该允许游戏产业的发展？

显然问题 A 中使用了过于严格的措辞"禁止"，将导致这两题回答的结果差异显著。

3. 问卷措辞应遵循的原则

问卷措辞具有很大的灵活性和创造性，不同设计者往往具有不同的风格。这里主要针对以上问题提出预防和控制措施，建议设计者反复推敲，尽量避免措辞引起的误差。

（1）遵守准确性原则，措辞表达意思要准确并完整，不要模棱两可。一次只询问一个问题，不要随意为被调查者做假设。答案选项要准确详尽，避免互相交叉或包容。例如，经常询问的收入问题，应对收入的内容进行界定，是税后收入还是税前收入，是否包括第二职业收入、投资收益、转移收入等。

（2）问题不要带有倾向性，避免诱导性和暗示性。例如，褒义词、贬义词和否定问题都应尽量避免，即尽量给出中间的"一般/无所谓"选项（以下简称中间项）。中间项的存在会诱使被调查者不思考问题，直接选择中间项。实践中经常出现被调查者把量表中所有的题（或多数题）都选择为中间项，当然不给出中间项也会产生偏差，有些被调查者可能对问题本来没有明显偏好，而就近给出选择。但被调查者在"被迫"选择的同时已经过思考，选项能够代表他自己的想法。

（3）遵循可靠性原则，避免使用过于生僻、专业的词语。必须使用这类词语时，应进行定义和说明。措辞要标准、规范、具体，防止不同的被调查者对同一问题理解不同，同时还有可比性。

（4）注意措辞尽量婉转，可以用第三人称提问。另外，如果条件允许，可以用随机化回答技术消除被调查者的疑虑。

（5）注意效率原则，措辞尽量用最简单的词语表达最确切的含义。但这时的简单并非指问题越短越好。实践表明，问题越长，得到的回答越多、越准确。

（6）注意可维护性原则，语句标准，口径统一。

第四节 现代问卷设计

与传统问卷设计的方法不同，现代问卷设计结合了心理学、社会学、人类学等学科相关方法，使得现代问卷呈现了新的特征，并产生了诸多新的现代问卷设计方法。

一、投射技术在市场调查中的应用

由于这样或那样的原因,有时人们不愿作出真实的回答;还有一些时候,人们会发现难以表达他们对某一问题的看法。这时就需要考虑利用投射技术,它可以利用某些具体的方法使接受访问的人将他对于人、事、物或情境的感受、观点、动机等投射到其他人,从而间接地得到受访者的信息。

1. 什么是投射研究

在市场调研中,运用投射技术的机会越来越多,调研人员通过各种非结构化的、间接的询问方式,激励被访者投射出他们潜藏的动机、信仰、态度或情感,了解他们对某一事物的心理状态。依靠投射技术的市场调研属于隐性调查形式。

2. 投射研究的运作

在投射研究中,研究人员会要求被访者对别人的行为进行解释,而不是让他们描述自己的行为。被访者在解释别人的行为时,间接地投射出了自己的动机、信仰、态度或情感。研究人员故意提供一些含糊的、模棱两可的、暧昧的情节,分析被访者对这些情节的反应,从而揭示被访者的态度。这些情节的运用越含糊,越能投射出被访者的情感、需求、动机、态度以及价值观。

3. 投射研究应用的技术

在心理学上,投射研究一般被分为联想法、图片响应法、卡通测试法、完成法、表露法投射测验技术。

(1)联想法。在市场研究中,联想法是投射研究的一种,通常用一些刺激物呈现给被访者,然后问他们头脑中首先联想到什么东西。

联想技术起源于著名心理学家精神分析师荣格提出的语词联想技术。精神分析学家认为,在自由状况下进行的联想,能反映被试深层的无意识心理。美国心理学家将自由联想技术应用于市场实践,他们将消费者联想出的内容进行分析,看是否存在负面联想,对反应的延迟时间进行测量,以此估计某个词汇的情感内涵和特性。这些方法的运用能挖掘出比问卷调查和访谈调查更丰富的语义学含义,并被广泛地运用于品牌命名和广告文案中。应用比较多的联想技术有语词联想技术和"手段--目的"法,又称为利益链技术。

1)语词联想技术。语词联想的方法是给消费者看一段文字,然后要求他把反应过程中最初涌现在头脑中的词语记录下来。在词语联想中,给出一连串的词语,每给一个词语都让被试回答其最初联想到的词语,也叫反应语。调研者感兴趣的那些词语也叫试验词语或刺激词语,是散布在一连串的展示的词语中,在给出的词语中,也有一些中性的或充数的词语,用于掩盖研究的目的。被试对每一个词的反应是逐字记录并且计时的,这样反应犹豫者(一般指要花三秒钟以上来回答的被试）也可以识别出来。调查者记录反应的情况，这样被试书写反应语所要求的时间也就得到了控制。对回答或反应的分析可计算如下几个量：每个反应词语出现的频数；在给出反应词语之前耽搁的时间长度；在合理的时间段内，对某一试验词语完全无反应的被试数目；根本无反应的被试就被判断为是情感卷入造成的反应阻塞。研究者常常将这些联想分为赞成、不赞成和中性三类。

一个被试的反应模式以及反应的细节，可用来决定其对所研究问题的潜在态度或情感。词语联想常常用于品牌名称的测试中，偶尔也用于测量人们对特殊产品、品牌、包装或广告的态度。

2）利益链技术。又叫"手段—目的"法，即让一个被试列举出某种产品或品牌所能提供的利益，再列出这些利益所能提供的好处，继续下去直到消费者列不出好处为止。例如，对某一品牌维生素，消费者可能将"减少感冒"作为它的利益之一，随后消费者会列出"工作效率"和"精力充沛"，另一个被试列出了"气色更好"；二人都认为维生素能减少感冒，但最终的目的不同，假设以上两位消费者代表了典型的两类消费者，那么，针对两类消费者的广告应有所不同。

（2）图片响应法。图片响应法也是投射技术中的常用技法。图片响应法可以追溯到主题类化法，用一系列图片做测试，这些图片会包括普通事物和特殊事物。图片中，对一部分人物或对象会描述得很清楚，而另一些则相当模糊。被访者对这些图片进行描述，从而投射出其个性。

图画回答法的起源为主题统觉法 TAT 法。称之为主题统觉法是因为主题是从被试对图片的感觉概念中抽取出来的。做法是显示一系列的图画，有一般的事件也有不寻常的事件。在其中的一些画面上，人物或对象描绘得很清楚，但在另外一些图画中却很模糊。要求被试通过看图来讲故事。被试对图画的解释可以显示出他们自身的个性特征。例如，可以将被试的特征描绘为冲动、有创造性、没有想象力，等等。

（3）卡通测试法。卡通测试法与图片响应法类似，也是市场调研中投射研究的常用方法。将有关调研主题的某个特定情境用卡通人物的形式展示给被访者。被访者根据一个卡通人物的评论，给出另一个卡通人物的回应。这个回应表征了被访者的情感、信仰、对情境的态度，通常用来探讨品牌价值。卡通测试其实与图片响应法一样，只是更便于管理和分析。

在卡通试验中，将卡通人物显示在一个与问题有关的具体环境内。要求被试指出一个卡通人物会怎样回答另一个人物的问话或评论。从被试的答案中就可以显示出他（她）对该环境或情况的感情、信念和态度。卡通试验法比图画的答法

在实施和分析上都简单一些。

（4）完成法。完成法是市场调研中常用的方法之一，让被访者完成没有完成的句子或故事，从而投射出其消费心理，属于投射研究中完成法的一种。

主要的完成法投射测验有以下两种，语句完成和故事完成。测验者对语句和故事的完成情况进行多方面的分析，根据分析回答的内容以确定所表达的主题，另外还可以分析被试对不同主题的反应和态度。

1）句子完成法。句子完成法与词语联想法类似，给被试一些不完全的句子，要求他们完成。一般来说，要求他们使用最初想到的那个单词或词组。与词语联想法相比，对被试者提供的刺激更直接。从句子完成法可能得到的有关被试感情方面的信息也更多。不过，句子完成法与词语联想法相比，不如后者那么隐蔽，许多被试可能会猜到研究的目的。句子完成法的另一种类型是段落完成，被试要完成由某个刺激短语开头的一段文章。

2）故事完成法。故事完成法是常用的市场调研方法，属于投射研究中完成法的一种。即让被访者完成讲了一半的故事，从而投射出其消费心理。

在故事完成法中，给被试故事的一个部分要足以将完成人的注意力引到某一特定的话题，但是不要提示故事的结尾，被试要用自己的话做出结论。

（5）表露法投射测验技术。在表露法测验技术中，给被试提供一种文字的或形象化的情景，请他（她）将其他人的感情和态度与该情景联系起来。两种主要的表露测验技术是角色表演和第三者技术。

1）角色表演。在角色表演中，让被试表演某种角色或假定按其他某人的行为来动作。调研者的假定是，被试将会把他们自己的感情投入角色。通过分析被试的表演，就可以了解他们的感情和态度。

2）第三者技术。在第三者技术中，给被试提供一种文字的或形象化的情景，让被试将第三者的信仰和态度与该情景联系起来，而不是直接地联系自己个人的信仰和态度。第三者可能是自己的朋友、邻居、同事或某种"典型的"人物。同样，调研者的假定是，当被试描述第三者的反应时，他个人的信仰和态度也就暴露出来了。让被试去反映第三者立场的做法减低了他个人的压力，因此能给出较真实合理的回答。

投射测验技术在调查消费者深层心理动机的时候有它特殊的应用价值，但是投射测验也有它的局限性。这些技术通常需要有经过高级训练的专门调查员做个人面对面的访问，在分析时还需要熟练的和经验丰富的测试人员。因此，一般情况下投射测验的费用比较高昂，而且有可能出现严重的解释偏差。除了词语联想法之外，所有的投射测验都是开放式的，因此分析和解释起来就比较困难，也较容易出现主观臆断的情况。此外，一些投射测验，例如角色表演法要求被试从事不平常的行为。在这些情况下，调研者可能假定同意参加的被试在某些方面也不是平常的，这些被试者可能不是所研究的总体代表。为此，最好将投射测验的结果与采用更有代表性样本的其他方法的结果相结合分析。

二、其他技术在市场调查中的应用

除以上的一些现代问卷技术在实际的市场调查中得到了广泛的应用外，还有一些方法虽然应用较少，但也有着较实际的应用价值。

1. 个案研究

个案研究是研究某一个体或团体的行为，并为之开发出一个翔实、深入的情境测验，应用到目前的情境中。例如，利用个案研究，在一段时间内跟踪、监测一个高效的和一个低效的销售，其行为上的差异是可能导致成功的原因，但这些假定需要进一步验证，主要是检验存在的个案是否具有一定代表性的问题。个案研究的数据来源除与个体交谈外，还有其他多种来源，如公司记录的数据、已公布的信息、简单的观察均可以对研究有所帮助。

2. 小组访谈

如果要考察有几个人参与的决定过程，或由几个相关的决定组成的最后决策，或需要较长时间才能作出的决定，选用小组访谈会非常合适。

相对其他探索性研究技术而言，各公司更常应用小组访谈。小组访谈一般有8~12位参加者，由主持人主持和控制整个小组访谈的过程。在小组访谈的过程中，小组成员围绕一个主题进行非结构性的讨论，时间为1~2小时。参加访谈的人数在一定程度上取决于讨论的主题和与会者的类型。一般来讲，有意思的主题需要的人数比较少，参会者的语言表达越清晰，需要的参加者越少。小组访谈的场所要设计得令参加者感觉舒适、轻松。一般来讲，参加者围坐在桌子周围，会场可备有饮料及点心等，这样便于营造一个宽松的讨论氛围。

小组访谈的主要优点是所需时间短和节省费用。

小组访谈的缺点：可能会有一些人控制了座谈会的进展与主题，而另一些人较少发言，因而不能从每个人那里都得到所需信息；在1~2小时的座谈会上，分配到具体每一个人的发言时间很短；在特定的群体中可能会出现注重一些问题却忽略了一些重要问题的情况；有控制能力的人很容易压制少数人的观点。

小组访谈有其一定的适用范围，主要包括：提供对某一问题的深入研究；了解客户对商品的感受和态度；帮助构建后续的定量研究；使统计研究结果更生动；产生研究课题；确定针对新思想的初步行动。

3. 深度访谈

深度访谈的主要形式是一对一访谈，访谈并不限定时间。该方法对访谈者的

技术性要求较高，比小组访谈的费用高。

因为每次访谈只有一个访谈对象，不会受其他人评论的影响。所以如果能够进行多个深度访谈后就会收集到更多不同的观点。

在深度访谈技术运用过程中，可以讨论一些其他人在场难以启齿的问题，如敏感话题、涉及隐私的话题或可能使访谈对象容易感到尴尬的问题。对于较难寻找的个体，如医生、律师、商界高层人士等，只能用深度访谈，所以该方法的价值性也较高。

本章小结

问卷，也叫调查表，它是一种以书面形式了解被调查对象的反应和看法，并以此获得资料和信息的载体。

问卷设计是依据调研与预测的目的，开列所需了解的项目，并以一定的格式，将其有序地排列，组合成调查表的活动过程。

问卷调查是目前调查业中所广泛采用的调查方式——由调查机构根据调查目的设计各类调查问卷，然后采取抽样的方式（随机抽样或整群抽样等各种抽样方法）确定调查样本，通过调查员对样本的访问，完成事先设计的调查项目，最后，由统计分析得出调查结果的一种方式。它严格遵循的是概率与统计原理，因而，调查方式具有较强的科学性，同时也便于操作。这一方式对调查结果的影响，除了样本选择、调查员素质、统计手段等因素外，问卷设计水平是其中的一个前提性条件。

问卷调查设计要遵循相应的原则、步骤和要求。当书面调查问卷不能完全呈现被试的相关信息时，需要采用投射技术或个案分析法等现代问卷设计方法来观察了解被试，以获得更加准确的被试信息。

课后习题

一、名词解释

问卷　量表　问卷设计技术　投射技术　个案研究　小组访谈　深度访谈

二、简答题

1. 问卷的设计原则有哪些?
2. 如何确定问卷的结构?
3. 问卷设计一般分哪些步骤?
4. 问卷设计技术包含哪些内容?
5. 现代问卷设计包含哪些内容?

三、论述题

1. 如何做出一份符合市场调查目的的问卷?
2. 试分析不同问卷设计技术的区别及适用范围。

四、案例分析

以下是某个学生小组所做的一份关于搜狐新闻的调查,请结合本章所学知识回答问题。

问卷调查

亲爱的朋友:

您好,我们是××大学的学生。我们的调查可能会耽误您 3~5 分钟的时间,但您的回答很重要,而且答案没有对错之分。我们将对您及其他消费者提供的所有信息加以认真汇总,目的是为了帮助搜狐新闻再定位以及提高搜狐新闻的品牌认知度。本次调查仅用于学术研究,不涉及任何商业利益,您的任何个人信息绝对不会透露给任何同研究无关的人员,衷心感谢您对我们的支持和帮助。

注:本问卷中说到的新闻包括:娱乐、体育、社会、国内、历史、图片、国际、军事新闻、访谈、评论、港澳台地区新闻、财经、政治、奇闻轶事新闻。

基本资料

1. 您的姓名:_____
2. 您的性别:

A. 男　　　　　　　B. 女

3. 您的年龄:

A. 18~22 岁　　　　B. 23~30 岁　　　　C. 31~35 岁

4. 您的职业:

A. 学生　　　　　　B. 机关、事业单位办事员

C. 个体户　　　　　D. 私企员工　　　　E. 教育人员

F. 国营企业员工　　G. 其他_____

5. 为了让我们更好地为您服务,请您留下您真实的联系方式:

A. 您现居住地区:＿＿＿＿＿＿＿＿＿＿＿＿＿＿＿＿＿＿＿＿＿＿＿

B. 您的 QQ 号码:＿＿＿＿＿＿＿＿＿＿＿＿＿＿＿＿＿＿＿＿＿＿

C. 您的邮箱:＿＿＿＿＿＿＿＿＿＿＿＿＿＿＿＿＿＿＿＿＿＿＿＿

1. 您一般通过什么方式在网络上收看新闻?(可多选)

A. 弹窗(QQ 弹窗、MSN 弹窗)　　　　B. 固定网站

C. 网友粘贴网址　　　D. 搜索引擎　　E. 外站连接　　F. 其他＿＿＿

2. 您一般收看什么类型的新闻?(可多选)

A. 国内新闻　　　B. 国际新闻　　C. 社会新闻　　D. 军事新闻

E. 历史新闻　　　F. 图片新闻　　G. 新闻访谈　　H. 新闻评论

I. 港澳台地区新闻　J. 娱乐新闻　　K. 体育新闻　　L. 财经新闻

M. 政治新闻　　　N. 奇闻轶事　　O. 热点新闻　　P. 其他＿＿＿

3. 您浏览新闻时会选择什么网站?(可多选)

A. 新华网　　　B. 人民网　　　C. 新浪新闻频道　D. 搜狐新闻频道

E. 网易新闻频道　F. QQ 新闻　　G. 21CN 新闻频道

H. 其他＿＿＿＿

4. 影响你选择新闻网站的因素有哪些?(可多选)

A. 新闻的内容　　B. 网站运行速度　C. 网站的名气　D. 新闻搜索结果

E. 页面视觉效果好(如排版、导航、颜色、字体等)　F. 其他＿＿＿＿

5. 请挑选出您浏览新闻时会选择的网站,并根据选择先后对其排列。(例如,张三浏览时会选择网易、新浪、搜狐;他在选择时首选是搜狐,其次是新浪,最后是网易,所以排列顺序为搜狐—新浪—网易)

A. 网易新闻频道　　B. 新浪新闻频道　　C. 搜狐新闻频道

D. QQ 新闻频道　　E. 21CN 新闻频道　　F. 新华网　　　G. 人民网

H. 凤凰　　　　　　I. MSN　　　　　　J. TOM 新闻

排列＿＿＿＿＿＿＿＿＿＿＿＿＿＿＿＿＿＿＿＿＿＿＿＿＿＿＿＿＿

★若选项中无搜狐新闻的跳至 12 题,完成 12、13 题即可

★若搜狐新闻并不是首选,请您按顺序继续作答至 14 题即可

★若搜狐是首选,请您完成整份问卷

6. 您在搜狐新闻网站上,查看新闻一般用什么样的方式?(可多选)

A. 点击导航条进入新闻内页　　B. 在搜索栏搜索

C. 随意浏览后点击进入　　　　D. 直接找寻自己感兴趣的板块或标题进入

E. 其他＿＿＿＿＿

7. 您有使用搜狐（SOHU）搜索引擎寻找新闻的习惯吗？
   A. 经常　　　B. 偶尔　　　C. 从不（跳至11题）
   D. 不知道有这搜索引擎（跳至11题）
8. 您对搜狐新闻频道进行新闻搜索时，对搜索结果感觉如何？
   A. 搜索面情况_____　　a. 面广　　b. 一般　　c. 不广
   B. 搜索速度_____　　　a. 快　　　b. 一般　　c. 慢
   C. 准确程度_____　　　a. 精准　　b. 一般　　c. 偏差较大
9. 搜狐新闻哪个板块最吸引你（可多选）？为什么？
   A. 要闻（头条）　B. 国际　　C. 国内　　D. 社会
   E. 财经　　　　　F. IT　　　G. 奥运　　H. 体育
   I. 娱乐　　　　　J. 汽车　　K. 房产　　L. 文化
   M. 旅游　　　　　N. 健康　　O. 军事　　P. 论坛
   Q. 评论　　　　　R. 博客
   原因：_____
10. 您是否看过有关搜狐新闻的广告宣传？在哪看到过？
    A. 看过_____　B. 没看过
11. 您对搜狐新闻有何建议或意见？
    _____
    _____
12. 您会因为某个网站是奥运赞助商而增加关注程度吗？原因是什么？
    A. 会_____　　　　B. 不会
13. 您认为以下哪个网站是北京2008奥运会的赞助商？
    A. 搜狐　　　B. 新浪　　　C. 网易　　　D. 21CN　　　E. 腾讯
    F. 雅虎　　　G. 其他_____
14. 请根据以下内容，对您访问过的网站进行打分，满分为5分。

	网易新闻	搜狐新闻	新浪新闻	QQ新闻	21CN新闻
排版					
导航设置					
板块分类					
头条的设置					
新闻内容及时、准确性					
互动性					

15. 您认为搜狐新闻的优势在什么地方？为什么搜狐新闻是您浏览新闻的首

选网站?（参考：页面设置、广告宣传力度、新闻内容等）

_____

_____

★ 谢谢您的合作 ★

讨论题：

1. 请运用本章所学关于问卷设计的知识，对此份调查问卷进行全面的评价。

2. 试运用现代问卷设计方法重新设计一份问卷，并比较两套问卷设计的优点和不足。

第七章 市场调查数据的整理与分析

 **本章提要**

当获得了所需的数据信息以后,为了有效进行数据的量化分析,根据有关量化分析的要求,研究人员必须对市场调查数据进行整理及加工。这个对市场调查获得的信息进行初加工的过程主要包括7个步骤:调查资料的接收;调查问卷的审核;调查问卷的校订;调查表的编码;调查表的转录;运用统计科学方法处理数据;数据统计任务书的制作。

从上述7个步骤可以看出,整个市场调查资料的整理与分析过程从市场调查资料的搜集、接收开始,对收集的数据信息进行审核、校订;接着要对审核过关的调研表进行编码、转录;然后要将数字化的信息表格化;最后进行数据统计任务书的制作。因此,本章节将着重阐述市场调查资料加工整理与分析的基本知识和基本方法,包括对调查资料的接收与编辑、调查资料的编码与录入,以及最终的数据描述、统计分析等内容。

 **学习目标**

1. 了解调查资料的接收与编辑
2. 掌握数据编码与录入
3. 理解数据清理的几个步骤以及缺失值的处理
4. 掌握数据统计的基本分析方法
5. 学会数据统计任务书的制作

 **开篇案例**

SSI 关于互联网用户对网上信息关注程度的数据整理与分析

中国传媒大学调查研究统计所(SSI)2013年受某商业机构委托,要求建立

一套数学模拟系统以检测互联网用户对网上信息的关注程度。为此,首先需要确定哪些网上行为最能反映网民对网上信息的关注程度。由于国内外几乎很少有相关文献论及这一问题,同时这一问题也存在一定的文化差异,因此SSI运用深度访谈的方法,了解网民使用互联网的行为习惯以及心理特征,以确定该数学模型的理论框架。

在完成深度访谈之后,SSI针对每一篇访谈录音稿进行了如下数据整理和分析工作:①阅读访谈录音文稿,熟悉文本并回顾访谈情境;②将录音稿分成若干板块,首先将网民对各种信息的关注程度分为高、中、低三类,然后将同一类信息有关的文字段落归为同一板块;③仔细阅读每一板块,提取反映网民行为和心理特征的关键信息并进行编码;④讨论并形成初步的编码表;⑤基于新的访谈录音稿更新编码表;⑥基于主要分析结果及最终的编码表进行头脑风暴会,讨论并确定整体分析框架;⑦图示分析结果,并形成分析报告。

通过以上分析,SSI发现网民对网上信息的关注程度与其网上活动的互动程度有紧密的联系,在此基础上,SSI设计了网民对网上信息关注程度的理论模型,为后期的定量研究奠定了基础。

【思 考】
1. 如何进行数据资料的收集与编辑?
2. 什么叫编码,如何进行数据的编码?
3. 数据统计的基本分析方法包括哪些?

数据的整理与分析,强调数据整理在前,分析在后。首先要对收集来的大量市场调查问卷进行整理与编辑,然后运用基本的统计分析方法来进行分析,最大化地开发数据资料的功能。发挥数据的作用,是为了提取有用信息和形成结论,而对数据加以详细研究和概括总结的过程,并加以形成数据统计任务书。数据整理与分析这一过程对于后续市场调查报告的撰写意义重大。

第一节 调查资料的接收与编辑

数据资料的处理过程是从回收第一份问卷开始的。按照事先调查方案的计划,尽量确保每份问卷都是有效问卷(所谓"有效"问卷,是指在调查过程中按照正确的方式执行完成的问卷)。问卷回收以后,督导员必须按照调查的要求,仔细地检查问卷。检查问卷的目的是挑出有填写错误,或者不完整不规范的问卷，以保证数据的准确性。所谓错误填写，即出现了哪些不合逻辑或根本不可能的结果。通过对调查员的复核，可以检查出哪些调查员没有按照调查的要求去访问，那么，该调查员完成的问卷可能存在很多问题。还有可能出现漏答了某些必须回答的问题，比如被访者的人口特征等基本情况，造成问卷回答不完整。[①]

鉴于这些情况，不管是由调查员还是被访者造成的原因，通常有两种方式进行补救：一种是对于出现漏答的问卷，通常要求调查员对受访者进行重访，以补充未答的问题；另一种是如果不便于重访或重访后的问卷还有问题，数目不是很多，可以当作缺失值计。如果问卷数量非常大，这份问卷就只能当作废卷处理，并且按照被访对象的抽样条件，补作相关的样本。

一、问卷审核

问卷的审核一般是指对回收问卷的完整性和访问质量的检查，目的是要确定哪些问卷可以接受，哪些问卷要作废。审核的要点包括以下内容：

（1）规定详细的检查规则，一份问卷哪些问题是必须填写完整的，哪些问题出现缺失时可以容忍等，使督导员明确检查问卷的每一项流程。

（2）对于每份调查员交回来的问卷必须彻底地检查，以确认调查员或者被访者是否按照相关的要求完成了访问，并且完整地记录在问卷恰当的位置。

（3）应该将问卷分成三种类型，第一种是完成的问卷，第二种是作废的问卷，第三种是有问题的问卷，但是通过追访还可以利用的问卷。

（4）如果抽样中有配额的要求，那么应将完成的问卷中的配额指标进行统计分析，确定问卷是否完成配额的要求，以便及时补充不足的样本。

（5）通常有下列情况的问卷是不能接受的：所回收的问卷明显不完整，缺了一页或者多页；问卷中有很多内容没有填答；问卷的模式说明调查员（被访者）没有理解或者遵循访问指南回答等；问卷的答案几乎没有什么变化，如在态度的选项上全部选择第×项的情况；问卷的被访者不符合抽样要求；问卷的回收日期超过了访问的时限；由于调研人员记录内容的不全面、不准确，造成答案含义的模糊不清，特别是对那些开放性的问题等。

二、问卷的校订

问卷审核完后，为了加强问卷的准确性，对那些初步接受的问卷还要进行进一步的检查和校订，在校订的过程中，通常会发现问卷中存在字迹模糊、问题漏选的、前后回答不一致的、答案模棱两可的和跳答错误的问题。最后，我们需要

[①] 黄升民等.广告调查［M］.中国物价出版社，2002.

对这些不满意的答案做出适当的处理决定。

1. 检查不满意的答案

问卷的某些问题答案可能出现字迹模糊的情况,特别是碰上无结构的开放式问题时,因为调查员记录的不好,答案不容易识别。如果发现这样的问题,必须对受访者进行追访,将不清楚的地方填写清楚。

有些明显不一致的答案是很容易被检查发现的。例如:

一个年龄为 16 岁的被访者却回答其职务为高级经理;或一个回答月收入低于 800 元的被访者却拥有一辆高级私家车。

一些开放式问题的答案可能是模棱两可的和难以清楚地解释的,可能用了缩写的字或意思不清楚的字。对于要求单一答案的封闭式问题,也可能选了多个答案。对于这样的情况,校订人员应该用红笔将这些答案圈出来或写出来。

有些市场调查问卷可能要求很多的分叉或有许多排除条件的项目;可能根据对某一个关键题的答案,要求被访者跳过整段的内容。例如:

Q4 这是您第一次来这个百货商店购物吗?

是——1 继续回答 Q5

不是——2 跳答 Q8

或者有些项目是要受前面问答题条件限制的。例如,问答题可能是这样开头的:

"如果是这样的话,那么就……;否则,就……"

如果问卷中有许多这样的分叉或排除条件,就更加需要校订工作。重要的是,校订人员要认真地检查这样的项目,并对被访者完成的本不应回答的项目作必要的修改。

这种校订有以下几个小窍门:

(1) 最有效的方法之一是给每个校订人员一份空白问卷,问卷中可能需要排除的项目或段落都用红笔圈出来,把它用作检查每一份完成问卷的"参照问卷"。

(2) "参照问卷"上用作判断其下面部分是否需要回答的"准则题"也要用红笔清楚地圈出来,同时标记出用于指示其下面部分是否排除的答案。[①]

(3) 校订人员可以将完成的问卷和这个"参照问卷"作对比。按没有十分熟悉的先排除的准则来校订,用上述方法去处理前几份问卷中的分叉问题和排除问题是至关重要的。

2. 处理不满意的答案

校订工作的第二步是处理不满意的答案,通常有以下三种处理办法:退回实

---

① 谢家发. 调查数据分析 [M]. 郑州大学出版社,2011.

施现场去获取较好的数据;按缺失值处理;整个问卷作废。

(1) 把有不满意答案的问卷退回实施现场,让访问员再次去接触被访者。在商业性的市场调查中,有时候样本量比较小,而且被访者是比较容易识别的。不过由于访问时间和所采用方法的变化,第二次得到的数据和第一次的可能会有些差别。

(2) 如果将问卷退回实施现场的做法无法实现,校订人员可能就要把不满意的答案按缺失值来处理。在满足以下条件的前提下,这种方法是可行的:①有不满意答案的问卷(被访者)数量很小;②每份有这种情况的问卷中,不满意的答案比例很小;③有不满意答案的变量不是关键变量。

(3) 如果满足以下条件,将有不满意答案的问卷扔掉作废这种方法是可行的:①不满意的问卷(被访者)的比例很小(小于10%);②样本量很大;③不满意的问卷(被访者)和满意的问卷(被访者)之间没有明显差别(如人口背景资料、产品适用特征);④每份不满意问卷中,不满意答案比例很大;⑤关键变量的答案缺失。

不过,不满意的问卷与满意的问卷之间一般都会有些差异,而且将某份问卷(某个被访者)指定为不满意的问卷(被访者)也可能是主观的。上述这两个因素都会使数据产生偏差。如果研究者决定扔掉不满意的问卷,应该向问卷的组织者报告识别这些问卷(被访者)的方法和作废的数量。

第二节 调查资料的编码与录入

调查资料的编码与录入是研究者进行统计分析的必要前提,强调将通过市场调查获得的资料转变为计算机技术能够识别的数据文件,为各种统计分析做好准备。数据编码是把需要加工处理的数据库信息,用特定的数字来表示的一种技术。根据一定数据结构和目标的定性特征,将数据转换为代码或编码字符,在数据传输中表示数据的组成,并作为传送、接受和处理的一组规则和约定。

一、问卷的编码

编码是指对一个问题的不同答案进行分组和确定数字代码的过程。代码包括数据所占据的列数和位置(字段)。例如,如果将调查对象的性别进行编码,1代表男性,2代表女性,字段是1列,代表性别;如果对调研对象的年龄进行编码,则需要两列(两个代码)来记录年龄。通常,一个代码代表一个单独的项

目。被编码后的调研表将以数据资料的形式储存在计算中,有时根据要求还应建立该类调查问卷的数据库,如表 7-1 所示。①

关于被编码后的品牌偏好调查中问卷的数据库,具体见表 7-1。

表 7-1　品牌偏好调查中的计算机文件

记录	1~3	4	5~6	7~8	…	26~35	…	77	78~80
1	001	1	90	6		6522434521		5	
11	002	1	90	15		5645345634		4	
21	003	1	90	13		2123456456		6	
⋮	⋮	⋮	⋮	⋮		⋮		⋮	
1501	150	1	90	16		5663256432		3	

在表 7-1 中,第 1~3 列表示编码为 001~150 的调查对象;第 4 列代表第一组的调查对象;第 5~6 列表示项目编号,均为 90;第 7~8 列是调查对象接受正规教育的时间(年);第 26~35 列,每列代表一个字段,表示对 10 个品牌的偏爱程度,取值从 1~6;第 77 列代表品牌 A 的价格排名;78~80 列为空白列。这样,每一位调查对象都对应一系列数据记录。在这个文件中共存储了 150 位调查对象的原始资料。

一般地,依据编码过程发生在调查实施之前或之后,编码分为事前编码和事后编码。事前编码是指在编写问卷题目时,就给每个变量和可能答案一个符号或数字代码;事后编码则是指研究者在调查已经实施、问题已经作答之后,给予每个变量和可能答案一个符号或数字代码。通常,封闭性问卷的调查研究采用事前编码,而开放性问卷由于事先不知道有多少可能的答案,因此常常采用事后编码。

1. 事前编码

如果问卷经过适当的组织和构造,那么大多数问答题都会是"有结构的",以致大多数的答案都会落入事先确定的类别中,即在调查之前就已经完成了编码的过程,每一组问题不同答案的数字编码已经确定。结构性问题的编码相对简单,由于事先规定了备选范围,会对每一个问题每一种可能的回答编码,并详细说明答案代码的含义和所在列数。例如:

问题:"您是否在年内购买商品房?"

1——是　　　　2——否　(2/45)

在这个问题中,代码 1 代表"是",代码 2 代表"否",圆括号中的代码表示这个记录是编码表中的第 45 列第 2 条记录。由于此题为单选题,有两个备选答

---

① 柯惠新,丁立宏.市场调查[M].高等教育出版社,2009.

案（1或2），故设置1列即可。总之，对于备选答案少于9个且为单选的结构性问题，可以使用单一列表。而对于多选题，每种备选答案都应有独立的列与之相对应。例如：

您在本银行开立了何种账户？（多选题）
a. 整存整取账户（62）
b. 零存整取账户（63）
c. 活期账户（64）
d. 养老保险账户（65）
e. 基金账户（66）
f. 外汇账户（67）
g 其他（68）

在这个例子中，假设第9号调查对象选择了整存整取、零存整取和外汇账户，那么就在记录号为9且代码为62、63和67栏目的交叉点分别填入1，所有其他栏目交叉点处（64、65、66、68栏）分别被填入0。

2. 事后编码

而非结构性或开放式问题，因为不知道会得到什么答案，或者是希望得到比列出的封闭式选项更详尽的答案，所以在调查结束后，必须对这些开放式的问题进行事后编码。开放题的事后编码工作量很大，无法预知会出现多少个新的代码和答案；有些答案是非常类似的，必须决定是合并成一类，还是分成不同的代码。

（1）非结构性问题编码原则。具体地，对非结构性问题编码应注意坚持以下三个具体原则：

1）一一对应原则。编码应采取一一对应原则，即每种答案对应一个编码，不应交叉重叠。

2）重要性原则。即便一些重要性项目并未在题目中出现，也应该对其进行编码。是否有人涉及此类特殊答案，对调研结果可能十分重要。例如，对某手机生产商进行一项专项研究："影响消费者购买决策的产品功能因素分析"，其中在产品功能各选项的"其他"选项中，消费者反映的"彩铃下载功能"就属于这样的一个选项。

3）翔实性原则。资料的编码应尽可能保持其内容的翔实性。例如，进行一项独自旅行调研，以便了解人们是否喜爱独自旅行。为此，应尽可能地将一年的旅行次数进行较详细的分类编码，而不是只做"经常"、"一般"或"不经常"三个粗层次的编码，因为后一种情况反映的信息比较粗糙，它将影响后续阶段数据分析的质量。

（2）事后编码遵循的要点。事后编码通常可遵循以下要点来进行：给编码员

提供一份空白的"参照问卷";对每一个需要事后编码的项目提供一份编码表或编码名单;对每一个项目做一份编码本,内含一页或几张单页;让所有的编码员都在同一地点、使用同一编码本进行工作;提供编码指南,说明什么时候以及怎样设立一个新的代码或合并答案;设立较多较窄的类别要优于设立较少较宽的类别;保持编码本的整洁和清晰。

类似资料的检查工作,此处也需要一份空白的"参照问卷",用于指明需要考察和编码的项目。将这些项目用红笔圈出,以避免编码员遗漏。

(3) 编码步骤。具体地,编码需要以下几个步骤:

1) 每个需要编码的项目都必须有一份编码表,编码表可指导编码工作,并且有助于正确配置和识别变量。编码手册通常包括以下几项主要内容:栏目(列)代码、记录代码、变量代码、变量名称、问题代码以及备注。如表 7-2 所示。将问题和项目的代码详细地标注在编码表的顶端位置,由于事先不知道会有多少新的代码或答案出现,所以一定要预备足够的空间。

2) 如果编码的工作由一个编码员完成,出现错误的可能性相对较小。但实际上,因为需要编码的问题可能很多,一个人没有办法按时完成的,这就需要多个编码员。在这种情况下,一定要注意多个编码员工作的协调。应该安排编码员在不同的时间,或者在相同的时间和相同的地点,使用同一个编码表。这样可以避免编码重复的问题。

3) 研究人员应详细制定编码的守则,指导编码员如何识别答案,并且将其归类,以及如何分配编码,等等,并同时对编码的过程进行监督和检查。编码员在编码的过程中可能有两种倾向:一种是事无巨细地将出现的每一种答案都给出新的代码,结果代码的数量比预料的要多出很多;另一种是对答案的归类过于粗糙,可能丢弃了数据中有意义的差异。对于这两种情况都必须通过守则的规定,尽量避免。碰到无法确认的分类时,通常的做法是赋予一个新的代码,如果需要合并,可以在将来的数据处理过程中完成。

4) 可以对"不知道"、"无所谓"、"不清楚"、"缺失"事先规定,但是一定要注意,规定的编码与实现对该问题的最大编码的预计数量一致。

5) 编码的字迹必须清楚,如果可能,及时地进行计算机的录入管理。

二、数据录入

数据录入是指将问卷或编码表中的每一个项目对应的代码转化成计算机能够识别的形式的过程。这个过程需要数据录入装置(计算机)和一个存储介质(数据库软件、磁盘)。在市场调查发达的国家,数据采集中使用 CATI、CAPI 的方式很普遍,因此键盘录入的过程已在访问时就已经完成了。而且对于简单的问卷

第七章 市场调查数据的整理与分析

表 7-2 问卷的编码（4 个城市，每个城市针对 16~60 岁的 500 个样本量进行问卷调查）[①]

变量符号	变量名称及说明	变量位数	编码说明
1	问卷编号（被访者编号）	3	001~500
2	城市编号	1	1. 北京；2. 上海；3. 广州；4. 成都
3	访员编号	3	首位是城市编码，后两位是访员编码，01~50
4	Q1 被访者性别（访员记录）	1	1. 男；2. 女
5	Q2 被访者年龄（　）岁	2	按访者实际年龄编写，16~60
6	Q3 被访者的学历：小学及以下、初中、高中或中专、大学专科、大学本科、研究生及以上	1	1. 小学及以下；2. 初中；3. 高中或中专；4. 大学专科；5. 大学本科；6. 研究生及以上
⋮	⋮	⋮	⋮
15	Q12-1：请问您在购买时考虑的因素有（现选 3 项）：商品的功能、商品的品质、商品的外观、商品的价格、品牌、售后服务、朋友推荐、其他	1	1. 商品的功能；2. 商品的品质；3. 商品的外观；4. 商品的价格；5. 品牌；6. 售后服务；7. 朋友推荐；8. 其他
16	Q12-2：请问您在购买时考虑的因素有（现选 3 项）：商品的功能、商品的品质、商品的外观、商品的价格、品牌、售后服务、朋友推荐、其他	1	1. 商品的功能；2. 商品的品质；3. 商品的外观；4. 商品的价格；5. 品牌；6. 售后服务；7. 朋友推荐；8. 其他
17	Q12-3：请问您在购买时考虑的因素有（现选 3 项）：商品的功能、商品的品质、商品的外观、商品的价格、品牌、售后服务、朋友推荐、其他	1	1. 商品的功能；2. 商品的品质；3. 商品的外观；4. 商品的价格；5. 品牌；6. 售后服务；7. 朋友推荐；8. 其他
18	Q13：真正好的产品不需要广告：非常同意、同意、无所谓、不同意、非常不同意	1	5. 非常同意；4. 同意；3. 无所谓；2. 不同意；1. 非常不同意
19	Q14：买东西时我经常货比三家：非常同意、同意、无所谓、不同意、非常不同意	1	5. 非常同意；4. 同意；3. 无所谓；2. 不同意；1. 非常不同意
⋮	⋮	⋮	⋮

调查，使用调查卡进行光学扫描录入也能从时间上节约不少成本。但是，国内目前主要还是采用纸面问卷调查的形式居多，采用键盘输入的办法还是比较常用。而采用键盘输入就会产生错误，为了将错误限制到最低水平，下面几点提示可能是有帮助的：给每个录入员提供一份清楚的记录格式；开始录入前几个个案时，研究人员必须在场；绝不能假定录入员是懂得如何做数据录入的；如有可能，对录入的数据进行全面核查；如果全面核查不可行，就采取抽查的方法。

对录入员也要进行培训，明确任务的具体要求和注意事项。如果录入的格式

[①] 黄升民. 广告调查 [M]. 中国物价出版社，2002.

没有事先印刷在问卷上，就必须向录入员提供一份"记录格式"，用于明确每个记录包含的变量及其相对位置（如所在列的位置等）。在录入工作刚开始时，研究人员最好能在场，使录入员便于提问题。缺乏经验的研究人员常常会犯对录入员估计过高的错误。研究人员有时觉得这些录入员对录入设备是很熟悉的，那么他们对计算机操作和数据处理也会是了解的，可能对手上的项目也是知道的。事实上，一般来说，录入员虽然可以做得又快又准确，但他们对手中的数据或研究的最终目的几乎是一无所知。

大多数问卷信息通过智能录入系统进行，即使用相关的数据库软件包。数据库软件不仅可以存数据，而且在录入过程中，通过事先的数据库结构的编辑，可以对录入员录入的过程进行逻辑检查，避免数据录入过程中出现某种类型的错误，如录入无效的编码或者是太广的编码，同时对于跳答问题的录入也能进行很好的控制，减少错误的条约模式。

数据库软件的录入检查范围，限制在最常见的逻辑错误上，对于在选项范围内，因为录入员的疏忽而出错的信息，往往是不能察觉，而录入员在问卷的输入过程中，因为速度非常快，即使是非常老练的录入员，也会出现录入错误的情况。

为了保证数据录入的准确性，有必要对录入的结果进行核查，核查的方式主要有双机录入或三机录入。所谓双机录入的方式，是将同一份问卷分别由两个录入员进行两次录入，将两次的结果进行逐个比较，相同的部分是被认为没有错误的，如果出现不同的部分，检查问卷，及时修正。所谓三机录入，即将同一份问卷由不同的录入员录入3次，将3次的结果通过计算机进行比较，采用"2排1"的选择，相同的采用，排除那个不同的答案。三机录入的方式可以减少翻阅问卷的人工。

无论是双机录入还是三机录入，都会增加调查的时间和费用成本，而且是成倍地增加。但是为求得数据的收集、录入各个环节的准确性，越来越多的企业和市场调查公司要求数据的正确录入操作。

如将表7-2中出现的问题进行录入：问卷编号，城市编码，调查员编号，Q1、Q2、Q3、Q12-1、Q12-2、Q12-3、Q13、Q14，对应的数据库结构见图7-1。这样，输入时每份问卷按数据库中指定的位置输入相应变量的取值，一行数字就是一份问卷。结果所有问卷依次输入完毕就形成一个数据库。

（1）问卷编码是001号，城市是北京市，12号调查员完成的问卷，圈选的结果是：Q1 男性；Q2 30岁；Q3 大学专科；Q12 圈选的2 3 5；Q13 非常同意；Q14 不同意。

（2）问卷编码是005号，城市是上海市，2号调查员完成的问卷，圈选的结果是：Q1 女性；Q2 22岁；Q3 大学本科；Q12 圈选的13；Q13 不同意；Q14 非常同意。

对应的数据库：1) 0011121304……23552；2) 0052022225……13045。

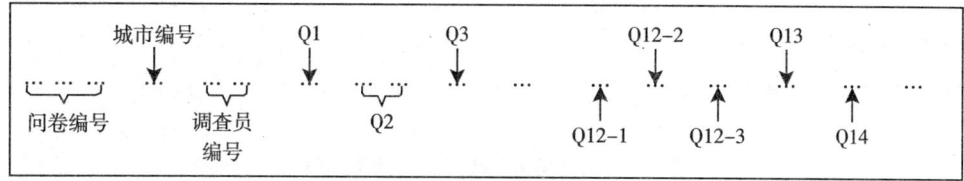

图 7-1 数据库结构[①]

第三节 调查数据的统计与分析

对数据进行编码与录入之后，接下来要做的一项工作就是要对数据进行统计与分析。而在数据统计与分析之前，首先要对数据进行清理。数据清理的重要性远远高于一般人的想象。如果数据不"干净"，会发生两方面的严重问题：首先，很有可能无法适当地执行下一步的数据分析，因而报告呈交的时限也将被严重地推迟。其次，更糟的是，数据分析和报告已经完成，但是研究人员并没有意识到里面有许多错误。

一、数据清理

数据清理主要是尽可能地处理错误的或不合理的数据以及进行一致性检查。虽然在数据的校订阶段已经进行了初步的检查，但是因为这个阶段采用的是计算机，因此检查会是更彻底、更全面的。

数据清理通常可采用统计软件进行，例如，用 SAS、SPSS、BMDP 等软件，可以很简单、方便地寻找超出范围、有极端值或逻辑上不一致的数据。通常的做法是先做一张所有非连续变量的频数表，然后计算连续变量的均值、标准差、最小值和最大值等统计量，那么超出范围的数据或极端值就可以检查出来。例如，假定"收入"的编码应该是 1~6，分别对应 6 种不同收入水平的被访者。假定用 0 表示缺失的数据，那么频数表中出现的大于 6 的数据就是超出范围的。根据对应的被访者编号、变量编号、记录号码、列号码以及超范围的变量值，就可以找到原始问卷和数据文件的对应位置，进行必要的修改。逻辑上不一致的数据也可

[①] 黄升民. 广告调查 [M]. 中国物价出版社，2002.

以通过这些软件找出来。方法之一是做出交叉表，从中可以很方便发现逻辑上不合理的数据。例如，在一张"产品使用频度"和"熟悉程度"的交叉表（见表7-3）中，有两个"从未听说过"该产品，但是却"频繁地"使用这种产品的被访者。根据这两个被访者的编号、变量编码、记录号码、列号码以及变量值，就可以进行必要的修改。

表 7-3 用交叉表寻找逻辑上的不一致[①]

产品使用频度 熟悉程度	经常使用	有时使用	很少使用	根本不使用
非常熟悉	51	45	18	12
比较熟悉	43	32	46	63
有点熟悉			44	151
听说过但完全不熟悉				208
从未听说过	2			120

二、缺失值的处理

在数据清理过程中，经常也会发现缺失值。所谓缺失值是指由于调查对象对问题的表述含糊不清或因错误而形成的奇异值。当缺失回答比例超出10%时，必须对其进行必要的处理。常用的方法包括：用一个样本统计量的值去替代缺失值；用从一个统计模型中计算出来的值去代替缺失值；将有缺失值的个案整个删除（list-wise）以及将有缺失值的个案保留，仅在相应的分析中作必要的排除（pair-wise）。

1. 用一个样本统计量的值去替代缺失值

缺失值可以用一个样本统计量去代替，最典型的做法是使用变量的平均值。这样，由于该变量的平均值会保持不变，那么其他的统计量如标准差和相关系数等也不会受很大的影响。例如，一个被访者没有回答其收入，那么就用整个样本的平均收入或该被访者所在的子样本（例如，属于社会地位比较高的那个阶层）的平均收入去代替。不过从逻辑上说，这样做是不科学的，因为被访者如果回答了该问题的话，其答案可能是高于或低于该平均值。

2. 用从一个统计模型中计算出来的值去代替缺失值

这种处理缺失值的方法是利用由某些统计模型计算得到的比较合理的值来代替，如利用回归模型、判别分析模型等。比如，"产品的使用程度"可能与"家

[①] 黄向阳，谢邦昌. 统计学：方法与应用（数据分析系列教材）[M]. 中国人民大学出版社，2009.

庭规模"和"家庭收入"有联系，利用回答了这三个问答题的被访者的数据，可能构造出一个回归方程。对于某个没有回答"产品使用程度"的被访者，只要其"家庭规模"和"家庭收入"是知道的，就可以通过这个回归方程计算出其"产品的使用程度"。又如，在选举预测中，如果问到他们在下次选举中会投谁的票时，许多被访者常常会给出"还没有决定"的回答。如果只是简单地删除这一部分的回答（有时可能比例较高），那么肯定会引起严重的预测偏差。处理这一问题的统计方法之一是寻找一个判别函数，使其能够区分那些已经投票选 A（假定只有 A 和 B 两个候选人）的群体和已经投票选 B 的群体。这个函数可能由一些独立变量来解释，如被访者的社会地位、职业、党派、受教育程度、生活形态等。假定某位说"还没有决定"的被访者给出了上述变量的答案，那么就可以通过计算他（她）是划入"已经决定选 A"还是"已经决定选 B"的群体中。这样，选举预测的成功率就会大大地提高。[①]

3. 将有缺失值的个案整个删除（list-wise）

将有缺失值的个案整个删除的方法，结果可能会导致很小的样本，因为很多被访者多多少少会有一些项目没有回答。删除大量数据并不是所希望的，因为数据的收集是需要大量的经费和时间的。而且，有缺失回答的被访者与那些全部回答的被访者之间可能会有显著的差异。如果真是如此，这种整个删除的 list-wise 方法会导致有严重偏差的结果。

4. 将有缺失值的个案保留，仅在相应的分析中作必要的排除（pair-wise）

将有缺失值的个案保留，仅在相应的分析中作必要的排除方法，会使分析中不同的计算将根据不同的样本量进行，这也有可能导致不适宜的结果。但是在实践中，这种方法常被研究人员所采用，因为如果能满足以下三个条件，这种方法是妥当的：样本量很大；缺失值很少；变量之间不是高度相关的。

不同的缺失值处理方法可能产生不同的结果，特别是回答的缺失不是随机的以及变量之间存在高度相关的情况。因此，应当使缺失数据的量保持在最低的水平。在选择一种处理缺失数据的方法之前，研究人员应该仔细地考虑各种方法所可能产生的后果。如果对缺失数据进行了处理，应该有文件的描述，并应向客户报告。

三、数据处理的基本统计分析方法

数据整理是对数据进行的最后一道检查程序，这一步完成后，数据应该是"整齐的、干净的"，然后进入下一步，对数据进行统计处理分析。

[①] 李薇. 统计调查中的数据缺失及处理 [J]. 商业研究，2003（6）.

1. 数据处理分析的原则

调查数据分析作为调查研究的一个重要阶段，有其自身的规律和要求。在进行调查数据分析时，应该遵循的原则主要有：

（1）科学性原则。科学性原则是指在数据分析中，应该根据调查数据的属性和特点，调查数据的来源渠道，调查研究的任务和目的，选择科学合理的分析方法进行分析。

（2）客观性原则。客观性原则是指在数据分析中，必须遵守实事求是的原则，充分了解研究对象的各种实际情况，尊重调查数据事实，保证分析结果的公正与客观。

（3）目的性原则。目的性原则是指数据分析必须围绕调查研究的任务和目的来进行，其分析的结果必须能够满足调查研究的需要。

（4）系统性原则。系统性原则是指数据分析要将所有的现象进行分解，然后对各种复杂的联系进行分析和综合。

2. 数据处理分析的方法

调查数据的分析方法有多种，但从方法论的角度来看，有定性分析方法和定量分析方法两大类。

定性分析方法是人们根据事实，运用经验和判断能力、逻辑思维方法、哲学方法和相关专业理论，对现象进行判断、归纳、推理和概括，得出对事物本质和规律性认识的方法体系。具体包括样版式分析、编辑式分析和融入/结晶化的分析（Miller 和 Crabtree，2001）等。

定量分析方法是对调查数据进行数学和统计处理分析的方法体系的总称。调查数据分析中所运用的定量分析方法主要是统计分析方法。统计分析方法分为描述统计分析方法和推断统计分析方法。描述统计分析方法是指对调查数据进行综合整理和计算综合指标等加工处理，用来描述总体特征的统计方法；推断统计分析方法是指根据调查的样本数据去推断总体数量特征的方法。

在调查数据分析过程中，应该正确地选择分析方法。调查数据分析方法的选择，主要是定量分析方法的选择，而定量分析方法主要是统计分析方法。选择统计分析方法，主要是依据研究假设、调查方式、变量多少、数据类型来确定。

3. 定性分析方法

从操作层面来讲，不同的研究者采用的分析方式和风格各不相同。Miller 和 Crabtree 认为，对于定性资料有三种理想化的分析方式：样版式分析、编辑式分析和融入/结晶化的分析。

（1）样版式分析。这种分析方式类似内容分析方法。研究者在开始阅读访谈记录以前，首先需要界定分析单元、设计编码表。编码表的设计可以依据文献资料、研究人员的讨论、先前的研究或者使用其他类型的分析时所得到的结论等。如果访谈提纲是按一定主题设计的,结构比较清楚,也可以作为设计编码表的依据,因为访谈提纲本身就体现了研究者的访谈目的,并且已经融入了研究者自身的知识和经验,以及文献分析的结果;在获得编码表之后,研究者就可以一边阅读访谈记录,一边依据编码表对访谈记录进行编码。通过编码,研究者可以将资料归类、浓缩,从而得到概括性的结论。

这种方式易于理解和操作,也更容易对原始资料进行聚焦,因此比较适合初学者,尤其是作为习惯于定量分析的研究者迈出定性研究的第一步。但是,这种分析方式往往容易使研究者忽略那些在访谈记录中浮现的、事先没有预料到的信息。

(2)编辑式分析。这种分析方式类似编辑的工作方式。研究者事先并不设计编码表,直接开始逐字逐句地阅读访谈记录,在阅读过程中,研究者需要保持开放的心态,努力发现那些最贴近研究主题、最有价值的信息,然后对这些信息进行概念化和编码,在此过程中研究者可以逐渐建构出编码表,以作为分析新的访谈记录时的依据。

这种类型的分析往往被扎根理论的传统的研究者所采用。其优点是更具有开放性,能够使研究者对访谈资料中浮现的新信息保持足够的敏感和充分的关注。但是其编码表往往需要不断调整,难以计划,编码过程也更依赖研究者的直觉。

(3)融入/结晶化的分析。这种分析方式更强调研究者的直觉和反省。它要求研究者完全沉浸于访谈记录中,通过不断反省,"出现对于资料的一种直觉式的结晶输出",并通过融入与结晶化的反复循环,达到对资料的解释。这种分析方式最后也可能发展为编码表,但只是作为验证结论时的参考。

采用该分析方式时,操作性的工作往往并不明显,很多工作都在研究者的头脑中进行,因此对研究者素质有较高的要求。一般经验丰富的研究者往往采用此方式。

以上三种分析方式各有利弊,适用于不同的情形,见表7-4。正因为如此,这三种分析方式也常常结合使用。

表7-4 样版式、编辑式与融入/结晶化三种分析方式的比较[1]

比较标准	分析方式	样版式	编辑式	融入/结晶化
利弊	优点	更容易聚焦,更具时间效率	更具开放性	更具开放性,更能深入地与文本对话和互动

---

[1] 柯惠新,丁立宏. 市场调查 [M]. 高等教育出版社,2009.

比较标准 \ 分析方式		样版式	编辑式	融入/结晶化
利弊	缺点	编码表的设计可能不全面，因而容易遗漏新的、事先未料到的信息	编码过程需要不断调整、难以计划；更依赖研究者的直觉	更依赖研究者的直觉和经验
利弊	研究者特征	擅长结构或推论的逻辑	擅长结构或推论的逻辑	擅长直观的分析
	研究目的	检验理论或假设	了解其他人的生活经验，需要更具开放性的研究	了解其他人的生活经验，需要更具开放性的研究
	储备知识	丰富	少	少
	可能的受众	客观的第三方	研究的参与者（如访谈中的被访者）	研究的参与者（如访谈中的被访者）

4. 定量分析方法

根据研究的目的与要求，要选择不同的统计方法。如果是对一个变量取值的归纳整理及对其分布形态的研究，用频数分析（计算百分比等）、众数、中位数、均值和标准差等方法或统计量来描述；对两个变量的相关性分析，可以用卡方分析、单因素方差分析、简单相关系数、一元线性回归分析等方法；对多个变量间的相关性分析，可以用多元线性回归、判别分析、聚类分析、因子分析等方法。

在学习掌握这些统计方法的同时，还应该会熟练使用相关的统计软件，因为很多统计方法靠手工计算是难以完成的，现在普遍使用的统计软件是 SPSS、SAS。

下面从数据统计的描述性分析开始，着重介绍一些常用的基本统计方法，主要介绍如何应用这些方法，并列举模拟的例子，给出相应的用 SPSS 统计软件分析的结果，使读者能够较快地学会使用这些方法。

（1）数据的描述性统计分析方法。对数据进行描述性统计分析，其主要目的在于描述测量样本的各种特征及其所代表的总体的特征以及发现其数据的内在规律，以便于选择进一步分析的方法。描述性统计分析着重于对调查总体所有变量的有关数据进行描述性统计分析，包括数据的频数分析、指数分析、数据集中趋势分析等。

1）数据的频数分析。在市场调研中，通常需要回答这样的问题：一个品牌的盈利性客户、一般客户或损失性客户的人数各有多少？它们占总体的比率各为多少？某品牌使用者的收入分布是怎样的？这一分布是否偏向高中收入阶层？等等。所有这些，均可以通过检验频率分布来找到答案。

频率分布是一种数学分布，其目的是计算某变量所有取值的个数，并以百分比的形式表示。一个变量的频率分布是关于这个变量的频数统计表。它包括与变量相关的频数百分比及累计百分比。表 7-5 显示了对 A 品牌广告评价调查中获得的频率分布，所收集的数据用了 5 点标尺度量，即 1=非常不好，5=非常好。[①]

表 7-5 A 品牌广告评价调查的频率分布

变量等级	取值	频数	频率	有效频率	有效累计频率
非常不好	1	1	2.0	2.0	2.0
不好	2	10	2.0	2.3	2.5
一般	3	193	38.5	44.3	46.5
好	4	216	43.1	49.5	96.3
非常好	5	16	3.2	3.7	100.0
	.	65	13.0	missing	.
	total	501	100.0	100.0	.
有效值	436	缺失值	65.0		

表中第一列是"变量等级"，是对变量取值的说明，包含了变量的变换范围。

第二列是"变量取值"，即"1"~"5"分别代表了"非常不好"到"非常好"，其中"."代表缺失值，即有些人没有回答此题。

第三列是"频数"，对应的数值表示各个取值的个案数，这里认为"非常好"有 16 个人、认为"好"有 216 个人、认为"一般"有 193 个人、认为"不好"有 10 个人、认为"非常不好"有 1 个人，而没回答此题约有 65 个人。

第四列是"频率"，是频数对样本量（501 个人）的比率。

第五列是"有效频率"，是频数对有效个案数（所谓有效个案数，即样本量减去缺失个案数）的比例，这里有效个案数是 436 个人。

第六列是"有效累计频率"，是对有效频率的逐行累加的结果。

从对该题的频数分析结果来看，对 A 品牌广告的评价总体来说还是倾向于比较好的，所有的样本中，认为"不好"或者"非常不好"的比例合计只有 2.5%，即占样本 2.5% 的人不喜欢 A 品牌的广告。

在频数和频率计算中，频率大小比较是一个相对的概念，频数大小则是绝对的数值，在市场分析报告中，经常利用频率来说明结果，但是有时也需要频数进一步地说明之间的差异。在比较两个公司营业额的增长幅度时，A 公司和 B 公司在经营规模差异巨大的情况下，虽然 A 公司的增长幅度没有 B 公司快，这是因为 A 公司的实际规模可能是 B 公司的几十倍，在这种情况下，也需要比较增长的实际数额，才能全面说明问题。

2）指数分析。指数（Index）的计算方法很多，最常用的一种方法是，将一

[①] 张海波. 调查数据分析 [M]. 中国统计出版社，2010.

些待比较的数字中的一个特定的数字定为基数100，计算其他数字相对于基数的百分数。用各种指数来描述和比较一些特定的市场问题，既方便又直观。定义适当的指数不但可以进行横向（不同空间）比较，还可以进行纵向（不同时间）比较。为了说明20多年来广告的发展情况，可以1978年广告营业额作为基数，计算以后每年广告经营额与基数的百分比，小于100的指数表明广告经营额的负增长，大于100的指数代表增长，而且能够计算出增长的幅度。

指数的使用和计算方法多种多样，在使用时要注意几个问题：

首先，自定义指数时，应以简便的、合理的描述研究结果为原则；在自定义指数时，在考虑定义的合理性和科学性的基础上，还需要考虑其计算是否方便可行。因此使用指数进行比较时，应该查阅和参考那些已经明确定义的、使用广泛的指数，避免重复制造。

其次，在应用这些指数的概念时，还必须详细了解其定义和计算方法，以便正确使用。在国内的《中国统计年鉴》和各个省市的《统计年鉴》中，指数使用已经非常平常。包括价格指数、消费指数、收入指数等，同时类似房地产价格指数、股票价格指数等在相应的专业领域里使用的也非常广泛。

最后，指数定义的基数一定要与研究目的紧密结合，根据调查的目的，确定是进行横向比较，还是进行纵向比较更为有效，从而确定基数的订立基准。

3）数据的集中趋势分析。用于描述一组市场调查数据或资料的集中趋势分析常用统计量有以下三种：

众数、中位数和平均数。所谓众数（Mode），是表示一组数据中出现次数最多或最常见的数值。在市场调查的数据中，众数代表了典型的个案，或者是分布的高峰所对应的变量取值。变量的所有取值中频数最大的取值，如在消费者的教育程度问题里，初中学历程度选项最多，所以初中相对应的变量编码，就是众数。

中位数（Median）表示一组数据按照大小的顺序排列时，中间位置的那个数值，即针对某个变量，有50%个案的取值在中位数以下。通俗地讲就是在样本的所有观测值中，有一半数比中位数大，有一半数比中位数小。在计算中位数时会面临两种情况：当样本数（n）是奇数时，将样本的所有观测值按由小到大（或由大到小）的顺序排列，排在中间位置上的数值即中位数；当样本为偶数时，排在中间两个位置上的数值的平均值即为中位数。中位数适用于定序变量，对于定距变量，还是首先对观测值进行分组，简单的方法是用中间那一组的组中值作为变量的中位数。

平均数（Mean）也叫均值，等于样本的所有n个观测值之和除以样本量。假设n个观测值用 $x_1, x_2, \cdots, x_n$ 表示，均值用 $\overline{X}$ 表示，均值的公式为：

$$\overline{X} = \sum X / n \tag{T-1}$$

或者 $\bar{X} = \sum Xf/n$ （T-2）

这里公式（T-2）是针对分组数据而言，其中 X 表示某变量的取值，f 表示变量落在某一组中的频数，$\sum$ 表示对所有的值求和（或者对所有的组求和）。

平均数是最典型也是最常用的统计量，适用于定距变量和定比变量。平均数也是最有"意义"的统计量，它可以看作是数据的"平衡点"或"重心"位置所在。因为平均数在计算时，使用到了所有的数据，所以与众数和中位数相比，所包含的信息量最大。但是平均数受极端值的影响很大，个别的极端值会直接影响平均数的数值的变化，不如中位数和众数稳定。因此当调查的数据分布比较规则，不存在什么极端值，或数据对中心的偏离不是很大的情况下，平均数是很好的描述统计量；如果存在极端值或分布偏离比较大时，还必须使用众数和中位数来补充描述。

众数、中位数、均值都是对变量分布中心的描述，其中均值最为常用。

对变量分布形状的描述，最常用的统计量是方差或标准差。

所谓方差（Variance）或标准差（Standard Variance）是表示分布对平均数的偏离程度或伸展程度的度量。计算公式如下：

$$S^2 = \sum (X - \bar{X})^2 / n - 1 \quad \text{(T-3)}$$

或者对分组数据 $S^2 = \dfrac{\sum (X - \bar{X})^2 f}{n - 1}$ （T-4）

标准差 $S = \sqrt{S^2}$，标准差的大小反映了数据对均值的离散程度，标准差越小，表明数据越集中于均值附近；反之则越分散。任何统计分析软件都有标准差的计算，标准差是描述分布的分散（伸展）程度经常使用的统计量。

表7-6是频数和百分比计算的结果，同样地可以利用SPSS软件计算出众数、中位数、均值和标准差，如表7-4所示。从中我们可以发现，对于A品牌的广告评价，评价好的占多数，偏离平均值3.541的离散程度为61.8%。

表7-6 对中位数、众数、均值、标准差的计算[①]

变量等级	取值	频数	频率	有效频率	有效累计频率
非常不好	1	1	2.0	2.0	2.0
不好	2	10	2.0	2.3	2.5
一般	3	193	38.5	44.3	46.5
好	4	216	43.1	49.5	96.3

---

① 黄升民等. 广告调查 [M]. 中国物价出版社，2002.

续表

变量等级	取值	频数	频率	有效频率	有效累计频率
非常好	5	16	3.2	3.7	100.0
		65	13.0	missing	
	total	501	100.0	100.0	
平均数 3.541					
标准差 0.618	中位数	4.0000	众数		4.0005
有效值	436	缺失值	65		

（2）交叉列表分析。交互列表分析方法是以交互列表（也称为列联表）为工具，同时将两个或两个以上具有有限类目和确定值的变量按照一定顺序对应排列在一张表中，从中分析变量之间的相关关系，得出科学结论的分析技术。交互列表分析方法有双变量交互列表分析和三变量交互列表分析两种方法。其中，双变量交互列表分析是最基本的交互列表分析方法。双变量交互列表分析因为涉及的变量较少，在揭示变量之间的关系时可能不太深入或产生虚假的结果。为了克服这一缺陷，在许多场合我们要在双变量交互列表分析的基础上，引入第三个变量作深入分析，即进行所谓的三变量交互列表分析。三变量交互列表分析法主要有三个方面的作用：①更精确地反映原有双变量之间的关系；②检验双变量交互列表分析结果的真伪；③揭示新的变量关系。下面是一个描述交叉表方法应用的例子。①

 **案例**

保险公司关于男女司机行车事故的调查

某保险公司对影响保险户开车事故率的因素进行调研，并对各种因素进行了交叉表分析。

从表7-7可以看出，有61%的参保司机从未发生过交通事故。接着，考察第二个变量"性别"对交通事故发生率的影响。于是，得到二维交叉表7-8。

表7-7 司机交通事故率统计

类 别	比 率
无事故	61%
至少一次事故	39%
样本总数	17800（个）

---

① 王秀娥，夏冬. 市场调查与预测 [M]. 清华大学出版社，2012.

表 7-8　男女司机交通事故率的交叉表分析

类别	男	女
无事故	56%	66%
至少一次事故	44%	34%
样本总数	9320（次）	8480（次）

表 7-9　不同驾驶距离下的事故率

类别	男		女	
驾驶距离	>1万公里	≤1万公里	>1万公里	≤1万公里
无事故	73%	51%	73%	50%
至少一次事故	49%	27%	50%	27%
样本总数	7170（次）	2150（次）	2430（次）	6050（次）

表 7-8 显示，男性司机的交通事故率比女性司机的交通事故率高出 10%。进一步考察男士交通事故较多的原因，于是引进第三个变量"行驶距离"，考察该变量对交通事故率的影响，得到三维交叉表 7-9。

表 7-9 显示，男士驾驶者的高事故率是由于他们的驾驶距离较长，从而证明了驾车事故率与驾驶距离成正比，而与驾驶的性别无显著关系。

交叉表被广泛应用于市场调研，其分析结果很容易直观地被管理人员理解；明了的解释加强了调研结果与经理行为的联系；有助于理解复杂的问题；可减弱空格问题；可将复杂的数据简单化。当然交叉表在使用过程中，存在着如果考虑到多个变量，则样本容量就应相当大，以及难以确保对所有的相关变量进行分析，一旦变量选择不当，则容易得出错误结论等局限性。

此外，在交叉列表分析中，常常用卡方统计量来验证交叉表中变量间的关联程度以及这种关联程度的统计显著性。χ^2 检验是对交互列表中变量的相关关系进行检验，是交互列表分析的深入。

卡方检验是以卡方分布为基础的一种常用假设检验方法，主要用于分类变量，它的基本的无效假设是：

H_0：两个变量特征相互无影响
H_1：两个变量特征相互有影响

其数学表达式为：$\chi_P^2 = \sum_{i=1}^{k} \frac{(A_i - T_i)^2}{T_i}$

$\alpha = 0.05$

其中 A_i 是样本资料的计数，T_i 是在 H_0 为真的情况下的理论数（期望值）。在 H_0 为真时，实际观察数与理论数之差 $A_i - T_i$ 应该接近 0。所以在 H_0 为真时，检验统计量：

$$\chi_P^2 = \sum_{i=1}^{k} \frac{(A_i - T_i)^2}{T_i}$$

服从自由度为 k-1 的卡方分布，即 $\chi_P^2 > \chi_{\alpha,v}^2$，拒绝 H_0，接受 H_1：变量间有相互关系；否则，接受原假设 H，认为变量间无关联。

因此，在进行 χ^2 检验之前，必须编制出交互列表。χ^2 检验分析的基本步骤是：①建立两个变量间无关系的假设；②计算 χ^2 统计量；③规定显著性水平；④根据自由度和规定的显著性水平，查 χ^2 分布表，得到临界值；⑤作出统计决策。[①]

（3）方差分析与协方差分析。方差分析是用于检验两个或两个以上样本均值是否相等的统计方法。方差分析的原假设是所有的均值相等。例如，为了研究消费者对高纤维食品的偏好程度，我们将消费者分为大量食用、一般食用、较少食用和不食用等四组，并用7点标尺度量消费者对高纤维食品的偏好程度，检验的原假设 H_0：四个组对高纤维食品的偏好程度无差异。针对此类问题的假设检验方法是方差分析法。

实施方差分析要求具备三个前提条件：其一，要求有一个非独立随机变量，该变量为间距变量或比率变量；其二，要求有一个或多个自变量，它们是一些名义变量（被称为因素，由名义变量所划分的组被称为水平）；其三，要求不同水平下的样本之间是相互独立的，且方差相同。当分析只涉及一个名义变量，且名义变量对应 m 个水平时，统计上称为单因素 m 水平方差分析；如果分析涉及两个及其两个以上的名义变量，就称为多因素方差分析。在上面的例子中，非独立随机变量的偏好程度，因素划分为消费者群的名义变量，水平数等于4，因此，该分析方法为一个变量的单因素4水平方差分析。如果在分析中考虑性别因素，这样，就是考虑男性和女性两个名义变量，这个分析就称为双因素方差分析。

当自变量中既包括名义变量又包括区间或比率变量时，对应的分析方法称为协方差分析。例如，研究人员既希望检验男性消费者和女性消费者对高纤维食品的偏爱程度，又希望检验他们对科学配餐的态度以及对早餐的重视程度，这时就要进行协方差分析，对科学配餐的态度和对早餐的重视程度均用7点标尺来度量。此时，独立的名义变量（男性消费者和女性消费者）仍然被称为因素，而独立的间距变量（对科学配餐的态度和对早餐的重视程度）被视为协变量。

（4）相关分析。在市场调研中，研究人员通常会对两个间距变量或者比率变量间是否存在关联联系以及关联强度等感兴趣。例如，市场份额与广告支出的关联程度；顾客对品牌的态度与价格敏感度的相关程度等，类似的问题就属于相关

[①] 张海波. 调查数据分析 [M]. 中国统计出版社，2010.

分析所研究的范畴。

对于定量数据进行相关分析，常采用简单相关系数、复相关系数、净相关系数等方法。

简单相关系数是用来测度两个变量之间线性相关程度的统计指标，也叫线性相关系数，一般情况下简称为相关系数。首先，假定两个变量服从同样的分布；其次，依据相关系数r及统计显著性做出判断。r又叫做称皮尔逊相关系数或"皮尔逊积矩相关系数"，它描述了两个定距变量间联系的紧密程度。样本的简单相关系数一般用r表示，计算公式为：

$$r = \frac{\sum_{i=1}^{n}(X_i-\bar{X})(Y_i-\bar{Y})}{\sqrt{\sum_{i=1}^{n}(X_i-\bar{X})^2}\sqrt{\sum_{i=1}^{n}(Y_i-\bar{Y})^2}}$$

其中n为样本量，X_i、Y_i、$\bar{X}$、$\bar{Y}$分别为两个变量的观测值和均值。r描述的是两个变量间线性相关强弱的程度。r的取值在-1与+1之间，若r>0，表明两个变量是正相关，即一个变量的值越大，另一个变量的值也会越大，且r越靠近1，这种正相关程度就越强；若r<0，表明两个变量是负相关，即一个变量的值越大，另一个变量的值反而会越小，且r越靠近-1，则这种负相关程度就越强。r的绝对值越大，表明相关性越强，这里并不存在因果关系；若r=0，表明两个变量间不是线性相关，但有可能是其他方式的相关。

但要注意，这种判断只在样本范围内有效。那么，样本相关系数所描述的变量之间的相关程度是否也在总体范围内显著地存在，还必须通过相关系数的显著性检验来回答。对样本相关系数进行显著性检验的步骤是：①建立假设；②确定显著性水平；③建立检验的统计量；④查t分布表，得到临界值$t_{\frac{\alpha}{2}}$；⑤作出统计决策。若t检验显著，则拒绝原假设，即两个变量是线性相关的；若t检验不显著，则不能拒绝原假设，即两个变量不是线性相关的。

简单相关系数只能说明两个变量之间的线性相关程度。然而现象之间的关系往往是多元的、复杂的，一个现象的变动常常要受许多因素的影响，而且这些因素之间还存在相互交错的关系。如果研究的目的涉及多个变量，需要揭示一个自变量与多个因变量之间相关关系的程度，就需要计算复相关系数。复相关系数是反映一个因变量与多个自变量之间数量变化关系密切程度的指标。复相关系数的具体计算方法依自变量的个数不同而异。复相关系数总取正值，越接近1，表明因变量与多个自变量之间的线性关系越显著。

复相关系数揭示了多个自变量同时对一个因变量发生作用时，这个因变量与这些自变量之间的相关程度。如果相关分析的任务是要揭示在对因变量有影响作用的多个自变量中，某一个特定变量与因变量之间数量变化上的相关程度，就需要计算偏相关系数。偏相关系数是在多变量观测数据中分析两个特定变量之间数量变化关系密切程度的指标。

单纯的相关分析只能揭示变量之间是否存在相关关系，存在何种相关关系，关系的密切程度如何，还不能测度变量之间的数量变动关系。要分析变量之间的数量变动关系，则要进行回归分析。

（5）回归分析。回归分析是一种应用十分广泛的统计分析方法。回归分析按照涉及的自变量多少，可分为一元回归分析和多元回归分析；按照自变量和因变量之间的关系类型，可分为线性回归分析和非线性回归分析。

在回归分析中，如果只包括一个自变量和一个因变量，且二者的关系可用一条直线近似表示，这种回归分析称为一元线性回归分析。如果回归分析中包括两个或两个以上的自变量，且因变量和自变量之间是线性关系，则称为多元线性回归分析。本章重点介绍线性回归分析。

回归分析的内容和步骤有：①确立预测目标和影响因素；②绘制散点图；③求回归系数，并建立回归模型；④对回归模型进行检验；⑤进行估计和预测。

1）一元回归分析。一元回归分析法是回归分析法中最基本的方法，也是应用最为广泛的一种方法。一元回归分析法技术简单，它可以帮助我们理解多元回归分析法。

一元线性回归分析的基本模型是 $y = a + bx + u$。为便于模型中参数的估计，我们常常假定模型中的误差项 u 满足若干经典假设。在误差项 u 满足若干经典假设的条件下，模型中的参数估计方法是普通最小二乘估计法。在估计出参数的估计值 a' 和 b' 后，可获得经验回归方程 $y' = a' + b'x$。

对于获得的经验回归方程 $y' = a' + b'x$，还需进行统计检验。检验分为拟合优度检验和回归系数的显著性检验。拟合优度检验主要是运用判定系数和回归标准差，检验模型对样本观测值的拟合程度。回归系数的显著性检验有 t 检验和 F 检验两种方法。t 检验是对各回归系数的显著性所进行的检验，F 检验是对全部回归系数进行一次性显著性检验，其目的是检验回归方程在整体上是否显著成立。在一元线性回归分析中，由于只存在一个解释变量，所以上述两种检验是等价的。

如果回归模型通过了统计检验，则可运用模型进行回归估计和回归预测。回归估计和预测主要是确定估计值或预测值的置信区间。

2）多元线性回归分析。如果因变量与多个自变量之间相关，且为线性关系，则需运用多元线性回归分析方法来研究其数量上的依存关系。

多元线性回归分析法的基本模型为 $y = b_0 + b_1 x_1 + b_2 x_2 + \wedge + b_k x_k + u$。在多元回归模型中，关于误差项 u 的假定与一元线性回归模型的那些假定相似。在误差项

u 满足若干经典假设的条件下,模型中的参数估计方法是普通最小二乘估计法。在估计出参数的估计值 b_j ($j = 1, 2, \Lambda, k$) 后,可获得经验回归方程 $\hat{y} = \hat{b}_0 + \hat{b}_1 x_1 + \hat{b}_2 x_2 +, \cdots, + \hat{b}_k x_k$。本章主要介绍多元线性回归分析中的二元线性回归分析方法。

二元线性回归分析法的回归方程为 $y' = b_0 + b_1 x_1 + b_2 x_2$。二元线性回归模型中的参数,同样运用普通最小二乘方法进行估计。在获得了回归参数的估计值 $\hat{b}_0$、$\hat{b}_1$、$\hat{b}_2$ 后,还需对模型进行显著性检验。检验分为拟合优度检验和回归系数的显著性检验。拟合优度检验主要是运用判定系数和回归标准差,检验模型对样本观测值的拟合程度。回归系数的显著性检验有 t 检验和 F 检验两种方法。t 检验是对各回归系数的显著性所进行的检验,F 检验是对全部回归系数进行一次性显著性检验,其目的是检验回归方程在整体上是否显著成立。通过检验的模型就可用于回归估计和回归预测。

不论是进行一元线性回归分析,还是多元线性回归分析,如果模型中的误差项不能满足经典假设,存在异方差或自相关、多重共线性等现象时,则我们不能直接用普通最小二乘估计法估计模型中的参数,而是先要对原有模型进行变换,或对数据进行某种处理,然后再用普通最小二乘估计法估计模型中的参数。

3) 非线性回归。在实际工作中,有时变量之间相关关系并非存在线性关系,而呈诸如抛物线、指数曲线、双曲线等各种各样的非线性关系。这时,如果仍然直接用线性回归方程进行分析,将不能正确反映客观现象之间的相互联系。因此,需要应用适当形式的曲线回归方程来描述它们之间的关系。这种为观察数据拟合曲线回归方程所进行的分析,称为非线性回归分析。

非线性回归分析的一般步骤:首先对所研究的两个现象进行理论分析,分析两者之间是否存在相关关系,以及是什么形式的相关,并结合观察散点图的分布,确定拟合哪种形式的曲线较为合适。其次确定好曲线形式后,列表计算其有关参数,从而确定所拟合的回归方程形式,并利用有关资料计算相关系数,以观察所研究的两个现象之间相互关系的紧密程度。最后根据所确定的回归方程进行预测。

(6) 因子分析。因子分析是指研究从变量群中提取共性因子的统计技术。最早由英国心理学家 C.E. 斯皮尔曼提出。他发现学生的各科成绩之间存在着一定的相关性,有一科成绩好的学生,往往其他各科成绩也比较好,从而推想是否存在某些潜在的共性因子,或称某些一般智力条件影响着学生的学习成绩。因子分析可在许多变量中找出隐藏的具有代表性的因子。将相同本质的变量归入一个因子,可减少变量的数目,还可检验变量间关系的假设。它是一种数据简化的技

术,即用相对很少量的几个因子,去表示许多相互有关联的变量之间的关系。因子分析的基本思想是,将观测变量分类,将相关性较高的即联系比较紧密的变量放在同一类中,每一类的变量实际上隐含着一个因子;而不同类的变量之间则相关性较弱,即各个因子之间又是不相关的。因子分析是要找到这些具有本质意义的少量因子,并用一定的结构或模型,去表达或解释大量可观测的变量。

因子分析模型可以表示为,每个观测变量由一组因子的线性组合来表示,设有 k 个观测变量,分别为 X_1, X_2, …, X_k,其中 X_i 为具有零均值、单位方差的标准化变量。则因子模型的一般表达形式为 $X_i = a_{i1}F_1 + a_{i2}F_2 +, …, + a_{in}F_n + \varepsilon_i$。

在市场调研中,研究人员关心的是一些研究指标的集成或者组合,这些概念通常是通过等级评分问题来测量的,如利用李克特量表取得的变量。每一个指标的集合(一组相关联的指标)就是一个因子,指标概念等级评分就是因子得分。

因子分析中要确定多个统计量,即因子载荷、因子方差贡献率公因子方差及特殊方差、因子个数、因子旋转、因子命名、因子得分。

在探测性因子分析中,求解初始因子的主要目的是确定能够解释测评变量之间相关关系的最少因子个数。根据所依据的准则不同,有很多种求因子解的方法,主要可以分为两类:一类是基于主成分分析模型的主成分分析法;另一类是基于公因子模型的公因子分析法,包括主轴因子法、最大似然法、最小二乘法等。

因子分析在市场调研中有着广泛的应用,主要包括:①消费者习惯和态度研究(U&A);②品牌形象和特性研究;③服务质量调查;④个性测试;⑤形象调查;⑥市场划分识别;⑦顾客、产品和行为分类。

在实际应用中,通过因子得分可以得出不同因子的重要性指标,而管理者则可根据这些指标的重要性来决定首先要解决的市场问题或产品问题。

第四节 数据统计任务书的制作

在市场调查的总体方案设计书或计划书中,可能已经给出了数据处理和分析的计划。但一般来说,总体方案中给出的计划只是原则性的或粗线条的,不是操作性的。项目主管或分析师应该将数据处理和统计分析的具体要求详细地列出来,以使计算机程序员或数据处理人员能明确其所需完成的全部统计工作。这份详细地列出全部必须完成的统计工作的可操作清单统称为统计任务书。

一、统计任务书的内容

统计任务书一般应明确地列举出以下的内容,下面以附录中"郑州市大瓶装纯水市场调查(家庭)问卷"为例说明:

1. 变量标识和变量值标识的编制

在数据录入阶段,对变量一般可能只用字母和数字表示。例如,对问卷的第一部分(A 对纯水公司和品牌的认知)的前几个变量,分别用 A11、A12-1~A12-40、A13-1~A13-40……来表示。在进行统计分析之前,要对这些变量或由这些变量派生出来的需要在进一步分析中使用的新变量名称(简称变标)和取值

表7-10 郑州市大瓶装纯水市场调查(家庭)的变量说明[①]

变量符号	变量名称(变标)	变量值的意义(值标)	备注
A11	首想品牌	1-双喜	
		2-天龙泉	单选变量
		3-奥克	40以后的要事后编码
		…	
		39-太阳雨	
A12	追问后想到的品牌	同上	多选变量,要累加A11
A13	提示后想到的品牌	同上	多选变量,要累加A11、A12
⋮	⋮	⋮	
A51	第一考虑的因素	1-纯水水质	单选变量
		2-纯水水质	
		⋮	
		11-纯水公司离家的距离	
A52	第二考虑的因素	同上	单选变量
A53	第三考虑的因素	同上	单选变量
A54	第四考虑的因素	同上	单选变量
A5-1	纯水水质的重要性得分	40-第一考虑	定距变量
		30-第二考虑	可以计算平均得分
		20-第三考虑	
		10-提示后考虑	
		0-没有考虑	
A5-2	纯水口感的重要性得分	同上	同上
⋮	⋮	⋮	⋮
A5-11	纯水公司离家距离的重要性得分	同上	同上

[①] 柯惠新,丁立宏. 市场调查[M]. 高等教育出版社,2009.

（简称值标）进行说明，并将这些说明制作成可运行的文件。有经验的程序员一般都会按照问卷中问答题的内容来编制变标和值标，但是对于派生出来的新变量，任务书上都要加以说明。例如，A12实际上是40多个哑变量的总称，在统计制表时要合成一个变量，并且要将"首想到的"和"提示后想到的"合并在一起给出；表7-10为程序员完成值标和变标的编制任务后给出的结果。

2. 所需完成的基本统计数表

在市场调查中，向客户提供的最基本的统计数表一般是两部分：首先是所有问答题（变量）的频数表；如果是连续性的变量则分段后作出频数表，或计算其均值和标准差；到底是分段还是直接计算均值，需要在任务书上给予具体的说明。其次是反映被访者背景资料（如资料、年龄段、文化程度、收入段等）的变量与所有其他问答题（变量）的交互分析表；如果是连续性的变量，则具体说明是分段后作出的交互分析表，还是按背景资料变量的不同类别计算的其分类均值。例如，在"郑州市大瓶装纯水市场调查（家庭）问卷"中，统计任务书中有如下的说明：

关于频数表

● 计算出以下变量的频数表：A4，B2，B3，B6，等等。

● 对以下变量计算平均值：A4（最近购买的数量），B2（过去的三个月里用了多少桶），B3（每桶多少钱），B6（一次性购买了多少张水票），等等。

● 关于交互分析表（部分说明）。

● 将样本分成现用户、潜在用户和非用户三部分表示。分类的原则如下：

如果 B1=1，U=1（现用户）

如果 D1=1，U=2（潜在用户）

如果 D1=2，U=3（非用户）

● 计算变量U和以下变量的交互分析表：……F1……F5……J2，J3，J4。

● 按变量U计算以下变量的分类均值：……，J5（按各收入段的中间值计算G1-1~G1-23（态度得分），等等。

● 将现用户和潜在用户按三大主要品牌（中美、森氏、沃力）分别分类，等等。

这一部分的说明可以是很详细的，也可以是很概括的，主要取决于项目主管与程序员的配合习惯。

3. 所需完成的统计图形式和数量

在最终呈交的报告中，最好多用直观的统计图，以代替比较繁琐的统计数表。任务书中要说明：哪些问答题需要作图？作什么类型的图？是对整个样本作图，还是按照某些背景资料分类作图？以"郑州市大瓶装纯水市场调查（家庭

问卷"为例,任务书中有以下的说明:

关于统计图(部分说明)

……　　……

● A11(首想无提示的知名度)的直方图,按知名度从小到大的顺序排列。

……　　……

● A5-1 至 A5-11 的平均得分的直方图;以及分别按性别、年龄、文化程度、收入和职业分类的折线图。

……　　……

4. 所需完成的基础统计分析

基础统计分析主要指完成一般的调查报告所需的最低要求的分析。大部分是指单变量统计分析,如 T 检验、单因素方差分析、卡方检验、W 检验等。此外,还可能要根据客户的问题,进行某些必要的估计,例如,估计某类产品目前的市场容量、主要品牌的市场占有率等。以"郑州市大瓶装纯水市场调查(家庭)问卷"为例,任务书中有以下的说明:

关于基础统计(部分说明)

● 目前市场容量的估计:需分别估计家庭用户和单位用户所占的比例、家庭用户和单位用户过去三个月的平均用水量(分别按桶数和钱数估计),等等;还需结合有关的二手资料,如郑州市家庭用户和单位用户的用水比例、郑州市家庭户总户数和单位户总户数等。

● 目前各纯水品牌的市场占有率:……

● 夏季市场容量的预测:……

● 三大主要品牌用户基本情况比较:……

这一部分的说明一般都是比较概括的,只需提出具体的要求,不必详述所采用的具体统计方法,因为一般有经验的程序员都掌握这些基础知识。但是当研究主管有特殊要求,或面对的是没有经验的程序员时,一定要将细节尽可能详细地列出,例如:

关于基础统计(部分说明)

● 方差分析:B22(过去三个月的纯水水量)、B13-1 至 B13-12(对纯水品牌各方面的满意程度得分) …… 分别对 J5(重新归类后的家庭收入)、J3(家庭成员最高文化程度)、三大品牌用户……

● 相关分析:……分别对……

● 回归分析:……分别对……

其中"对"(BY)之前的变量一般是因变量,之后的变量为自变量或按后面的变量进行分类的变量。例如,在方差分析中,要求比较不同家庭收入的用户过

去三个月的平均用水量；要求比较不同家庭收入的用户对其使用的品牌在各方面（水质、口感、价格等）满意程度的平均得分；等等。

5. 所需完成的高级统计分析或模型

高级统计分析或模型在一般情况下是没有必要的，因为利用前述任务书中的1~4已经完全可以满足绝大多数的要求。但是对于有些比较专门或深入的研究，高级统计分析或模型是必要的；或是客户虽然没有具体要求（大多数情况下是因为客户没有这方面的专门知识），但是研究人员希望能呈交给客户一份更具有吸引力、更能揭示内在规律的报告，适当地使用一些高级统计分析方法或模型（如因子分析、聚类分析、对应分析等）也是可以考虑的，当然应该是在时间和经费都许可的情况下。

二、选择统计方法时要考虑的因素

任务书的制定离不开一系列的统计方法。目前数据的统计一般都采用现成统计软件，软件中可供选择的统计方法是十分丰富的。选择时一般要考虑以下几个方面：

1. 研究目的和性质

在制定统计任务书之前，必须再次认真地参考调查项目的总体方案设计计划书，目前该项研究的主要目的是什么，客户所面临的经营决策问题是什么，本项目所研究的主要问题是什么，在研究设计中有哪些待检验的基本假设，等等。数据的统计工作必须密切围绕着这些方面去设计和安排。没有经验的研究者常常只是按照问卷的顺序，要求逐题计算频数或均值、标准差，或再增加一些交叉分析表，堆积了大量的数表，但是并不能提供帮助解决客户所关心问题的信息；或者虽然运用高级统计方法作了大量的分析，但是与客户的问题并无明确的联系，无法解释和应用的统计结果无异于纯粹的数学游戏。如果始终围绕着所研究的问题，那么即使采用的只是最基础的统计方法，也可能帮助正确决策提供有用信息。研究的性质不同，所选择的方法也会很不相同。显然，学术性的研究和商业性的研究、描述性的研究和预测性的研究，适用的任务书会有很大的差异。

2. 研究方法和数据的性质

研究方法不同，所采用的统计分析方法也会有所不同。例如，对随机的大样本数据和小样本的实验数据、对按不等概率抽取的样本数据和对等概率样本的数据，选择的分析方法都会有差异。

此外，问卷中使用的量表和本章前面所述的数据整理方法都将影响数据的性质，从而影响到统计方法的选择。例如，处理定类变量、定序变量和定距变量的统计方法显然是不同的。

3. 统计方法的作用和性质

在选择统计方法时，还应充分理解各种方法的适用场合、应用目的、解决问题的性质、必须满足的假定或前提等。例如，有些统计方法适用于考察不同群体间是否存在显著的差异，有些则适用于研究变量间的联系紧密程度，有些用于分类，有些用于简化数据，还有些特别适用于进行预测。有些方法需要假定变量服从正态分布，有些要求样本是独立同分布的，也有些方法并不需要任何的前提或假定。如果对这些没有基本认识，将可能导致滥用统计软件中的各种方法，也许造成了严重的错误但并无觉察，后果是很可怕的。

4. 研究者和客户的背景

项目研究主管的专业背景、工作经历和处理问题的习惯也影响到统计方法的选择。经过严格的统计训练并富有经验的研究者，往往会选用多种不同的方法处理各种不同的问题，甚至会采用一些高级的统计方法深入地研究和挖掘数据中存在的丰富信息。有些研究者会对所研究的变量或总体作一些合理的假定；但有些研究者可能不愿意这样，他们也许宁愿保守一些，因此可能选择不需要对分布有前提假定的方法，如非参数方法等。

有些客户喜欢简单明了和直截了当的方法，但也有些客户希望做深入的分析甚至要求做模型。因此，在选择统计方法时也应充分理解客户的喜好和要求。

总之，即使是对于同一个项目给出的数据，其统计分析的方法也可能是不同的，甚至可能有几种方法都是适用的，关键是如何选择相对有效的方法。

本章小结

本章围绕数据加工与处理的7个过程，着重阐述从市场调查搜集到数据资料后，如何对市场调查数据进行审核、校订、编码与转录的过程以及最终的数据描述性分析、统计分析等内容。本章要体会数据结构性编码与非结构性编码的异同、编码的简要步骤；数据录入的概念及注意点；重点理解掌握数据描述性统计的几种统计量，包括频率分布、平均数、众数、中位数、方差、标准差等以及数据统计分析的交叉列表分析法、相关分析法、方差以及协方差分析法、回归分析法、因子分析法等基本的调查数据统计方法；最后，要学会数据统计任务书的制作，理解数据统计任务书的内容，熟悉数据统计任务书制作中常用的几种的统计方法。

课后习题

一、名词解释

审核 校订 编码 录入 频率分布 平均数 众数 中位数 方差 标准差 交叉列表 分析法 卡方检验 相关分析法 方差分析 协方差分析法 相关分析 因子分析法 数据统计 任务书

二、简答题

1. 简述数据整理与加工的过程。
2. 如何进行问卷的非结构性编码?
3. 什么叫双机录入与三机录入,两者之间的区别是什么?
4. 数据的描述性统计分析方法包括哪些,并简述之。
5. 简述相关分析。
6. 请谈谈什么叫回归分析,回归分析包括哪几类?
7. 简述因子分析。
8. 阐述数据统计任务书的基本内容。

三、案例分析

早在19世纪后期,英国生物学家Galton通过观察1078个家庭中父母身高的平均值x和其中一个成年儿子身高y,建立了关于父母身高与子女身高的线性方程:$y=33.73+0.516x$。从方程中可以看出,子女身高都有回归平均的倾向。

那么,时隔100多年后的今天,人类的物质生活和精神生活都已经发生了巨大的变化,父母身高与子女身高之间将呈现出什么样的关系呢?在现实生活中,我们都知道父母身高对子女身高是有影响的,但父亲和母亲的影响分别有多大?他们对儿子和女儿的影响程度是否相同?能否用定量形式回答这个问题?如果可以利用回归分析方法,进一步揭示父母身高与子女身高之间量化关系的秘密,将有助于那些关注自己后代身高的年轻父母们进行早期预测,同时也可为那些未婚青年男女在选择理想配偶时提供科学的参考依据。

讨论题:

1. 请选择福州市某年全国招生的应届毕业生家庭为研究样本,通过发放问卷来进行数据搜集。注意要求所调查的家庭应满足下列条件：①家庭中有一个或多个子女；②家庭成员身体健康，发育正常，无先天性和遗传性疾病，无残疾；③子女的年龄均在23岁（含23岁以上）。

2. 请对搜集回来的数据进行编码、整理。

3. 请根据整理的数据进行二元回归分析，分析父亲身高与母亲身高分别对儿子或女儿身高的影响程度。

附录：郑州市大瓶装纯水市场调查（家庭）问卷[①]

您好！我是北京广播学院调查统计研究所委托的调查员_____。郑州市的自来水污染比较严重，许多居民已经开始饮用纯水。针对郑州市纯水市场的现况，我想就纯水这个话题征询您的宝贵意见，以便将来纯水行业能够更好地为居民的生活服务。请您客观地陈述您的观点，回答无所谓对错，我们将对您的回答严格保密，请您不必有任何顾虑。

请您在百忙之中抽出一点时间，为了感谢您的配合，我们将在访问结束时向您提供一件礼品。谢谢！

北京广播学院调查统计研究所

筛选题

问1：请问您在最近6个月之内是否接受过市场调查？
　　1. 有（中断访问）
　　2. 没有

问2：请问您或您家中有没有在下列公司中工作的人？
　　1. 市场调查公司/广告代理公司（若有，中断访问）
　　2. 纯水公司（若有，中断访问）
　　3. 没有

访问地点：_____区_____街道_____居委会
访问日期：____年____月____日上/下午____点____分开始
　　　　　用时共计____分

[①] 柯惠新，丁立宏. 市场调查与分析 [M]. 中国统计出版社，2000.

　　（调查员注意：以下三项请在调查结束后填写，以备复查时使用）
　　受访者姓名：_____
　　受访者电话：_____
　　受访者住址：_____

调查员声明：

　　我确信我对上述地址并具有上述姓名被访者进行了调查，在调查中我按照规定及调查程序向被调查者如实询问了所有相关问题并如实记录了相应的所有答案。

　　　　　　　　　　　　　　　　　　　调查员签名：_____

入户抽样表

家庭中 18~75 岁人口数_____　样本（家庭）户编号_____

					家庭户编号尾数					
		1	2	3	4	5	6	7	8	9	0
调查范围内家庭人口数	1	1	1	1	1	1	1	1	1	1	1
	2	2	1	2	1	1	2	1	2	2	1
	3	1	3	1	2	1	3	1	1	1	2
	4	2	2	4	1	3	4	1	3	3	2
	5	2	5	3	3	4	4	1	5	5	3
	6	3	1	4	3	6	2	3	6		
	7	4	5	6	5	7	2	3	1	7	3
	8	4	5	6	2	7	1	8	3	4	5
	9	2	4	9	5	8	3	7	6	1	8
	10	5	2	3	4	10	7	5	8	9	1

　　说明：把家中 18~75 岁的成员按照年龄从大到小进行排序，依次编号为 1、2、3、…，然后根据调查员在问卷上标好的"家庭户编号尾数"及"家中 18~75 岁的人口数"的情况，对照上表确定由家庭中的哪个成员来独立回答问卷。

　　例如：某户有四口人，夫妻两人，一个 60 岁的老人，一个孩子，孩子不满 18 岁，不在调查之列，则"家中 18~75 岁的人口数"为"3"，其中，三人按年龄从大到小排列依次为：老人（1）、夫（2）、妻（3）；设家庭户编号为 18（由调查员告知），则"家庭户编号尾数"为"8"，依据入户抽样表，人口数与户号尾数的垂直交叉点是 1，则问卷回答人代码为 1，即为老人。

A　对纯水公司和品牌的认知

　　A11　提到"纯水公司"这个词，请问您首先会想到郑州市的哪一家纯水公司或品牌（单选）？

　　A12　【追问】除此以外还想起哪些公司和品牌呢？请把想到的都说出来。

(可多选)

  A13 请问对卡片上的这些公司或品牌，还有哪些您是知道的？（出示卡片）
(可多选)

  A2 您曾经购买过哪些牌子的纯水？【追问】还有呢？（可多选）

  A3 您最近一次购买的纯水是什么牌子的？（单选）

  A4 您最近一次购买的纯水是几桶？

	A11 首先想到的（单选）	A12 追问后想到的（多选）	A13 提示后想到的（多选）	A2 曾购买过的牌子（多选）	A3 最近购买的牌子（单选）	A4 最近购买的数量（桶）
1. 双喜						
2. 天龙泉						
3. 奥克						
4. 沃特						
5. 中美						
6. 森氏						
7. 沃力						
8. 联大						
9. 大正						
10. 洁伊						
11. 格瑞达						
12. 亚美						
13. 美星						
14. 华星						
15. 巨星食品						
16. 金泉						
17. 奥瑞						
18. 期望						
19. 正牌						
20. 巨星						
21. 觉醒						
22. 点滴爽						
23. 家乐						
24. 金义						
25. 大圣						
26. 埃德						
27. 裕丰						
28. 三宁						
29. 中亚						

续表

	A11 首先想到的（单选）	A12 追问后想到的（多选）	A13 提示后想到的（多选）	A2 曾购买过的牌子（多选）	A3 最近购买的牌子（单选）	A4 最近购买的数量（桶）
30. 凤豪						
31. 白晶						
32. 雪峰						
33. 99						
34. 蓝玫瑰						
35. 小黑子						
36. 大富豪						
37. 宝宝康						
38. 舒波特						
39. 太阳雨						
40. 其他						
99. 没买过						

A5 假如购买纯水的话，您一定会考虑很多因素。那么，请问您第一考虑的因素是什么（不提示，单选）？第二考虑的因素是什么（不提示，单选）？第三考虑的因素是什么（不提示，单选）？您还有其他要考虑的因素吗（出示卡片，可多选）？

	第一考虑的因素	第二考虑的因素	第三考虑的因素	提示后想到的因素
1. 纯水水质				
2. 纯水口感				
3. 纯水价格				
4. 纯水公司的服务				
5. 纯水公司的信誉				
6. 纯水公司的知名度				
7. 纯水广告的宣传力度				
8. 纯水公司的美誉度				
9. 纯水公司的规模				
10. 技术部门的质量认证				
11. 纯水公司离家的距离				
12. 其他（注明）				

B 目前纯水的使用情况

B1 在过去的三个月里，您家是否使用了纯水？

1. 是，使用了
2. 没有，没有使用（跳答 D1）

B2　在过去的三个月里，您家使用过什么牌子的纯水（可多选）？分别用了多少桶？

B3　在过去的三个月里，您家使用的纯水的价格分别是每桶多少钱？

B2　过去三个月使用过的品牌及桶数		B3　纯水的价格（元/每桶）	
1. 双喜（　　）桶	21. 觉醒（　　）桶	1. 双喜（　　）元	21. 觉醒（　　）元
2. 天龙泉（　　）桶	22. 点滴爽（　　）桶	2. 天龙泉（　　）元	22. 点滴爽（　　）元
3. 奥克（　　）桶	23. 家乐（　　）桶	3. 奥克（　　）元	23. 家乐（　　）元
4. 沃特（　　）桶	24. 金义（　　）桶	4. 沃特（　　）元	24. 金义（　　）元
5. 中美（　　）桶	25. 大圣（　　）桶	5. 中美（　　）元	25. 大圣（　　）元
6. 森氏（　　）桶	26. 埃德（　　）桶	6. 森氏（　　）元	26. 埃德（　　）元
7. 沃力（　　）桶	27. 裕丰	7. 沃力（　　）元	27. 裕丰（　　）元
8. 联大（　　）桶	28. 三宁	8. 联大（　　）元	28. 三宁（　　）元
9. 大正（　　）桶	29. 中亚	9. 大正（　　）元	29.. 中亚（　　）元
10. 洁伊（　　）桶	30. 风豪	10. 洁伊（　　）元	30. 风豪（　　）元
11. 格瑞达（　　）桶	31. 白晶	11. 格瑞达（　　）元	31. 白晶（　　）元
12. 亚美（　　）桶	32. 雪峰	12. 亚美（　　）元	32. 雪峰（　　）元
13. 美星（　　）桶	33. 99	13. 美星（　　）元	33. 99（　　）元
14. 华星（　　）桶	34. 蓝玫瑰	14. 华星（　　）元	34. 蓝玫瑰（　　）元
15. 巨星食品（　　）桶	35. 小黑子	15. 巨星食品（　　）元	35. 小黑子（　　）元
16. 金泉（　　）桶	36. 大富豪	16. 金泉（　　）元	36. 大富豪（　　）元
17. 奥瑞（　　）桶	37. 宝宝康	17. 奥瑞（　　）元	37. 宝宝康（　　）元
18. 期望（　　）桶	38. 舒波特	18. 期望（　　）元	38. 舒波特（　　）元
19. 正牌（　　）桶	39. 太阳雨	19. 正牌（　　）元	39. 太阳雨（　　）元
20. 巨星（　　）桶	40. 其他（注明）	20. 巨星（　　）元	40. 其他（注明）

B4　您是从什么时间开始使用纯水的：（　　）年（　　）月

B5　您购买纯水最主要的原因是什么？（不提示，单选）

1. 为了孩子健康　　2. 为了老人健康　　3. 为了全家人的健康
4. 为了饮用方便　　5. 为了提高生活质量　6. 其他（注明_____）

B6　您第一次购买纯水时，一次性购买了多少张水票：（　　）张

B7　您家最早购买的是什么牌子的纯水？（单选）

1. 双喜	11. 格瑞达	21. 觉醒	31. 白晶
2. 天龙泉	12. 亚美	22. 点滴爽	32. 雪峰
3. 奥克	13. 美星	23. 家乐	33. 99
4. 沃特	14. 华星	24. 金义	34. 蓝玫瑰
5. 中美	15. 巨星食品	25. 大圣	35. 小黑子
6. 森氏	16. 金泉	26. 埃德	36. 大富豪
7. 沃力	17. 奥瑞	27. 裕丰	37. 宝宝康
8. 联大	18. 期望	28. 三宁	38. 舒波特
9. 大正	19. 正牌	29. 中亚	39. 太阳雨
10. 洁伊	20. 巨星	30. 风豪	40. 其他（注明_____）

B8　是谁最先提议购买的？

B9　是谁最后决定购买的？

B10　是谁选定的牌子？

提议购买者：	1 老人（第一代）	2 父母（第二代）	3 儿女（第三代）	4 全家人	5 其他
决定购买者：	1 老人（第一代）	2 父母（第二代）	3 儿女（第三代）	4 全家人	5 其他
品牌决定者：	1 老人（第一代）	2 父母（第二代）	3 儿女（第三代）	4 全家人	5 其他

B11　当时是怎么知道这个牌子的？（出示卡片，可多选）

1. 电视/广播广告　　　　8. 传单/宣传册
2. 报纸/杂志广告　　　　9. 户外广告
3. 电视/广播节目报道　　10. 听亲戚、朋友说过
4. 报纸/杂志报道　　　　11. 推销人员上门推荐
5. 交通广告　　　　　　　12. 本人或家人的工作单位用这种纯水
6. 纯水公司的送水车　　　13. 在其他地方喝过这种纯水
7. 赞助广告　　　　　　　14. 其他（请注明_____）

B12　当时为什么会选择这个牌子？（出示卡片，可多选）

1. 纯水水质好　　　　　　8. 纯水公司的美誉度高
2. 纯水口感好　　　　　　9. 纯水公司的规模大
3. 纯水价格便宜　　　　　10. 通过了技术部门质量认证
4. 纯水公司的服务好　　　11. 纯水公司离家的距离近
5. 纯水公司的信誉高　　　12. 当时只有这个牌子
6. 纯水公司的知名度高　　13. 其他（注明_____）
7. 广告宣传打动我

B13　您刚才说您最近一次购买的纯水的品牌是（调查员加：A3 中的答案），

第七章 市场调查数据的整理与分析

如果用非常满意，比较满意，一般，不太满意，非常不满意来评价，针对下面列出的各种因素，您对这个品牌的纯水及对其公司的满意程度怎样？（出示卡片）

	非常满意	比较满意	一般	不太满意	非常不满意	不知道
水质	5	4	3	2	1	9
口感	5	4	3	2	1	9
价格	5	4	3	2	1	9
送水的及时程度	5	4	3	2	1	9
送水员的态度举止	5	4	3	2	1	9
送水员的服务（例如擦饮水机，换水桶）	5	4	3	2	1	9
拨通订水热线的难易程度	5	4	3	2	1	9
电话订水时接线员的态度	5	4	3	2	1	9
纯水公司的信誉	5	4	3	2	1	9
纯水公司的知名度	5	4	3	2	1	9
广告宣传力度	5	4	3	2	1	9
纯水公司的美誉度	5	4	3	2	1	9
其他（注明）	5	4	3	2	1	9

B14 在春季您一般平均隔多长时间要一次水？每次要多少？夏季呢？秋季呢？冬季呢？

	隔多长时间要一次（天）	每次要多少桶
春 季	（ ）天	（ ）桶
夏 季	（ ）天	（ ）桶
秋 季	（ ）天	（ ）桶
冬 季	（ ）天	（ ）桶

C 今后购买意向（一）

C1 您今后会继续使用纯水吗？

1. 是
2. 否（跳答 E1）

C2 今年夏季您家大概每月要用多少桶纯水？（   ）桶/月

C3 您家现在还有多少张（调查员加：A3 中的答案）纯水的水票？

（   ）张

C4 水票用完后，您还会继续购买现在使用的（调查员加：A3 中的答案）

的纯水吗?

1. 肯定会继续使用(跳答 C6)
2. 可能会继续使用
3. 不一定
4. 可能会换用另一个牌子
5. 肯定会换用另一个牌子

C5　您最有可能会选择什么牌子的纯水?(不提示,单选)

(如果被访者说试着来,调查员追问最先可能试哪个品牌)

1. 双喜	11. 格瑞达	21. 觉醒	31. 白晶
2. 天龙泉	12. 亚美	22. 点滴爽	32. 雪峰
3. 奥克	13. 美星	23. 家乐	33. 99
4. 沃特	14. 华星	24. 金义	34. 蓝玫瑰
5. 中美	15. 巨星食品	25. 大圣	35. 小黑子
6. 森氏	16. 金泉	26. 埃德	36. 大富豪
7. 沃力	17. 奥瑞	27. 裕丰	37. 宝宝康
8. 联大	18. 期望	28. 三宁	38. 舒波特
9. 大正	19. 正牌	29. 中亚	39. 太阳雨
10. 洁伊	20. 巨星	30. 风豪	40. 其他

C6　您选择这个牌子的最主要原因是:(不提示,可追问至最多 3 个)

1. 纯水水质好
2. 纯水口感好
3. 纯水价格便宜
4. 纯水公司的服务好
5. 纯水公司的信誉高
6. 纯水公司的知名度高
7. 广告宣传打动我
8. 纯水公司的美誉度高

9. 纯水公司的规模大
10. 通过了技术部门质量认证
11. 纯水公司离家的距离近
12. 租用的是这个公司的饮水机,不好去用别的牌子的纯水
13. 已经习惯了用这个牌子
14. 其他(注明＿＿＿＿＿＿)

(跳答 E1)

D　购买意向(二)

D1　您家今后打算购买纯水吗?

1. 是
2. 否(跳答 E1)

D2　您打算在多长时间之后购买?(出示卡片,单选)

1. 马上就会购买　　　2. 一个月之内　　　3. 三个月之内
4. 半年之内　　　　　5. 一年之内　　　　6. 一年以后
7. 还没决定

D3　您最有可能购买什么品牌的纯水？（出示卡片，单选）
（如果被访者说试着来，调查员追问最先可能试哪个品牌）

1. 双喜	11. 格瑞达	21. 觉醒	31. 白晶
2. 天龙泉	12. 亚美	22. 点滴爽	32. 雪峰
3. 奥克	13. 美星	23. 家乐	33. 99
4. 沃特	14. 华星	24. 金义	34. 蓝玫瑰
5. 中美	15. 巨星食品	25. 大圣	35. 小黑子
6. 森氏	16. 金泉	26. 埃德	36. 大富豪
7. 沃力	17. 奥瑞	27. 裕丰	37. 宝宝康
8. 联大	18. 期望	28. 三宁	38. 舒波特
9. 大正	19. 正牌	29. 中亚	39. 太阳雨
10. 洁伊	20. 巨星	30. 风豪	40. 其他

D4　您是通过什么渠道知道这个牌子的？（出示卡片，可多选）

1. 电视/广播广告　　　　　8. 传单/宣传册
2. 报纸/杂志广告　　　　　9. 户外广告
3. 电视/广播节目报道　　　10. 听亲戚、朋友说过
4. 报纸/杂志报道　　　　　11. 推销人员上门推荐
5. 交通广告　　　　　　　 12. 本人或家人的工作单位用这种纯水
6. 纯水公司的送水车　　　 13. 在其他地方喝过这种纯水
7. 赞助广告　　　　　　　 14. 其他（请注明）_____

D5　您选购这个品牌的最主要原因是：（不提示，可追问至最多三个）

1. 纯水水质好　　　　　　7. 广告宣传打动我
2. 纯水口感好　　　　　　8. 纯水公司的美誉度高
3. 纯水价格便宜　　　　　9. 纯水公司的规模大
4. 纯水公司的服务好　　　10. 通过了技术部门质量认证
5. 纯水公司的信誉高　　　11. 纯水公司离家的距离近
6. 纯水公司的知名度高　　12. 其他（注明_____）

D6　您家准备购买纯水最主要的原因是什么？（不提示，单选）

1. 为了孩子健康　　　2. 为了老人健康　　　3. 为了全家人的健康
4. 为了饮用方便　　　5. 为了提高生活质量　6. 其他（注明_____）

D7　您家中是谁最先提议要购买纯水的？

D8 最后将由谁来决定是否购买?
D9 纯水的牌子会由谁来决定?

提议购买者	1 老人（第一代）	2 父母（第二代）	3 儿女（第三代）	4 全家人	5 其他
决定购买者	1 老人（第一代）	2 父母（第二代）	3 儿女（第三代）	4 全家人	5 其他
品牌决定者	1 老人（第一代）	2 父母（第二代）	3 儿女（第三代）	4 全家人	5 其他

E 企业形象

E1 针对下列每一种说法或评价，请选择您认为最合适的一个公司。（出示卡片，单选）

	中美	森氏	沃力	亚星	美星	沃特	天龙泉	中亚	其他（　）
1. 您最喜欢的纯水公司	1	2	3	4	5	6	7	8	9
2. 最值得信赖的纯水公司	1	2	3	4	5	6	7	8	9
3. 规模最大的纯水公司	1	2	3	4	5	6	7	8	9
4. 能保证纯水质量的公司	1	2	3	4	5	6	7	8	9
5. 服务质量最好的公司	1	2	3	4	5	6	7	8	9
6. 价格最合理的纯水公司	1	2	3	4	5	6	7	8	9
7. 慎重承诺的纯水公司	1	2	3	4	5	6	7	8	9
8. 技术最先进的纯水公司	1	2	3	4	5	6	7	8	9
9. 最有发展潜力的公司	1	2	3	4	5	6	7	8	9

E2 下面列出一些名词，请您判断一下它们最像是什么商品的名称?（出示卡片，单选）

1. 雪糕   2. 纯水   3. 碳酸饮料   4. 果汁饮料
5. 保健食品 6. 空调   7. 洗衣机   8. 毛毯   9. 其他

E3 这些名称最能使您产生什么感觉?（出示卡片，单选）

1. 清爽   2. 甘甜   3. 欢快   4. 纯净   5. 安闲
6. 个性   7. 兴奋   8. 高档   9. 其他

名词	E2 商品名称编号	E3 产生什么感觉							
玉泉	（　）	1	2	3	4	5	6	7	8	9
雪源	（　）	1	2	3	4	5	6	7	8	9
春溪	（　）	1	2	3	4	5	6	7	8	9
期望	（　）	1	2	3	4	5	6	7	8	9
波澜	（　）	1	2	3	4	5	6	7	8	9

续表

名词	E2 商品名称编号	E3 产生什么感觉								
天山绿	( )	1	2	3	4	5	6	7	8	9
中美纯	( )	1	2	3	4	5	6	7	8	9
雪浪花	( )	1	2	3	4	5	6	7	8	9

F 纯水广告评价

F1 您以前曾经看到过（或听到过）纯水广告吗？

1. 看到过（或听到过）

2. 没看过（或没听过）（跳答 G1）

F21 您看到过（或听到过）的纯水广告是关于什么品牌的？请把看到过（或听到过）的品牌全说出来【不提示】，【追问】还有吗？还有吗？

F22 除了刚才说过的哪些，您还见到过（或听到过）什么品牌的纯水广告？（出示卡片）

F21 广告品牌（不提示）		F22 广告品牌（提示）	
1. 双喜	21. 觉醒	1. 双喜	21. 觉醒
2. 天龙泉	22. 点滴爽	2. 天龙泉	22. 点滴爽
3. 奥克	23. 家乐	3. 奥克	23. 家乐
4. 沃特	24. 金义	4. 沃特	24. 金义
5. 中美	25. 大圣	5. 中美	25. 大圣
6. 森氏	26. 埃德	6. 森氏	26. 埃德
7. 沃力	27. 裕丰	7. 沃力	27. 裕丰
8. 联大	28. 三宁	8. 联大	28. 三宁
9. 大正	29. 中亚	9. 大正	29. 中亚
10. 洁伊	30. 风豪	10. 洁伊	30. 风豪
11. 格瑞达	31. 白晶	11. 格瑞达	31. 白晶
12. 亚美	32. 雪峰	12. 亚美	32. 雪峰
13. 美星	33. 99	13. 美星	33. 99
14. 华星	34. 蓝玫瑰	14. 华星	34. 蓝玫瑰
15. 巨星食品	35. 小黑子	15. 巨星食品	35. 小黑子
16. 金泉	36. 大富豪	16. 金泉	36. 大富豪
17. 奥瑞	37. 宝宝康	17. 奥瑞	37. 宝宝康
18. 期望	38. 舒波特	18. 期望	38. 舒波特
19. 正牌	39. 太阳雨	19. 正牌	39. 太阳雨
20. 巨星	40. 其他（注明）	20. 巨星	40. 其他（注明＿＿＿）

F3　您能记得起（调查员对被访者看过或听过的前三个广告逐个提问，如果中美纯水在第 3 个以后，要另加一行，追问中美纯水的情况）广告画面和广告语吗？（记下品牌的编号，再写广告画面、广告语）

品牌编号	广告画面	广告语

F4　在何处看过或听过这个广告的？（出示卡片，记下品牌的编号，再在对应的广告类别上画圈）

品牌编号	1. 电视	2. 广播	3. 报纸	4. 交通	5. 户外	6. 赞助	7. 传单	8. 送水车	9. 其他
	1	2	3	4	5	6	7	8	9
	1	2	3	4	5	6	7	8	9
	1	2	3	4	5	6	7	8	9

F5　您认为哪种形式的纯水广告或宣传给您的印象会最深？（出示卡片）

1. 电视/广播广告　　　　　7. 赞助广告
2. 报纸/杂志广告　　　　　8. 传单/宣传册
3. 电视/广播节目报道　　　9. 户外广告
4. 报纸/杂志报道　　　　　10. 亲戚、朋友、熟人的推荐
5. 交通广告　　　　　　　　11. 推销人员上门推荐
6. 纯水公司的送水车　　　　12. 其他（请注明_____）

G　对纯水和矿泉水的看法

G1　对下面的种种说法，请阐述您的观点：您是非常同意，有些同意，无所谓，有些不同意，还是非常不同意？（出示卡片）

	非常同意	有些同意	无所谓	有些不同意	非常不同意	不知道/无回答
1. 矿泉水无污染，而且含有丰富的矿物质	5	4	3	2	1	9
2. 矿泉水虽然含有丰富的矿物质，但并不一定适合每个人身体不同的需要	5	4	3	2	1	9
3. 矿泉水中的有些矿物质人体难以直接吸收，饮用后容易得病	5	4	3	2	1	9

续表

	非常同意	有些同意	无所谓	有些不同意	非常不同意	不知道/无回答
4. 纯净水虽然不含有害离子，但有益离子也滤掉了，没有营养	5	4	3	2	1	9
5. 纯净水中虽然没有有益离子，但人体所需矿物质主要从食物中而来，并非来自饮水	5	4	3	2	1	9
6. 长期饮用纯净水会造成各种疾病，如免疫力下降、掉头发等	5	4	3	2	1	9
7. 纯净水或矿泉水，都不如自来水有益健康	5	4	3	2	1	9
8. 如果能保证纯水的质量，价格高一些也可以接受	5	4	3	2	1	9
9. 纯水的质量无所谓好坏，哪个牌子便宜我就会买哪个	5	4	3	2	1	9
10. 纯水质量无所谓好坏，我会选择服务好的纯水公司	5	4	3	2	1	9
11. 如果服务好，即使价格稍微有点高我也会考虑使用	5	4	3	2	1	9
12. 如果质量不好，价格再便宜，服务再好，我都不会考虑使用	5	4	3	2	1	9
13. 使用纯水的家庭，都是收入不错的家庭	5	4	3	2	1	9
14. 即使收入不太高，为了孩子的健康，也应该使用纯水	5	4	3	2	1	9
15. 使用纯水，是一种体面的标志	5	4	3	2	1	9
16. 将饮用水和其他用水分开是一种时尚	5	4	3	2	1	9
17. 使用纯水的家庭，都是注重健康的家庭	5	4	3	2	1	9
18. 即使有钱，为了孩子的健康，也不要喝纯水	5	4	3	2	1	9
19. 一旦习惯了一种品牌，我不会轻易改变	5	4	3	2	1	9
20. 我会轮换使用各种品牌，不会固定使用某一品牌	5	4	3	2	1	9
21. 广告做得越多，说明纯水公司越有实力	5	4	3	2	1	9
22. 广告做得越多，越说明它的产品卖不出去	5	4	3	2	1	9
23. 广告做得多少，对我选择品牌没有影响	5	4	3	2	1	9

H 媒体接触

H1 您家现在是否订阅或经常购买河南当地的报纸？

1. 是

2. 不是（跳答 H3）

H2 订阅或经常购买的是什么报纸？

1. 河南日报　　　　2. 河南商报　　　　3. 郑州晚报

4. 大河报　　　　5. 河南广播电视报　　　6. 郑州广播电视报
7. 质量时报　　　8. 其他（注明＿＿＿＿＿＿＿＿）

H3　请问您通常是从什么渠道得到新闻和消息的？
1. 电视　　　　　2. 广播　　　　　　　3. 报纸
4. 杂志　　　　　5. 别人谈论　　　　　6. 其他（注明＿＿＿＿）

H4　您喜爱的电视节目有哪些？（出示卡片）
1. 体育　　　　　　　　　　　7. 旅游节目
2. 新闻　　　　　　　　　　　8. 广告
3. 戏剧　　　　　　　　　　　9. 经济信息
4. 大陆电影，大陆电视剧　　　10. 综合文艺节目
5. 外国电影，外国电视剧　　　11. 服务性节目
6. 香港、台湾的电影和电视剧　12. 其他（注明＿＿＿＿＿＿）

I　有关中美纯水的提问

I1　下面列出一些关于中美纯水的说法，请问您对这些说法是非常同意，有些同意，无所谓，有些不同意或非常不同意？

	非常同意	有些同意	无所谓	有些不同意	非常不同意	不知道/无回答
1. 中美纯水的水质最好，价格高一些是可以接受的	5	4	3	2	1	9
2. 中美纯水虽然最早成立，但质量不见得最好	5	4	3	2	1	9
3. 中美纯水用的设备最先进，用中美纯水比较放心	5	4	3	2	1	9
4. 中美纯水的价格最高，但我相信是物有所值	5	4	3	2	1	9
5. 中美纯水的口感并不比其他纯水好多少	5	4	3	2	1	9
6. 很少看到中美纯水的广告，好像是皇帝的女儿不愁嫁	5	4	3	2	1	9
7. 如果中美纯水降价，我担心它的质量也会下降	5	4	3	2	1	9
8. 虽然中美纯水的水质好，但生产水的工艺并不复杂，成本不太高，价格没必要那么高	5	4	3	2	1	9
9. 中美纯水在服务质量上并不占优势	5	4	3	2	1	9
10. 使用中美纯水的家庭是生活质量较高的家庭	5	4	3	2	1	9
11. 使用中美纯水的家庭是不太注意节约的家庭	5	4	3	2	1	9
12. 因为中美纯水最贵，所以使用中美纯水的家庭有一种优越感	5	4	3	2	1	9
13. 跟其他纯水相比，中美纯水是精品，是名牌	5	4	3	2	1	9
14. 如果不要求中美纯水公司送水到家，它的价格能便宜一些的话，我们愿意自己去公司取水	5	4	3	2	1	9
15. 白天家中人都不在，如果送水时间延长到晚8点，我肯定会选择使用或继续使用中美纯水	5	4	3	2	1	9

I2　如果不考虑价格的因素，您有多大可能会购买中美纯水？（出示卡片）
1. 一定会买　　　　2. 可能会买　　　　3. 可能买也可能不买
4. 可能不会买　　　5. 一定不会买　　　6. 不知道/无回答

I3　如果中美纯水的售价保持在15元/桶，您会购买吗（出示卡片）？如果降为14元/桶，您会购买吗？降到13元呢？12元呢？11元呢？10元呢？9元呢？8元呢？再低呢？

	一定会买	可能会买	可能会买也可能不会买	可能不会买	一定不会买	不知道/无回答
15元/桶	1	2	3	4	5	9
14元/桶	1	2	3	4	5	9
13元/桶	1	2	3	4	5	9
12元/桶	1	2	3	4	5	9
11元/桶	1	2	3	4	5	9
10元/桶	1	2	3	4	5	9
9元/桶	1	2	3	4	5	9
8元/桶	1	2	3	4	5	9
再低些	1	2	3	4	5	9

J　背景资料

J1　请问您家里每周平均住在家里5天以上的人有几位？共（　　）位
其中14岁以下的儿童有几位？（　　）位
60岁以上的老人有几位？（　　）位

J2　请问您的教育程度是：
1. 初中及以下　　　　2. 高中（含中专，中技）　　　　3. 大专及以上

J3　请问您家中教育程度最高的成员的学历是什么？
1. 初中及以下　　　　2. 高中（含中专，中技）　　　　3. 大专及以上

J4　请问您的职业是什么？（出示卡片）
1. 工人
2. 商业、服务业人员
3. 学生
4. 公务员
5. 企事业单位一般工作人员
6. 国有企业管理干部
7. 三资企业雇员
8. 科、教、文、体、卫工作者
9. 个体及私营业主
10. 军人、警察
11. 无职业及退休人员
12. 其他（注明＿＿＿＿＿＿＿＿）

J5　请问您全家平均月收入（所有的收入）的大概范围是多少？（让被访者

自己在问卷上选择一个答案)

    1. 500 元以下   2. 501~1000 元   3. 1001~2000 元

    4. 2001~3000 元   5. 3000 元以上

J6　（观察其性别，不要问）性别：

    1. 男   2. 女

谢谢您的合作！

第八章　市场调查报告

 **本章提要**

每一项调查任务的数据处理阶段完成后，就要对所得出的结论做文字形式的说明，即调查报告。所有的工作成果都是通过调查报告体现出来的，调查报告可以说是调查任务的总结工作。调查报告中要省略一些统计软件计算结果中复杂的图表，注重的是分析结论。

一份好的调查报告，不但格式要标准，而且还要内容深刻、论点清晰、论据充分、结论鲜明、附件齐全。在实际工作中，调查报告不但要交给自己的上司，而且还要交给客户，并向他们根据调查报告所需解决的问题及结论作阐述，这个阐述也就是口头报告。

 **学习目标**

1. 了解调查报告的意义
2. 掌握调查报告的写作步骤，并独立完成调查报告的写作
3. 理解撰写书面报告应注意的因素
4. 掌握口头报告的用法及其特点

 开篇案例

决策者想要什么样的市场调查报告

市场调查员李楠曾经受一家方便食品生产企业的委托，调查研究我国方便面市场现状及发展前景。李楠带领他的团队，经过为期一年的艰苦调研，取得了大量珍贵的一手资料。最后，李楠精心准备了一份近500页的调查报告，内含大量统计数据和复杂图表，包括很多待开发的细分市场和渠道管理方面的建议，准备向该企业负责经营的副总裁汇报。

一个半小时翔实的口头汇报后,副总裁起身说道:"李楠,我看得出你的用心,但这么多枯燥无味的数字、表格把我搞糊涂了,听来听去我都不知道你给我的核心材料是什么,我更没有时间去自己归纳整理。所以,请你务必明天前,整理出一份不超过5页的调查结果放到我的办公桌上。"李楠一头雾水,突然反思起来,决策者究竟想要什么?

从案例中可以看出,清晰、简明、扼要的市场调查报告是调研者与决策者进行有效沟通的重要依据。撰写市场调查报告之前,一定要了解决策者和用户的需求。

【思 考】决策者究竟需要什么样的市场调查报告?

第一节 市场调查报告概述

市场调查报告是以一定类型的载体、载荷反映市场状况的有关信息,并包括某些调查与预测结论和建议的形式。市场调查报告是一项市场调查与预测项目最终成果的主要表现形式。市场调查报告的形式有多种,可以是书面形式,也可以是口头形式,或者同时使用书面和口头的形式,还可以有其他形式,如配合使用计算机的办公软件。

一、市场调查报告的重要性

市场调查报告是市场调查与预测活动过程的直接结果。在市场调查与预测活动过程中,通过调查与预测的策划、收集市场信息,并经过对所收集到的市场信息进行加工处理,最终必须形成某种形式的报告,提交给市场调查与预测项目或活动的提出者或委托者。作为一项正式的市场调查与预测项目,提交的市场调查报告更是项目委托合同或协议的重要内容。

一般来说,市场调查与预测的主体对一个市场调查与预测项目最关心的就是调查报告。市场调查与预测作为一项市场信息工作,其主要目的是为企业的经营管理,特别是市场营销提供各种信息资料,作为决策和行为的依据。市场调查与预测项目主体提出项目的直接目的,在某种程度上讲,就是为了获得满意的市场调查报告。

市场调查报告也是衡量和反映一项市场调查与预测项目质量高低的重要标志。尽管市场调查与预测策划所采用的方法和技术、组织过程、资料处理等也是衡量市场调查与预测质量的重要方面,但市场调查报告无疑是最重要的方面。

市场调查报告是市场调查与预测活动的有形产品。当一项市场调查与预测项目完成以后，市场调查报告就成为该项目的少数历史记录和证据之一。作为历史资料，还有可能被重复使用，从而实现其使用效果的扩增。总之，调查报告的重要意义体现在以下两点：

1. 调查报告是调研活动的结果

市场调查的过程为：制定调查方案—搜集资料—加工整理—分析研究—调查报告的表述，调查报告的表述是前面过程的总结，即调查结果的体现形式。此结果是对调查过程的升华，使得报告对象可以了解到本质的信息。

2. 调查报告是营销决策、管理决策的依据

通常来讲，调查活动的目的并不是让参与调查活动的人员了解市场信息，因为他们并不是营销决策或管理决策者，而是通过这些人员所得到的调查结果提供给相关的营销决策者和管理决策者，使得他们掌握市场新信息以及动向。[①]

二、市场调查报告的作用与功能

1. 调查报告的作用

市场调查是市场营销活动的开端，通过市场调查获取原始资料，整理分析后，将调查结果进行总结，从而形成调查报告。调查报告对市场营销活动具有如下作用：

（1）结果展示作用。市场调查报告可以向决策者或用户清晰地展现市场调查活动背景和调查原因，介绍市场调查的内容、主要项目以及调查方式、调查方法和数据分析方法等，以便使决策者和用户了解市场调查过程，并考虑在多大程度上依靠调查结果。市场调查报告能够把调查结果层次分明、条理清晰地展示出来，帮助决策者和用户从调研结果中获得结论与启示，思考如何采取营销或管理行动。

（2）决策导向作用。市场调查是决策者的重要依据。管理者不一定亲自参与市场调查过程，[②]但他们会利用调查结果进行业务决策。因此，一份好的调查报告能对决策者和用户提供有效的导向作用。

（3）情况收集作用。市场调查报告的主要作用是收集情况，并通过对调查所得情况的深入研究，提出一定的见解。除为决策者提供决策导向外，还可以对各部门管理者了解情况、分析问题、编制计划以及控制、协调等方面起到积极的作用。[③]

[①] 张明立，王伟. 市场调查与预测［M］. 哈尔滨工业大学出版社，2003：140-141.
[②][③] 王秀娥，夏冬. 市场调查与预测［M］. 清华大学出版社，2012：225-226，238-240.

2. 调查报告的功能

市场调查报告应具备如下几个方面的功能：描述调查结果、充当参考文件和证明所做工作的可信度。

（1）调查报告必须表述研究的细节。市场调查报告中应对已完成的调研项目做完整而又准确的描述。也就是说，调查报告的内容必须详细，完整地表达给读者以下内容：调查目的；主要背景信息；调查方法的评价；以表格或图形的方式展示调查结果；调查结果摘要；结论；建议。

（2）调查报告必须能像一个参考文件一样发挥作用。一旦报告被报送或分发给决策者，它便开始了自己的使命。大多数研究都包括几个目标和一系列意义重大的信息。然而，让决策者在某一特定时间记住这些内容通常是不可能的，因此，调查者会发现，决策者及其他研究人员常拿出原报告，重新阅读，以便熟悉调查的基本内容。从这方面来看，它像一个价值卓著的参考文件一样发挥作用。

（3）调查报告必须建立并保持研究的可信度。调查报告的可信度可以从以下几个方面得到体现：一是调查报告的外观质量会影响到人们对它的可信度。换句话说，如果调查报告格式不规范，错别字太多，印刷质量太差，有漏掉的页码，图表制作缺乏美观等。那么，给人的第一印象就不好，使人们对调查报告制作者的态度产生怀疑，进而影响了读者对研究可信度的评价。二是对调查报告所采用的调查方法和抽样技术以及可能的误差要加以说明，让使用调查报告的人员确信调查报告在某些方面是可信的。三是避免提出一些"令人大吃一惊"的极端性建议。总之，调查报告必须让读者感受到调查人员对整个调查项目的重视程度和对调查质量的控制程度。这一点无论怎么强调都不过分。

第二节　市场调查报告的写作

写作市场调查报告时，应注意其写作特点、写作的基本要求、报告的类型、报告的内容与结构、报告的写作步骤等问题。

一、市场调查报告写作特点

市场调查报告应具有针对性、新颖性、时效性、科学性等几个方面的特点。

1. 针对性

针对性包括选题上的针对性和阅读对象的明确性两方面。首先，调查报告在选题上必须强调针对性，做到目的明确、有的放矢，围绕主题展开论述，这样才能发挥市场调查应有的作用；其次，调查报告还必须明确阅读对象。阅读对象不同，他们的要求和所关心的问题的侧重点也不同。比如调查报告的阅读者是公司的总经理，那么他主要关心的是调查的结论和建议部分，而不是大量的数字分析等。但如果阅读对象是市场研究人员，他所需要了解的是这些结论是怎么得来的，是否科学、合理，那么他更关心的就是调查所采用的方式、方法，数据的来源等方面的问题。针对性是调查报告的灵魂，必须明确要解决什么问题，阅读对象是谁等。针对性不强的调查报告必定是盲目的和毫无意义的。

2. 新颖性

市场调查报告的新颖性是指调查报告应从全新的视角去发现问题，用全新的观点去看待问题。市场调查报告要紧紧抓住市场活动的新动向、新问题等提出新观点。这里的"新"，更强调的是提出一些新的建议，即以前所没有的见解。比如，许多婴儿奶粉均不含蔗糖，但通过调查发现，消费者并不一定知道这个事实。有人就在调查报告里给某个奶粉制造商提出了一个建议，建议在广告中打出"不含蔗糖"的主张，不会让小宝宝的乳牙蛀掉。结果取得了很好的效果。

3. 时效性

市场的信息千变万化，经营者的机遇也是稍纵即逝。市场调查滞后，就失去其存在意义。因此，要求调查行动要快，市场调查报告应将从调查中获得的有价值的内容迅速、及时地报告出去，以供经营决策者抓住机遇，在竞争中取胜。

4. 科学性

市场调查报告不是单纯报告市场客观情况，还要通过对事实作分析研究，寻找市场发展变化规律。这就需要写作者掌握科学的分析方法，以得出科学的结论，适用的经验、教训以及解决问题的方法、意见等。

二、市场调查报告写作的基本要求

市场调查报告写作应符合客观真实调查、数据或观点相结合、语言简明、结构紧密等几个方面的基本要求。

1. 客观真实调查

调查报告的表述必须符合客观事实，因为通常市场调查报告的目的是为营销决策者或者管理决策者提供决策支持信息，每一项决策对企业来讲都是非常重要的，所以他们要求信息的真实性，而企业的营销决策者或者管理决策者通常不参与市场调查活动，通常他们对调查结果的正确性缺乏判断力。这一方面更说明了调查报告真实性的重要程度。从另一方面讲，市场调查的全过程必须实事求是，符合客观规律，与客观规律相违背的市场调查必然预示着漏洞和调查结果实施的失败必然性，从而实事求是、遵循客观规律是市场调查的基本要求。

2. 要将数据和相应的结论及观点相结合

资料中的数据对市场调查非常重要，因为他们是实现市场调查目的的基础，但只是停留在列举数据上还不能达到市场调查的目的。所以在得到数据资料之后，要充分分析这些数据，据此得出调查结论，提出建议，才能真正实现市场调查的意义。

3. 语言表达简洁明了

市场调查报告在语言表达上要求文字简练、数字准确，并能够尽量使用图表说明问题，使人容易理解。

4. 结构上完整紧密

调查报告要求中心明确、突出，结构完整、严密，材料与观点统一。并且调查报告可以回答出调查任务中提出的所有问题。[①]

三、市场调查报告的类型

由于市场调查的内容极为广泛，不同的调查所要解决的问题不同，因而，作为调查结果表现形式的调查报告也具有不同的类型。由于分类标准的不同，调查报告的类型划分也是多种多样。根据调查报告的内容，可分为描述性报告和探索性报告两类。从技术角度上，可分为初步报告、一般报告和技术报告三类。从性质上分，可分为普通调查报告、学术研究报告和学位论文三类。从作用上分，可分为应用性调查报告和学术性调查报告。从发表形式上分，可分为书面调查报告和口头调查报告。一般最常用的分类如下：

1. 根据调查报告的内容及其表现形式分类

根据调查报告的内容及其表现形式，将其分为纯资料性调查报告和分析性调查报告两大类。

（1）纯资料性调查报告是以对问题的简单描述为主要目的，它通常以公布调查所得的各项资料为主，不加以任何解释。这些资料可供社会各界人士广泛使用，使用者可根据自己的研究选择相应的资料。大型调查多是以这种报告方式为主。

（2）分析性调查报告则以资料的分析和研究为主，它通常以文字、图表等形式将调查过程、方法及分析结论表现出来，目的是使人们对该项调查及结论有一个全面的了解。我们通常所说的调查报告主要是指分析性调查报告，因此，本章所述内容主要也是针对此类报告。

[①] 张明立，王伟. 市场调查与预测 [M]. 哈尔滨工业大学出版社，2003：140-141.

2. 根据企业经营活动分类

根据企业开展经营活动的需要，将市场调查报告分为市场商品需求的调查报告、市场与消费潜量的调查报告、市场商品供给的调查报告、商品价格调查报告、商品销售渠道的调查报告、市场竞争情况的调查报告、经营效益的调查报告等七类。

市场商品需求的调查主要包括消费者数量及其结构，家庭收入、个人收入及家庭按人口平均收入，用于商品支付购买力的大小以及购买力的增减变化等，潜在需求量及其投向。其中包括城乡人民存款额的增减及尚待实现的购买力的大小等，消费者在消费支出中吃、穿、用等大类商品所占比重的变化情况，需求层次的变化情况，不同消费者对商品的质量、品种、花色、款式、规格等的不同要求，消费者的心理变化等。

市场与消费潜量的调查主要指企业地区销售额以及销售额的变动趋势给企业带来的影响。商品价格调查主要包括商品成本、市场价格变动情况，消费者对价格变动情况的反映等。

商品销售渠道的调查主要包括对商品的流转环节、流通路线、运输、储存等一系列属于市场营运问题的调查。

市场商品供给的调查主要包括商品生产的状况，商品资源总量及其构成，商品的更新换代速度，不同商品所处市场生命周期的阶段等。

商品价格调查主要包括商品成本、市场价格变动情况、消费者对价格变动的反映等。

市场竞争情况的调查主要包括对竞争对手、手段，各种竞争产品质量、性能等情况的调查。

经营效益的调查主要包括各种推销手段效果、广告效果以及变化原因等的调查。[①]

四、市场调查报告的内容与结构

不管市场调查报告的格式或外观如何，每个调查报告都应该有一些特定的议题。即报告本身在结构安排和写作手法上必须能够及时、准确和简洁地把信息传递给决策者。在撰写报告时必须考虑到企业的中高层决策者工作的繁忙性，这就要求所撰写的报告应该尽量简洁，特别应该避免使用晦涩的文字。另外，要恰当地安排报告的结构。市场调查报告的结构一般是由题目、目录、摘要、正文、结论、建议和附录等几个部分组成。报告的结构不是固定不变的，不同的调查项

---

① 柯惠新，丁立宏. 市场调查 [M]. 高等教育出版社，2008：424–425.

目、不同的调查者或调查公司、不同的用户以及调查项目自身性质不同,都可能会有不同的结果和风格的调查报告。

1. 题目

题目包括市场调查标题、报告日期、委托方、调查方等,一般应打印在扉页上。好的标题是画龙点睛之笔。标题必须准确揭示报告的主题思想,做到提问相符。标题要简单明了,高度概括,具有较强的吸引力。标题的形式一般有以下三种:

(1)直叙式标题。这种标题反映调查意向或指出调查地点、调查项目。例如,《北京市中高档商品房需求的调查》等。这种标题的特点是简明、客观。

(2)表明观点式标题。这种标题直接阐明作者的观点、看法或对事物作出判断、评价。如《对当前的需求不旺不容忽视》、《高档羊绒大衣在北京市场畅销》等标题。这种标题既表明了作者的态度,又揭示了主题,具有很强的吸引力。

(3)提出问题式标题。这种标题以设问、反问等形式,突出问题的焦点和尖锐性,吸引读者阅读、思考。例如,《消费者愿意到网上购物吗》,《北京市房地产二级市场为什么成交寥寥无几》等。

标题按其形式又可以分为单行标题和双行标题。单行标题是用一句话概括调查报告的主题或要回答的问题。一般是由调查对象及内容加上"调查报告"或"调查"组成。如《"中关村电子一条街"调查报告》、《海尔洗衣机在国内外市场地位的调查》、《关于上海市家用电脑销售情况的调查》等。双标题由主题加副题组成。一般用主题概括调查报告的主题或要回答的问题,用副题标明调查对象及其内容。如《保护未成年人要从规范成年人入手——关于中小学生出入电子游戏厅的调查》、《北京人的梦中家园——对北京居民住宅择向的调查报告》等。

2. 目录

提交调查报告时,如果涉及的内容很多,页数很多,为了便于读者阅读,把各项内容用目录或索引形式标记出来,使读者对报告的整体框架有一个具体的了解。目录包括各章节的标题、题目、大标题、小标题、附件及各部分所在的页码等。具体内容如下:①章节标题和副标题及页码;②表格目录:标题及页码;③图形目录:标题及页码;④附录:标题及页码。

3. 摘要

摘要是市场调查报告中的内容提要。摘要包括的内容主要有为什么要调研;如何开展调研;有什么发现;其意义是什么;如果可能,应在管理上采取什么措施等等。摘要不仅为报告的其余部分指明了切实的方向,同时也使得管理者在评审调查的结果与建议时有了一个大致的参考框架。

摘要是报告中十分重要的一部分,写作时需要注意以下几个问题:一是摘要只给出最重要的内容，一般不要超过 2~3 页；二是每段要有个小标题或关键词，每段内容应当非常简练，不要超过三四句话；三是摘要应当能够引起读者的兴趣和好奇心去进一步阅读报告的其余部分。

例如，《关于女性内衣市场的调查报告》的摘要部分是这样写的：

中国女性内衣市场是一个具有良好增长规模和前景的市场，在中国国内是现阶段新的经济增长点，目前，中国女性内衣市场上的品牌主要以合资、进口、国产为主。其中，国外品牌开始进入内地市场，并逐渐占领高端市场。合资产品占有了中高端市场相当份额，成为各商场销售的中坚主打商品。国产低档品牌内衣主要靠价格促进销售，竞争异常激烈。在品牌战略、策略和产品设计创新方面，国内女性内衣制作企业与国外品牌和企业相比还有很大差距，国内的内衣销售渠道也存在进一步改善的空间。面对女性内衣市场上需求的增长和国际内衣市场竞争的日益激烈，国内内衣制作企业必须在生产和营销两个方面下更多的功夫。

摘要由以下几个部分组成：

（1）调查目的。即为什么要开展调查，为什么公司要在这方面花费时间和金钱，想要通过调查得到些什么？

（2）调查对象和调查内容。如调查时间、地点、对象、范围、调查要点及要解答的问题等。

（3）调查研究方法。如问卷设计、数据处理由谁完成，问卷结构，有效问卷有多少，抽样的基本情况，研究方法的选择等。以上概要与方案设计应基本一致。

4. 正文

正文是市场调查报告的主要部分，也是写作的重点和难点所在。对于某些市场研究人员，比如产品经理、营销经理或其他人员，除了要知道调查报告的结论和建议以外，需要了解更多的调查信息。比如考察结果的逻辑性，在调查过程中有没有遗漏，关键的调查结果是如何得出的，等等。这时，这些人员会详细地研究调查报告的主体部分，即正文。这就要求正文部分必须正确阐明全部有关论据，包括问题的提出到引起的结论，论证的全部过程，分析研究问题的方法等。具体包括以下三方面内容：

（1）市场调查报告情况介绍。市场调查报告的情况介绍，即对调查所获得的基本情况进行介绍，是全文的基础和主要内容，要用叙述和说明相结合的手法，将调查对象的历史和现实情况，包括市场占有情况，生产与消费的关系，产品、产量及价格情况等表述清楚。在具体写法上，既可按问题的性质将其归结为几类，采用设立小标题的形式；也可以时间为序，或者列示数字、图表或图像等加以说明。无论如何，都要力求做到准确和具体，富有条理性，以便为下文进行分

析和提出建议提供坚实、充分的依据。

（2）市场调查报告分析预测。市场调查报告的分析预测，即在对调查所获基本情况进行分析的基础上，对市场发展趋势作出预测，它直接影响到有关部门和企业领导的决策行为，因而必须着力写好。要采用议论的手法，对调查所获得的资料条分缕析，进行科学的研究和推断，并据以形成符合事物发展变化规律的结论性意见。用语要富于论断性和针对性，做到析理入微，言简意明，切忌脱离调查所获资料随意发挥，去唱"信天游"。

（3）市场调查报告营销建议。这层内容是市场调查报告写作目的和宗旨的体现，要在上文调查情况和分析预测的基础上，提出具体的建议和措施，供决策者参考。要注意建议的针对性和可行性，能够切实解决问题。

5. 结论和建议

结尾部分是调查报告的结束语，也是对前文分析的进一步总结，用来帮助读者和用户明确主旨，加深认识，展开联想。结论和建议应当采用简明扼要的语言。好的结语，可使读者明确题旨，加深认识，启发读者思考和联想。结论一般有以下几个方面：

（1）概括全文。经过层层剖析后，综合说明调查报告的主要观点，深化文章的主题。

（2）形成结论。在对真实资料进行深入细致科学分析的基础上，得出报告的结论。

（3）提出看法和建议。通过分析，形成对事物的看法，在此基础上，提出建议和可行性方案。建议的内容必须紧紧围绕本次市场调研的主题。例如，本次调查是为了了解广告对某产品销售促进的效果，那么建议的内容就应该是选择哪种广告媒体、制作怎样的广告文案等。

（4）调查工作总结。这部分内容是总结市场调查全过程的得与失，即成功之处在哪里，有哪些经验值得积累，不足之处是什么，产生的原因是什么，调查结果的信度和效度如何，今后还有哪些结论可以随时间的改变而改变，等等。

6. 附录

市场调查报告的附录是对报告主体部分的补充，用以附加说明本次调查分析的相关问题。附录内容的多少由具体情况决定，可能包括各种表格、图示、说明等，应该将其顺序编号，排列在报告正文之后。一般来说，附录中会包括如下一项或几项：①调查问卷副本、访问提纲、量表等；②调查对象的名单或名称表；③文献资料的出处；④某种特殊调查方法和分析方法的介绍；⑤已经在正文汇总的统计表和统计数字列表及详细计算；⑥认为有价值却无法在正文中反映的调查资料。①

湛江市居民家庭饮食消费状况调查报告

为了深入了解本市居民家庭在酒类市场及餐饮类市场的消费情况,特进行此次调查。本次调查由本人承担,调查时间是2007年3月至4月,调查方式为问卷式访问调查,本次调查选取的样本总数是400户,有效样本总数是326户。各项调查工作结束后,将调查内容予以总结,调查报告如下:

一、调查对象的基本情况

1. 样品类属情况

在有效样本户中,工人64户,占总数的比例19.63%;农民26户,占总数的比例7.98%;教师40户,占总数的比例12.27%;机关干部38户,占总数的比例11.66%;个体户44户,占总数的比例13.50%;经理30户,占总数的比例9.2%;科研人员10户,占总数的比例3.07%;待业户18户,占总数的比例5.52%;医生4户,占总数的比例1.23%;其他52户,占总数的比例15.95%。

2. 家庭收入情况

本次调查结果显示,从本市总的消费水平来看,相当一部分居民还达不到小康水平,大部分的人均收入在1000元左右,样本中只有约2.3%的消费者收入在2000元以上。因此,可以初步得出结论,本市总的消费水平较低,商家在定价的时候要特别慎重。

二、专门调查部分

1. 酒类产品的消费情况

(1)白酒比红酒消费量大。分析其原因,一是白酒除了顾客自己消费以外,用于送礼的较多,而红酒主要用于自己消费;二是商家做广告也多数是白酒广告,红酒的广告很少。这直接导致白酒的市场大于红酒的市场。

(2)白酒消费多元化。

1)从买白酒的用途来看,约52.84%的消费者用来自己消费,约27.84%的消费者用来送礼,其余的是随机性很大的消费者。

买酒用于自己消费的消费者,其价格大部分在20元以下,其中10元以下的约占26.7%,10~20元的占22.73%,从品牌上来说,青酒、泸州老窖、诸葛酿、龙虎豹酒、九江双蒸相对看好,尤其是九江双蒸,约占18.75%,这也许跟消费

---

① 雷培莉,姚飞. 市场调查与预测 [M]. 经济管理出版社, 2004: 408-414.

者的地方情结有关。从红酒的消费情况来看，大部分价格也都集中在 15~40 元，其中，30 元以下的占 10.23%，价格档次越高，购买力相对越低。从品牌上来说，以长城干红、张裕、山楂酒为主。

送礼者所购买的白酒价格大部分选择在 80~150 元（约有 28.4%），约有 15.34% 的消费者选择 150 元以上的。这样，生产厂商的定价和包装策略就有了依据，定价要合理，又要有好的包装，才能增大销售量。从品牌的选择来看，约有 21.59% 的消费者选择五粮液，10.79% 的消费者选择茅台，另外对红酒的调查显示，约有 10.2% 的消费者选择 40~80 元的价位，选择 80 元以上的约有 5.11%。总之，从以上的消费情况来看，消费者的消费水平基本上决定了酒类市场的规模。

2) 购买因素比较鲜明。调查资料显示，消费者关注的因素依次为价格、品牌、质量、包装、广告、酒精度，这样就可以得出结论，生产厂商的合理定价是十分重要的，创名牌、求质量、巧包装、做好广告也很重要。

3) 顾客忠诚度调查表明，经常换品牌的消费者占样本总数的 32.95%，偶尔换品牌的占 43.75%，对新品牌的酒持喜欢态度的占样本总数的 32.39%，持无所谓态度的占 52.27%，明确表示不喜欢的占 3.4%。可以看出，一旦某个品牌在消费者心目中形成，是很难改变的，因此，厂商应在树立企业形象、争创名牌上狠下功夫，这对企业的发展十分重要。

4) 动因分析。首先是消费者自己的选择，其次是广告宣传，再次是亲友介绍，最后才是营业员推荐。不难发现，怎样吸引消费者的注意力，对于企业来说是关键，怎样做好广告宣传，消费者的口碑如何建立，将直接影响酒类市场的规模。而对于商家来说，营业员的素质也应重视，因为其对酒类产品的销售有一定的影响作用。

2. 饮食类产品的消费情况

本次调查主要是针对一些饮食消费场所和消费者比较喜欢的饮食进行，调查表明，消费有以下几个重要特点：

（1）消费者认为最好的酒店不是最佳选择，而最常去的酒店往往又不是最好的酒店，消费者最常去的酒店大部分是中档的，这与本市居民的消费水平是相适应的，现将几个主要酒店比较如下：

海洋国际酒店是大家最看好的，约有 31.82% 的消费者选择它；其次是利苑金阁和大天然酒家，消费者选择比例占 10.23%；然后是银海酒店。调查中我们发现，银海酒店虽然说是比较好的，但由于这个酒店比较贵，只有收入水平较高的消费者才选择，所以调查中作为普通消费者的调查对象很少会选择银海酒店。

（2）消费者大多选择在自己工作或住所的周围，有一定的区域性。虽然在酒店的选择上有很大的随机性，但也并非绝对如此。例如，园林宾馆、金海酒店也有一定的远距离消费者惠顾。

（3）消费者追求时尚消费，如对手抓龙虾、糖醋排骨、糖醋里脊、宫保鸡丁的消费比较多，特别是手抓龙虾，在调查样本总数中约占 26.14%，以绝对优势占领餐饮类市场。

（4）近年来，海鲜与火锅成为市民饮食市场的两个亮点，市场潜力很大，目前的消费量也很大。调查显示，表示喜欢海鲜的占样本总数的 60.8%，喜欢火锅的约占 51.14%，在对季节的调查中，喜欢在夏季吃火锅的约有 81.83%，喜欢冬天吃的约为 36.93%，火锅不但在冬季有很大的市场，在夏季也有较大的市场潜力。目前，本市的火锅店和海鲜馆遍布街头，形成居民消费的一大景观和特色。

三、结论和建议

1. 结论

（1）本市的居民消费水平还不算太高，属于中等消费水平，平均收入在1000元左右，相当一部分居民还没有达到小康水平。

（2）居民在酒类产品消费上主要是用于自己消费，并且以白酒居多，红酒的消费比较少，用于个人消费的酒品，无论是白酒还是红酒，其品牌以家乡酒为主。

（3）消费者在买酒时多注重酒的价格、质量、包装和宣传，也有相当一部分消费者持无所谓的态度。对新品牌的酒认知度较高。

（4）对酒店的消费，主要集中在中档消费水平上，火锅和海鲜的消费潜力较大，并且已经有相当大的消费市场。

2. 建议

（1）商家在组织货品时要根据市场的变化制定相应的营销策略。

（2）对消费者较多选择本地酒的情况，政府和商家应采取积极措施引导消费者的消费，实现城市消费的良性循环。

（3）由于海鲜和火锅消费的增长，导致城市化管理的混乱，政府应加强管理力度，对市场进行科学引导，促进城市文明建设。

五、调查报告的写作步骤

调查报告的撰写一共分为：构思、选材、撰写初稿、定稿四大步骤。

1. 构思

调查报告的构思过程主要是通过收集到的资料，认识客观事物，经过判断推理，确立主题思想。在此基础上，确立观点，列出论点、论据，安排文章层次结构，编写详细提纲。

构思是根据思维运动的基本规律，从感性认识上升到理性认识的过程。主要

包括三个阶段：

（1）通过收集到的资料，认识客观事物。通过调查中获得的实际数据资料及各方面背景材料，初步认识客观事物。然后深入研究客观事物的性质、作用、表层原因和本质原因，得出客观事物的一般规律性。

（2）在认识客观事物的基础上，确立主题思想。主题的提炼，要努力做到准确、集中、深刻、新颖。准确是指主题能根据调查的目的，如实反映客观事物的本质及其规律性；集中是指主题能突出中心；深刻是指主题能深入揭示事物的本质；新颖是指主题有新意。

（3）确立观点，列出论点、论据。确定主题后，对收集到的大量资料，经过分析研究，逐渐消化、吸收，形成概念，再通过判断、推理，把感性认识提高到理性认识，然后列出论点、论据，得出结论。

在做出结论时，应注意以下几个问题：一切有关实际情况及调查的资料是否考虑了；是否有相同结论足以说明调查事实；立场是否公正客观，前后一致。

在完成上述几步后，构思基本上就有一个构架了。在此基础上，考虑文章正文的大致结构与内容，安排文章层次段落。层次一般分为三层，即基本情况介绍、综合分析、结论与建议。

2. 选材

选材，就是要围绕主题，研究和选取数据资料。有无丰富的、准确的数据资料做基础，这是撰写调查报告成败的关键。

调查报告的撰写必须根据数据资料进行分析。具体地说，介绍情况要有数据依据；反映问题要用数据做定量分析；提出建议和措施同样要用数据来论证其可行性与效益。恰当选材可以使分析报告主题突出、观点明确、论证有力。

在开始进行市场调查、收集资料的过程中，思想上还没有形成任何固定的观点，因此收集到的大量调查数据资料，并非是切中主题能准确反映事物本质特征的典型材料。必须对所收集的数据资料进行去粗取精、去伪存真、由此及彼、由表及里的分析研究，加工判断，才能挑选出符合选题需要、最能反映事物本质特征、形成观点、作为论据的准确资料。

选取数据资料后，还要运用得法，运用资料的过程就是一个用资料说明观点、揭示主题的过程，在写作时，要努力做到用资料说明观点、用观点论证主题，详略得当，主次分明，使观点与数据资料协调统一，以便更好地突出主题。

3. 撰写初稿

根据写作提纲的要求，由单独一人或数人分工负责撰写初稿。初稿各部分的写作格式、文字数量、图表和数据要协调，统一控制。初稿完成后，就要对其进行修改，先看各部分内容和主题的连贯性，有无修改和增减，顺序安排是否得当,然后整理成完整的报告,提交审阅。

4. 定稿

写出初稿,征得各方意见进行修改后,就可以定稿。定稿阶段,一定要坚持公正客观、服从真理、不屈服于权力和金钱的态度,使最终报告较完善、较准确地反映社会经济活动的客观规律。[①]

第三节 撰写市场调查报告的注意事项

在撰写市场调查报告之前,应做好相应的准备工作,例如构思、分析调查资料等。完成准备工作,才开始撰写调查报告,撰写过程中注意写作技巧。最后要掌握如何完成口头调查报告。

一、书面市场调查报告撰写的准备工作

书面市场调查报告撰写准备工作分为四个步骤:构思、分析调查资料、形成自己的观点、列出提纲。

1. 构思

在这个阶段,调查报告撰写者的目的是通过前期收集的资料,以及对资料的分析整理结果,推断出其反映的客观事实——市场动向、市场信息,把这些客观事实列出,从而确立要撰写的书面报告的主题思想,这样书面报告就可以围绕这个主题思想来展开撰写。

2. 分析调查资料

市场调查所收集的信息资料很多,在撰写书面市场调查报告时,只是把所有的信息进行罗列是不行的,必须把它们按照逻辑联系进行排列,同时,按照所确立的调查主题,找出哪些资料是重要的,哪些是次要的,怎样利用所得资料来支持调查主题。在这样的分析过程中,实际上是在把所得资料进行分类、归纳、总结。

3. 形成自己的观点

在构思和资料分析的基础上,撰写者应该形成自己的观点以及评论,对撰写内容进行总结,因为并非所有的资料都具有真实性,也并非所用的分析方法都是最合理的,因此,撰写者要在这部分阐述他们对整个市场调查资料的看法,对分

[①] 柯惠新,丁立宏. 市场调查 [M]. 高等教育出版社,2008:423-424.

析方法的观点以及分析结果的评价,从而形成完整的书面撰写框架。

4. 列出提纲

在市场调查报告的主体思想确定,资料分析以及得出自己观点之后,撰写者应该确立撰写框架,列出提纲,这一步骤是对前面工作的总结,也为正式撰写工作打下良好的基础。[①]

二、调查报告的写作技巧

要写好调查报告,就要掌握调查报告的特点,并按照一定格式进行,并且要有一定的写作技巧。

1. 叙述技巧

叙述主要用在市场调查报告的开头,用以叙述本次调查的目的、依据过程和结果等,市场调查报告的叙述技巧包括以下几点:

(1) 概括叙述。市场调查报告不需要对事件的全部细节进行叙述,而是主要采用概括的叙述方法,即概括地将调查过程加以陈述,用以体现整体感和全面感。

(2) 顺时叙述。市场调查报告的开头需要交代调查的目的、对象、时间、前因后果,因此需要按时间顺序进行叙述,依次展开。

(3) 叙述主体的省略。同撰写学术论文一样,市场调查报告不是将撰写者的观点强加于人,更不能表现出力图说服读者同意某种观点和看法的倾向,因此调查报告的叙述中尽量不要使用"我认为……""我发现……"等第一人称语句,取而代之的应该是第三人称和非人称代词引导的语句,如"以上数据说明……""这一结果表明……"

2. 说明技巧

市场调查报告中常用的说明方法有数字说明、分类说明、对比说明和举例说明。

(1) 数字说明。管理学是一门科学,离不开数据资料的支撑,撰写市场调查报告时要运用数字说明,以增强调查报告的精确性和可信度。

(2) 分类说明。市场调查报告是杂乱无章的,撰写者可以根据报告主旨,将这些资料按照一定标准分为几类,分别说明,例如调查获得的基本情况。按问题性质或不同层次分门别类,每类冠以小标题,分类表达。

(3) 对比说明。采用数据的对比说明可以清楚地反映市场变化情况,注意在对比时,使用的数据要具有对比性,例如,比较某经济区两年以来的 GDP 变化时,要考虑到 CPI 的变化;又如,比较某产品在两座城市的销售额时,要注意到

[①] 张明立,王伟. 市场调查与预测 [M]. 哈尔滨工业大学出版社,2003: 140-141.

两座城市的市场容量是否具有可比性。

（4）举例说明。为说明市场发展变化情况，举出具体、典型的事例也是常用的说明方法。使用该方法时要注意所选例子的典型性和代表性。

3. 议论技巧

市场调查报告中常用的议论方法是归纳论证和局部论证。

（1）归纳论证。市场调查报告是对市场调查资料的归纳和总结，因此需要运用归纳论证技巧。

（2）局部论证。市场调查报告不可能形成全部论证，只能作情况分析或是对未来预测作局部论证。例如，对市场情况从几个方面做分析，每一方面形成一个论证过程，用数据和情况等做论据去证明其结论，形成局部论证。

4. 语言技巧

调查报告的语言要准确精练，在用词和用句方面也是有一定技巧的。

（1）用词技巧。调查报告中会使用大量的介词，主要用于交代调查目的、对象、依据等，如"为了、对、根据、从、在"等介词。

撰写者也需要掌握一些常用的专业词汇，如"商品流通、经营机制、市场竞争"等与市场经济有关的专业术语。

（2）用句技巧。市场调查报告多使用陈述句，在报告结尾的建议部分也会使用祈使句。

5. 图表技术

运用图表技术来说明市场调查资料能够起到直观、清楚和吸引人的效果。在调查报告正文中使用的图表，要体现出明确的目的性，而且相关介绍文字应该简明扼要。详细复杂的图表应该归入报告的附录部分。此外，使用图表说明还必须考虑图表的设计和格式，设计不应当有可能导致读者对事实真相的误解。

附录中的图表信息要力求完整，撰写者要力求资料的准确，一般要提供绝对数值资料，而不仅是百分比或指数。

正文中的图表要突出某方面资料，或强调某种关系和变化趋势，因此，选取的资料要有较大的选择性。为了方便阅读，图表中的数值尽量选用整数或者百分比和指数来进行补充说明。[1]

三、撰写调查报告应注意的问题

撰写一份好的调查报告不是一件易事，调查报告本身不仅显示着调查的质量，也反映了作者本身的知识水平和文字素养。在撰写调查报告时，主要注意以

---

[1] 王秀娥，夏冬. 市场调查与预测 [M]. 清华大学出版社，2012：236-238.

下几个方面的问题:

1. 考虑谁是读者

报告应当是为特定的读者而撰写的,他们可能是领导、管理部门的决策者,也可能是一般的用户。不但要考虑这些读者的技术水平、对调查项目的兴趣,还应当考虑他们可能在什么环境下阅读报告,以及他们会如何使用这个报告。有时候,撰写者必须适应不同技术水平和对项目有不同兴趣的读者,为此可将报告分成几个不同的部分或干脆完全针对对象分别撰写整个报告。

2. 满足用户的需求

调查报告以满足用户的需求为宗旨,为用户的需求服务。如果用户需求的层次不同,可以撰写多种版本的报告。例如,一个包括详细技术数据的报告主要是为了满足专业技术人员的需要,而一个包含较少技术方面讨论,把重点集中在调查结果运用上的报告是为了满足商业上的应用。

3. 遵循必要的撰写步骤

撰写调查报告,首先,应围绕市场调查的主题及其分解的主题,编写详细的报告提纲;其次,按照提纲扩展成一个个分列主题的报告,再对这些分列报告进行组合、扩充,加上必要的内容后成为市场调查报告的主体;再次,根据主题内容的需要,编写附录文件;最后,根据主题内容,写出市场调查报告的内容摘要及目录。

写出报告的初稿后,应广泛征求各方意见,并认真进行修改后,方能最后定稿。

4. 注意定量分析与定性分析相结合

在市场调查报告中,数据资料具有重要的作用。用准确的数据证明事实真相往往比长篇大论更具说服力。然而,调查报告不是流水账或数据的简单堆积,过多地堆砌数据会令人眼花缭乱,不得要领。因此,市场调查报告应以明确的观点统领数据资料,把定量分析与定性分析结合起来,这样才能透过数据本身的表面现象,把握市场现象,把握市场现象的本质属性和发展变化规律。

5. 市场调查报告应做到客观真实

撰写市场调查报告应具有科学的态度,准确而全面地总结和反映调查研究的结果。调查报告中的各种观点都应当从事实出发,总结或检验其正确性,而不应从个人的主观愿望出发,先入为主地做事先判断。调查前的理论模型设计应接受调查资料的检验。凡是与事实不符的观点,都应当坚决摒弃;对暂时拿不定主意的,应如实在报告中写明,或作为附录文件加以讨论。

6. 行文流畅,易读易懂

报告应当是易读易懂的。报告中的材料要组织得有逻辑性,使读者能够很容易弄懂报告各部分内容的内在联系。使用简短的、直接的、清楚的句子把事情说清楚，比用"正确的"但含糊难懂的词语来表达要好得多。为了检查报告是否易读易懂，最好请两三个不熟悉该项目的人来阅读报告，并提出意见，反复修改几次之后再呈交用户。

7. 内容客观，资料的解释要充分和相对准确

调查报告的突出特点是用事实说话，应以客观的态度来撰写报告。在文体上最好用第三人称或非人称代词，如"作者发现…""笔者认为……""据发现……""资料表明……"等语句。行文时，应以向读者报告的语气撰写，不要表现出力图说服读者同意某种观点或看法。读者关心的是调查结果和调查发现，而不是你个人的主观看法。同时，报告应当准确地给出项目的研究方法、调研结果和结论，不能有任何迎合用户或管理决策部门期望的倾向。

在进行资料的解释时，注意解释的充分性和相对准确性。解释充分是指利用图、表说明时，要对图表进行简要、准确的解释；解释相对准确是指在进行数据的解释时尽量不要引起误导。例如，在一个相对小的样本中，把引用的统计数字保留到两位小数以上常会造成虚假的准确性。"有65.32%的被调查者偏好我们的产品。"这种陈述会让人觉得65.32%这个数是非常精确的。另外，还应注意对于名义量表和顺序量表不能进行四则运算，对等距量表只能进行加减、不能进行乘除，只有比率量表才能进行加减和乘除。

8. 切忌将分析工作简单化

这可以从以下两个方面来考虑：

（1）在对数据进行分析过程中一定要尽量从各个层面来考虑问题，也就是透过现象看本质。从下例中我们可以看出，在分析数据时，对数据层面考虑的不同，得出的结论是有显著差异的。

某汽车企业要对三种广告设计进行试验，以判定哪一种广告对提高汽车的销售量最有效。在不同时间里分别在4个不同城市进行了市场试验，结果如表8-1所示。

表8-1 广告与销售量之间的关系表

单位：辆

广告	跟广告有关的销售量
A	2431
B	2064
C	1976

表8-1的数据表明，广告A是最有效的。但这种分析是否充分呢？如果我们从另一个角度看，把参加试验的4个城市分别列出来，变成表8-2。

表 8-2 不同城市广告与销售量之间的关系表

单位：辆

广告 \ 城市	1	2	3	4	总计
A	508	976	489	458	2431
B	481	613	528	442	2064
C	516	560	464	436	1976

表 8-2 的分析结果是三种广告的效果差不多，广告 A 的销售量增加是由于第 2 个城市不正常的需求引起的。

（2）数据的分析应包括三个层次：说明、推论和讨论。即说明样本的整体情况，推论到总体并对结论作因果性分析。

1）说明。说明是根据调查所得统计结果来叙述事物的状况、事物的发展趋势以及变量之间的关系等。表 8-3 是各种不同收入的家庭彩色电视机的拥有情况。

表 8-3 拥有彩色电视机的比例

单位：%

是否有彩电 \ 家庭人均月收入	1000 元以下	1000~2000 元	2000 元以上	总计
有	30	50	80	53
无	70	50	20	47
总计	100	100	100	100

根据表 8-3 可作如下说明：调查对象中有一半左右的家庭拥有彩色电视机（事实描述）；随着家庭收入的增多，彩色电视机的拥有率也随之提高（趋势描述）；家庭收入的高低对电视机的购买有很大程度的影响（因果关系描述）。

2）推论。大多数的市场调查所得数据结果都是关于部分调查对象（即样本）的资料，但研究的目的往往是要了解总体的情形，因此，研究者必须根据调查的数据结果来估计总体的情况，这就是推论。推论主要是考虑样本的代表性，代表性越强，由样本推断总体的误差就越小。要进行推论时，以表 8-3 中的数据为例，我们会得出结论：在置信度为 95%，最大允许误差不超过 3% 时，即在调查对象总体中，拥有彩色电视机的家庭占 50%~56%，得出这一结论犯错误的概率不超过 5%。

3）讨论。讨论主要是对调查结果产生的原因作分析，讨论可以根据理论原理或事实材料对所得的结论进行解释，也可以引用其他研究资料作解释，还可以根据研究者经验或主观的设想作解释。

9. 提出的建议应该是积极的、正面的

调查报告的结论和建议部分说明调查获得了哪些重要结论，根据调查的结论建议应该采取什么措施。

结论的提出方式可用简洁而明晰的语言对调查前所提出的问题作明确的答复，同时简要引用有关背景资料对调查结果加以解释和论证。

结论并不一定要单独列出来写，它与调查课题有关，如果调查课题小，结果简单，可以直接与调查结果合并成一部分来写。反之，就应分开来写。

建议是针对调查获得的结论提出可以采取哪些措施、方案或具体行动步骤。如媒体策略如何改变；广告主题应是什么；与竞争者抗衡的具体方法；价格、包装、促销策略等。

大多数建议应当是积极的，要说明采取哪些具体的措施或者要处理哪些已经存在的问题。尽量用积极的、肯定的建议，少用否定的建议。肯定的建议如"加大广告投入"，"将广告理性诉求为重点变为感性诉求为主"等建议。否定建议如"应立即停止某一广告的刊播"，使用否定建议只告知不做什么，并没有告知做什么，所以应尽量避免使用。

10. 报告中引用他人的资料，应加以详细注释

这一点是大多数人常忽视的问题之一。通过注释，指出资料的来源，以供读者查证，同时也是对他人研究成果的尊重。注释应详细准确，如被引用资料的作者姓名、书刊名称、所属页码、出版单位和时间等都应予以列明。

11. 打印成文，字迹清楚、外表美观

最后呈交的报告应当是专业化的，应使用质量好的纸张，打印和装订都要符合规范。印刷格式应有变化，字体的大小、空白位置的应用等对报告的外观及可读性都会有很大的影响。同时报告的外观是十分重要的。干净整齐、组织得好的有专业特点的报告一定比那些匆匆忙忙赶出来的外观不像样的报告更可信、更有价值。撰写者一定要清楚不像样的外观或一点小失误和遗漏都会严重地影响阅读者的信任感。①

四、口头调查报告

通常，市场调查报告可分为书面报告和口头报告两种。调查者可能被决策者或调研的委托方要求以口头方式报告调研结果。有效的口头报告应以听众为核心展开，即汇报者要充分考虑听众的教育背景、职位、时间限制等特点，不能将书面报告的全部内容呈现给听众。

口头报告可以用最短的时间使决策者或用户掌握报告的全部内容。如果市场调查者当时在场，很多问题就可以当面解决。与书面报告相比，口头调查报告具

---

① 林根祥，吴晔，吴现立. 市场调查与预测 [M]．武汉理工大学出版社，2005：126-127.

有以下几个特点：第一，简明扼要，能用较短的时间说明所需要研究的问题；第二，生动直接，能够给听众留下深刻印象；第三，可与听众互动，增加双方沟通，避免传达信息上的误解。

1. 口头调查报告材料的准备

在进行口头报告时，单纯进行纯语言的叙述是不够的。因此，一些辅助材料的准备是必不可少的。

（1）报告提要。在进行口头汇报前，汇报者应给每位听众一份关于报告和主要结论的提纲。在报告提要中，应当力求言语简练，不展示复杂的统计资料和图表。

（2）PowerPoint投影等辅助设备。为了口头汇报易于理解，汇报者应该提前准备一些辅助工具来配合表述。通常的辅助设备包括PowerPoint幻灯片或实物展台投影等工具。借助这些辅助设备，汇报者的讲述会具有更大的吸引力。

（3）书面报告。尽管在口头汇报中，听众可以直观地了解市场调查报告的内容，但很多细节是容易遗忘和忽略的。因此，作为对口头报告的汇报者，应该为听众准备一份书面报告，以便听众在听取报告时找出所需要的信息。

（4）执行性摘要。汇报者应该在口头报告的几天前，将书面的执行性摘要提交给每一名听众，可以方便听众提前思考需要提出的问题，使报告会的讨论更有成效。

2. 口头调查报告的主要内容

口头调查报告与书面报告的内容基本一致，在此不再赘述。对于一些难以用语言讲述的图表、数据等内容，可以配合视觉辅助工具展示。例如"我公司于2009年10月15日接到××公司委托，并于2009年11月1日至2010年4月30日，对我市30家大型综合性超市的消费者进行了××方面的问卷调查。其间，共有××位消费者参与了调查，被调查者的年龄结构可以通过PowerPoint幻灯片提供的图表看到……"

3. 口头调查报告成功的基本要素

口头报告具有简明扼要、生动直接等一些优点，但是否能使口头报告发挥优势，还取决于以下一些因素：

（1）按照书面报告格式准备好详细的汇报提纲。口头汇报也要按照基本框架来进行，这就需要汇报者精心准备提纲和汇报内容，提纲和内容应该与听众需要的情况相吻合，即需要了解他们的职位、教育背景和兴趣等。

（2）汇报前的准备练习。为了减少在公开演讲时的紧张和不适应，汇报者应在正式汇报前进行多次准备练习，为减少心理障碍，尤其是要注意练习报告的开头部分。但值得注意的是，多次练习可能会使得汇报显得生硬和程式化，练习时要注意形成自己的风格。

（3）尽量借助图表来增加效果。图表可以用来辅助和支持汇报效果，需要注意的事项包括：第一，图表显得重要和权威；第二，图表要清晰易懂，不要有太多内容；第三，PowerPoint 幻灯片的设计要简明清晰，保证所有听众都能看清。

（4）注意汇报中的沟通。为使听众集中精力，汇报者需要时刻保持语速适中和语气生动，尽量使用通俗易懂、简洁有力的语言，运用声音、眼神和手势的变化来加深听众的印象。说话时要与听众保持目光接触，有助于把握听众对汇报的喜欢和厌烦状况以及对内容的理解程度。汇报时要把握节奏，在规定时限内结束报告。在结束时，要感谢听众参与，语言不必过分堆砌华丽辞藻。

（5）把握回答问题的时机。报告过程中尽量不要回答提问，以免思路被打断。在报告开始前，可告知听众，口头报告结束后，会对相关问题进行个别交流，注意不要忘记这一承诺。[1]

第四节　市场调查报告的完善

市场调查报告的编写和口头介绍工作的完成，并不意味着市场调查与预测过程的结束和任务的最终完成。事实上，对调查与预测结果的使用者进行指导，是市场调查与预测过程中一个有机组成部分，也是调查与预测人员的一项任务。

一、对市场调查报告使用者指导的必要性

首先，因为市场调查与预测本身只是一种手段，而不是目的。其真正目的是通过调查与预测，获取足够信息资料，为正确的经营决策和经营活动提供依据。所以，仅仅得到调查与预测结果，并未实现其目的，只有当使用者以调查与预测结果为依据，指导其经营决策和经营业务，才算达到其目的。为此，需要进一步指导使用者运用市场调查与预测的结果。

其次，因为市场调查与预测人员的帮助指导，对使用者来说是必要的。市场调查与预测报告所反映的情况总有一定局限性，市场调查与预测结果的使用者对报告的理解也总有一定的局限性。为此，市场调查人员对使用者给予指导，能进一步向使用者传递报告中未能反映的信息，帮助使用者更好地了解有关情况，这种指导能大大提高调查与预测结果的使用效果。

---

[1] 王秀娥，夏冬. 市场调查与预测 [M]. 清华大学出版社，2012：225-226，238-240.

再次，因为对使用者给予指导，是市场调查与预测承担者应负的职责。如同物质产品的生产经营者对自己生产经营的产品到了用户手中以后，还要进行售后服务一样，市场调查与预测者也应对自己的产品——调查与预测结果在提交给使用者以后，继续提供服务。

最后，因为对使用者的指导，也是评价调查与预测结果的有效途径。调查与预测人员通过指导使用者的使用，可以随时与使用者沟通，听取其意见，对调查与预测结果作出评价，发现问题，及时采取补救措施。这对调查与预测者和使用者双方都是有益的。

二、对市场调查报告使用者指导的要旨

在市场调查与预测的承担者和使用者为同一单位的情况下，对使用者的指导较为容易。调查与预测者和使用者之间的协调、沟通可能仅仅涉及部门之间的关系，在时间、空间、相互之间的关系等方面均不存在较大的障碍。双方的关系比较密切。所以，调查与预测者对使用者的指导可以采取较为灵活的方式进行。

当市场调查与预测的承担者和使用者不是同一单位，即在企业委托本单位以外的组织或人员进行市场调查与预测的情况下，情况要复杂得多。这是因为双方在时间、空间上的背离为双方之间的沟通增添了客观上的困难。双方之间的关系也易为商业原因而疏远，导致沟通障碍。为此，需要有行之有效的措施保证这项工作的顺利进行。

首先，市场调查与预测者要有为用户服务的观念，积极努力地为使用者提供方便。作为使用者也要积极与承担者协同配合，双方要相互支持，相互谅解，建立起亲密合作的伙伴关系。

其次，对具体的指导在项目委托协议或合同条款中给予明确规定是可取的，利于使这项工作规范化，避免不必要的矛盾和后遗症产生。

三、市场调查报告的评价

任何一个市场调查项目的实施结果，总有其值得称道的一面，也总有其不足的一面。对市场调查项目进行评价总是必要的。通过评价，可以总结好的经验，发现不足和问题。总结经验教训，一方面可以及时采取补救措施，更好地为用户服务；另一方面可以为以后的市场调查工作的有效性，进行经验积累。

对于市场调查结果，可以由用户进行评价，也可以由调查与预测者本身进行评价。这通常可以通过提出一系列的问题进行检验，主要有以下一些问题：

(1) 这一项目能否实施得更有效？
(2) 对调查与预测问题的界定能否做得更好，以使项目实施结果对用户更有

利,或者能降低成本?

（3）能否采用更为有效的方法?

（4）所做的市场调查与预测设计是否是最优的?

（5）资料收集的方式是否有效?

（6）询问调查的方式是否是最合适的?

（7）所用的样本规划是否是最适宜的?

（8）对调查与预测中各种可能产生的偏差和问题是否预见到并采取相应的控制?

（9）如果对某些可能出现的误差没能有效控制,是否能加以回避?

（10）是否对那些直接在现场从事资料收集的人员进行了选择、培训、督导,以提高资料收集工作的质量?

（11）资料的分析、处理技术是否有效地保证产生的资料能为营销决策所用?

（12）各种结论和建议是否对用户适用?

（13）调查与预测报告是否得到合理的编写和介绍?

（14）整个市场调查与预测项目是否在预先规定的时间和预算内完成?

（15）整个项目的实施过程中还存在哪些问题?

四、市场调查报告评价的反馈和完善

对调查与预测结果的评价,要注意反馈。这种反馈应该是多方面和多向的。所谓多方面的,即不仅要反馈成绩,而且要反馈存在的问题;不仅要反馈调查与预测实施过程中的情况,也要反馈结果出来后的情况;不仅要反馈总体方面的情况,也要反馈各局部的情况。所谓多向的,即不仅是企业本身评价者把结果反馈给项目具体实施者,而且要把用户的意见反馈给项目实施者;不仅要把用户的意见反馈给执行者,而且项目执行者也应把有关情况反馈给使用者等等。

通过反馈,一方面使得各方对情况加深了解,互相之间加深理解和友谊;另一方面也使调查与预测承担者增加知识和经验。此外,它亦十分有益于委托企业更好地应用调查与预测结果,为做好经营决策、指导经营活动提供条件。总之,通过对项目结果的评价和反馈,使调查项目本身得到完善,也使得整个市场调查工作动态优化。[①]

[①] 陈启杰.市场调研与预测 [M].上海财经大学出版社,2005:361-363.

本章小结

　　市场调查是整个营销工作的开端，它指引着其他营销工作的方向和进程，起着举足轻重的作用。然而市场调查结果的表述是市场调查与其后的营销工作的衔接点，准确地说调查部门在整个调查活动所得到的信息是通过调查报告传递给其他相关部门，从而进一步开展营销等工作的。所以调查报告所表达信息的准确性、客观性、完整性以及建设性对于企业决策，制定营销策略是至关重要的。并且调查报告的表述形式要易于报告对象理解，调查报告内容要能够提供企业决策者和营销策略制定者所需要的信息，并能够给予他们充分的启示。

　　调查报告是调查结果的集中表现。能否撰写出一份高质量的调查报告，是决定调查本身成败与否的重要环节。市场调查报告是市场调查研究成果的一种表现形式。它是通过文字、图表等形式将调查的结果表现出来，以使人们对所调查的市场现象或问题有一个全面系统的了解和认识。市场调查报告撰写的意义归纳起来有三点：

　　第一，市场调查报告是市场调查所有活动的综合体现。市场调查报告是调查与分析成果的有形产品。调查报告是将调查研究的成果以文字和图表的形式表达出来。因此调查报告是市场调查成果的集中体现，并可用作市场调查成果的历史记录。

　　第二，市场调查报告是通过市场调查分析，透过现象，分析数据之间隐含的关系，使我们对事物的认识能从感性认识上升到理性认识，更好地指导实践活动。市场调查报告比起调查资料来，更便于阅读和理解，它能把死数字变成活情况，起到透过现象看本质的作用，使感性认识上升为理性认识，有利于商品生产者、经营者了解、掌握市场行情，为确定市场经营目标、工作计划奠定基础。

　　第三，市场调查报告是为社会、企业、各管理部门服务的一种重要形式。市场调查的最终目的是写成市场调查报告呈报给企业的有关决策者，以便他们在决策时作参考。一个好的调查报告，在企业的市场活动中起到有效的导向作用。

课后习题

一、名词解释

市场调查 市场调查报告 报告撰写

二、简答题

1. 提供市场调查报告有何现实意义?
2. 对市场调查报告写作有哪些基本要求?
3. 简述市场调查报告的写作步骤,并且应注意哪几个要求?

三、讨论题

根据课堂所设计的问卷进行模拟调查,然后对资料进行整理和分析,最后撰写调查报告。

第九章 市场调查的组织与实施

本章提要

市场调查的问卷做得再好，也需要"人"的配合，我们称之为调查员。调查员在市场调查中是一个十分重要的因素，他们对于整个调查的成功与否有着重要的作用。本章介绍了市场调查人员的选择要求、团队的培训内容及调查实施中的监督与组织工作，旨在帮助读者更好地了解市场调查队伍组建的过程与方法。

学习目标

1. 熟悉市场调查实施的全过程
2. 了解市场调查人员所应具备的条件和素质
3. 了解调查实施主管和督导的职责及访问员培训的主要内容和方式
4. 掌握实施队伍组织、培训和管理中经常使用的方法
5. 掌握挑选访问员的基本原则和访问的基本技巧

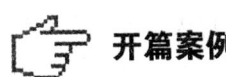
开篇案例

访问员的招聘选择

某省营销协会市场调研中心在对访问员进行招聘选择时，主要实行两次招聘制度，即每半年进行一次访问员的招聘活动。招聘的访问员经面试、筛选与签署兼职访问员协议，接受调研中心安排的12个课时的基础培训后为其建档，成为调研中心的备选访问员（A级访问员），这被称为第一次招聘。在调研中心操作项目时，根据项目的要求选取适当级别的访问员并与选中的访问员签署有关项目操作的协议，这就是第二次招聘。

对于访问员的级别，调研中心将他们划分为A、B、C、D、E共5个等级。接受了12个课时的培训成为A级访问员，这个级别的访问员只能从事非常简单

的甄别拦访工作（寻找合适的被访者并将其带到指定地点），或在陪访督导的陪同下进行问卷的随机街访工作。他们的工作都会被记录并由相关的督导给出评价，在参与了两三个项目之后，表现优秀者再接受4个课时的专项培训（如中心地点访问的技巧等），可升入B级访问员。B级访问员在薪资评定和所从事的工作方面与A级访问员相比都有较大的提升。同样，在B级访问员工作一定时间后，参与若干项目表现优秀的人员会依照相应的程序升入更高一级。当达到E级时，就成为调研中心的重点培养对象了。目前，协会调研中心有几位专职督导就是这样从兼职访问员一步步培养起来的。

【思　考】
1. 市场调查人员应如何选择？
2. 市场调查的队伍应如何组织？

在市场调查中，有一个重要的因素不可忽视，那就是实施调查的"人"，我们称其为调查员。这里所说的调查员，不是指所有的市场情报人员，主要是指市场定量调查研究过程中组织起来的承担一线调查工作的人员。市场调查访问人员是调查工作的主体，其数量和质量直接影响到市场调查的结果。因此，市场调查机构必须根据调查工作量的大小及调查工作的难易程度，配备相应的调查访问人员。同时，访问人员的培训及监督、访问队伍的组建也是十分重要的。

第一节　市场调查人员的选择

定量的市场调查方法很多，如问卷法、量表与测验法、访问法及面容观察法等。但是，由于当今社会发展与社会变迁的速度越来越快，社会各部分之间的差异也越来越大，整体的异质性在加强，在很多情况下，以往运用较多的定性研究方法得到的结果不容易具有代表性。因此，问卷法成为一种适合于当代社会状况的研究方法。问卷法有其独特的优势，它是以一份设计好的表格来收集信息的调查方法，一般分为两种，即自填式问卷与访问问卷。比较两种方法，在前者中，被访者所面对的是问卷；在后者中，被访者面对的是调查员。一般来讲，这两种方法相比较，访问问卷的回收率、填答完整率、可信度都要高于自填式问卷。产生这种差别的原因在哪里呢？那就是——调查员。

由于调查员亲自进行调查，回收率自然高；对于问卷上的问题，只要调查员认真负责，就不会出现漏做现象；由于调查员在完成访问的过程中，可以采用适当的方法，帮助某些有困难的被访者理解问题，引导被访者回答，从而得到真实、全面的信息，所以可信度相对也要高些。从这个例子就可以看出，调查员在市场调查中是一个十分重要的因素，调查员对于整个调查的成功与否有着重要的作用。

市场调查访问人员是调查工作的主体，其数量和质量直接影响到市场调查的结果。因此，市场调查机构必须根据调查工作量的大小及调查工作的难易程度，配备相应的调查访问人员。调查访问人员包括专职和兼职访问员。专职访问人员是指调查公司内部的专业人员，而兼职访问人员一般是公司为了业务需要临时聘用的，包括在校大学生，也有社会人士。例如，日本的电通广告公司，不仅拥有全职的市场调查人员，而且还特约数百名 30~35 岁的家庭主妇，这些经过调查专业训练的特约调查员，一旦有了调查项目，便从事调查工作；若无调查项目时，则各自管理自家家务。她们除了调查时按调查内容及数量按件计酬之外，每月还享受一定的津贴。

一、调查员的基本条件

1. 性别

由于市场调查，特别是问卷调查，是一种面对面的互动，而且调查员与被访者彼此是陌生的，在这种情况下，女性调查员往往较男性调查员更具有优势。

女性调查员可以尽快消除被访者的心理戒备，不易给人以威胁感，尤其是在入户问卷访问法中，女性更具有优势，她们较男性更容易被请进家门，男性调查员则易被拒之门外。

女性调查员容易让人感到轻松，有利于访问的进行；女性比男性更加细心，比较适合从事市场调查这样一种较为细致且需要耐心的工作。当然，并不排除有出色的男性访问员。

2. 年龄

市场调查对于调查员的年龄没有什么特别的限制。但是，在访问员年龄的选择上，较倾向于选择年轻人，即年龄在 18~30 岁之间为宜，或者是年龄大的，五六十岁的人。在一般情况下，年轻调查员与年纪大的调查员相比，有一定的优势，主要体现在以下两个方面：首先，市场调查是一项十分辛苦的工作，一般需要调查员要具有良好的体魄才能承担起这份工作，尤其是当一项调查有严格的进度要求时，调查员绝不能因为身体原因而影响到调查进度。其次，年轻人比年纪大的人对于新鲜事物的接受能力要强，而市场调查对于大多数调查员来说，基本上每一项工作都是新鲜的。例如，对某项药品的调查，调查对象均为某类疾病的患者，那么，在培训过程中，调查员首先就要学习有关此类疾病的知识、相关药

品的知识等。如果调查员不是医学院的学生,那么这些知识对他(她)来说就是全新的。调查员必须在短时间内迅速掌握有关知识,才能进行调查。否则,病人所述的医学名词、药品名称在调查员听来也许会如同天书。在这种情况下,年轻人接受这些知识的能力一般较年纪大的人要强些,因此具有一定的优势。

3. 文化程度

市场调查中的调查实施阶段包含科学性与技巧性,因此,在选择调查员时,文化程度是一个十分重要的因素。由于问卷调查中的问题都是以文字形式表现出来的,调查员不仅要有正确理解问卷的能力,而且也应具有将书面语转换为口语的能力,在这个转换过程中,既要做到不改变原意,又不能让被访者感觉别扭,这些都要求调查员具备一定的文化素质。

特别是被访者的层次参差不齐,有些被访者对于调查员的提问不能正确理解,有时甚至会答非所问,那么,在这种情况下,调查员就必须在对问卷有很好理解的基础上,引导被访者回答,但绝不能诱导被访者回答,而是应该帮助被访者理解问卷的内容。

文化程度较高的调查员会给被访者留下良好的印象,文化素质较低的调查员有时会影响公司的整体形象。

在培训过程中,具有较高文化程度的调查员不仅能够顺利地接受培训,而且也能够在培训过程中提出一些建设性的意见,并能发现一些问题。从这个角度来看,文化程度较高的调查员不仅可以减少培训中的困难,而且对整个调查过程中临时出现的问题能够灵活处理。例如,在一次某外国研究机构组织的农村经济问题的社会调查中,承担调查任务的是某名牌大学社会学系学生,调查过程中,有几位同学就问卷中的一些问题,如问卷结构等,及时提出了很多中肯的意见,有的甚至及时发现了其中的逻辑错误,并在调查第一线不便于联络的情况下,对新情况做出了令人非常满意的独立处理。他们在很短的时间里就对问卷有了透彻的理解,把握了问卷设计者的意图,可见,文化程度在调查过程中的重要性。

4. 形象

有漂亮、英俊的面孔是否就是选择调查员的首要条件呢?固然,令人赏心悦目的面孔是好的,但是"形象"绝不仅指"面孔",形象是指一个人的整体面貌,除了相貌还包括气质、言谈举止等。

调查员的面貌以看起来亲切、诚恳为好,调查员最好不要浓妆,那样不仅会引起一些人的反感,也有诱发某些犯罪行为的可能。因此,无论是从雇佣者的角度还是从被雇佣者的角度来看,对调查员的外表最好有一定的要求及限制。

调查员应该服饰整洁,朴素大方。如果调查员的衣着过于华丽,而被访者家境较差,无论家庭布置还是个人衣着都过于"寒酸",调查员与被访者形成鲜明的对比，那么被访者就有可能产生一种自卑情绪，怕被调查员瞧不起。所以在回答问题时就有可能弄虚作假，或是看调查员的眼色行事，在这样的情形下进行调查得来的数据可能就不是准确的。

相反，如果调查员衣饰不整、不拘小节，也有可能会影响到调查的进行。例如，某调查员是从农村考入城市的大学在校学生，衣冠不是很齐整，又初到城市，略带有家乡口音，在一次入户调查中被被访者———一位戒备心理很强的老人拒之门外，并斥为骗子，无论调查员怎样解释，被访者都拒绝接受访问，导致该次访问以失败告终。

由此可见，调查员的形象是十分重要的，调查员一定要给自己的形象一个恰当的定位，绝不能忽视这个看上去很小的问题。无论何时，一个谦虚、和善、有礼貌，看起来诚实、正直、认真、服饰整洁的调查员总是受人欢迎的。

5. 言语能力

言语能力首先是指调查员要有清晰的口齿。所谓清晰的口齿，通俗地讲就是被访者能听清楚，并明白你在讲什么。一般来讲，在方言地区进行市场调查最好聘请当地人做调查员，且调查员最好是方言和普通话都会讲，这样在方言地区进行市场调查时，会讲方言的调查员比起讲普通话的调查员更不会使他们感到拘谨，在语言交流上也不会存在困难，更不会发生因不懂方言而错误领会被访者意思的事情。

言语能力还有一个方面是指言语表达能力。言语表达能力不仅在调查一开始可以帮助调查员自我介绍，尽快说明来意，取得信任，赢得好感，更重要的是在调查进行过程中，具有较强言语表达能力的调查员，可以准确地解答被访者的提问，帮助被访者回忆记忆不清楚的事情，引导被调查者真实地回答问题。

但是，言语能力的运用要有一定尺度，事实上，言语技巧有时就在于能够不说。有的调查员在调查时，尤其调查进行得不顺利或非常顺利时，会出现急切的现象，总想多说一些话使调查顺利完成下去，或者以为已经能把握了被访者的意思，想节省时间，快点结束调查，就与被访者抢说话，或替对方回答，这是非常不好的。这一方面使数据失真，另一方面还可能破坏正常的工作关系，给人以"迫不及待"、"不耐烦"的感觉，使调查不能顺利进行。有时，真是"此时无声胜有声"。所以，对于一些言语表达能力很强的调查员，不能无限制、无策略地与被访者交谈，不能将自己的意志强加给被访者，使被访者在接受某种暗示的情况下作答。特别是在一些开放性问题的访问中，如调查员问被访者试用过某种化妆品后有什么感觉，被访者回答说："挺舒服的"，这时调查员依照访问规则继续追问"怎么舒服？可以具体说一下吗？"被访者想了很久也没有找到一个合适的词来描述"怎么舒服"，调查员在很着急的情形下就开始诱导被访者："是不是皮肤

挺光滑的?"被访者一听，忙说："是，是"，于是调查员也很高兴地记录下来，结果，在这位调查员的所有问卷中，这道开放性问题的答案大同小异。无论在语气上或是内容上都有相似之处。这样一来，在最后的分析阶段就很难进行判断。因此，言语能力的运用要恰到好处。

这都是我们在培训中需要强调和进行训练的。

二、调查员的基本素质

1. 诚实

诚实是一个人做人的基本原则。在市场调查中，调查员的诚实不仅是一种对个人品质的要求，更是一种工作必备的素质，而且是最基本的素质。无论是在调查员的挑选，还是在调查员的培训中都首先要强调这一点。

所谓诚实，就是指调查员在市场调查过程中，必须如实地、客观地反映被访者的情况及在调查过程中发生的其他一切情况。通过市场调查所得到的信息是商家制定经营策略的基本依据之一。如果在调查中所得到的信息不准确，就会错误地引导商家的策略，可能造成巨大的损失。这不仅是对商家的不负责任行为，也有失一个人做人的最基本原则。

那么，在市场调查中，什么样的情况是不诚实呢？可以分两种情形来考虑：第一种情形是，调查员的主观愿望是好的，为了严格地保证调查的进度，不致因自己而耽误整个调查活动进程，因而在调查过程中没有严格地按照调查的规范行事。例如，在某日化品的调查中，要求被访者必须是已试用过该产品的女性。但是，有一户的被访者是一位十分不善言辞的妇女。当问到试用该产品后有何感觉时，她怎么也找不到恰当的语言，调查员使尽浑身解数，依然得不到回答。这时，被访者的儿子主动替她回答。调查员已被耽搁了很长时间，为了不影响当天的进度，也就接受了被访者儿子的回答。虽然这些回答也受到被访者的点头认同，但它不符合调查的要求。调查员也未作注明，这时我们说调查问卷是不诚实的。幸好在回访过程中，工作人员及时发现了这个问题，将此份问卷做废卷处理，否则它将影响整个调查的可信度。

另一种情况是纯属调查员个人品质不佳的不诚实行为，只为了赚钱而不对调查负责。有的调查员极端不负责任，在接到问卷后，找来几个好朋友，胡乱填写，或是在调查过程中，对一些问题省略不问、跳着问等，然后自己胡乱填写；有的调查员甚至将相当多的问卷自己填写，根本就没有去进行访问。

2. 保密

保密也是调查员所应具备的基本素质之一。大部分市场调查中都有相当多的内容是了解被访者的经济状况，或是其他一些隐私性极强的问题，而这些问题对于整个调查又是有很大价值的。当调查员与被访者坐到一起时,调查员相对被访者是一个陌生人,通常人们对陌生人总是有较强的戒备心理。一旦当话题与私人生活有关,或是涉及经济问题时,被访者可能立即变得十分警觉。他们的第一个反应必定是,问这些问题做什么,是不是有什么目的;客气点的被访者也许会说:"你们的调查问这个干吗?"不客气的被访者干脆直言:"我把实话都告诉你,家里丢了东西,找你去呀?!"这时,就显出保密的重要性了。不仅要对被访者解释市场调查中的保密原则,而且也确实应做到保密。这是调查员的职业道德。

保密不仅是针对被访者的情况而言,对在调查中得到的所有信息都要严格保密。俗话说,商场如战场,在商业竞争激烈的社会中,既然受雇于某一方,就要对其负完全的责任。在商战中商业窃贼也是存在的,一定要有保密的意识。商业信息的拥有,本身就是一笔财富,它是商业秘密。更重要的是,虽然调查员受雇于企业或调查机构,直接获取了第一手资料,但整个调查的设计、组织和实施,主体是企业或调查机构,信息的所有者是企业。在这个意义上,保密是调查员的重要责任,是调查员与企业合作契约的应有之义。例如,某药品在研制过程中,下一步工作就是要投入到市场中,那么广告该如何做,药品的宣传材料该如何做,都急需通过市场调查,获取此药所治疗的患者的有关情况,再制定出相应的方案。而在同期市场,相似的药品有很多,竞争十分激烈,为了保守商业机密,调查员在调查过程中要严谨从事,不能在言语中流露有关该药商的情况,问卷也不能丢失,完成访问后必须收回密封保存。

3. 耐心

被访者的层次是多样的,不是每个被访者都受过良好的教育,都具有良好的表达能力及理解能力。被访者的年龄、文化程度、家庭条件、生活环境及成长经历,都各不相同。

对于层次较高的被访者,也许调查员不需要费什么力气就可以完成访问。那么,相对于那些有些方面不够优秀的被访者,调查员则需要有相当大的耐心,并采取一种积极的态度来解决问题。例如,有的被访者因为文化程度低,调查员就需耐心解答,对他的各种问题不能表现出轻蔑,甚至说:"你怎么连这个都不知道呢?"这种行为及言语对被访者会造成心理上的伤害,不利于调查的完成。调查员一定要耐心地对被访者进行解释,在不改变原意的基础上,哪怕是解释十遍,也要使被访者明白,以便获得真实信息。

调查员需要具有耐心,还有一个原因:有时候问卷太长,问题相当琐碎,调查员应耐心地按顺序将所有问题逐一问到。如果遇到被访者的回答过于模糊时,应该耐心追问。在追问不到答案时,可以跳过该题对后面的问题进行提问,然后再选择恰当的时机追回提问。

在调查过程中，如果遇到言语或其他方面稍有障碍的被访者，调查员更需要耐心地完成调查。耐心是优秀的调查员所必需具备的。

第二节 市场调查实施团队的培训

在市场调查中，调查员的培训是不可忽略的重要环节。培训一定要正规、严格。一般的培训需要一位培训人员及若干位督导员。培训人员应该由具有丰富市场调查经验的人来担任。并且，对于每一项调查来说，培训员都应该对该项调查的每个环节了解得十分清楚，首先应对该调查的设计思想、意图、问卷的结构关系、逻辑关系和内容有透彻理解，而且应该具有一线直接实施调查的工作经验，督导员当然也应对整个调查有清楚的了解。

一、调查员的培训

在调查员的培训中，有哪些具体内容呢？

1. 对调查概况的介绍

我们知道，市场调查的具体内容可能涉及十分广泛的领域，即便是培训员与督导员，也不一定对项目所涉及的领域都了解得很清楚，调查员也一样。所有人员都有一个学习的过程。但是，作为培训员和督导员，应该对市场调查的统计学、社会学的方法论原理、概念操作过程、抽样和推论、检验的原理和意义，有本质性的把握，他们对调查和问卷的理解应该是高屋建瓴的，这样才能掌握调查的核心思想和重点内容，进行卓有成效的培训，辅助调查员培训和纠错，从一开始就对调查有良好的控制。

对调查概况的介绍主要有以下几个方面：

（1）对客户，即委托商的简要介绍。目的是使调查员清楚自己的服务对象。调查员应了解自己服务对象的大致情况，目的是为了在调查员心中树立服务对象的位置，更好地服务于服务对象，并可以给予调查对象以准确的解释和答复，也可以帮助调查员在接下来的培训过程中对调查和课题有更深入、准确的了解和把握。

（2）对于与该项调查有关的市场其他情况的介绍。目的是为了使调查员有一种市场竞争意识及保密意识，而且对于与该项目有关的市场情况介绍也有利于调查员在调查过程中解答被访者的提问，正确判断调查中出现的情况。

（3）对于接受调查者，即被访者的大致情况介绍。由于在市场调查中，调查员的主要互动对象是被访者,知道被访者属于什么类型的人很重要。例如,有的被访者是中学生,这时调查员就会有一个心理准备:下面我要和一群中学生打交道了,他可能会对此很有兴趣,和他们进行交谈时采用什么样的方式,采用什么样的语言风格;如果有的调查要求被访者是家庭主妇,那么可能会皱眉头想,家庭主妇一定十分啰唆,对这些家庭主妇,该如何与她们交谈?高兴也罢,皱眉头也罢,都是一种心理预防针的作用。有时调查对象中要求年轻女性公司职员、机关年轻女性、中学生、家庭妇女各占一定比例,这样,及早在调查员头脑中形成印象,有利于调查的实施。

(4)调查时间要求及劳务报酬的介绍。任何一项工作都有明确的时间要求,市场调查也不例外,在培训过程中,必须明确调查的起止时间,要求调查员必须在规定时间内完成所有的访问。

对于劳务报酬,应该事先对调查员讲清楚,对于每一份问卷的劳务报酬、交通费用、误餐补贴费等都要有明确的规定。是计件的,还是按日算工资的,等等,要在培训开始时就与调查员商量好,写在合同中,培训中应当再次明确。

(5)问卷的质量是关系到整个调查成败的一个重要因素,因此,在培训中一定要对问卷的质量提出要求,概括起来就是真实、完整。这两点是问卷质量的灵魂。对于不能保证问卷质量的调查员应给予经济上的处罚,额度由组织者自行确定,对于特别出色的调查员,还要给予一定的物质奖励。

对于在调查中出现的其他问题,应明确地规定,有打架斗殴行为的,公司应给予解聘,所造成的一切后果自负;对有不诚实行为的将追究其法律责任。

(6)调查员与督导员的相互熟悉。在调查实施的整个过程中,调查员与督导员将十分紧密地联系在一起,调查成功是调查员与督导员相互配合的结果。因此,调查员应该与督导员相互熟悉,并建立良好的关系,便于以后的调查分组。

2. 有关调查背景知识的介绍

背景知识不再仅是对商家大体情况的了解,而是对调查所涉及的所有知识的一个学习过程。在培训中必须给调查员以直观的展示及讲解,这样在访问过程中,调查员才不至于因为自己不清楚而理解不了被访者的意思。在展示及讲解中,最好能够针对市场上所有品牌的产品,而不只是针对委托商的产品,在没有实物的情况下,用彩色图片代替也是可以的。尤其是在为国外公司做市场调查时,有时这些外国产品的中文译名是比较难记忆的,因此,许多消费者消费过该产品,但是对于该产品的名称记忆不清,只是可以讲出某些特征,如有三种不同厂家生产的同一类食品,消费者往往根据它的包装盒颜色做出区分。比如,调查员问被访者:"请问您是否买过××食品,是哪个牌子的?"被访者回忆过后多数情况会说:"买过,是那种红盒的(或是蓝盒的)……"在这种情况下,更需要

出示给被访者实物或图片，以便确认被访者所说的实际是哪一种产品。

又如，在介绍背景知识时，调查食品的调查员最好先品尝食品。虽然调查员会因个人口味不同而形成对不同品牌食品的印象，但在调查员价值中立的前提下，品尝与该调查相关的各种食品，可帮助调查员更好地与被访者沟通，理解被访者在调查过程中对该产品的意见及感受。

3. 抽样的介绍

抽样是调查中一项十分重要的内容，抽样的科学、正确与否都会直接关系到调查结果的准确性与代表性。调查员有必要对调查的抽样有清楚的了解。

首先应该明确的是抽样与市场调查的关系。作为直接操作层的调查员，头脑中一定要有对样本和总体关系的清楚认识，保证调查的随机性。如果有抽样的原则，有样本具体清单，在调查时一定要忠实于抽样，不能随便改变样本，如居民组、地点、明确的被调查对象等。又如一些给予调查员一定程度机动性的调查，如偶遇式的调查，在选择了一定的地点后，是不能轻易改变的。在分发问卷时，一定不能有意选择，有的调查员可以无意之中破坏随机性原则，不知不觉地在调查地点进行了一番重新组织。比如，在一次商业调查中，地点选的是某商场家电组几个柜台，一个调查员在调查过程中接受了服务员小姐的建议，用她柜台的麦克风号召光顾该商店的顾客们来配合调查，并说赠送精美礼品，结果招来了不少其他柜台的顾客。虽然他很顺利地完成了调查，但无形之中，他破坏了抽样方案，使样本的随机性降低了，从而直接影响了调查的信度。因此，调查员应具备比较完备的统计抽样知识。由此也可以看出，做得多、做得快的不一定就是出色的调查员，调查员的工作应该是忠实于方案的、严谨的。在这个意义上，质量要求是高于数量要求的。

除了抽样的知识外，调查员还应该了解其他一些与问卷调查有关的统计知识或术语，如调查研究的信度、效度、问卷回收率、有效回收率等，并应该对这些有比较透彻的理解。

在市场调查中，测量工具主要是问卷，但研究的信度和效度与调查员关系非常密切。比如，如果调查员在调查中，发放问卷不满足随机性，就会影响到调查的信度，也影响了效度。在访谈式问卷调查中，调查员词不达意，文不对题，或者带有某种倾向性，就会影响调查的信度。另外，在有些调查中，如在深度访谈调查方法和观察法调查中，测量工具主要就是调查员了，调查员不但能直接决定调查信度，也能直接决定调查效度。因而调查员心里一定要有效度、信度的概念，并能够随时提醒自己，检验自己的做法是否影响调查的信度和效度。

这些初步的统计知识，应该在培训过程中，专门辟一个题目进行讲解，让每一个参训人员能将原理烂熟于心，牢固树立起忠实于方案的意识。

4. 熟悉问卷

调查员必须熟悉问卷，一个对问卷十分熟悉的调查员在访问过程中不会出现疏漏，不会引起被访者的不愉快，而且对问卷的熟悉也可以节省访问时间。熟悉问卷是对一个调查员工作的最基本要求，就如同要求一个工人必须对他使用的工具十分熟悉一样。因此，培训中一项重要的内容就是帮助调查员熟悉问卷。那么，熟悉问卷包括哪几方面的内容呢？

首先，培训人员要让调查员熟悉问卷的结构及每部分的作用，问卷一般分为封面信、指导语、问题、选项、编码框、结束语等。培训员一定要将每一部分清楚地指示给调查员。

封面信一般是用来帮助调查员更顺利地开始访问而编写的一小段话，它言简意赅地说明了该调查的目的、意义，使被访者能在尽可能短的时间内明白调查员的来意，并给予支持与配合。培训时，培训员最好能做出示范，将封面信的内容以口语化的形式，非常自然、流畅地表达出来，给被访者留下一个良好的第一印象。在培训时，一定还要强调调查员的"开场白"不能生硬、做作，因为这样会引起被访者的反感。

在问卷的封面上还有另一部分内容，要求调查员留意，并认真、如实地填写。一般问卷封面印有以下内容：

产品市场调查问卷编号_____

调查地点_____（城市名）

详细地址_____

被访者姓名_____　　　　　　调查员编号_____

访问时间____月____日____时____分

预约回访时间：____月____日

回访时间（如下）

开始___时___分结束____时____分

被访者电话_____（家）_____（单位）

有些调查员可能会认为这部分内容与问卷内容关系不大，可填可不填，其实不然，培训人员一定要对这部分做出明确规定，要求调查员必须认真填写，问卷编号有时是事先打好的，被访者姓名有时会因为被访者拒绝而空缺。在大多数情况下，封面由调查员填写的部分应该是完整的。对于访问时间，应该严格计时，这样做是便于管理部门对调查员的工作进行管理与监督，当然总的目的还是为了提高问卷的质量。

指导语的主要作用是针对自填式问卷中的"被访者"，指导被访者按照某种

统一的要求填答问卷。那么在访谈式调查中，指导语与调查员是否有关呢？答案是肯定的。如果问卷是一些较复杂的问题，往往有个小括号，里面是针对该题的指导性说明。如"（可选择多个答案）"，"（月收入，指该月所有的收入，包括基本工资、奖金、各种福利补贴等）"。有的指导语对于正确的跳答很有帮助，也就是遇到后续性问题怎样做到正确的跳答，后续性问题是系列问题中的附带问题，被访者是否需要回答后续性问题是由他对第一个问题的回答所决定的。例如：

如果商店里可以以××元的价格买到某种产品，那么以下哪句话最能代表您购买此种产品的可能性呢？

Q1 一定会买　　跳问 Q7

Q2 可能会买

Q3 可能会买可能不会买

Q4 可能不会买

Q5 肯定不会买　　跳问 Q9

Q6 那么可能会有些什么原因使您不是一定去买它呢？还有呢？

Q7 如果您家附近的商店有这种产品出售，您通常每次买多少袋呢？_____袋

Q8 您会多长时间买一次这种产品？

（选项省略）

Q9 总的来讲，下面哪句话能代表您对这种产品的喜欢程度？您会_____

（选项省略）

在这个例子中，调查员就应格外注意指导语，因为针对被访问者的不同回答，有不同的问题去提问，如果没有注意到这一点，就会闹出笑话来，如被访者对于 Q4 中的选项，是符合他（她）的，这时调查员应跳过 Q5 直接去问 Q6，如果没有跳问，而是连 Q5 也问了，那么头脑清楚、机智的被访者可能会马上指出："我一定会买的。"而一般的被访者则有可能被调查员牵着"鼻子"，糊里糊涂地又回答了一遍他不一定买的原因。这样，在最后进行检查时，就很难做出取舍，到底哪一种回答才代表被访者的真实情况。所以，指导语对调查是有很大作用的。

其次，对于问卷中所列出的问题，培训人员应大声朗读每一题，并将有可能出现的回答尽量列举出来，使调查员在访问过程中能迅速做出判断，及时处理。例如：

请问您的职业属于卡片上哪一类（单选）

机关/事业单位干部 ……………………………………………………… 1

专业人员/技术人员/教师 ………………………………………………… 2

企业管理人员/厂长/经理 ………………………………………………… 3

工人/服务员/一般职工 …………………………………………………… 4

个体户	5
离退休人员	6
待业人员	7
学生	8
家庭主妇	9
其他（请注明）	0

在这里，有时有些职业不好立即判断出属于哪一选项，培训人员就应举出尽可能多的例子来讲解这个题目。例如，如果调查员问："您的职业属于哪一类呢？"被访者在听了调查员读出选项后立即回答："家庭主妇。"而实际情况是被访者是因病而提前退休的，并非那种不曾工作过，在家专门从事家务劳动的女性，这只是一个很简单的例子。培训员如果就问卷中每一道问题都列举出尽可能多的情况，调查员就可以做到心中有数，访问过程中也能及时判断出来是不是有错误的理解。

最后，在熟悉问卷过程中，对于一种特殊类型的问题，一定要将访问技巧教给调查员。这种特殊类型的问题就是开放性问题。

开放性问题与封闭性问题不同，它没有一个限定好的范围可供选择，因而随意性大。所谓随意性大，就是说被访者在回答问题时不受所给选项的限制，而调查员记录时也有一定灵活度。被访者的随意性大当然是好的，因为它可以更深刻地反映出其想法，但是，调查员的随意性大是有一定的负面作用的。在被访者回答后，有的调查员并没有原封不动地记录被访者的回答，而是自己进行归纳、总结，然后记录下来。也许这样做可以使开放性问题部分的填答看起来整齐、有条理，但是，实际上这样做的结果是产生一种奇怪现象，即从整体上看，某一问题的填答有区域性的区别，某个地区对此问题的看法是一致的，而另一地区对此问题看法又是另一种情况，看上去，是地域区别造成的看法不一致，而实际上，也许是由于调查员的不同访问、记录方式而造成的差异。因此，在开放性问题的访问中，一定要如实记录。无论被访者的回答看起来多么肤浅，调查员都不能自作主张进行归纳或改写，只能通过追问、再追问的方式来获取更多、更准确地反映被访者情况的信息。在问卷的空白处记录下自己对被访者回答的理解及其判断依据，如被访者的表情是如何的，如窘迫等，有什么样的身体语言，如坐立不安、抓耳挠腮、频频注视其家人等。

另外，在访谈式或者说访问式问卷调查中，还有这样一项技术，即使用卡片。卡片是什么呢？在访问式问卷中，通常是调查员读问卷中的问题选项，被访者听，选出符合自己的那种或那几种情况。但有的问题，其选项特别多，十几个甚至二十几个，这样调查员读完后被访者很难将这些选项都记住，或在读的时候

又容易因同音或近似音而产生歧义的问题或选项，这时就需要有卡片。把选项印到与问卷分离的另外的卡片上，在做到此题时，由调查员把卡片给调查对象，由他（她）看后进行选择，再由调查员填上。问卷在问题选项多时，应印制卡片，由调查员携带在问卷中。调查员应该将卡片理清顺序，在做到需用卡片的问题时，应该能够熟练准确地把相应的卡片拣出来交给调查对象，不然的话就会浪费时间。

总之，这一段工作是非常重要的，调查员在介入之前，应该熟悉问卷，所谓得心应手，一定要得之于"心"，就是说，在熟悉的基础上，还要理解问卷，清楚地把握其结构和逻辑线索。这样，在做调查时才能提高效率，建立高效的工作关系，节省自己和被调查对象的时间。同时，在调查时，能够自觉自动地对前后内容进行对照，及时发现矛盾之处进行纠正；能对调查对象的问题快速响应，并给出清晰、准确的答复。而且，对于新问题、新情况的出现，由于对问卷有了清楚的了解，还可以按照理解，独立地进行准确处理，不会手足无措，破坏问卷的完整性。很多调查员在调查中不能很好地控制节奏，常常忙于倾听和记录，由于对问卷下文不熟，出现了调查员的"卡壳"现象。在培训的过程中，培训人员、督导员一定要鼓励调查员对问卷采取存疑的态度，尽可能地多提问题，这不光可以集思广益，提高问卷和调查的质量，还可以加深参训人员对问卷内容的熟悉和理解程度。

在实践中发现，一批调查员中总有一两个或几个调查员对问卷的内容没有完全熟悉和深刻理解，这往往是在逻辑检验时发现其出现系统错误时才能暴露的。培训员应该在这个环节提高警惕，防止对问卷不熟悉或可能有错误理解的人成为调查员。因为在统计学意义上，每份问卷都是非常重要的，质量是问卷调查的生命。

二、模拟访问训练

模拟访问一般在室内进行，是在调查员与调查员之间，或是培训员与调查员之间进行的。在多数情况下，要求调查员要分别扮演被访者及调查员两种不同的角色，以体验两种角色在访问过程中的感受。通过对调查员这一角色的体验，一是可以熟悉问卷，二是可以将多种访问技巧尽可能地应用一遍。对被访者角色的体验，看似与调查毫无关系，实际上，这种体验可以帮助调查员发现自己提问中的漏洞及提问时应注意哪些细节。模拟访问是培训中不可省略的环节。模拟访问虽然是在调查员之间进行的，但所有人员都要认真，不能将其视为游戏，因为在模拟访问中，可以发现许多问题，这些问题的提出与解决，对于真正的访问是有帮助的。

下面介绍模拟调查是怎样进行的及需要注意的事项：

（1）模拟调查应该是调查全过程的模拟。从调查准备、介入、做问卷、撤离、复核到回访和资料交接，应该连续进行，一气呵成。

（2）模拟调查时，将调查员分成若干小组，每组人数以 4~6 人为宜。在每个模拟调查中出现的问题，由记录员记录。记录员进行模拟训练时，由其他人代为记录。

（3）每个小组的人围成一圈而坐，扮演被访者的人坐在圆圈中间，在每对"调查员"与"被访者"进行访问时，其他人应该注意听。如果条件允许，最好每个模拟小组中都有一名督导员，督导员的参与可以更好地发现问题。

（4）模拟调查所用的问卷必须同真正调查时所用的问卷完全相同。调查员在模拟训练中必须如实认真地填答问卷。总之，一切都应尽可能如真正的访问一样。

（5）在模拟调查过程中，由于调查员是第一次进行访问，可能会因紧张或其他原因，如对有的题不知如何处理而中断访问，这时督导员不要着急回答调查员的疑问，而是将所出现的情况记录下来，使访问继续进行。这样做的好处是不给调查员养成依赖的心理，因为在真正访问时，调查员身边是没有督导员可以求助的。

（6）各组模拟调查结束后，请各小组负责记录的人员分别将各自小组在模拟过程中存在的问题提出来，由培训员一一进行解答。另外，督导员应该针对总体情况进行评说，对共性的问题再拿出问卷仔细讲解。

（7）最后，再由培训者与督导员进行一次模拟调查，他们应该十分了解模拟训练中存在的问题。在模拟时，要将访问中有可能出现的或是遇到的各种问题及困难尽可能地表现出来，让调查员在观看模拟的过程中增加经验。

三、试调查

对于一个专门从事市场调查的公司来说，最好能有一个固定的试调查基地。对于并非专门从事市场调查的公司，最好能临时选取一个"点"作为试调查基地。所谓基地，一般是指在离调查公司或正在进行调查工作地点的空间距离较近的居民住宅中，选取若干座住宅楼作为试调查的场所。一般，事先应该由公司负责此项目的人持加盖公章的介绍信与该住宅区的居民委员会打好招呼。由于居民委员会在中国有着特殊的位置和重要作用，因此，要善于凭借居委会的力量达到开展工作的目的。如果能由居委会逐户通知到被访者，这样拒访率就会大大降低。

试调查后一般是接着模拟访问，通常由于人力所限，一位督导员带领几个调查员进行试调查的工作。因为是入户访问，考虑到各方面原因，督导员不宜带很多人进入一户进行访问，一般以 2~3 人为宜。虽然每户的访问只由一名调查员来

完成,但是,其他几位调查员也要坐在一旁认真地对照问卷,观察并倾听访问是如何进行的。在试调查过程中,督导员一般是不插话的,即便调查员出现了很大的失误,督导员也要保持沉默,尽可能地让调查员在没有干扰的情况下将问卷完成,但是,督导员必须仔细记录每位调查员在访问过程中存在的问题。

在结束一户试调查后,督导员应马上指出调查员在刚才的访问中出现哪些失误,哪些地方值得肯定等。这样做的目的不仅仅是为了使该调查员对自己的不当之处及时、准确地明了,而且也可以使其他几位调查员借鉴、学习,避免出现类似情况。

由于试调查是一种真情实景的训练,因而更有助于调查员尽快进入角色。在试调查中,调查员一定要当做真正的访问来对待,思想上不能轻视。

另外,在结束每一户试调查之时,最好赠送给被访者一份小礼物,以表示感谢。

四、培训总结

在试调查结束后,正式调查开始之前,一定要进行培训总结。经过实地训练后的总结往往具有很强的针对性,因而对培训来说也更有效。

培训总结的内容是以模拟调查与试调查中出现的问题为主进行讨论、讲解。问题可能主要来自试调查。督导员总结在试调查中存在的问题,以书面形式递交给培训组,培训组将问题归类后,一一指出,并且在指出问题时一定要举出例子,否则,只是对问卷的一般讲解与说明不能引起调查员的重视。

培训总结不仅仅要指出问题,对于调查员在模拟调查与试调查中的出色表现,也要给予表彰,鼓励调查员。

五、做好调查的准备手续

在培训和试调查结束后,调查组应该做好介入社区进行正式调查准备工作的手续。这些手续应由调查组织者在酝酿筹划调查时开始办理,与有关部门和社区接洽,在正式调查开始前应该办理完毕。下面介绍有关调查计划和其他准备工作的问题。

调查计划是分层次的。调查最高层的组织者不可能为每个调查组、组内的每个调查员制定出详细的计划,他有自己层面的计划。因此应该规定好日程,分派好任务。

在日程上,时间安排一定要紧凑,调查活动应该一鼓作气,逐渐推向高潮。这一方面,由于调查活动尤其是商业调查活动,因其资料收集具有即时性,所以反映的信息也要求及时,这样,策略制定者才能有快速的市场反应,做出及时决策。这就决定了调查研究的工作期应尽量缩短。另一方面，调查工作尽量压缩在一个相对短的时间里，可以避免发生更多的意外情况延误调查。再者，也可能减少一些日常性开支。此外，调查趁热打铁、一鼓作气地完成，对克服调查员的职业倦怠有一定的作用。在调查中发现，有些调查由于周期拖得很长，节奏比较慢，越到后来，问卷的完整率没有持续的提高或改善，错误率反倒没有下降。原因就是有些调查员在长时间里滋长了一些懈怠的精神状态，工作热情下降了。相反在一些调查中，由于时间紧凑，工作节奏快，调查员绷紧神经，一气呵成，工作做完时，常有"意犹未尽"的感觉。这是因为在督促和鞭策下，紧张的工作氛围往往能激发和保持调查员的活力，不降低其工作热情和职业敏感程度。在这种情况下，疲劳程度是与日俱增的，可选择时机进行短暂休整后再投入工作。这是调查组织、领导层的计划要考虑到的。

另外的重要内容是任务分配。任务分配一般按地理区位、样本地理分布和样本数量进行，将整个抽样结果在地理上划分出大致相同的块。这里的相同要兼顾数量和路程，好多调查其实多数时间是在跑路。如果有的样本集中在某一狭小区域内，则可以节省好多时间；有的样本虽然不多，但散布在较大区域内，这样任务量也是很大的。按照地理划分完毕后，才能确定组数和各组工作任务配置；各组的工作在地理上不要交叉。以上是调查的组织、领导层计划的一些内容。除了这层计划，还有下一级调查组织机构（有的就直接是调查小组了）的计划。在任务确定、时间进度大致确定的情况下，这一层调查组织的计划，也大致是日程和任务分配两个方面。在时间进度上要尽量符合上一级计划，如果其中有特殊情况，可以有一定的弹性，有自己的另一份调查时间进度表。在任务分配上，也是这个原则，以样本数除以组员数，得出每个人的大致工作量，确定每个人的工作区域，尽量使每个人的工作任务大致相同。关于每个调查员确定相同的任务量，与一般的计件工资原则相同，调查的报酬一般有计件特征。这里的工作量，是额定的工作量，如果有的调查员想超额完成任务，应该在完成这一区域的额定工作量之后，可以再成为组内或调查团的机动人员，领取新的任务。如果这样划分和分配工作量，额定工作量部分的报酬应该是基本一致的，即是以计件为基础，考虑路程因素，对件数进行简单加权后确定，这是一种划分的方法；如果路程差别不大，也可以划分每个小组成员的大致区位后，严格按件计量；或者可以远近搭配给以工作量配备，在额定范围内计件；调查小组内也可能有分工，比如要有一位组长，是召集人、联络员和协调员。有时需专门的复核员和输码员，都要在开始调查前由督导员分配设置好。督导员应有自己的计划手册，包括进度表、任务分配表、每个组员的工作情况按日记录等，还应该包括与各个组员的联络方式，其完成任务的情况等。督导员应该有记事本和工作日记。每一个调查员也应该有

自己的计划,如果自己的任务分配不是逐个指定的,有机动余地,要确定自己完成任务的时间进度和完成样本的先后顺序;摸清路线,做到在介入前就熟悉该区域的地理状况,主要是路线、如何走、坐什么车、大约什么站,要了然于胸。有时调查团在工作时,需要整团逐区进行集中调查,这样有很多好处,但也要有任务量的合理分配,原则是一样的。

调查的物质准备也要尽早完成。问卷和礼品应该在调查前发放到位,其他工具和装备如地图、调查员手册、介绍信等,都要考虑是否应该配备。

调查之前一般有个动员会。动员会上除了进行动员外,还应该检查准备情况,发动大家集思广益,对工作安排和调查准备提出建议,看看有没有什么新问题、新想法、新发现。然后就可以整装待发,一声令下之后,迅速行动,一定要保证调查员以饱满的热情投入到第一个调查中去。

六、调查员的分组与任务的分派

市场调查访问员每个人独立去完成属于自己的调查任务,似乎调查员彼此之间不再有太多工作关系。其实不然,市场调查是一种时效性较强的活动,因此,需要良好的管理才能保证其时效性。所以,在正式实施调查之前,调查员最好能进行分组管理,在任务的分派上,也有专门的负责人。也就是说,将一项市场调查分成若干小块,每小块都有一个负责人,而市场调查的组织者通过每个小块的负责人,进行总体上的管理,这样不仅可以从时间上而且也可以从质量上提供保证。

在对调查员分组时,应考虑到团体动力学因素。简单地说来,有这样两个要点:一是调查员分组后,组与组之间在工作相同的情况下,就会自觉不自觉地形成群体凝聚和群体的荣誉感。培训员应就这个因素进行引导,让团体之间形成一种良好的竞争共生关系,比如及时总结各组工作,并做出中肯的点评,对质量好、进度快、组织得好的调查小组给予适当的精神和物质奖励等,这样无形之中就会形成一个对整个调查群体的激励。要注意奖励的及时性,在一次调查中,尽量有计划地,比如每天进行一轮工作总结汇报,在这个活动中,可以每天选一个最佳班组,鼓励调查小组积极评选,互相点评,择优进行奖励,创造出团体间的工作竞赛、质量评比的具体指标,及时地、公开地、制度化地进行评议。二是在调查小组内部,成员之间在士气、访谈调查技术方面有表率、感染和传帮带作用,这也来源于组内成员的竞争共生关系,这一点很重要。在一次农村中进行的访问式问卷调查中,有的调查员做起来很困难,调查组织者对一些组中的工作进度慢、质量差、交流有困难的调查员重新分配了工作,让他们留在驻地整理问卷,把当天的调查问卷编码输入到笔记本电脑中,打印出逻辑检验结果,本来这项工作也不是非常简单轻松的,任务很重,强度又大,有额外的补助,是一项重要工作内容。但是,把一些调查员"淘汰"下来接手这项工作以后,发生了一个有趣的现象,这些小组的调查员都有意地回避这项工作,甚至在被分配去临时替换输码员的工作时,都不大情愿。有两个小组的输码员是这种被"淘汰"的调查员,他们都找过督导员,要求重新去做访谈;相反,在一些组,没有这种替换,输码员一开始就挑选了手比较快的女同学,她们就没有这种感觉,熟练程度越来越高,工作质量越来越好,得到了组内成员的羡慕。可见,划分工作小组的问题是值得探讨的,如何分组,分组后营造一个什么样的工作氛围,会形成什么样的效果,需要在实践中逐渐摸索出经验,不能一概而论。但是分组的目的,一定要使组与组之间、组内成员之间形成一种良性的竞争共生关系。什么是良性的呢?例如,积极的工作态度可以感染人,能带动组内成员,可以提高工作绩效,而消极懈怠的工作同样会传染人,可以降低整体的工作绩效。

分组一般比不分组好,便于分层管理,单个调查员孤军作战,比如在缺乏督导的情况下,很多时候质量很难控制,因为组织者、督导员很难事无巨细都注意到、观察到、分析到、了解到。再比如系统纠错的问题,即便有督导员、组织者的系统讲解、纠正,但有的错误如不非常细致地研究调查问卷,就不能发现和纠正。有的调查员出现了系统错误,竟然由始至终没有被纠正,这往往出现在孤军作战的情况下。例如,在一次调查中,一个调查员错误理解了问卷中的一个问题,是有关家庭人口和重要亲属关系的,家庭人口是指同吃同住的,结婚分家的子女不计在内,但是他没有将他们列入另一栏"重要亲属"的范畴里,这种错误是逻辑检验很难发现的,这个调查员在几份问卷里都这样处理了。在一次做完调查后回到驻地,和输码员聊天时,输码员问他:"这老两口怎么没子女啊?在这地方很少见的。"他回答说:"有啊,都结婚了。"输码员又问:"那亲属关系里怎么也没有啊?"他才恍然大悟,幸好还没转移调查地点,他利用晚上时间突击回访,在转移前把问卷补好了。试想,督导员每天可能要处理好多问卷,如果不是手工检验,逻辑检验怎能发现这样的系统错误呢?经验,调查员调查技术的提高,有的是因为他(她)能够大胆实践,勤于思考和试验探索的结果,有很多情况是向其他调查员学来的,是他人的间接经验,分组后很方便组员的互相学习。培训员和督导员在很多问题上不能考虑到各种情况而做到非常具体,而组员之间在调查过程和间隙的接触是相对频繁的,有些情况下,在很细节的问题(事实上在一份问卷中"细节"问题并不多,有的看上去是细枝末节,很可能隐藏着大的系统错误、逻辑错误)上,经常是同组的成员使调查员"恍然大悟",特别是在问卷很大的情况下,这种自发的、随意的互相监督和自我监督是非常重要的。

 **小资料**

市场调查人员资格培训认证

中国商业技师协会市场营销专业委员会开发并组织实施的全国市场营销职业人员培训认证工作自1998年开展以来,得到了各地政府部门的大力支持,受到了社会各界人士,特别是广大工商企业和相关职业人员的欢迎和认可。为了进一步深度开发全国市场营销职业人员培训认证项目,加快培养和造就一批职业化、现代化、国际化的专业市场调查人员,满足企业对市场调查人才日益增长的需要,中国商业技师协会市场营销专业委员会在广泛调查、专家论证的基础上,自2003年开展了市场调查人员资格培训认证工作。市场调查人员资格培训认证的主要对象:在各类企事业单位或其他社会组织中,为本组织或受托为其他组织从事市场调查、市场研究、统计分析及相关活动的人员。市场调查人员培训认证细分为三个层级:市场调查员、助理市场调查师、市场调查分析师。市场调查人员资格培训认证实行统一认证标准、统一教材、统一试卷、统一考试评估,合格者由中国商业技师协会颁发《中国市场调查职业人员资格证书》。

第三节 市场调查实施的监督与组织

一、督导工作的必要性

督导工作是调查实施过程所必需的。调查员在介入调查前要进行培训。培训结束后,是不是就可以将他们进行分组和分配工作,工作就全由他们自己来做呢?恰恰相反,调查开始后,调查组织者与调查工作人员的关系更紧密、更直接、更具体化了。对组织者来说,这段工作量骤增,所有人员都被分配了很具体的工作,而督导员的工作是重中之重。从整个调查工作来看,督导员的工作大致可做如下分解:

督导员是培训过程中的辅助工作者,辅助培训员对参训人员进行培训。在培训中,督导员通常组织讨论,组织模拟调查训练。督导员协助调查组织者和调查员完成培训工作后,要参与分组。总之,以督导员能了解分组后组内多数人员的情况为佳。从此,督导员由培训督导变成了工作督导、生活督导,小组中的雇方人员,承担起更大的责任,负责接下去的各项工作。

督导员是调查工作分层领导的承上启下者,是基层的管理人员,是调查组织者与调查员的中介,是分层管理工作所必需的。

二、督导员的配置和工作安排

在一般情况下,一个系统的管理结构,从组织模式上看,大约有以下四种类型:直线制、职能制、直线职能制、矩阵制。

从我国调查业目前的状况来看,调查活动主要由企业调研部门、商业性市场调查公司、学术团队和政府部门等进行。除政府部门有分布全国的调查职能部门(统计部门、农调队、城调队等),其他调查组织其机构都没有覆盖全国。从用工方式上看,多数调查组织的一线调查员都是临时召集的。

进行调查时,从事调查的企业调查研究部门、调查公司和学术团体的管理机构工作的组织模式是矩阵制的,如图9-1所示。

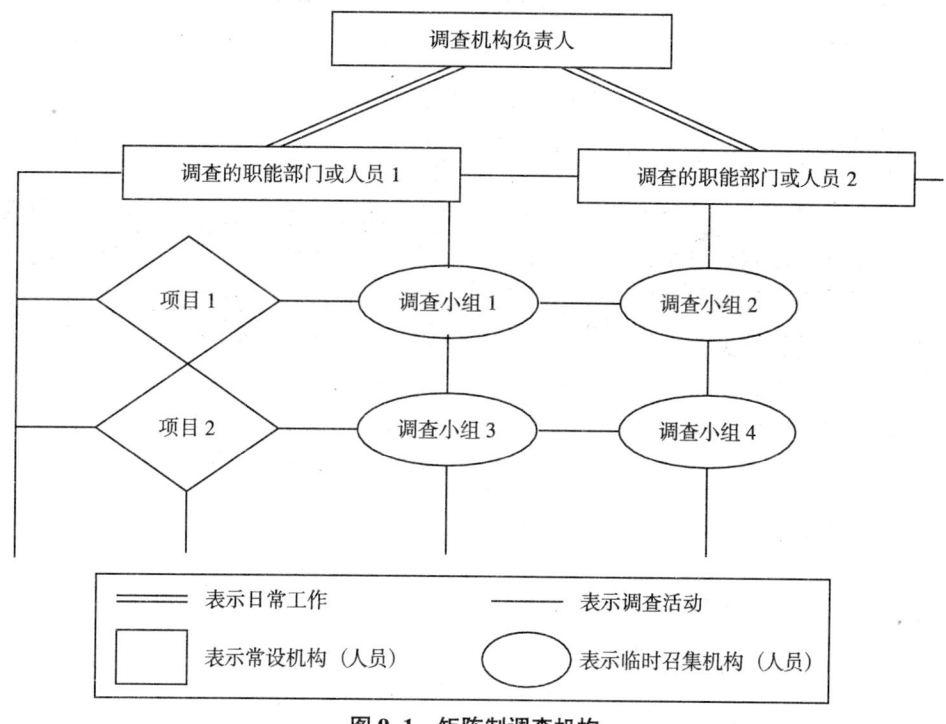

图9-1 矩阵制调查机构

从图9-1上看,调查机构的常设职位是调查机构负责人和各职能部门或人员(如专职培训部门或人员、督导部门或人员、项目部门或人员、问卷设计和分析部门或人员、财务部门或人员等),他们的日常工作是由机构负责人统一指挥的。工作内容如拉项目、做广告、做调查、调查活动的各种辅助工作等。一旦有了调查项目，就要召集调查员，展开调查活动，有时候可能有多个调查项目同时开展。调查工作是其全部工作的核心，在每个项目独立开展时，组织模式就会发生变化。

比如 A 是一个小课题，即需要很少的调查员，样本数量少，在一个较小的范围内展开调查即可，其组织模式有可能就是直线制，如图 9-2 所示。

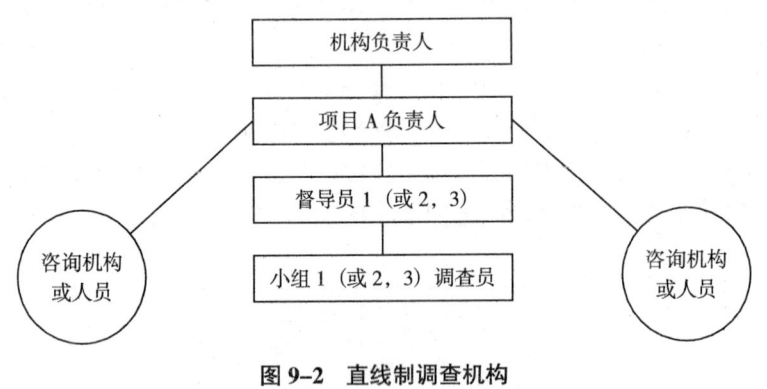

图 9-2　直线制调查机构

如图 9-2 所示，项目 A 负责人受命承担调查，他组织一些人员，如从培训部门找几名培训员，从督导部门找一些督导员，组成一个调查团，在咨询机构或人员协助下制定调查方案，确定日程、分组等工作。组织培训后，指挥几个组的督导开展调查，督导员领导小组成员介入社区，做完问卷后督导员进行复核，或由督导员交给复核员复核后交给分析部门或人员。经费由机构负责人划给项目 A 负责人。这样的组织模式节省人手，效率较高。这种组织模式从项目 A 负责人和督导员的关系上看，也可以说是职能制的，如图 9-3 所示。

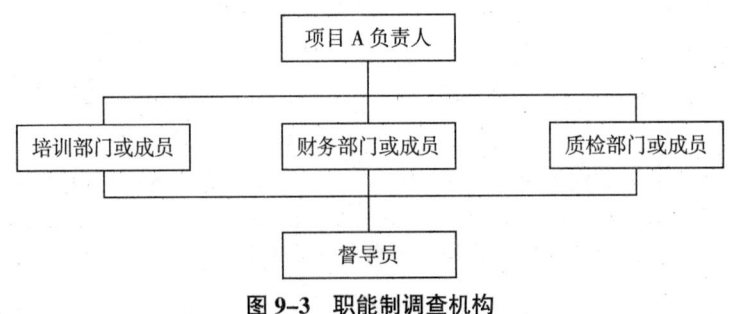

图 9-3　职能制调查机构

项目 A 负责人领导几位助手。这几位助手实际是职能人员，分别负责所有调查小组的培训、质量检验或复核、经费等。这几位助手根据自己的职能，与各组督导员联络，对其提出一些要求，替他们完成某个方面的全部或部分工作，并向项目 A 负责人汇报，由其进行管理。

如果项目 B 是一个较大的课题，需要较大数量的调查员，样本数量大，在一个较大的范围内开展，在这种情况下，通常调查小组规模比较大，很可能还是外展的调查工作，小组数也会增加，任务分配变得复杂，后勤工作出现了，质检和复核的工作量大增。这样，直线制或职能制组织模式就不适应了。对督导员来说，工作量骤增，形成了"上面十条线，下面一根针"的局面。此时，可以采取直线职能制模式，如图 9-4 所示。

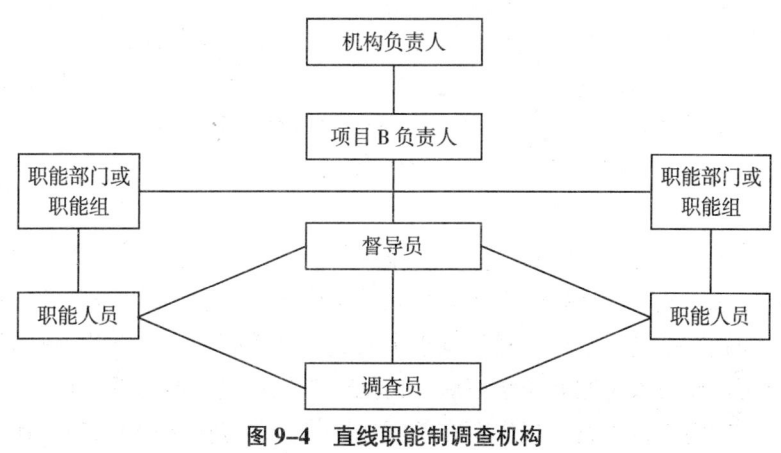

图 9-4　直线职能制调查机构

从图 9-4 上看，每个调查组配备几名职能人员，根据自己的工作职能展开工作。如财务和后勤人员，负责调查组的生活安排、居住旅行、设备采买、经费管理等事宜。他们向本组的督导员负责，由他指挥，有了事情找上一组的职能部门或职能组。项目 B 负责人设置几个职能部门或职能组，都向他负责，他也可以直接与督导员联系，对上层机构负责人负责。这样设置和安排工作，可以减轻项目负责人和督导人员的工作量，进行分工负责的专业化管理，保证调查的效率。

调查小组的管理工作，即我们这里说的督导工作，因管理结构、组织模式的不同而不同。如果调查规模小，组的规模小，那么督导工作主要是督导员的工作，督导员可能既是调度员，又是复核员，同时身兼财务、后勤、辅助等职。如果在一个大规模调查中，组的规模也大，督导工作就是督导员和其他职能人员的共同工作了。这时督导员主要是管理人员，而不是技术人员了。

三、市场调查实施的监督管理

加强市场调查实施过程中的管理,其目的就是要确保调查资料的真实可靠性,并合理控制时间和资金成本,以保证后续工作顺利、有序开展。

1. 确保调查资料的质量

市场调查的各项准备工作完成后,开始进行实地调查工作,为了确保调查资料的真实可靠性,组织实地调查要做好以下两方面工作:

(1) 做好实地调查的组织领导工作。实地调查是一项相当复杂繁琐的工作。每一个环节都要严格按照事先编制的市场调查策划书进行。例如,划定调查区域,确定每个区域调查样本的数量、访问员的人数、每位访问员应访问样本的数量及访问路线;明确调查人员及访问人员的工作任务和工作职责,做到工作任务落实到位,工作目标、责任明确。又如,某个调查项目,调查样本数为1000人,并要求调查男性600人,女性400人,调查对象的男女比例为3∶2,则要求每个访问员所调查样本的男女比例都应控制为3∶2,从而保证对总样本中男女比例的控制。

(2) 做好实地调查的协调、控制工作。调查组织人员要及时掌握实地调查的工作进度完成情况,协调好各个访问员间的工作进度;要及时了解访问员在访问中遇到的问题以帮助其解决,对于调查中遇到的共性问题,提出统一的解决思路和办法。要做到每天访问调查结束后,访问员首先对填写的问卷进行自查,然后由督导员对问卷进行检查,找出存在的问题,核查调查信息的真实可靠性,以便后续工作的改进和开展。

2. 严格控制成本

成本控制主要包括两个方面:一个是时间成本,另一个是资金成本。为了确保市场调查任务的如期完成,时间进度安排十分重要,如果实地调查没能如期进行,一方面可能影响到资料收集的时效性,另一方面甚至可能会影响到后续工作的开展。因此,在市场调查实施过程中,应严格按照市场调查策划书所规定的时间进度来进行,某个访问员某天该调查多少个样本,该完成多少工作量,一定要尽量按时保质完成。此外,资金成本控制也很重要,因为每次调查任务都涉及相应经费的开支问题,而在调查策划书编制时就应有一个基本的预算,比如人力经费,即调研人员的报酬;物资经费,即问卷及相关有用资料的复印费,甚至包括给被调查者的礼品费等;差旅费,即访问人员的交通费用等,都必须尽可能严格控制在预算范围之内。每一个环节都有相应的费用预算,只有这样才能保证整个调查任务的顺利开展。

本章小结

市场调查人员的选择需要考查条件、素质等方面内容。

市场调查团队的培训包括了对调查员的培训、模拟访问、试调查、培训总结、做好调查的准备手续、调查员的分组与任务的分派。

督导工作是调查实施过程所必需的。调查员在介入调查前要进行培训，调查开始后，调查组织者与调查员的关系更紧密、更直接、更具体化了。对组织者来说，这段工作量骤增，所有人员都被分配了很具体的工作，而督导员的工作是重中之重。

调查员队伍的管理，从组织模式上看，大约有以下四种类型：直线制、职能制、直线职能制、矩阵制。

为确保调查资料的真实可靠性，并合理控制时间和资金成本，要加强市场调查实施过程中的管理。

课后习题

一、名词解释

模拟访问训练　试调查基地　督导员　矩阵制调查机构　直线制调查机构　职能制调查机构　直线职能制调查机构

二、简答题

1. 市场调查访问人员应具备哪些基本素质？应如何挑选？
2. 如何对参与市场调查的访问员进行培训？
3. 调查实施过程中应如何进行监督管理？

三、实践题

以小组为单位走访一家市场调查公司，了解该公司曾经为哪些企业提供过市场调查研究项目，起了什么作用。了解该公司的人员结构、素质、规模和主要业

务，并写一份考察报告。

任务：了解调查机构的规模、主要业务、人员结构和素质等。

目的：通过走访考察各种市场调查机构，了解调查机构的性质、人员素质及能力要求。

要求：训练观察能力和思考能力。

组织：

（1）组成小组，确定任务，做好实地考察的准备工作。

（2）小组长组织实地考察。

（3）以小组为单位完成简要的市场实地考察报告。

（4）实地考察结束后，在全班展开课堂讨论与交流。

（5）以小组为单位，分别由组长和每个成员根据各成员在实地考察中的表现进行评估打分。

（6）教师根据各组的实地考察报告及在讨论中的表现，分别给各组评估打分。

第十章 市场预测

 **本章提要**

市场调查与市场预测的联系十分密切。本章主要阐述市场预测的含义以及市场预测的理论依据、重要性、实施程序等问题。通过对集合意见法、德尔菲法、联测法、消费需求弹性预测法、直线趋势预测法几种基本的市场预测方法的介绍,增加学习者对市场预测问题的理解,以便于学习者快速掌握,并为其理论视野的拓宽、未来事业的发展打下应有的基础。

 **学习目标**

1. 了解并掌握市场预测的概念及其基本理论
2. 了解市场预测与市场调查的关系
3. 明确市场预测的原理
4. 明确市场预测对企业发展的重要意义
5. 熟练掌握市场预测的几种基本方法

 **开篇案例**

专家预测:我国汽车增长至少还有 10 年的平稳快速发展时期

在"2012 中国汽车产业发展高层论坛"上有专家认为,依据全球汽车市场先导国家的发展史可知,我国汽车增长至少还有 10 年的平稳快速发展时期。这个结论的得出,主要是根据我们全球汽车市场的先导国家的汽车市场历史发展得出的分析。从先导国家来看,每个国家的汽车发展都有两个高速增长的阶段。第一个高速增长是从 1000 个人 5 辆车发展到 1000 个人 20 辆车,时间年度 5 年左右,销量的年增长率在 30%。日本 40 年前处于第一个高速增长时期,1960~1964 年,年均增长 35.8%。我们国家的第一个高速期是从 2001~2008 年,年均增长

30.4%。第二个高速增长的阶段是从千人 5 辆至 20 辆车发展到千人 130 辆车。时间大概是 10 年,销量的年均增长率大概在 20%。按 2009~2023 年测算,应该是 13%~15%。如果从现在开始往后顺,到 2023 年应该年均在 10%~12%。所以我们现在说离微增长还相对遥远。这样一个增长速度,从全球大国来讲仍然是快速增长,但是跟我们国家过去 10 年相比速度还有将近 20%的落差。我们2001~2008 年是年均 30.4%,加上 2009 年、2010 年国家政策带来的高增长,年均速度在 33%~34%。现在有 10 年的时间,未来增长有 20%的落差。

资料来源:徐长明. 我国汽车增长还有 10 年平稳快速发展期〔EB/OL〕. http://auto.ce.cn//ctzh/zy/20120118/t20121018_21265720shtml.

【思 考】本案例中专家根据什么原理得出上述预测结论?

第一节 市场预测概述

预测,就是根据事物的过去和现在状况,推测事物未来的发展趋势,简言之,由已知推测未知。市场预测是指在市场调查的基础上,运用科学的理论和方法,对市场有关因素未来变化发展趋势及其可能性作出估计和测算,为企业决策服务的活动。

一、市场预测及其发展

预测活动普遍存在于人类社会和现实生活中。人类在社会实践中,为达到某种目的,总要事前对所关心事物的发展趋势或可能结果作出判断和测算。预测对象范围很广,几乎涉及自然界和人类社会的各个领域,如社会预测、经济预测、技术预测、军事预测,等等。比如,经济学家们预测世界经济发展趋势、经济危机、股票涨跌的状态等。又如国外专家预测我国到 21 世纪中期经济总量将成为世界第一,等等。这说明人类的实践活动离不开预测。

预测作为人类一种探索性认识活动与主观臆断完全不同。预测是运用各种知识和科学手段,分析、研究历史与现实资料,经过科学思维将现有认识延伸到未来,对所关心事物的未来发展趋势或可能结果进行事先的推测和判断。主观臆断是没有任何事实材料作为根据的,缺乏科学知识依据。因而它是一种随心所欲的臆断,如占卜术、星相术等。总之,预测是人类"鉴往知来"智慧的表现,是人类实践活动的重要构成部分。主观臆断是"未卜先知"的唯心主义。一般来说,预测由预测依据、预测分析、预测技术和预测结果四个基本要素组成。预测依据是指在调查研究中所掌握的反映过去、现实的有关情报、数据和资料；预测分析是对各种预测依据经过核对、比较、综合，进行科学思维分析与估计和测算；预测技术是预测分析所运用的科学理论、方法和手段（使用的工具和设备）；预测结果是在预测分析的基础上，预测者对事物发展趋势、规模、程度、性质、特点以及各种可能性水平作出判断结论。

1. 市场预测的含义

市场预测，是指在市场调查的基础上，运用科学的理论和方法，对市场有关因素未来变化发展趋势及其可能水平作出估计和测算，为企业决策服务的活动。

企业生产经营活动离不开市场预测。例如，2014年《福布斯》富豪榜发布，李嘉诚稳坐亚洲首富宝座。创业初期的李嘉诚用自己几年来积蓄的7000港元，办起了"长江塑胶厂"。尽管他每日拼命工作，但是经营状况仍旧惨淡。让他获得第一桶金的是对塑胶花需求的市场预测。李嘉诚从一些国外商人口中，得到了一个黄金般的信息，就是欧洲人最喜欢塑胶花。苏联人扫墓不用纸花，而用塑胶花，表示生命虽已结束，但留下的思想、品质、精神是长青的；北欧人则喜欢用塑胶花装饰庭院、房间；美洲人在汽车上和工作场所都会挂一些塑胶花。李嘉诚又发现，香港地区各大商店几乎都没有塑胶花卖。李嘉诚认为香港人是喜欢摆设的，应该会欢迎逼真、漂亮又便宜的塑胶花；而塑胶花的生产技术要求并不高。他毅然决定，大量生产各种各样的塑胶花，在将大量生产的塑胶花销往欧美市场的同时，也引导香港市场需求。果然，塑胶花很快进入了香港千家万户，工厂的年利润也猛升到上千万港元，为李嘉诚带来了可观的收入。

正在塑胶花畅销全球的大好局面下，李嘉诚却敏锐地意识到，由于塑胶行业高利润的吸引，越来越多的人涌入塑胶行业，这就势必导致激烈的竞争，"好日子很快会过去"，于是，他开始寻找下一个机会了。这一次，他找的是房地产。他认为香港本来就是弹丸之地，自20世纪50年代末期经济开始复苏，世界各国冒险家、投机家纷纷涌入香港，由于经济和人口的迅速增长，土地资源很快出现了短缺的苗头，所以地价将一直处于上升状态。李嘉诚经过反复思考之后，毅然卖掉了仍在盈利的塑胶厂，用这笔资本开始买进房地产。几年之中，房价果然暴涨，李嘉诚一下从千万富翁跨入了亿万富翁的行列。

正确理解市场预测概念，应把握以下几层意思：

其一，市场预测的对象是市场有关因素未来发展趋势和可能水平。

其二，市场预测的依据是关于市场的历史资料和现在的市场信息。

其三，市场预测的目的是把握市场未来需求变化的趋势，为企业经营决策服务。

其四，市场预测要应用科学方法和知识，如定性预测法中的专家意见法，定

量预测法中的数理统计模型和方法等。

2. 市场预测的产生和发展简述

市场预测作为经济预测的一部分,早就存在于人类的经济活动中。在最早期的简单商品经济条件下,商人要获得利润,必须依靠贱买贵卖而实现,为了掌握贱买贵卖的时机,商人的商业活动从一开始就包含了开展市场调查与预测这样一些行为。有史可查的最早的市场预测行为发生在距今 2600 多年以前的古希腊。古希腊历史上著名的"七贤人"之一,预言家泰勒斯(Thales)根据调查资料和气象知识,预测到本地的油橄榄将获得大丰收,便事先购买了附近两个城市的榨油机使用权,待油橄榄收获季节高价出售。由于市场预测的成功,他掌握了贱买贵卖的时机,结果获利丰厚。我国古代时期越国大夫范蠡在弃官经商中总结出"水则资车、旱则资舟",农业丰歉循环论等市场变化规律。他主张:水灾时要准备好车,旱灾时要准备好船。这是因为水旱交替出现,一旦由水转旱,车必短缺,由旱转水,船则成为俏货,皆可获利丰厚。他凭借着市场预测指导经商,很快成为有名的富商。

市场预测的理论、方法的建立和成熟,是在资本主义社会。19 世纪,由于市场经济中市场因素变化极其复杂,企业要减少经营风险,日益重视市场预测。市场预测的统计方法,如指数法、图示法、相关法、综合平衡法、时间序列分析法等已先后创立并逐步完善。学术界认为,市场预测的里程碑是从奥地利经济学家兼统计学家斯帕拉特·尼曼(1837~1888)开始的。他在 1878 年出版的著作中,通过对各国贸易关系和势力范围的研究,以及对商品来源和销路的考察,最后得出关于世界市场变动的有益的结论。在 1878 年国际统计学会第一次会议上,他提出应以国家的经济统计资料、人们生活统计资料和社会伦理统计资料作为市场预测的基础,并首次尝试运用指数分析法进行预测。

进入 20 世纪后,随着资本主义商品经济进入发达阶段和国际统一市场的形成,市场成为市场经济的基础和命脉。企业为求得生存和发展,就必须了解市场动态,预测市场变化趋势,根据市场需要调整生产方向,扩大产品销路。市场预测已成为现代经营管理的重要组成部分,在社会经济生活中发挥着越来越大的作用。社会纷纷设立专门的市场预测机构,企业也大多设有市场预测部门和专职人员,预测手段、技术不断趋于现代化,从而以高准确程度的预测结果支持管理决策科学化。目前,全世界专业预测咨询机构有几千家,著名的有美国兰德(RAND)公司、斯坦福国际咨询研究所、数据资源公司、大通经济计量公司、沃顿经济计量预测公司。在日本,许多大型企业都有自己完整的预测机构。

在我国,随着改革开放的不断深化,社会主义市场经济体制的建立和不断完善,市场问题愈益引起重视,大到国家的宏观调控、产业政策的制定,小到企业的经营活动,都离不开市场预测,几乎所有经济和经营方面的决策和措施,凡是科学的、符合实际的,都是建立在市场调查和市场预测基础之上的。可以预见,随着我国社会主义市场经济的进一步发展,市场预测的重要作用必将日益显现出来,市场预测工作的规模与质量定会进入一个新的历史时期。

3. 市场预测和市场调查的关系

市场预测和市场调查既相互区别又相互联系。

(1)市场预测和市场调查的相互联系。首先,市场预测和市场调查有共同点:其一是两者主体相同。市场预测和市场调查的主体都是对市场信息资料具有需求的生产企业和销售企业。其二是两者研究的客体相同。市场预测和市场调查的客体都是市场现象及其相关因素。其三是两者根本目的相同。市场预测和市场调查具体任务虽然不同,但根本目的是一致的,都是为企业的经营决策和制定科学的营销计划服务。其次,市场预测和市场调查是密切相关的。市场调查是市场预测的前提和基础,市场调查为市场预测提供必要的市场变化的数据和资料,没有市场调查,市场预测是盲目的、无根据的,不可能有科学性和准确性。市场预测是市场调查的延续和深化。只有市场调查,没有市场预测,企业对市场信息的掌握将是不完整的。只有在市场调查的基础上,开展市场预测活动,企业才能获得包括市场的历史、现状和未来变化趋势在内的完整的市场信息,才能为企业正确的经营决策服务。

(2)市场预测和市场调查的相互区别。虽然市场预测和市场调查有许多共同点,两者有密切关联,但市场预测不等于就是市场调查,它们的主要区别如下:首先是影响因素,市场调查侧重于市场现状和历史的研究,这是一种客观的描述性研究,目的是了解市场客观实际情况,弄清事实真相,并及时捕捉市场信息;市场预测则侧重于市场未来的研究,这是一种预测性研究,着重探讨市场供求关系的发展趋势及各种影响此趋势变化的因素,目的是对未来的市场及时作出推断和估计。其间虽不免有交叉和重叠之处,但区别依然是十分明显的。其次是两者的研究结果不同。进行市场调查和市场预测,其最终目的都是通过对市场的研究,为各种决策提供依据。但市场调查所获得的直接结果是市场现象的各种数据、资料和调查报告,这些都是客观现实的实实在在的反映,涉及的内容比市场预测要广泛得多,因而既可作为市场预测的依据和资料,也可直接为经济管理部门和企业的日常决策提供依据,而市场预测所获得的结果是关于市场未来发展变化的趋势和市场需求的可能水平,是一种有一定科学依据的假定,主要为制定计划和管理决策服务。最后是两者研究的方法也不同。市场调查的方法多是了解市场现状,捕捉市场信息的方法,如访问调查、问卷调查、观察调查等;市场预测方法包括定性预测法和定量预测法,目的是为了科学预测市场未来的需求量和需求状况，两者研究方法有很大区别。

二、市场预测的类型

市场预测的方法多种多样，按照不同的标准，有不同的分类方法，具体如下：

（1）按照使用的预测工具，可以分为两大类，即定性预测和定量预测。定性预测法又称判断预测法，就是预测者凭借自己的知识和经验，运用个人的逻辑推理和判断能力，对未来事物的发展状况或运动变化趋势作出的预测。当预测影响因素复杂、主次难分或主要变量难以量化处理时，需要研究者或决策者凭借其经验、分析和判断能力，作出趋势性的定性预测。虽然定性预测只是对事物未来发展变化的大趋势作一个判断，但是它简便易行，是缺乏量化数据时唯一可以使用的方法。定性预测法又可以分为个人直观判断法、集体经验判断法和专家判断法等几种。定性预测法有悠久的历史，早在奴隶社会和封建社会，商人和作坊主就是靠个人经验判断进行定性市场预测。进入现代社会，在商品经济高度发达的市场经济条件下，尽管定量市场预测已得到广泛应用，简便易行的定性市场预测法在市场预测中仍占有重要地位。

定量预测则是根据调查得来的数据或历史统计资料，运用统计工具和数学工具，对事物的发展变化进行量化推断的预测方法。定量预测用得好，不仅可以得到量化的预测结果，而且因为用数据说话，较少受个人的经验和分析判断能力的影响，所以预测结果会相对比较客观、可靠和相对准确。

常用的定量预测方法有两大类：第一类叫时间序列预测法，包括简易平均法、移动平均法、指数平滑法和季节变动分析法等。它利用预测对象的历史时间序列，通过建立数学模型和进行统计分析，找出事物发展变化的模式，并据此外推预测对象的未来发展趋势，作出定量估计。其实质就是，从事物发展变化的因果关系入手，通过统计分析建立数学模型，并据此对预测对象作出定量预测。第二类叫因果分析预测法，包括回归分析预测法、基数叠加法、比例推算法、投入产出法和经济计量模型等。因果分析预测法从研究事物之间发展变化的因果关系入手，通过统计分析建立数学模型，并据此对预测对象做出定量预测。

（2）根据预测的经济活动范围，分为宏观预测和微观预测。前者是从宏观经济管理的角度，对市场总体的发展趋势做出综合性预测，如社会商品购买力与社会商品供应量及其平衡状况的预测，主要商品的需求总量与供应总量及其平衡状况的预测等。后者则从企业角度，对影响企业营销活动的市场环境以及企业本身生产经营活动的某些方面进行预测，比如企业对某种商品（包括品种、规格、花色等）的需求预测，企业市场占有率和销售预测等。

（3）按预测的时间层次分，有短期预测、中期预测和长期预测。一般而言，短期预测指为期一年以内的预测，中期预测指期限在一年以上、五年以下的预测，长期预测指为期五年以上的预测。

（4）按预测的空间层次分，有国际市场预测和国内市场预测。国际市场预测是对世界范围的市场动态以及各国进出口贸易行情的预测。国内市场预测是专指对国内的市场状况所作的预测，它又分为全国性或地域性市场预测。

（5）按预测的产品层次分，有单项商品预测、分类商品预测和总量预测。单项商品预测是指对某种具体商品进行的预测，如对钢材、水泥、彩电等商品的供求预测；单项商品预测还可以按不同的品种、规格、花色、款式等加以细分。分类商品预测是指对某一类商品进行的预测，如农产品预测、家电产品预测、化妆品预测等。总量预测是指以货币指标对各种商品的总供求量进行的预测。

三、市场预测的内容和作用

市场预测的内容和作用是构成市场预测理论的重要组成部分，随着市场经济的不断发展，人类需求的不断变化，市场预测方式的不断完善，市场预测的内容亦更加丰富。而业界对市场预测的青睐，无不源于市场预测对企业发展的深刻影响。

1. 市场预测的内容

市场预测内容丰富而又广泛，概括起来有以下几个方面：

（1）市场需求预测。在市场预测中，市场需求预测是一个十分重要的内容。市场需求预测是通过对过去和现在商品市场的销售状况和影响市场需求的各种因素进行科学的分析和判断，来预计市场对商品的需求以及未来市场发展趋势。它主要包括市场需求量预测、市场需求变化预测和社会购买力及投向变化预测。市场需求量预测是市场预测最重要的预测内容，也是企业最关注的问题。市场需求量预测包括消费品需求量和生产资料需求量这两方面的预测；消费品需求量的预测主要是预测消费者及社会集团对消费品的需求数量，也包括对主要消费品需求数量的预测。

（2）市场供求关系的预测。这一方面的预测主要包括两个方面：

第一，市场商品供给量及其变化预测。市场商品供给量是指在一定时期内可以投入市场以供出售的商品资源总量。市场商品供给量及变化预测，就是对进入市场商品资源总量及其构成和各种具体商品市场供给量及其变化趋势的预测。对商品供给量的预测就是要依据产品现有的生产企业的数量、生产能力、原材料供应、生产设备、生产技术和产品质量的现状，对企业商品生产能力和商品生产数量进行预测。研究各种产品在预测期内的可能提供商品资源的企业数量、生产能力等变化，已有产品的数量、质量、花色、式样、规格等发展变化。研究新产品的生产发展趋势,生产技术、原材料和能源消耗、成本等的变化,进而测算出商品资源量、适应市场需求的程度及其变化趋势。随着世界经济一体化的形成与发展,越来越多的国外产品将进入中国,因此,对进口商品的数量、商品结构及其变化趋势进行预测也将成为市场商品供给量及其变化预测的主要内容。

第二,市场商品供求关系及其变化预测。商品供给与需求是市场的两个主要因素。在市场激烈竞争条件下,商品供求关系总是处于不断变动中。供求关系变动有三种情况:供不应求、供大于求和供求平衡或基本平衡。市场商品供求关系及其变化预测,就是要预测商品供求关系未来趋势是供求平衡、供大于求,还是供不应求及其程度。它包括预测社会商品总体的供求关系趋势,也包括预测某一具体商品的供求关系的趋势。商品供求关系及变化趋势对于企业来说十分重要,只有事先预测某一商品供求关系变化,才能未雨绸缪,根据市场变化来组织生产经营活动,适应市场的需要。

(3) 高新科技发展预测。高新科技发展预测,它实际是科学技术发展对产品需求影响的预测,是将科学技术与经济、科学技术发展趋势与市场发展动向结合起来,通过对科学技术的发展状况进行定性和定量的科学分析,以认识和掌握科学技术的发展规律,推测科学技术在未来发展的方向以及对产品发展的影响程度。当代高新科技迅猛发展,不仅对社会经济生活有重大影响,而且对企业的生产经营活动也有重大的影响。如新技术发展对商品生命周期产生直接影响。新技术发展越快或新技术从发明到应用周期越短,则商品的更新换代就越快,生命周期就越短。由于科技新成果的应用,大部分产品的市场生命周期有明显缩短的趋势。

科学技术发展影响的预测,就是要预测科学技术未来的发展对行业技术发展的影响,对企业产品开发、企业生产工艺、材料、设备等的重大影响,以及对企业其他经营活动的影响。众所周知,科学技术本身拥有强大力量,能够迅速淘汰旧产品和旧的工艺,甚至一个工业部门。随着科学技术的发展,新技术、新工艺、新材料的推广应用,对企业商品性能、质量、销售、成本、定价等都有重要影响。这种影响就其本质来讲,是不可避免的和难以控制的。企业要想取得经营上的成功,就必须预测科学技术发展可能引起的后果和问题,可能带来的机遇或挑战,必须十分注意本行业产品的技术状况及科技发展趋势。

企业只有高度重视科技发展影响的预测,才能使企业的生产技术、经营活动紧跟世界科技潮流,在竞争中处于优势地位。如企业加强本行业产品技术状况及发展前景的预测,就可以加速对新产品、新工艺、新材料和新能源的开发和利用,推陈出新,升级换代,将企业运行建立在科技进步的基础上。

(4) 企业经营能力和经营效益的预测。企业是市场商品的生产供应者,也是生产资料商品的需求者。企业生产经营的变化对市场需求变化有极大的影响。因此，市场预测还要包括企业经营能力和经营效益的预测。

企业经营能力的预测，主要是对企业研究发展能力、销售能力等的预测。企业研究发展能力预测，主要包括市场调研的能力、技术创新能力、管理协调能力、经营决策能力等方面的预测。企业销售能力的预测，主要有拓宽销售渠道能力、促销技术能力、销售服务能力等方面的预测。销售不论是对工业企业，还是对商业企业来讲，都是企业生产经营活动的中心环节，因此企业销售能力的预测，是企业经营能力预测十分重要的内容。

企业经营效益的预测，主要是预测企业的直接效益和间接效益。企业经营的目的就在于以较少的投入获取较大的收益。企业经营的直接效益预测，是对未来一定时间内企业生产经营活动所取得的经济效果与劳动耗费进行的测算和预见。如企业投资效益预测。它为企业明确营销方向，合理调整投资和产品结构、扬长避短，发挥优势，减少市场风险，扩大市场份额，增加企业盈利提供了客观依据。企业间接效益预测是对未来一定时间内企业从事市场营销活动的外部性，给社会带来的正外部性大小的预测。衡量企业市场经营效益的标准，不仅要看它的直接经济效益，而且还要看它所产生的间接效益。间接效益是指企业经营行为是否有益于消费者身心健康，是否有益于环境保护等。一个好的企业，不仅要有良好的直接经济效益，还要有良好的间接效益。

（5）市场占有率预测。在一定时间内，企业对某种产品的销售额或销售量与市场上同类产品的全部销售额或销售量之间的比率叫市场占有率。市场占有率预测，是预测某企业生产或营销的某种商品，在该种商品的总生产量或总销售量中所占的比重。在现代社会生产中，市场上所销售的各种商品，由独家企业生产或由独家企业营销的情况实属罕见，绝大多数商品都是由多家企业生产和多家企业营销。因此，市场占有率预测实际上是企业竞争能力的预测。一个企业的产品在市场竞争中，市场占有率会经常发生变化，原来购买本企业产品的用户，可能去购买其他企业的同类产品，其他企业产品的购买者也可能转变为本企业的顾客。

企业只有注重市场占有率的预测，才能够促进企业在组织生产或营销中，提高经营管理水平，提高生产产品的质量和营销产品的质量；促使企业采用先进的生产技术和灵活多样的促销手段。影响企业产品销售量、市场占有率的因素主要有产品品种、质量、价格、交货期、成套性、技术服务、包装装潢以及推销方法等。在这些因素中，质量和价格是两个主要的影响因素。在市场同类产品的质量不相上下时，价格上的竞争就占主导地位。价格是否适当，对产品销售量和产品的市场占有率起着决定性作用。销售量的增减与产品的价格呈反比例关系，商品价格低，购买者愿意购买，市场需求量就会增加；商品价格高，购买者就少，市

场需求量就会减少。但随着人民生活水平的提高，一些高档优质产品，价格高一些，购买者也可能不会少，因此，企业要做好市场预测。

市场预测除了上述内容外，同行竞争趋势的预测、消费者心理行为预测、产品市场生命周期预测、商业营销发展趋势预测、市场资源预测等，都是市场预测的重要内容。

2. 市场预测的重要作用

同市场调查一样，市场预测与企业生产、经营活动密切相关。市场预测在企业生产、经营活动中有多方面的重要作用。

（1）市场预测有利于企业正确经营决策的形成。正确的经营决策是一个企业成功与发展的关键，而正确的经营决策则要以科学的市场预测为前提。市场预测能为企业经营决策提供必要的市场经济信息，为决策方案的制定提供科学依据。市场预测是企业正确决策的充分必要条件。这是因为，市场预测是以市场历史、现实发展过程的事实材料为基础，借助预测理论与方法探索未来，对市场活动的未来发展趋势作出预计，减少对市场活动认识的不确定性，针对经营决策关心的主要市场问题（即市场变量），如市场需求、商品销售、价格、市场占有率、产品生命周期等的发展变动趋势与可能达到的水平作出定性和定量估计，为制定解决问题的方案及方案论证、比较选择提供科学依据。市场预测得到的未来市场信息越准确、越可靠，企业经营决策正确性的把握就越大。

（2）市场预测有利于提高企业竞争力和防范风险的能力。市场的发展是动态的，有时瞬息万变，今天的市场不等于就是明天的市场。企业要提高竞争力，首先要提高防范风险的能力，这就要求企业不仅要关心研究现有的市场，还要关心研究未来的市场。而市场预测就是对未来市场需求的估计和判断。因此，要使企业在竞争中得到发展，必须通过市场预测活动，随时了解市场上各种商品的供求变动状况及趋势，随时把握消费者潜在需求，应对市场的瞬息万变。自觉地指导企业正确选择或调整生产经营方向，选择新产品开发，采取经营对策使产品及时打入并占领市场，不断扩大产品销售，提高市场占有率。只有这样，企业才能更好适应市场变化，提高防范风险的能力，从而实现企业竞争力的提升。

（3）市场预测有利于企业经营规划和经济效益的实现。企业生产经营的核心是提高企业经济效益。企业生产经营活动能否不断取得理想的经济效益与企业经营规划是否科学有直接关系。制定企业正确经营规划的基础之一就是科学地做好市场预测工作。企业各类生产的采购决策以及产品营销方法的制定，都要依赖科学的市场预测。如果不开展市场预测，就可能使生产经营的产品不符合市场变化的需求而导致产品积压，影响资金周转，导致企业经营亏损；或者出现产品供不应求，造成脱销，影响社会需求，最终影响企业提高经济效益。

在市场调查的基础上,通过市场预测,可以了解商品需求的变化及其发展趋势,并根据商品需求的预测制定企业生产经营规划,促使产销紧密结合。只有产品适销对路,企业才能获得良好的经济效益。

第二节 市场预测的原则和程序

市场预测作为人类一种探索性的、科学的经济认识活动与主观臆断完全不同。而市场预测本身具有的原则和程序,正是二者互相区别的主要标志。市场预测的原则是阐明市场预测可以合理存在,其预测结论可以被人们所接受的主要原因;而市场预测的程序则是通过一系列规范、有序的过程,确保市场预测结论的合理与有效。

一、市场预测的原则

市场预测的原则是市场预测活动的指导思想,它阐明了人们为什么运用各种预测方法能够对市场未来发展变化作出估计和推测,而且这种预测有一定的科学性。市场预测的原则是人们在长期预测实践中不断总结而形成的。市场预测原则主要有以下几方面:

1. 惯性原则

惯性原则是指市场的现象和事物发展具有一定的延续性,未来的市场需求状况是由过去发展至今天的现状发展起来的,是今天的延续和发展,因此可以根据市场的过去和现在,预测市场的未来,依据惯性原则,过去和现在的市场经济活动中存在的某种规律,在将来一段时间内将继续存在。市场预测中之所以贯穿了惯性原则,这是因为,一切社会经济现象都有它的过去、现在和未来。没有一种事物的发展会与其过去的行为没有联系,过去的行为不仅影响到现在,还会影响到未来。换言之,一切社会经济现象的存在和发展都具有连续性。

在市场预测中运用惯性原则,应注意以下两点:一是预测对象的历史发展数据所显示的变动趋势应具有规律性。二是预测对象演变规律起作用的客观条件必须保持不变,否则该规律的作用将随条件的变化而中断,惯性失效。

2. 相似性原则

相似性原则是指在市场活动中,有许多现象、事物在发展规律上有类似之处,因此可以将已知事物发展过程类推到预测对象上,对预测对象的未来作出预测。例如,世界许多国家在人均国民生产总值达 7000 美元后,文化产品成为人

们消费热点，政府鼓励支持加快文化产业建设成为必然。根据这一经济发展规律，当时就有专家预测，我国在人均国民生产总值达7000美元后，对文化产品的需求也将呈"井喷"之势，而政府的支持与引导，又会推进文化产品的市场需求。今天我国民众对文化产品的需求态势以及政府的支持力度，基本与预期吻合。

相似性原则的根据是因为客观事物之间存在着某些类似性，这种类似性具体表现在事物之间结果、模式、性质、发展趋势等方面的接近。利用预测对象与其他事物的发展变化在实践中有先后不同，但在表现形式上有类似之处的特点，人们有可能根据已知事物的某种类似的结构和发展模式，通过类推的方法对事物发展的前景作出预测。这种相似性原则适用于类似事物之间。

3. 关联性原则

关联性原则是指市场中许多现实事物是彼此关联的，利用这种关联，可以进行市场预测。例如，麦当劳连锁店的选址总是与该区域的人口数量有关。他们认为知道了该区域的人口数量，基本就能确认该分店未来的营业状况，这就是市场预测的关联性原则。关联性原则体现了唯物辩证法因果联系的观点。唯物辩证法认为，客观世界的事物总是相互联系的，不存在孤立的事物。一个事物的变化总会引起另一事物的变化，它们构成了因果关系，利用事物的因果关系，就可以进行市场预测。在市场预测方法中，回归分析法就是这一原理的应用。

掌握市场预测的基本原则，对于预测者合理选择和灵活运用预测方法是十分必要的。然而，预测对象的发展不可能是过去状态的简单延续，预测的事件也不会是已知类似事件的重复再现，相似不等于相同。因此，在预测过程中，还应该对客观情况进行具体分析，使市场预测更符合实际的变化。

二、市场预测的一般程序

市场预测是在市场调查研究基础上，明确预测目标，收集资料，分析判断并运用预测方法，作出预测结论的复杂过程。这一过程具体包括以下程序：

1. 确定预测目标

确定预测目标，是进行市场预测首先要解决的问题，人类社会的任何活动都是有目的的，市场预测也不例外。要完成一项市场预测，首先要明确预测的目的是什么，预测的对象是什么，只有预测目标明确了，才能根据预测目标，有意识地去收集各种资料，采用预测方法进行预测。

确定预测目标，就是要明确预测的目的、要求。具体包括要确定预测对象、预测项目、预测的空间范围和时间要求。预测目标应尽量具体、详尽，不能含糊、抽象。它既关系到整个预测活动的成败，又关系到预测中其他步骤的进行，如收集什么样的资料，怎样收集资料，采用什么样的预测方法，以及如何制定该项预测的具体工作计划和进度等。

确定了预测目标，整个市场预测工作就有了明确的方向和内容。例如某地区为制定该地区家庭养老服务产品供给，开展了该地区家庭养老服务产品需求预测。该项预测目标明确，预测对象是家庭养老服务产品，预测项目涉及居民家庭养老服务产品的需求量预测、影响居民家庭养老服务产品需求的各种因素（如收入水平）的预测。该项预测属于中期的市场预测，对服务产品供给企业而言，预测目标的确定，应根据企业产品供给经营管理的需要，服从企业产品供给经营决策的要求。要开展目标分析，也就是运用系统观点，逐步把握目标和外部环境之间的依存关系。这样有益于辨明预测目标的主要变化特征和影响因素，在基本掌握预测目标变化机理的基础上，收集资料，选择合适的预测方法。

2. 收集市场资料

科学的市场预测，必须建立在掌握充分的市场资料基础上。预测目标确定后，就要围绕预测目标，去广泛收集各种历史和现实资料。市场资料众多，在预测中应收集什么样的资料，完全由预测目标来决定。市场预测所需资料有两类：一类是关于预测对象本身的历史和现实资料，如上例中某地区家庭养老服务产品，近年来家庭购买的统计资料。另一类是影响预测对象发展过程的各种因素的历史和现实资料，如影响居民家庭养老服务产品需求的因素资料，包括家庭收入状况、变化及养老服务价格变动资料等。

围绕市场预测目标，收集市场资料，要力求收集的完整性、可靠性、准确性和适用性。收集历史资料和收集现实资料，在内容和方法上有所不同。历史资料包括企业已经建档和各级政府统计机构发布或经报刊、会议文件等其他途径发布的各种经济与社会发展资料，包括宏观的、中观的与微观的各种历史统计资料，如人口状况、就业与人均收入的变化情况、社会购买力、货币流通量、商品生产与销售情况、企业经营的各种业务数据等。从历史资料的分析中，可以认识与揭示预测对象发展变化规律，进而推测未来。历史资料的收集主要通过文献调查法获得。

现实资料是指当前正在发生的有关经济和社会活动的各种资料，它主要通过实地调查，如对消费者的口头访问或问卷调查、观察调查来获得。对现实资料的分析研究，可以了解预测对象的现实状况。

3. 分析判断

分析判断是指对收集的历史和现实资料进行综合分析，对市场未来的发展变化趋势做出判断，为选择预测方法，建立预测模型提供依据。分析判断的内容是多方面的。

首先，要分析各种市场影响因素对市场未来需求的影响。一要分析国家方针、政策和经济形势对市场未来需求的影响，如基本建设投资规模和房地产业的发展与建材需求密切相关。二要分析进出口贸易对市场未来需求的影响，如进出口商品的规模与结构对国内商品的需求量和需求结构有直接的影响。三要分析居民的收入水平和消费结构变化对市场未来需求的影响，如居民的消费结构变化直接决定市场需求的结构。四要分析产品之间的替代关系和依存关系对市场未来需求的影响，如空调和电风扇两类产品是相互替代的，哪一类产品生产、销售的变化都会影响到另一类产品的生产、销售。

其次，要分析预测期内产、供、销关系及其变化。这方面的分析主要包括：分析商品供需关系及其变化，即社会商品供应是否能满足市场需求，供需关系将发生何种变化；分析各种企业生产、销售的商品结构是否与消费者、用户需求结构相适应；分析商品流通渠道能否适合商品销售和满足消费者购物需要；分析各类产品生产、供应是否与销售相脱节等。

最后，要分析消费心理、消费倾向等对市场未来需求的影响。主要分析消费者的消费心理、消费倾向、消费行为、价值观念等变化对市场未来需求的影响。如随着我国人均居民收入的增加，生活水平日益提高，人们对健康更加重视，可以预测各种健身用品需求量将越来越大。

4. 选择预测方法

市场预测要依赖预测方法。根据预测目标，在对有关资料进行分析判断后，就要选择预测方法。预测方法选择是否适当，将直接影响预测结果的可靠性。预测方法很多，有定性预测法和定量预测法两大类，在每一类中，又有许多具体方法，而每一种方法对不同的预测对象、目标的有效性是不同的。

预测方法的选择一般应从以下方面考虑：第一，要根据预测目标和要求来选择预测方法。预测方法要服从于预测目标和预测要求。例如，如果预测项目是短期和近期的，一般选用集合意见法、移动平均法、指数平滑法等。如果预测项目是中长期的，一般采用趋势延伸法、回归分析法、德尔菲法等。如果预测项目精确度要求较高，一般用回归分析法、趋势延伸法等市场调研预测法。如果预测项目精确度要求较低，可采用移动平均法、集合意见法等。如果预测目标用于企业战略性决策，一般采用适合中、长期预测的方法；若预测目标不用于企业战略性决策，可采用适合近、短期预测的方法。第二，要根据预测对象商品本身的特点来选择预测方法，不同的预测对象商品，具有不同的属性和其内在的变化特点。如服装、儿童玩具、家用电器类商品，一旦被社会所接受，其发展速度相当快，但更新淘汰也很快。因此，不宜采用趋势延伸法，而采用市场调研预测法较适宜；像空调、冷饮等季节性商品，一般采用季节指数法进行预测最合适；像香皂、毛巾等日用品，可采用移动平均法、指数平滑法等进行预测。此外，还应考虑预测的条件、基础。

预测方法的选择必须建立在切实可行的基础上。各种新的预测方法层出不穷，在实际中还是要受数据资料、经费、人力、设备等方面的条件制约。因此，选择预测方法，要考虑是否具备相应的各种条件。

预测模型与预测方法是紧密联系在一起的。确定了预测方法，也就确定了预测模型。建立预测模型，就是指依据预测目标，应用预测方法建立起来的数学模型。建立预测模型应注意以下问题：①在满足预测目标和要求的前提下，尽可能使预测模型最简单化。②在应用预测模型时，要对模型进行必要的检验，以判断模型是否适用。③当预测模型不够科学时，应及时进行修正。

5. 形成预测结论

这是市场预测工作的最后一个阶段。包括两个环节：第一，利用预测模型计算出预测值。就是根据具体的数学模型，输入有关数据资料，经过运算，求出预测值。第二，评价预测值的合理性，最后确定预测结论。利用预测模型计算出来的预测值，只是初步预测的结果。由于种种原因，预测值和实际情况总是存在一定偏差，这就是预测误差。因此，在确定最后预测结论时，一般需要对预测的误差作出估计，也就是把预测值同历史观察值作比较。预测值误差实质上是对预测模型精确度的直接评价，决定着对模型是否认可，是否需要作出修正，以及在多大程度上作出修正。如果预测误差较小，符合预测要求，最后就可确定预测结论，即确定最终的预测值。

为了保证预测值的准确性，在市场预测中，常常同时采用不同的预测方法与预测模型，并对它们的预测结果进行比较分析，进而对预测值的可信度作出评价，以确定最符合实际的预测值。

第三节　几种基本的预测方法

市场预测方法的分类依据其分类标准的差异而不同。具体的市场预测方法形式多样，本节仅介绍集合意见法、德尔菲法、联测法、消费需求弹性预测法等几种常见的、基本的预测方法。

一、集合意见法

集合意见法，是指企业内部各领域的经营人员，分别从各自领域的相关经验判断出发，对市场未来需求趋势提出个人预测意见，然后再由组织者集合大家的

意见，做出市场预测的方法。企业内部各领域的经营人员，如部门经理和业务人员，他们通过日常工作，积累了丰富经验，掌握着大量的实际资料，他们最熟悉市场需求的变化情况，对他们的意见进行充分调查并加以集中，可以对市场的未来情况作出预测。

1. 集合意见法的预测步骤

采用集合意见法进行预测，一般步骤如下：

（1）预测组织者根据企业经营管理的要求，向参加预测的有关人员提出预测项目和预测期限的要求，并尽可能提供有关背景资料。

（2）预测有关人员根据预测要求及掌握的背景资料，凭个人经验和分析判断能力，提出各自的预测方案。在此过程中，预测人员应进行必要的定性分析和定量分析。定性分析主要分析历史上生产和销售资料、目前市场状态、产品适销对路的情况、商品资源、流通渠道的情况及变化、消费者心理变化、顾客流动态势等。定量分析主要确定未来市场需求的集中可能状态（如市场销路好或市场销路差状态），估计各种可能状态出现的主要概率及每种可能状态下的具体销售值。

（3）预测组织者计算有关人员的预测方案的方案期望值。方案期望值等于各种可能状态主观概率与状态值乘积之和。

（4）将参与预测的有关人员分类，如部门管理高层类、部门管理中层类、具体业务人员类等，计算各类综合期望值。一般是采用平均数、加权平均数统计法或中位数统计法等综合方法。

（5）确定最后的预测值。预测组织者将各类人员的综合期望值通过加权平均数统计法等计算出最后的预测值。

2. 应用举例

例如，某服装公司为了预测下一年服装销售额，要求副总经理和部分部门经理，如营销部、物流部、财务部，以及部分门店销售员做出年度销售预测。

运用集合意见法作出预测，具体步骤如下：

第一步：副总经理和部分部门经理，如营销部、物流部、财务部及部分门店销售员，分别提出各自的预测方案意见，见表10-1、表10-2、表10-3。

表10-1 副总经理对商品销售估计值表

单位：万元

副总经理	销售估计值						期望值	权数
	销售好	概率	销售一般	概率	销售差	概率		
甲	500	0.3	420	0.5	380	0.2	436	0.6
乙	550	0.4	480	0.4	360	0.2	484	0.4

表 10-2　部门经理对商品销售估计值表

单位：万元

部门经理	销售估计值						期望值	权数
	销售好	概率	销售一般	概率	销售差	概率		
营销部	600	0.5	400	0.2	360	0.3	488	0.3
物流部	540	0.4	480	0.3	340	0.3	462	0.3
财务部	580	0.3	440	0.3	320	0.4	434	0.4

表 10-3　门店销售员对商品销售估计值表

单位：万元

门店销售员	销售估计值						期望值	权数
	销售好	概率	销售一般	概率	销售差	概率		
甲	480	0.3	400	0.5	300	0.2	404	0.4
乙	520	0.3	440	0.4	360	0.3	440	0.3
丙	540	0.2	420	0.5	380	0.3	432	0.3

说明：①未来的市场销售前景有三种可能性：销售好、销售一般、销售差，每一种可能性发生的机会称为概率。如销售好的概率为0.3，即指"销售好"发生的可能性有30%；销售好、销售一般、销售差三种可能性概率之和等于1。②权数：不同人员由于在企业中的地位不同，权威性不同，他的预测意见影响力也不同，如副总经理甲是分管销售的副总经理，副总经理乙是分管人力资源的副总经理，显然副总经理甲的权威性大于副总经理乙的权威性，因此，副总经理甲的权数应大于副总经理乙的权数。副总经理甲的权数为0.6，副总经理乙的权数为0.4，也可以是0.7和0.3，具体数字由预测人员主观确定。其他人员的权数确定也依据此原则，凡是权威性大一些的人员，其权数也就大一些。

第二步：计算各预测人员的方案期望值。

方案期望值等于各种可能状态的销售值与对应的概率乘积之和。

如副总经理甲的方案期望值：

$500 \times 0.3 + 420 \times 0.5 + 380 \times 0.2 = 436$（万元）

部门经理（营销部）的计算期望值：

$600 \times 0.5 + 400 \times 0.2 + 360 \times 0.3 = 488$（万元）

门店销售员甲的方案期望值：

$480 \times 0.3 + 400 \times 0.5 + 300 \times 0.2 = 404$（万元）

其他人员方案期望值都依此计算，并填入表中。

第三步：计算各类人员综合预测值。

即分别求出副总经理类、部门经理类、门店售货员类的综合预测值。

综合预测值公式为：

$$Y = \frac{\sum W_i Y_i}{\sum W_i}$$

Y：某类人员综合预测值

Y_i：某类各人员的方案期望值

W_i：某类各人员的方案期望值权数

副总经理类综合预测值为：

$$\frac{436 \times 0.6 + 484 \times 0.4}{0.6 + 0.4} = 455 \text{（万元）}$$

部门经理类综合预测值为：

$$\frac{488 \times 0.3 + 462 \times 0.3 + 434 \times 0.4}{0.3 + 0.3 + 0.4} = 459 \text{（万元）}$$

门店销售员类综合预测值为：

$$\frac{404 \times 0.4 + 442 \times 0.3 + 432 \times 0.3}{0.4 + 0.3 + 0.3} = 424 \text{（万元）}$$

第四步：确定最后预测值。

对三类人员的综合预测值应用加权平均法再加以综合。由于三类人员的综合预测值重要程度是不同的，所以对三类人员综合预测值应当给予不同的权数。现假定：副总经理类权数为 4，部门经理类权数为 3，门店销售人员类权数为 2（权数可以是小数，也可以是正整数）。

最后预测值为：

$$\frac{455 \times 4 + 459 \times 3 + 424 \times 2}{4 + 3 + 2} = \frac{1820 + 1377 + 848}{9} = 449 \text{（万元）}$$

二、德尔菲法

德尔菲法，也叫专家小组法，是美国兰德公司在 20 世纪 40 年代末所首创，最先用于科技预测，60 年代以来在市场预测中也得到广泛应用。德尔菲（Delphi）是阿波罗神殿所在地的希腊古城之名，传说阿波罗是预言神，众神每年集会于德尔菲以预测未来。因此，专家小组法也称为德尔菲法。

德尔菲法是为了克服专家会议法缺点而产生的一种新的专家预测方法。如前所述专家会议虽有集思广益之效，但是存在以下缺点：参加会议的人数有限，代表性不够，影响讨论；个别权威和能言善辩的专家可能会左右会场；由于自尊心，即使个人意见依据不充分，也不愿意当面修正，从而影响预测结论的正确性。因此，后来形成以匿名方式，向一组专家轮番分别征询意见，加以综合整理，逐步取得一致预测意见的专家小组法——德尔菲法。

所谓德尔菲法，是指采用背对背的各种函询方式，征询专家小组成员的预测意见，经过几轮征询，使专家小组预测意见趋于集中，最后作出符合市场未来发展趋势的预测结论。如果说专家会议预测法是专家们面对面开会进行预测，那么，德尔菲法就是专家以背靠背方式进行预测，即专家之间互不往来，彼此之间都不知道对方是谁。采用"背靠背"的形式，这就克服了在专家会议法中经常发生的各专家不能充分发表意见，权威人物的个人意见往往左右其他人的意见等弊病。各位专家真正充分地发表自己的预测意见。

1. 德尔菲法的步骤

德尔菲法的一般步骤如下：

（1）确定预测题目，选定专家小组。确定预测题目即明确预测目的和对象，选定专家小组则是决定向谁做有关的调查。这两点是有机联系在一起的，即被选定的专家必须是对确定的预测对象具有丰富知识的人，既包括理论方面的专家，也包括具有丰富实际工作经验的专家，这样组成的专家小组，才能对预测对象提出可信的预测值。专家人数一般为 10~20 人。

（2）制定征询表，准备有关材料。预测组织者要讲预测对象的调查项目，按次序排列绘制成征询表，准备向有关专家发送。同时还应将填写要求、说明一并设计好，使各位专家能够按统一要求作出预测值。

（3）采用匿名方式进行多轮函询。

第一轮，预测组织者将预测课题、征询表和背景材料，邮寄给每位专家，要求专家一一作答，提出个人初步预测结果。

第二轮，预测组织者将第一轮汇总整理的意见、预测组的要求和补充的背景材料，反映给每位专家，进行第二轮征询意见。专家们在接到第二轮资料后，可以了解其他专家的意见，并由此作出新的预测判断，他既可以修改自己原有的意见，也可以仍然坚持第一轮的意见，并将第二轮预测意见如期寄给预测组织者。

第三轮，预测组织者将第二轮汇总整理的意见、补充资料和预测组的要求，反馈给各位专家进行第三轮征询意见。要求每位专家根据收到的资料，再发表第三轮预测意见。专家们将第三轮意见（修改的或不修改的）再次按期寄回。这样，经过几次反馈后，各位专家对预测问题的意见会逐步趋于一致。

（4）运用数学统计分析方法对专家最后一轮预测意见加以处理，做出最后的预测结论。用德尔菲法征询专家意见一般要求在三轮以上，只有经过多次征询，专家们的看法才能更加成熟、全面，并使预测意见趋于集中。

用数学统计分析方法处理专家们的预测数据，得出最终预测值，一般采用平均数法和中位数法。

1)平均数法。

$$Y = \frac{\sum X_i}{n}$$

X_i：各位专家的预测值

n：专家人数

2)中位数法。

中位数的位置为 $\frac{n+1}{2}$。

具体做法：将最后一轮专家的预测值从小到大排列，碰到重复的数值舍去，那么中位数所处的位置的数据，就是中位数。

例如，某企业开发一种新产品，对新产品的年销售量难以确定，因而聘请10位专家，用德尔菲法进行预测，具体数据见表10-4。

表10-4 德尔菲法预测值汇总表

单位：万台

专家意见 征询次数 \ 专家编号	1	2	3	4	5	6	7	8	9	10
第一轮	70	80	75	52	75	45	50	60	54	63
第二轮	70	75	73	55	65	47	54	65	60	63
第三轮	70	73	70	62	72	55	58	60	63	65

从表10-4中不难看出，专家们在发表第二轮预测意见时，大部分的专家都修改了自己的第一轮预测意见，只有编号为1和编号为10的专家坚持自己第一轮的预测意见。专家们发表第三轮预测意见也是如此。经过三轮征询后，专家们预测值的差距在逐步缩小，在第一轮征询中，专家的最大预测值80万台与最小预测值45万台相差35万台；在第二轮征询中，专家最大预测值75万台与最小预测值47万台相差28万台；在第三轮征询中，专家最大预测值73万台与最小预测值55万台相差18万台。

若用平均数法确定最终预测值：

$$Y = \frac{\sum X_i}{n} = \frac{70+73+70+62+72+55+58+60+63+65}{10} = \frac{648}{10} = 64.8 \text{（万台）}$$

即预测新产品年销售量为64.8万台。

若用中位数法确定最终预测值：

首先，将表 10-4 中专家第三轮预测按其从小到大顺序排列：
55、58、60、62、63、65、70、72、73（有两个 70，舍去 1 个）
其次，确定中位数所在的位置：

$$\frac{n+1}{2} = \frac{9+1}{2} = 5$$

那么，第 5 个数据 63 为中位数。

即预测新产品的年销售量为 63 万台。

以上是德尔菲法应用的一个例子。德尔菲法是定性预测法中的一种常用方法。

2. 德尔菲法的特点

德尔菲法具有以下特点：

（1）匿名性。背靠背地分头向各位专家征询意见。参加预测小组的专家互不见面，姓名保密，只需同预测组织者单独联系。匿名性比召开专家会议面对面的讨论好，使专家打消顾虑，能独立思考、判断，既依靠了专家，又克服了专家会议的缺点。

（2）反馈性。向一组专家轮番分头征询意见，每次征询都要把预测组织者的要求和各位专家匿名的意见反馈给全组专家，使各位专家在了解各种不同意见及其理由、掌握全局情况的基础上，开拓思路，提出独立的新见解。

（3）统计性。对专家经过多次轮番征询的意见进行反馈后，意见逐渐趋于一致，用统计方法加以集中整理，可以得出定量化的综合预测结果。

德尔菲法和专家会议法同属于专家意见法，它们都是用于数据资料缺乏的市场预测。与专家会议法相比，德尔菲法的优点：参与预测的专家能独立思考，各抒己见，能充分表达个人的预测判断，不受权威人物的影响；可以参考别的专家的看法，避免主观片面性，提高预测质量。德尔菲法的主要缺点：轮番函询需花费较长时间，预测主要凭专家主观判断，缺乏一定的客观标准。

三、联测法

联测法是指以某一企业的调查资料或某一地区抽样调查资料为基础，进行分析、判断、预测，从而预测某一行业或某一商品市场销售量的方法。

由于主客观条件的限制，企业不可能对整个市场进行全面普查，只能是局部普查或抽样调查。因此，在许多情况下，运用局部普查资料或抽样调查资料，经过分析、判断，对整个行业或整个市场进行联测，就成为客观需要。运用联测法，其关键在于局部普查资料应具有典型性，抽样调查的样本应是总体的缩影，即能反映总体的全貌。

下面举例子说明联测法的具体应用。

例如,某电器产品企业为在四个城市开拓该电器产品的需求市场,用联测法预测 2016 年四个城市该电器产品的总需求量。

我们用 X_1、X_2、X_3、X_4 分别代表企业要开拓的该电器产品销售的四个城市市场。居民对该电器产品的需求,与居民收入水平、文化程度和住宅条件有关,而 X_1、X_2、X_3、X_4 四个城市的居民收入、文化程度、住宅条件大致相同。因此,我们可以用某一城市对该电器产品的需求作抽样调查,如 X_1 城市做调查,并以这一城市抽样调查资料为依据,联测其他三个城市该电器产品的需求量,其具体步骤如下:

第一步,收集四个城市 2015 年该电子产品销售数字和居民户数的资料,并计算销售率。通过间接调查,这一方面资料如表 10-5 所示。

表 10-5 四个城市 2015 年该电器产品销售情况表

市 场	X_1	X_2	X_3	X_4
实际销售量(台)	6000	7600	8400	5300
居民家庭(万户)	4	5.2	6	3.5
销售率(台/户)	0.15	0.146	0.14	0.151

销售量 C_i = 实际销售量/居民户数

X_1 城市销售率:$C_1 = \dfrac{6000}{40000} = 0.15$

X_2 城市销售率:$C_2 = \dfrac{7600}{52000} = 0.146$

X_3 城市销售率:$C_3 = \dfrac{8400}{60000} = 0.14$

X_4 城市销售率:$C_4 = \dfrac{5300}{35000} = 0.151$

第二步,计算四个城市 2016 年该电器产品需求率。

由于对 X_1 城市居民进行抽样调查得知,每百户居民该电器产品需求量为 11 台。若用 D_1 表示需求率,则:

X_1 城市需求率 D_1 = 居民需求量/居民调查户数 = 11/100 = 0.11

对 X_2、X_3、X_4 城市没有进行抽样调查,它们的该电器产品需求率 D_2、D_3、D_4 无法直接求得。但通过联测法可以间接求得。

由于四个城市 2015 年销售率差异可以近似反映四个城市 2016 年需求的差异。这样,两个城市的销售率之比近似等于两个城市需求率之比。即:

$\dfrac{D_2}{D_1} = \dfrac{C_2}{C_1}$(或 $\dfrac{D_3}{D_1} = \dfrac{C_3}{C_1}$,$\dfrac{D_4}{D_1} = \dfrac{C_4}{C_1}$)

由此，不难求出 X_2、X_3、X_4 城市的需求率 D_2、D_3、D_4。

$D_2 = \dfrac{C_2}{C_1} \cdot D_1 = \dfrac{0.146}{0.15} \times 0.11 = 0.107$

$D_3 = \dfrac{C_3}{C_1} \cdot D_1 = \dfrac{0.14}{0.15} \times 0.11 = 0.103$

$D_4 = \dfrac{C_4}{C_1} \cdot D_1 = \dfrac{0.151}{0.15} \times 0.11 = 0.11$

第三步，根据四个城市需求率推算四个城市该电器产品需求量。

需求量 = 需求率 × 居民户数

X_1 城市需求量 = $0.11 \times 40000 = 4400$（台）

X_2 城市需求量 = $0.107 \times 52000 = 5564$（台）

X_3 城市需求量 = $0.103 \times 60000 = 6180$（台）

X_4 城市需求量 = $0.11 \times 35000 = 3850$（台）

第四步，确定四个城市 2016 年该电器产品需求量预测值：

$Y = 4400 + 5564 + 6180 + 3850 = 19994$（台）

以上就是仅根据 X_1 抽样调查资料而联测出 X_2、X_3、X_4 需求率，进而求得四个城市该电器产品需求预测值。

四、消费需求弹性预测法

消费需求弹性预测法，是指预测者依据商品价格变化与商品需求量变化的关系，进行市场预测的方法。市场商品需求受多种因素的影响，主要因素有：①价格因素。一般来说，价格上升，需求量要下降；价格下降，需求量就会增加。②消费者收入因素。大多数商品随着消费者收入的增加，其需求量也随之增加，收入减少，商品需求量也随之下降。除此之外，市场商品需求还受消费者心理、消费环境等因素的影响。这说明市场上的商品需求具有一定的伸缩性和变动性。

在影响商品需求的诸多因素中，价格因素无疑是一个主要因素。商品价格的变动会引起市场对商品需求的变化。早在 19 世纪 90 年代，西方经济家马歇尔就看到这一点，提出市场需求和价格弹性理论。从此，价格变动成了市场商品供求理论和分析价格与供求关系的重要工具。消费需求弹性预测法就是以这一理论为依据的。

1. 需求弹性系数

应用消费需求弹性预测法进行市场预测，必须要确定需求量弹性系数。下面阐述需求弹性系数的基本含义。

需求弹性系数，是指商品需求量对价格变动的反映程度。一般用价格变动的相对量与需求变动的百分比表示。这两个变动百分率的比值称为弹性系数。其公式如下：

需求弹性系数

=[(变动后需求量-原来需求量)/原来需求量]÷[(变动后价格-原来价格)/原来价格]

=需求变动百分率/价格变动百分率

若用 E 表示需求弹性指数；P_0 表示变动前的价格，即原来价格；P_1 表示变动后的价格；Q_0 表示价格变动前的需求量；Q_1 表示价格变动后的需求量。

则有以下计算公式：

$$E = \frac{\frac{Q_1-Q_0}{Q_0}}{\frac{P_1-P_0}{P_0}} = \frac{\frac{\Delta Q}{Q_0}}{\frac{\Delta P}{P_0}} = \frac{\Delta Q}{\Delta P} \times \frac{P_0}{Q_0}$$

需求弹性系数 E 一般为负数，它表示商品价格下降时，销售量或需求量上升，为了说明上的方便，对 E 取绝对值。E 的取值不同，表明需求弹性对价格变动反应不同。它主要有以下三种类型：

(1) 富于弹性。当需求量变动百分数大于价格变动百分数，也就是需求弹性系数大于 1 时，叫做需求富有弹性。比如，价格下降 2%，需求量增加 4%。

(2) 单一弹性。指需求量变动百分数等于价格变动百分数，也就是需求弹性系数等于 1。例如，价格下降 2% 时，需求量也增加 2%。

(3) 缺乏弹性。当需求量变动百分数小于价格变动百分数，也就是需求弹性系数小于 1 时，称为需求缺乏弹性。例如，价格减少 2%，只引起需求量增加 1%。

还有需求完全无弹性的情形，即需求对价格毫无反应的极端情况。比如商品价格下跌 10%，需求量仍保持不变。

下面举例子说明需求弹性系数的求法：

例如，某啤酒公司在某市每瓶啤酒售价为 3.5 元时，每月销售量为 5600 瓶。当每瓶啤酒降价到 2.8 元时，每月销售量上升到 8500 瓶，那么啤酒的需求弹性系数是多少？

已知：$Q_0=5600$，$Q_1=8500$，$P_0=3.5$，$P_1=2.8$ 元

解：$E = \dfrac{\frac{8500-5600}{5600}}{\frac{2.8-3.5}{3.5}} = \dfrac{0.52}{-0.2} = -2.6$

啤酒的需求弹性系数为 -2.6，它表明，每瓶啤酒售价下降 1%，啤酒需求量就能增加 2.6%。

在一般需求价格弹性测算中，价格与需求两者是一降一升，或是一减一增，

朝相反方向运动,所以需求弹性系数是负数。

2. 需求弹性系数的应用

有了需求弹性系数,就可以利用它进行市场预测。利用需求弹性系数进行预测,需要采用以下公式:

$$\because E = \frac{\Delta Q}{\Delta P} \times \frac{P_0}{Q_0}$$

$$\therefore \Delta Q = \frac{E \times \Delta P \times \Delta Q_0}{P_0}$$

ΔQ 就是由于需求价格弹性带来需求的增加量。需求弹性预测法的基本公式如下:

$$Y = Q_0 + \Delta Q$$
$$= Q_0 + \frac{E \times \Delta P \times \Delta Q_0}{P_0}$$

下面我们举一具体例子进行说明。

某市 2015 年在几家百货商场对彩电进行降价销售。上半年彩电平均售价为 2150 元/台,销售量为 3100 台;下半年彩电平均降价为 1630 元/台,销售量为 4900 台。该市 2015 年全市销售量为 25000 台,预计 2016 年每台彩电降价 300 元。①请计算彩电的需求弹性系数。②用需求弹性预测法预测该市 2016 年彩电需求量。

分析:首先,根据题意,利用 2015 年几家百货商场的降价销售资料求出需求弹性系数 E;再利用预测公式求出该市 2016 年彩电需求量。

步骤:

第一步,求 2015 年彩电需求弹性系数。

$$E = \frac{\frac{Q_1 - Q_0}{Q_0}}{\frac{P_1 - P_0}{P_0}} = \frac{\frac{4900 - 3100}{3100}}{\frac{1630 - 2150}{2150}} = \frac{0.58}{-0.24} = -2.42$$

第二步,预测该市 2016 年彩电需求量。

根据题意,该市 2016 年彩电在 2015 年下半年每台 1630 元基础上,再降价 300 元,因此:

$P_0 = 1630$ 元,$\Delta P = 300$ 元

$Q_0 = 25000$ 台

$$Y = Q_0 + \frac{E \times \Delta P \times \Delta Q_0}{P_0}$$
$$= 25000 + \frac{(-2.42) \times 300 \times 25000}{1630}$$

$$= 25000 + 11135$$
$$= 36135 \text{（台）}$$

所以，预测该市 2016 年彩电需求量为 36135 台。

五、直线趋势预测法

直线趋势预测法是指根据预测对象具有直线型变动趋势的时间序列数据，建立直线模型进行预测的方法。所谓直线型变动趋势，就是指时间序列的数据大体上是按每期相同的数量增加或减少，即表现为类似直线上升或是下降的趋势。判断时间序列的趋势是否是直线趋势，通常可以采用散点图法，就是将时间序列的相关数据描在一个坐标图上，横坐标表示时间，纵坐标表示预测变量，一个数据就是坐标图上的一个点。若这些点的分布近似一条直线，那么就可以判断时间序列数据是直线变动趋势。

直线趋势法具体运用如下：运用最小平方法，以直线斜率表示增长趋势的外推预测方法公式为：

$$Y = a + bX$$

a 为直线 Y 轴上的截距；

b 为直线斜率，反映年平均增长率；

Y 为销售预测趋势值；

X 为时间。

据最小平方法原理，先计算预测趋势值的总和，即：

$$\sum Y = na + b \sum X$$

N 为年分数。

$$\sum XY = a \sum X + b \sum X^2$$

为简化计算，将 $\sum X$ 取 0。若 n 为奇数，则取 X 的间隔为 1，将取 X = 0 置于资料期的中央一期；若 n 为偶数，则取 X 的间隔为 2，将 X = -1 与 X = 1 置于资料中央的上下两期。当 $\sum X = 0$ 时，上述两式分别变为：

$$\sum Y = na$$

$$\sum XY = b \sum X^2$$

由此推算出 a、b 值为：

$$a = \sum Y / n$$

$$b = \sum XY / \sum X^2$$

所以：

$$Y = \frac{\sum Y}{n} + \frac{\sum XY}{\sum X^2} \cdot X$$

假设某企业 2011~2015 年销售额分别为 480 万元、530 万元、540 万元、570 万元、580 万元，运用直线趋势法预测 2016 年的销售额。由于 n=5 为奇数，且间隔为 1，故 X=0 置于中央一期即 2013 年，X 的取值依次为-2、-1、0、1、2，XY 依次为-960、-530、0、570、1160，X^2 依次为 4、1、0、1、4，所以：

$\sum Y = 2700$

$\sum XY = 240$

$\sum X^2 = 10$

代入公式，测得：

$Y = \dfrac{2700}{5} + \dfrac{240}{10} \cdot X = 540 + 24X$

预测 2016 年的销售额，则 X=3，代入上式，得 Y=540+24×3=612 万元。

本章小结

本章是市场调查相关理论的延伸，因为市场预测和市场调查是相互联系的。市场预测和市场调查的主体相同，两者研究的客体相同，而且两者根本目的也相同。同时，市场调查是市场预测的前提和基础，市场调查为市场预测提供必要的市场变化的数据和资料，没有市场调查，市场预测是盲目的、无根据的，不可能有科学性和准确性。市场预测是市场调查的延续和深化。只有市场调查，没有市场预测，企业对市场信息的掌握将是不完整的。因此，只有在准确的市场调查基础上，开展科学的市场预测活动，企业才能获得完整的市场信息，才能为企业正确的经营决策服务。因此，尽管本书以市场调查为主，但是为了能够使本书知识构架相对完整，特意增加了本章的内容。本章主要是围绕市场预测的相关理论展开阐述，本章主要阐述了市场预测的含义，以及市场预测的理论依据、重要性、实施程序等问题。

市场预测合理的程序对结论的准确性影响较大，市场预测程序通常包括：明确预测目标，收集资料，分析判断并运用预测方法，作出预测结论。其中收集资料环节以及运用预测方法环节的重要性倍显突出。本章主要介绍了几种基本的市场预测方法，仅仅是满足初学者的一般需求，更为复杂些的市场预测方法还有许多。本章在有限的篇幅中难以完成对其系统的理论介绍。古语云"千里之行，始于足下"，因此，本章仅仅是介绍几种有代表性的、基本的市场预测方法，以便于学习者快速掌握，并为其理论视野的拓宽、未来事业的发展打下应有的基础。

课后习题

一、名词解释

市场预测　定性预测法　定量预测法　惯性原则　相似性原则　关联性原则　德尔菲法　联测法　消费需求弹性预测法　直线趋势预测法

二、简答题

1. 试述市场预测和市场调查的关系。
2. 试述市场预测的类型。
3. 试述市场预测的作用。
4. 试述市场预测的原则。
5. 试述市场预测的内容。
6. 试述市场预测的程序。
7. 试述集合意见法的一般步骤。
8. 试述德尔菲法的特点以及预测程序的一般步骤。

三、论述题

1. 试论述市场预测程序对市场预测结论准确性可能存在的影响。
2. 试论述大数据时代网络与信息处理技术的发展对现代市场预测发展的作用与影响。

四、实践题

1. 某企业预测明年"秋之萍护肤品"销售额，企业各领域各类人员预测方案如下：部门经理类、部门主要业务员类、门店销售员类权数分别为5、3、2。请用集合意见法预测明年"秋之萍护肤品"销售额。

各类人员对商品销售估计值表

单位：万元

估计值 人员	权数	销售好	概率	销售一般	概率	销售差	概率	期望值
经理甲	0.6	600	0.3	560	0.5	500	0.2	
经理乙	0.4	540	0.2	520	0.5	500	0.3	
业务部	0.4	650	0.4	600	0.4	550	0.2	
财务部	0.3	550	0.2	500	0.5	400	0.3	
技术部	0.3	600	0.2	560	0.5	500	0.3	
销售员甲	0.5	700	0.3	660	0.5	600	0.2	
销售员乙	0.3	600	0.3	560	0.5	500	0.2	
销售员丙	0.2	600	0.2	600	0.4	560	0.4	

2. 某智能空调生产企业收集到 2015 年 4 座城市的智能空调销售资料和居民户数资料：A 城市居民户数 8.2 万户，实际销售量 2500 台；B 城市居民户数 7.4 万户，实际销售量 2100 台；C 城市居民户数 10.6 万户，实际销售量 3600 台；D 城市居民户数 11.2 万户，实际销售量 4000 台。该企业又对 A 城市进行抽样调查，预测 2016 年该城市每百户居民对智能空调需求量为 9 台，请用联测法预测 2016 年 4 座城市智能空调的总需求量。

3. 某连锁经营企业，2015 年在其连锁经营的几家门店对电动按摩足盆进行降价销售。上半年电动按摩足盆平均售价 1250 元/台，销售量 4500 台；下半年电动按摩足盆平均售价 980 元/台，销售量 7200 台；该企业 2015 年所有门店的电动按摩足盆销售量为 31000 台。该企业计划 2016 年每台电动按摩足盆再降 150 元。请用消费需求弹性预测法预测该连锁企业 2016 年电动按摩足盆需求量。

附 录

附表 A　正态分布概率表

t	F(t)	t	F(t)	t	F(t)	t	F(t)
0.00	0.0000	0.32	0.2510	0.64	0.4778	0.96	0.6629
0.01	0.0080	0.33	0.2586	0.65	0.4843	0.97	0.6680
0.02	0.0160	0.34	0.2661	0.66	0.4907	0.98	0.6729
0.03	0.0239	0.35	0.2737	0.67	0.4971	0.99	0.6778
0.04	0.0319	0.36	0.2812	0.68	0.5035	1.00	0.6827
0.05	0.00399	0.37	0.2886	0.69	0.5098	1.01	0.6875
0.06	0.0478	0.38	0.2961	0.70	0.5161	1.02	0.6923
0.07	0.0558	0.39	0.3035	0.70	0.5223	1.03	0.6970
0.08	0.0638	0.40	0.3108	0.72	0.5285	1.04	0.7017
0.09	0.717	0.41	0.3182	0.73	0.5346	1.05	0.7063
0.10	0.0797	0.42	0.3255	0.74	0.5407	1.06	0.7109
0.11	0.0876	0.43	0.3328	0.75	0.5467	1.07	0.7154
0.12	0.0955	0.44	0.3401	0.76	0.5527	1.08	0.7199
0.13	0.1034	0.45	0.3473	0.77	0.5587	1.09	0.7243
0.14	0.1113	0.46	0.3545	0.78	0.5646	1.10	0.7287
0.15	0.1192	0.47	0.3616	0.79	0.5705	1.11	0.7330
0.16	0.1271	0.48	0.3688	0.80	0.5763	1.12	0.7373
0.18	0.1428	0.50	0.3829	0.82	0.5878	1.14	0.7457
0.19	0.1507	0.51	0.3899	0.83	0.5935	1.15	0.7499
0.20	0.1585	0.52	0.3969	0.84	0.5991	1.16	0.7540
0.21	0.1663	0.53	0.4039	0.85	0.6047	1.17	0.7580
0.22	0.1741	0.54	0.4108	0.86	0.6102	1.18	0.7620
0.23	0.1819	0.55	0.4177	0.87	0.6157	1.19	0.7660
0.24	0.1897	0.56	0.4245	0.88	0.6211	1.20	0.7699
0.25	0.1974	0.57	0.4313	0.89	0.6265	0.21	0.7717
0.26	0.2051	0.58	0.4381	0.90	0.6319	1.22	0.7775
0.27	0.2128	0.59	0.4448	0.91	0.6372	1.23	0.7813
0.28	0.2205	0.60	0.4515	0.92	0.6424	1.24	0.7850

续表

t	F(t)	t	F(t)	t	F(t)	t	F(t)
0.29	0.2282	0.61	0.4581	0.93	0.6476	1.25	0.7887
0.30	0.2358	0.62	0.4647	0.94	0.6528	1.26	0.7923
0.31	0.2434	0.63	0.4713	0.95	0.6679	1.27	0.7959
1.28	0.7995	1.61	0.8926	1.94	0.9476	2.54	0.9889
1.29	0.8030	1.62	0.8948	1.95	0.9488	2.56	0.9895
1.30	0.8464	1.63	0.8969	1.96	0.9500	2.58	0.9901
1.31	0.8098	1.64	0.8990	1.97	0.9512	2.60	0.9907
1.32	0.8132	1.65	0.9011	1.98	0.6523	2.62	0.9912
1.33	0.8165	1.66	0.9031	1.99	0.6534	2.64	0.9917
1.34	0.8198	1.67	0.9051	2.00	0.9545	2.66	0.9922
1.35	0.8230	1.68	0.9070	2.02	0.9566	2.68	0.9926
1.36	0.8262	1.69	0.9090	2.04	0.9587	2.70	0.9931
1.37	0.8293	1.70	0.9109	2.06	0.9306	2.72	0.9935
1.38	0.8324	1.17	0.9127	2.03	0.9625	2.74	0.9939
1.39	0.8355	1.72	0.9146	2.10	0.9643	2.76	0.9942
1.40	0.8385	1.73	0.9164	2.12	0.9660	2.78	0.9946
1.41	0.8415	1.74	0.9181	2.14	0.9676	2.80	0.9949
1.42	0.8444	1.75	0.9199	2.16	0.9692	2.82	0.9952
1.43	0.8473	1.76	0.9216	2.18	0.9707	2.84	0.9955
1.44	0.8501	1.77	0.9233	2.20	0.9722	2.86	0.9958
1.45	0.8529	1.78	0.9249	2.22	0.9736	2.88	0.9960
1.46	0.8557	1.79	0.9265	2.24	0.9749	2.90	0.9963
1.47	0.8584	1.80	0.9281	2.26	0.9762	2.92	0.9965
1.48	0.8611	1.81	0.9297	2.28	0.9774	2.94	0.9967
1.49	0.8638	1.82	0.9312	2.30	0.9786	2.96	0.9969
1.50	0.8664	1.83	0.9328	2.32	0.9797	2.98	0.9971
1.51	0.8690	1.84	0.9342	2.34	0.9807	3.00	0.9973
1.52	0.8715	1.85	0.9357	2.36	0.9817	3.20	0.9986
1.53	0.8740	1.86	0.9371	2.38	0.9827	3.40	0.9993
1.54	0.8764	1.87	0.9385	2.40	0.9836	3.60	0.99968
1.55	0.8789	1.88	0.9399	2.42	0.9845	3.80	0.99986
1.56	0.8812	1.89	0.9412	2.44	0.9853	4.00	0.99994
1.57	0.8836	1.90	0.9426	2.46	0.9861	4.50	0.999993
1.58	0.8859	1.91	0.9439	2.48	0.9869	5.00	0.999999
1.59	0.8882	1.92	0.9451	2.50	0.9876		
1.60	0.8904	1.93	0.9464	2.52	0.9883		

附表 B 检验相关系数 ρ=0 的临界值 (rc) 表

n \ α	0.1	0.05	0.02	0.01	0.001
1	0.98769	0.99692	0.999507	0.999877	0.9999988
2	0.90000	0.95000	0.98000	0.99000	0.99900
3	0.8054	0.8783	0.93433	0.95873	0.99110
4	0.7293	0.8114	0.8822	0.91720	0.97406
5	0.6694	0.7545	0.8329	0.8745	0.95074
6	0.6215	0.7067	0.7887	0.8343	0.92493
7	0.5822	0.6664	0.7498	0.7977	0.8982
8	0.5494	0.6319	0.7155	0.7646	0.8721
9	0.5214	0.6021	0.6851	0.7348	0.8471
10	0.4973	0.5760	0.6581	0.7079	0.8233
11	0.4762	0.5529	0.6339	0.6835	0.8010
12	0.4575	0.5324	0.6120	0.6614	0.7800
13	0.4409	0.5139	0.5923	0.6411	0.7603
14	0.4259	0.4973	0.5742	0.6226	0.7420
15	0.4124	0.4821	0.5577	0.6055	0.7246
16	0.4000	0.4683	0.5425	0.5897	0.7084
17	0.3887	0.4555	0.5285	0.5751	0.6932
18	0.3783	0.4438	0.5155	0.5614	0.6787
19	0.3687	0.4329	0.5034	0.5487	0.6652
20	0.3598	0.4227	0.4921	0.5368	0.6524
25	0.3233	0.3809	0.4451	0.4869	0.5974
30	0.2960	0.3494	0.4093	0.4487	0.5541
35	0.2746	0.3246	0.3810	0.4182	0.5189
40	0.2573	0.3044	0.3578	0.3932	0.4896
45	0.2428	0.2875	0.3384	0.3721	0.4618
50	0.2306	0.2732	0.3218	0.3541	0.4433
60	0.2108	0.2500	0.2948	0.3248	0.4078
70	0.1954	0.2319	0.2737	0.3017	0.3799
80	0.1829	0.2172	0.2565	0.2830	0.3568
90	0.1726	0.2050	0.244	0.2673	0.3375
100	0.1638	0.1946	0.2301	0.2540	0.3211

注：*P (|r|rc) = α。

附录 C 随机数表

10097	32533	76520	13586	34673	54876	80959	09117	39292	74945
37542	04805	64894	74296	24805	24037	20636	10402	00822	91665
08422	68953	19645	09303	23209	02560	15953	34764	35080	33606
99019	02529	09376	70715	38311	31165	88676	74397	04436	27659
12807	99970	80157	36147	64032	36653	98951	16877	12171	76833
66065	74717	34072	76850	36697	36170	65819	39885	11199	29170
31060	10805	45571	82406	35303	42614	86799	07439	23403	09732
85269	77602	02051	65692	68665	74818	73053	85247	18623	88579
63573	32135	05325	47048	90553	57548	28468	28709	83491	25624
73796	45753	03529	64778	35808	34282	60935	20344	35273	88435
98520	17767	14905	68607	22109	40558	60970	93433	50500	73998
11805	05431	39808	27732	50725	68248	29405	24201	52775	67851
83452	99634	06288	98033	13746	70078	18475	40610	68711	77817
88685	40200	86507	58401	36766	67951	90364	76493	29609	11062
99594	67348	87517	64969	91826	08928	93785	61368	23478	34113
65481	17674	17468	50950	58047	76974	73039	57186	40218	16544
80124	35635	17727	08015	45318	22374	21115	78253	14385	53763
74350	99817	77402	77214	43236	00210	45521	64237	96286	02655
69916	26803	66252	29148	36936	87203	76621	13990	94400	56418
09893	20505	14225	68514	46427	56788	96297	78822	54382	14598
91499	14523	68479	27686	46162	83554	94750	89923	37089	20048
80336	94598	26940	36858	70297	34135	53140	33340	42050	82341
44104	81949	85157	47954	32979	26575	57600	40881	22222	06413
12550	73742	11100	02040	12860	74697	96644	89439	28707	25815
63606	49329	16505	34484	40219	52563	43651	77082	07207	31790
61196	90446	26457	47774	51924	33729	65394	59593	42582	60527
15474	45266	95270	79953	59367	83848	82396	10118	33211	59466
94557	28573	67897	54387	54622	44431	91190	42592	92927	45973
42481	16213	97344	08721	16868	48767	03071	12059	25701	46670
23523	87317	73208	89837	68935	91416	26252	29663	05522	82562
04493	52494	75246	33824	45862	51025	61962	79335	65337	12472
00549	97654	64051	88159	96119	63896	54692	82391	23287	29529
35963	15307	26898	09354	33351	35462	77974	50024	90103	39333
59808	08391	45427	26842	83609	49700	13021	24892	78565	20106
46058	85236	01390	92286	77281	44077	93910	83647	70617	42941
32179	00597	87379	25241	05567	07007	86743	17157	85394	11838
69234	61406	20117	45204	15956	60000	18743	92423	97118	96338
19565	41430	01758	75379	40419	21585	66674	36806	84962	85207

续表

45155	14938	19476	07246	43667	94543	59047	90033	20826	69541
94864	31994	36768	10851	34888	81553	01540	35456	05014	51176
98086	24826	45240	28404	44999	08896	39094	73407	35441	31880
33185	16232	41941	50949	89435	48581	88695	41994	37548	73043
80951	00406	96382	70774	20151	23387	25016	25298	94624	61171
79752	49140	71961	28296	69861	02591	74852	20539	00387	59579
18633	32537	98145	06571	31010	24674	05455	61427	77938	91936
74029	43902	77557	32270	97790	17119	52527	58021	80814	51748
54178	45611	80993	37143	05335	12969	56127	19255	36040	90324
11664	49883	52079	84827	59381	71539	09973	33440	88461	23356
48324	77928	31249	64710	02295	36870	32307	57546	15020	09994
69074	94138	87637	91976	35584	04401	10518	21615	01848	76938
09188	20097	32825	39527	04220	86304	83389	87374	64278	58044
90045	85497	51981	50654	94938	81997	91870	76150	68476	64659
73189	50207	47677	26269	62290	64464	27124	67018	41361	82760
75768	76490	20971	87749	90429	12272	95375	05871	93823	43178
54016	44056	66281	31003	00682	27398	20714	53295	07706	17813
08358	69910	78542	42785	13661	58873	04618	97553	31223	08420
28306	03264	81333	10591	40510	07893	32604	60475	94119	01840
53840	86233	81594	13628	51215	90290	28466	68795	77762	20791
91757	53741	61613	62669	50263	90212	55781	76514	83483	47055
89415	92694	00397	58391	12607	17646	48949	72306	94541	37408
77513	03820	86864	29901	68414	82774	51908	13980	72893	55507
19502	37174	69979	20288	55210	29773	74287	75251	65344	67415
21818	59313	93278	81757	05686	73156	07082	85046	31853	38452
51474	66499	68017	23621	94049	91345	42836	09191	08007	45449
99559	68331	62535	24170	69777	12830	74819	78142	43860	72834
33713	48007	93584	72869	51926	64721	58303	29822	93174	93972
85274	86893	11303	22970	28834	34137	73515	90400	71148	43643
84133	89640	44035	52166	73852	70091	61222	60561	62327	18423
56732	16234	17395	96131	10123	91622	85496	57560	81604	18880
65138	56806	87648	85261	34313	65861	45875	21069	85644	47277
38001	02176	81719	11711	71602	92937	74219	64049	65584	49698
37402	96397	01304	77586	56271	10086	47324	62605	40030	37438
97125	40348	87083	31417	21815	39250	75237	62047	15501	29578
21826	41134	47143	34072	64638	85902	49139	06441	03856	54552
73135	42742	95719	09035	85794	74296	08789	88156	64691	19202
07638	77929	03061	18072	96207	44156	23821	99538	04713	66994

续表

60528	83441	07594	19814	59175	20695	05533	52139	61212	06455
83596	35655	06958	92983	05128	09719	77433	53783	92301	50498
10850	62746	99599	10507	13499	06319	53075	71839	06410	19362
39820	98952	43622	63147	64421	80814	43800	09351	31024	73167

参考文献

李灿. 市场调查与预测 [M]. 清华大学出版社，2012.
李世杰，于飞主编. 市场调查与预测 [M]. 清华大学出版社，2010.
刘德寰. 市场调查教程 [M]. 经济管理出版社，2005.
刘利兰. 市场调查与预测（第三版）[M]. 经济科学出版社，2012.
王秀娥，夏冬. 市场调查与预测 [M]. 清华大学出版社，2012.
王玉华. 市场调查与预测 [M]. 机械工业出版社，2010.
魏炳麒. 市场调查与预测 [M]. 东北财经大学出版社，2010.
许以洪. 市场调查与预测 [M]. 机械工业出版社，2010.
于翠华. 市场调查与预测 [M]. 电子工业出版社，2009.